플라톤처럼 사랑하고
데카르트처럼 생각하기

고수현 지음

A New History of
Western Philosophy Volume 1

박영사

프롤로그(Prologue)

 이 책은 고대철학에서부터 중세철학, 근대전기철학까지를 다룬 서양철학사 1권에 해당한다.[1] 여기에서 '근대전기철학'의 시기 구분은 프랑스대혁명(1789년) 이전까지로 삼았다. 프랑스대혁명은 단순한 정치적 사건이 아니라 전 유럽사회가 근대적인 국민국가로 전환된 철학사적이고 문명사적인 의미가 있기 때문이다.

 철학을 이해하기 위해서는 각 시대별 사상가들의 사상을 역사적으로 접근하는 것이 첩경이 된다. 그러나 그것도 플라톤에서부터 시작되는 고대철학에서부터 현대의 시작이 되는 근대까지의 많은 사상가들을 한 권의 책 속으로 불러내서 만나도록 하는 작업은 그리 만만한 것은 아니다. 따라서 이 책은 제목에서도 알 수 있듯이 근대전기까지의 철학사상을 인간이 살아가는 정신적 활동인 '사랑하기'와 '생각하기'라는 두 가지의 '철학하기'에 맥락에 초점을 두고 저술되었다. 철학, 즉 철학하기는 인간의 역사가 기록된 고대이래로 신이나 인간 자신에 대한 '사랑하기'와 '생각하기'라는 두 가지의 키 워드(key word)가 중심이 되고 있기 때문이다. 다시 말하면 이 책은 시대별 사상가들이 살아온 생애배경이나 시대상황을 먼저 분석하고 그에 맞추어 '사랑하기'와 '생각하기'의 사상사를 균형적으로 저술하는 방법을 취한 것이다. 그러므로 본서는 대부분의 서양철학사상사 책들이 사상사 중심의 난삽한 저술체계를 따르고 있는 것과는 근본적으로 다른 저

---

 1) 제2권은 중세~근대 전기 사이의 '근세철학'을 다루게 되고, 제3권은 제1권에서 다루어진 근대 전기 이후부터 현대까지를 다룬다.

술체계를 유지하였다는 점에서 막연히 어렵다고 생각되어 온 철학을 보다 용이
하게 다가설 수 있고 체계적인 학습이 될 수 있는 학습대상으로 바꾸었다는 장점
이 있다.

철학은 인간 자신과 자신을 둘러싼 세계를 바라보는 지식을 뜻한다. 이를테
면 세계관, 인생관, 가치관이 여기에 포함이 되는데, 이는 인간의 역사가 시작된
이래로 어느 문화권에나 오래 전부터 존재하여 왔다. 오늘날 서구화 이후의 대부
분의 문화권에서의 철학은 대체로 동양지역이 아닌 고대 그리스 지역에서 시작
된 서양철학을 지칭하기도 하나 철학 자체는 원칙적으로 동서양의 문화권으로
분리되는 것은 아니다. 물론 인간은 자신을 둘러싼 환경 속에서 세계관이나 가치
관을 형성한다는 측면에서 보면, 문화적 차이에서 오는 동서양철학의 차이점이
없는 것은 아니다. 그러나 인간을 둘러싼 환경 속에서 공동체적인 삶을 다루는
학문인 윤리학, 정치학, 심리학, 사회학, 사회복지학 등이 동서양으로 구분이 되
고 있지 않듯이 철학도 동서양을 막론하고 자신이 살고 있는 세계를 관조하여 세
계관, 인생관, 가치관을 정립하는 학문으로서 보편성을 가지고 있다. 그러므로
오늘날의 양대 학문인 사회과학과 자연과학을 비롯하여 모든 학문은 보편적인
지식을 추구하는 철학에서 비롯되었다고 해도 틀린 말은 아니다.

그러나 대부분의 현대인들은 사회과학이나 자연과학을 비롯한 다양한 학문
을 해왔음에도 철학이라고 하면 막연히 접근하기가 어렵다고 생각한다. 그렇다
면 이처럼 상당한 전문지식을 갖춘 사람이나 심지어 '철학'이라는 학문자체를 전
공하는 사람까지도 접근하기가 용이하지 않다고 생각하는 것은 충분한 이유가
있다는 점도 알 필요가 있다. 그 이유는 철학은 사회과학이나 자연과학과 같은
경험적인 방법이라는 공통된 접근방법을 사용하는 것이 아니라 어떤 철학자는
연역적 방법으로 학문체계를 구축하려고 하고 또 다른 철학자는 귀납적인 방법
을 사용하며, 실재(실체)를 정의할 때도 관념론적이나 유물론적인 방법으로 나누
어지기 때문이다. 다시 말하면 철학은 다른 학문과는 달리 공통적인 접근방법을
사용하지 않는다는 특징이 있다.

그렇다면 현대사회에서 이 복잡하고 분명하지 않은 방법을 사용하는 철학의
효용성은 없는 것인가?에 대한 의문이 제기될 수 있다. 특히 오늘날처럼 일상생
활이 급속하게 변화하는 시대적 환경에서는 보다 분명한 접근방법을 사용하여

실재를 파악하는 방법이 선호되고 있다는 점에서는 더욱 그러하다. 어떻게 보면 철학과 같은 복잡한 방법을 사용하여 생각하고 지식을 얻는다는 것은 사치스럽게 느껴질 수도 있다. 현대에서는 인터넷이라는 공간에 남들이 게시해 놓은 지식을 곧바로 사용하는 것이 편하다고 생각하는 사람들의 부류가 늘어나고 있는 것도 '철학하기'에서 멀어지는 현상이기도 하다. 그러나 이것은 우리가 살고 있는 세계를 명증적으로 받아들이고 행동하는 근대적 인간으로서의 존재를 포기하는 것과 마찬가지라고 할 수 있다. 인간이 스스로 생각하지 않고 언론이나 컴퓨터에서 검증 없이 퍼지는 부정확하고 어리석은 판단에 무비판적으로 편승하여 따라간다는 것은 또 다른 중세암흑시대로 돌아가는 것이기 때문이다.

따라서 현대인들이 복잡한 현대생활 속에서 쏟아지는 불확실한 정보의 오류 속에서 흔들리지 않고 살아가기 위해서는 자신의 전공이나 일에 직접적으로 관련된 학문이 아니더라도, 철학이라는 보편적인 학문의 통로를 통하여 인생관이나 가치관을 정립하고, 나아가서는 세계관을 정립할 필요가 있다. 특히 철학은 가치관이 이미 정립이 된 성인시기보다는 청소년시기에서부터 학습이 효과적이라는 점에서 본다면 성인이전 청소년시기의 '철학하기'는 건강한 공동체를 구성하는 개인으로서의 행복한 삶을 유지하는 데 관건이 된다. 그렇다고 성인에게도 철학 학습의 효용성이 적은 것도 아니다. 성인이라고 하더라도 과거와는 달리 생애주기가 늘어나 100세 시대를 살아가고 있기 때문에 과거보다 훨씬 늘어난 노후시기를 정신적으로 안정되게 보내기 위해서는 철학적인 사상의 재정립이 요구되기 때문이다.

모쪼록 이 책이 생애주기에서 '인생관이나 가치관을 형성해 나가는 청소년들'뿐만 아니라 세상을 어느 정도 살아온 경험으로 '이미 세상을 알고 있다고 판단하여 마음이 닫혀 있는 성인들'이라고 하더라도 '플라톤처럼 사랑하고 데카르트처럼 생각하기'라는 이 통로를 통하여 '진정한 철학하기(필로소페인: philosophein)'로 지혜(소피아: sophia)를 갖추는 데 도움이 될 수 있기를 간절히 기원한다.

2015년 7월   고 수 현

차 례(contents)

제 1 편

플라톤과 아리스토텔레스의 고대철학

〈고대철학 흐름의 프롤로그〉

〈B.C 6 ~ A.D 5세기의 고대철학 요약〉

고대철학 흐름의 프롤로그

  세계사의 시대 구분에서 고대(古代, Ancient)는 일반적으로 고대 도시국가가 형성된 기원전(B.C) 3000년경부터 서기(AD) 476년에 서로마제국이 멸망하여 중세가 시작된 시기까지의 3500년 정도로 본다. 서로마제국 멸망의 직접적 원인은 여러 요인이 있으나 콘스탄티누스 황제(Constantinus I, 재위 306~337)가 330년에 로마제국을 통일한 후 수도를 발칸반도의 끝인 비잔티움(Byzantium)[1]으로 옮기고 난 후 375년에 중앙아시아 지역으로부터 훈족(흉노족)이 러시아 서부지역의 볼가강(Volga River)을 건너 남쪽으로 이동을 시작한 것에 있다. 그 지역에 살고 있었던 서고트족(게르만족의 일파)이 훈족에 밀려서 로마제국 영내로 밀려들어왔기 때문이다. 뿐만 아니라 아프리카의 반달족과 알프스 북쪽의 프랑크족도 침입해 들어 왔고, 395년에는 데오도시우스 황제(Flavius Theodosius I)가 죽으면서 두 아들에게 서로마제국과 동로마제국을 분리하여 통치하게 한 것도 로마제국을 더욱 약화시켰다고 볼 수 있다.

---

1) 비잔티움은 로마시대인 325년 콘스탄티누스 1세가 수도로 정하고 콘스탄티노플(Constantinople)이라고 개칭하였으며, 제4차 십자군전쟁(1202~1204년) 때에는 가톨릭군에 의해 함락되어 라틴제국이 1261년까지 지배하기도 하였다. 그 뒤 동로마제국은 힘이 더욱 약화되어 1453년에 오스만투르크에 멸망하게 된 이후에는 470년간 투르크 왕조의 수도역할을 하였다. 따라서 그 명칭도 투르크식으로 이스탄불(Istanbul)이 되었으며, 이 투르크제국의 왕조가 망하고 터키공화국이 수립된 이후인 1923년에 수도를 앙카라로 옮긴 뒤부터는 이스탄불은 쇠퇴하기 시작하였다.

　　이러한 고대 서양사회를 배경으로 전개된 철학사를 이해하기 위해서는 세부적인 시대구분에 따라 그 특징적 측면을 파악하는 것이 중요하다. 서양의 고대철학2)은 고대 역사 3500년 정도 중에서도 일반적으로 기원전 6세기경에 시작된 그리스철학에서부터 기원후 4~5세기의 헬레니즘·로마철학까지 약 1000년간 지속된 철학의 흐름을 말한다. 그러므로 같은 고대 시기라고 하더라도 3500년 정도를 한 덩어리로 볼 수 있는 것이 아니라 고대철학은 기원전 6세기경에 형성된 그리스철학 이후 약 1000년이라는 기간을 대상으로 그 시대를 살아갔던 사람들의 생각과 세계관의 변화를 말하는 것이다. 그리고 1000년간이라는 고대철학의 기간도 결코 짧은 기간이 아니며, 정치사회적인 환경의 변화에 따라 역사적으로 각기 다른 새로운 철학사상이 출현되었다는 관점에서 본다면 세부적인 시기구분이 요구되어진다. 따라서 여기에서는 고대철학을 다음과 같이 세 시기로 나누어 접근하고자 한다(고수현, 2014: 151－163 참조 재수정).

　　제1기는 기원전 6세기에서 기원전 5세기 중엽까지이다. 이 시기는 동양철학사적으로 본다면 인도·네팔지역에서 불교(Buddhism)를 창시하여 붓다(Buddha)로 칭해지는 석가모니(Sakyamuni, 釋迦牟尼), 중국의 춘추시대(春秋時代, 기원전 770~기원전 476년)에 도교(Taoism)를 창시한 노자(Laotzu, 老子)와 유교(Confucianism)를 창시한 공자(K'ungtzu, 孔子)가 활동했던 시기에 해당한다. 이 시기의 서양철학은 흔히 '소크라테스 이전의 철학' 또는 '자연(탐구)철학'이라고 불려진다. 이 시기의 철학은 일반적으로 우주의 자연적 원인을 탐구의 대상으로 삼았기 때문이다. 좁게는 자기의 신변에서 일어나는 온갖 기이한 자연현상에 대해서, 넓게는 우주의 생성변화와 천체의 운행에 대해서 새로운 관심을 가지게 되었다. 그래서 종래와 같은 신화적 설명에 만족하지 않고 자연 그 자체 안에서 원인을 찾으려고 하였다.

　　제2기는 기원전 5세기 후반에서 기원전 4세기 중후반(기원전 323년 알렉산더왕의 죽음)까지이다. 이 시기는 동양철학으로 보면 중국의 전국시대(戰國時代, 기

---

　　2) 동양의 고대철학은 불교철학, 자이나교철학, 힌두철학 등의 종교철학과 인도철학, 중국철학 등
　　　이 있다.

원전 475~기원전 221년)³⁾와 유사한 시기에 해당하며 도교철학의 제2인자로 볼수 있는 장자(Chuangtzu, 莊子)가 활동하였던 시기이다. 서양철학에서는 일반적으로 아테네 시기의 철학이라고 일컬어지는 이때의 철학은 소피스트(sophist)들에 의해 그 관심의 대상이 자연에서 인간에게로 돌려졌으며, 자연철학에 대한 반론으로서 소크라테스가 제기했던 새로운 인간학적인 철학은 플라톤에게 계승되었고, 나중에 아리스토텔레스에 의해서 이론적으로 체계화되었다. 이 시기는 고대철학의 최전성기에 해당한다.

제3기는 아리스토텔레스의 사망(B.C 322) 이후로부터 기원후 4~5세기까지이다. 이 시기의 철학은 주로 개인적으로 마음이 안락(安樂)하고 편안(便安)하게 하는 안심입명(安心立命)을 구하는데 관심을 가졌던 시기로서 윤리적 내지 종교적으로도 새로운 경향을 나타내고 있었다. 그러나 이 철학은 점차 인간의 무력감을 자각하고 드디어 인간을 넘어서서 존재하는 절대자의 절대성과 신에게로 귀의하려는 절대적인 요구로 귀결되어져 간다(철학과사상교재편찬위원회, 1995 : 4-5 참조). 이는 그리스의 마케도니아가 동방세계들을 점령한 이후 또다시 인근의 로마에 점령당하게 된 시기까지 확산되었던 헬레니즘·로마철학에 해당한다.

---

3) 춘추전국시대는 동주시대(東周時代)의 다른 이름이다. 주 왕실이 동천하고 세력이 약해지자 100여 개국이 넘는 중원(中原) 지방의 제후들이 반독립적인 상태로 활약하기 시작했다. 춘추시대인 B.C 770~B.C 476년은 공자가 편찬한 노(魯)나라의 편년체 사서『춘추(春秋)』의 이름을 따서 춘추시대라 하고, B.C 475~B.C 221년은 대국들이 패자의 자리를 놓고 다투었으므로 전국시대(戰國時代)라고 한다. 전국시대에는 춘추시대 초기에 200여 개가 되던 제후국은 말기에 이르러 제(齊)·연(燕)·진(秦)·초(楚)·한(韓)·위(魏)·조(趙)의 7개 국가가 큰 세력을 형성하고 서로 패권을 다투었다. 진은 B.C 260년 장평(長平) 싸움에서 조를 이겨 조의 세력을 약화시킨 뒤 B.C 221년 중국 전역을 통일했다.

∼ 제 1 장 ∼
소크라테스의 주지주의 인간철학

제 1 절   소크라테스 이전의 자연철학(우주론)

1. 이오니아(밀레투스) 학파의 사상 체계

철학사(哲學史)란 철학사상의 연원과 변화과정, 그리고 발전에 대한 역사를 말한다. 서양철학사라고 하면 고대 그리스(希臘: 희랍)시대부터 자연철학자들이 우주현상과 인간현상 즉 세계를 바라보는 사유(생각, 사고)를 미토스(Mythos: 신화)나 파토스(Pathos: 감성, 격정, 광기)가 아니라 로고스(Logos: 논리)적으로 시도했던 시점부터 시작된다. 다시 말하면 고대 그리스시대의 사고방식은 『일리아드(*Iliad*)』와 『오딧세이아(*Odysseia*)』의 저자로 알려진 시인 호메로스(B.C 9~8세기경, Homeros)와 헤시오도스(B.C 7세기경, Hesiodos)[1] 등의 신화적 서사시가 읊어졌던 미토스 시대에서 그 시원을 찾을 수 있다. 그리고 디오니소스(Dionysos, Baccos) 축제 등에서 비극이 중심을 이루었던 격정과 광기의 파토스 시대를 거친 후 탈레스(Thales) 등의 자연철학자에 이어서 소크라테스, 플라톤, 아리스토텔레스에 의해 확립된 로고스 시대(생각의 시대)로 변화된 것이다.

---

1) 헤시오도스는 '그리스 교훈시의 아버지'라고 불린다. 오늘날 완전한 형태로 남아 있는 그의 서사시는 신들의 전설을 다룬 『신들의 계보(神通記, *Theogony*)』와 시골생활을 묘사한 『일과 나날(*Works and Days*)』 등 2편이 있다.

철학의 영어명칭인 필로소피(Philosophy)는 고대 그리스어(희랍어)로 '사랑하다'의 뜻인 필레인(Philein)과 '지혜'의 뜻인 소피아(Sopia)가 합쳐진 것으로 '지혜나 지식을 사랑하는 지식애(知識愛)'를 의미한다. 따라서 서구식 학문이 일반화된 이후에는 '철학'은 서양철학 일반을 의미해 왔으며 동양철학(중국, 한국. 일본 등)과 인도철학이 각기 다르게 출발해왔으나 철학 자체는 원칙적으로는 동서로 분리할 수 있는 것은 아니다. 그 후 철학은 개별 학문으로 분파되거나 발전되어 왔지만 그 중에서도 윤리학, 정치학, 심리학, 역사학, 사회학 등이 철학과 밀접한 관련이 있고 최근에는 이러한 학문들을 종합한 이론을 체계화한 사회복지학이 철학과 긴밀한 관계에 있다고 볼 수 있다.

이오니아 학파(Ionian School)는 고대 그리스의 식민지이었던 이오니아 반도의 밀레투스와 터키 고대도시였던 트로이 지역, 즉 소아시아 지역의 서쪽인 지중해 바다의 한 갈래인 에게해(Agean Sea)[2]연안을 배경으로 활동했던 자연탐구철학자들을 말한다. 즉 기원전 6세기경 자연철학 학파가 소아시아 서쪽 해안 이오니아 지방의 남부 그리스 식민도시 밀레투스에서 발생한 것이다. 밀레투스는 이오니아의 수도역할을 하는 지역으로서 상업지역이었고 대부분의 자연철학자들이 이 곳 출신이기 때문에 밀레투스 학파라고도 한다. 탈레스는 고대 그리스 자연철학의 창시자로서 아낙시만드로스, 아낙시메스와 함께 밀레투스 학파(Miletus School)를 형성하였다. 밀레투스가 페르시아에게 점령을 당한 뒤에는 같은 이오니아 반도에 속하지만 오늘날의 터키지역인 에페소스(Ephesos)에서 헤라클레이토스가 활동하였기 때문에 밀레투스 학파와 헤라클레이토스를 포함하여 이오니아 학파로 칭해진다. 이오니아 학파가 활동하였던 이 당시의 철학은 주로 실제의 자연을 관찰하여 하나의 근본적인 물질을 구하고 그 근본 물질에서 우주가 어떻게 형성되었는가를 해명하려는 일원론적 우주론을 추구하였다.

---

2) 에게해 남동부에 위치한 아스티팔리아섬의 석회암에서 발견된 기원전 5~6세기의 그림에서는 그리스 신화 속의 술의 신인 '디오니소스'의 이름을 새기고, 그 아래에 두 개의 남근을 그려 넣고 큰 글씨로 성욕을 표현하는 글을 써놓기도 하여 고대 그리스인들은 문자를 알고 있었으며, 성욕을 표현하는 것이 '터부'가 아니었음을 나타내는 것으로 보인다.

1) 탈레스(Thales)

탈레스(Thales, B.C 624~B.C 545)는 그리스 식민지 밀레투스(Miletus) 지역에서 태어나 이집트로 유학을 가서 수학과 천문학을 배웠으며, 막대기와 피라미드의 그림자를 사용하여 이집트의 피라미드 높이를 측정함으로써 처음으로 공간의 성질과 공간 안의 물체에 대한 성질을 다루는 수학분야인 기하학(Geometry)을 확립하였다. 그리고 기원전 585년에는 달이 태양과 지구 사이에 위치하여 태양이 가려지는 일식(a solar eclipse)을 예언하였다. 그는 밀레투스 학파의 창시자로 여겨지며, 아리스토텔레스는 탈레스를 '철학의 아버지'로 칭하였다. 탈레스는 아르케(arche) 즉 만물의 근원은 '물'이라고 규정하여 최초의 유물론(materialism)3) 철학의 시조로도 불린다. 플라톤의 기록에서는 탈레스가 천문학에 조예가 깊었고 한 번은 밤에 별을 관측하며 걷다가 웅덩이에 빠지자 이를 본 트라키아(Thrace)의 하녀가 "하늘의 이치를 알려는 사람이 바로 앞의 웅덩이는 보지 못한다."고 비웃었다는 일화가 있다.

아리스토텔레스의 '정치론'의 기록에서는 탈레스가 철학을 하면서도 가난하게 살아가는 그를 보고 철학자도 별로 아는 게 없는 사람이라는 투로 주위의 사람들의 비난을 받았다는 일화가 나온다. 탈레스는 이러한 비난에 접하자 봄이 오기 전인 겨울에 미리 천체를 관측하여 이듬해에는 감람나무(올리브 나무)가 풍년이 들 것을 알아내었으며, 동네에 있는 올리브유(감람유)를 짜는 기계를 사용할 권리를 선점 계약하였다고 한다. 실제로 다음 해에는 탈레스의 예견대로 감람나무 풍작이 들었고 동네사람들은 기계를 사용할 권리를 선점한 탈레스에게 비싼 값을 치르지 않고는 올리브유를 짤 수 있는 기계를 사용할 수 없게 되어 철학자가 부자가 될 수 있음을 증명했다고 한다.

---

3) 유물론(唯物論)에 대립하는 개념은 철학의 분야에서 존재론적으로 보면 유심론(唯心論)이며, 인식론적으로 보면 관념론(觀念論)이다. 즉 유물론에서는 이데아, 형상(실제), 신, 절대정신 등을 근원으로 하는 견해를 부정하고 물질적, 감성적, 현실적인 것만을 존재로 보는데, 고대 그리스의 탈레스부터의 오랜 역사를 가지고 있지만 유심론·관념론에 대치하는 관점으로 유물론이라는 말이 사용되기 시작한 것은 18세기의 근대철학자들에 의해서이다.

2) 아낙시만드로스(Anaxiamandros)

아낙시만드로스(Anaxiamandros, B.C 610~B.C 546)는 도시인 밀레투스 출신으로 탈레스의 고향후배이자 제자로 세계를 구성하는 근본적인 물질(물)이 있다는 탈레스의 주장을 따랐다. 그러나 물도 마찬가지로 양적인 제한성을 가지고 있기 때문에 근본적인 물질인 아르케(arche)가 될 수 없다고 보았다. 따라서 그는 양적으로 무한하고 추상적 개념인 아페이론(apeiron: 무한자)이라는 용어를 도입하여 만물의 근원이 양적으로나 질적으로나 무한한 것이기 때문에 무한자(無限者)가 제1실체로서 우주가 탄생과 소멸을 반복하면서 지속될 수 있다는 주장을 하였다. 즉 아낙시만드로스가 말하는 아페이론은 공간적 의미에서 무한정하고 (Boundless) 내적으로 규정되어 있지 않은 것(Indeterminate)을 말한다. 그는 우주론 또는 체계적인 철학적 세계관을 전개한 최초의 사상가이자 천문학의 창시자로 불리며, 저서로는 『자연에 대하여』로 알려져 있지만 오늘날에는 전해지지는 않는다. 그의 우주론은 지구가 우주의 중심이라는 관점에 있었으며, 최초의 생명체는 습한 곳에서 생겨난 물고기로부터 진화한 것으로 보고 있다. 한편 탈레스와 함께 여러 곳을 여행하며 그리스 지도를 최초로 만들었으며, 그리스인으로서는 산문형식으로 된 최초의 글을 쓴 인물로도 알려져 있다.

3) 아낙시메네스(Anaximenes)

아낙시메네스(Anaximenes, B.C 585~B.C 525)는 아낙시만드로스의 후계자(제자)로서 만물의 아르케와 로고스(절대존재)는 '공기'라고 주장하였다. 즉 제1실체를 공기로 본 것이며, 공기가 응축되면 바람, 구름을 거쳐 물이 되고 더욱 응축이 되면 흙과 돌이 되어 천체가 되며, 태양도 흙과 돌이지만 아주 빠르게 움직이므로 공기가 희박해진 불의 상태로 있는 천체라고 보는 물활론(物活論, hylozoism)[4]적 견해를 가지고 있었다. 즉 그는 아낙시만드로스처럼 만물을 근원을 무한한 것으로 보았지만 탈레스처럼 단일한 규정자로 '공기'를 착안하였는데, 이는 동시대

---

4) 사상사에서 자연을 물활론적으로 해석하는 것은 흔한 일이었다. 고대 그리스 사상가들은 다양한 물질적 실체를 만물의 시초로 보았다. 탈레스는 물이 근본물질이라고 생각했고, 만물은 "신(神)들로 가득 차 있다"고 보았다. 아낙시메네스는 우주 만물에 생명을 불어넣는 보편원리를 공기로 보았고, 헤라클레이토스는 불이라고 했다.

인물이었던 아폴로니아(Apolonia) 사람인 디오네게스[5]와 히메라(Himera) 사람인 이다이오스도 같은 견해를 보였다.

4) 헤라클레이토스(Heraclitus)

헤라클레이토스(Heraclitus, B.C 544~B.C 484)는 탈레스, 아낙시만드로스, 아낙시메스가 밀레투스 항구도시를 중심으로 활동하였던 것과는 달리 B.C 5세기경 페르시아-그리스 전쟁(Greco-Persian War)에서 밀레투스가 페르시아 군대에 함락이 된 후 밀레투스에서 얼마 떨어져 있지 않으면서 터키지역인 에페소스(Ephesos)를 배경으로 활동하였다. 헤라클레이토스는 앞에서 다루었던 다른 이오니아 학파의 철학자들과는 다소 다르게 변화의 문제에 관심을 가졌다. 즉 그의 중요 명제 중에 하나는 "만물은 유전(변화)한다."는 것이다. 헤라클레이토스가 중요한 이유는 이처럼 '만물유전설'을 주장하면서 추후의 존재론과 대립했다는 점이다.

그의 이러한 사상은 "당신은 동일한 강물에 두 번 발을 들여놓을 수 없다. 왜냐하면 새로운 물이 계속 당신에게 밀어닥치기 때문이다."라고 진술하고 있음에서도 드러난다. 아울러 그는 탈레스의 '물', 아낙시만드로스의 '아페이론', 아낙시메네스의 '공기'와 같은 맥락에서 상대론적 우주론의 근원을 '불'로 제시하였다. 헤라클레이토스는 "불은 만물을 변화시키며, 만물은 불을 변화시킨다."고도 하였는데 이는 불의 끊임없이 변화하는 상징적 존재성을 착안하여 변화하지 않은 것은 불이 아니라 '변화' 그 자체라는 관점을 보인 것으로 생각된다.

그의 이러한 철학은 세상에 똑같은 것은 아무 것도 없다는 인식을 가져와 당시 사회에서는 모호하고 비관적인 사상가로 불렸으나 후일에는 플라톤 철학에 영향을 주었다고 볼 수 있다. 그의 끝없는 변화의 상대론적 관점은 엘레아 학파(Eleatic School)를 세운 파르메니데스(Parmenides, B.C 515~B.C 445)의 존재의 운동부정론(運動否定論)적인 관점과는 차이가 있다. 즉 '불'은 헤라클레이토스에 의하면 변화의 주체이며, 만물은 유전한다는 격언은 우주에 하나의 '영원히 타는

---

5) 여기에서의 디오네게스는 알렉산더 대왕(B.C 356~B.C 323)과의 동시대 철학자인 디오게네스(Diogenes, B.C 400~B.C 323)와는 다른 인물이다. 즉 33세의 짧은 생애에 지중해 연안을 정복하여 마케도니아 제국을 건설했던 알렉산드로스가 디오네게스에게 찾아가 소원을 묻자 자기 앞에 비치는 햇빛이나 가리질 않기를 바란다고 응답했던 유명한 일화 속의 인물은 아니며 그 이전 사람이다.

불(Ever-living fire)'로서 운동을 한다는 개념인 것이다. 여기에서 끊임없이 타는 불은 불에 의해 태워지는 물질 사이에 발생하는 투쟁과 갈등을 고려한 의미로도 볼 수 있었는데 그가 "투쟁은 만물의 아버지요, 다툼(갈등)은 정의이다."라고 한 진술은 근대 독일의 철학자 헤겔(Hegel, 1770~1831)의 변증법 철학에도 영향을 미친 것으로 보인다.

2. 피타고라스 학파의 사상 체계

1) 피타고라스(Pythagoras)

피타고라스(Pythagoras, B.C 570~B.C 500경)는 이오니아 지역인 사모스 섬(Samos)에서 태어나 젊은 시절에는 탈레스(Thales, B.C 624~B.C 545)의 권고에 따라 이집트와 유프라테스강과 티그리스강 하류 사이에 소재한 지역인 고대 메소포타미아(Mesopotamia)6)에 유학하여 수학적 시야를 넓힌 후 고향으로 돌아와 종교적인 학교를 열었다. 그러나 사모스에서는 정치적 학정으로 운영이 어렵게 되자 그리스 식민지역인 남부 이탈리아의 크로톤(Croton)으로 옮겨 종교공동체적인 이른바 피타고라스 학파를 형성하였다.

피타고라스 학파는 피타고라스와 그의 철학을 계승하여 활동하였던 학파를 말하는데 알려진 대로 $a^2+b^2=c^2$의 관계를 나타내는 피타고라스의 정리로 유명하지만 오늘날까지 남아있는 저서는 발견되지 않고 있다. 이 학파는 남녀 모두 입문이 가능했는데 철학, 수학, 음악, 체육, 의술, 문학 등의 다양한 학문 연구와 전생과 윤회를 믿는 금욕적 공동체였으며 만물의 근원을 '수' 혹은 '정수'라고 생각했고, 이 세계(모든 수)는 정수의 비로 표현할 수 있다고 가르쳤다. 피타고라스는 자연수의 성질 중에서 간단하거나 아름다운 수라고 생각되는 수에 홀수, 짝수, 소수, 과잉수, 완전수, 부족수 등과 같은 이름을 부여하였다.

따라서 피타고라스는 수학적인 우주론을 구상하였는데 "만물은 수에서 이루어진다."고 생각했던 피타고라스 학파(Pythagoristai)는 흰 옷을 입고 공동체생활을 했으며, 존재하는 수는 어떤 형태를 가져야만 한다고 보았기 때문에 수를 항상 도형과 관련시켜 생각했다. 따라서 피타고라스 학파는 주로 밤하늘의 별을 보

---

6) 메소포타미아는 헬라어로 '강 사이의 땅'이란 뜻으로 오늘의 이라크와 이란의 남서부 지방이다.

며 기하학적인 도형을 이루는 점들의 개수(형상수)를 연구하였다. 형상수 중에서 도형을 구성하는 점을 나타내는 원형(모나드, monad)의 배열에 정삼각형 모양으로 나타내는 '삼각수(triangle number)'와 정사각형 모양으로 나타낼 수 있는 수를 '사각수(square number)'라고 명칭을 하였다.

2) 히파수스(Hippasus)

히파수스(Hippasus, B.C 5세기경)는 이탈리아 지역인 메타폰티온(Metapontion) 출신으로 피타고라스의 제자이다. 히파수스는 모든 피타고라스 학파를 정수와 정수의 비로 모든 우주 혹은 기하학적 대상을 표현할 수 있다고 믿고 있었을 때 정수론에 의문을 가지게 되었던 수학자였다. 따라서 공동체에서 정수 이외의 다른 수의 존재의 필요성을 받아들이지 않았을 때 그는 실수(實數)이면서 유리수(정수나 분수)의 형식으로 나타낼 수 없는 수인 무리수(無理數, irrational number) $\sqrt{2}$를 최초로 발견하게 된다. 그리고 정사각형의 대각선의 길이를 표현할 수 있는 실수 중에서 정수와 분수 전체를 가리키는 수인 어떤 유리수(有理數, rational number)도 존재하지 않음을 증명하였다. 즉 $\sqrt{2}$라는 숫자를 발견하였고, 기존의 정수의 비로는 표현할 수 없다는 점을 주장한 것이다. 그리고 이러한 수학적 정리들을 저작으로 내기도 하였는데 결국 이단으로 몰려 암살(수장)된 것으로 전해진다.

3. 엘레아 학파의 사상 체계

엘레아 학파(Eleatic School, Eleaticism)는 그리스 식민지역인 이탈리아 남부 엘레아에서 일어났으며, 그 이전의 이오니아 학파가 감각적 인식(경험적 접근)을 주장한 것을 반대하고 실재(실체)를 추상적이고 논리적·합리적 접근법을 통해서 파악할 수 있다고 보았다. 그만큼 감각보다는 이성을 중요시 여겼던 학파이다.

1) 크세노파네스(Xenophanes)

크세노파네스(Xenophanes, B.C 570~B.C 480경)는 그리스 이오니아 지방 콜로폰(Kolophon)에서 태어나 수십 년간 지중해 각지를 방랑하다가 그리스 식민도시 엘레아(Elea)에 정착하여 엘레아 학파의 선구자 역할을 하였다. 그러나 일부

의 견해는 크세노파네스가 아니라 파르메니데스가 엘레아 학파를 창시한 것으로
보고 있다.

크세노파네스는 서양사 최초로 자연과 신이 동일하여 일체의 자연은 곧 신
이며, 신이 자연이라고 생각하는 종교관인 범신론을 주장한 종교사상가이면서
음유시인이었다. 즉 크세노파네스는 고대그리스신화의 여러 신들과 다신론(多神
論)을 비판하고 세계의 본질은 '하나이며 모든 것'이니 신(神)도 그렇다고 보아
유일신(唯一神)론과 범신론(汎神論)을 함께 주장했다. 그의 철학은 주로 여행하면
서 읊조린 시를 통해서 전해지는데, 그의 서사시를 보면 당시의 신인동형(神人同
形) 사상과 호메로스 시의 신화를 경멸하고 무절제가 만연한 현실을 비판하여 이
성적 쾌락의 지혜를 강조하고 있다. 이처럼 크세노파네스를 선구자로 하는 엘레
아 학파는 다양성보다는 통일성을 강조하고, 물질적 사물들이 분리·존재하는 것
은 실제 모습이 아니라 외양에 불과하다는 관점을 보였다.

2) 파르메니데스(Parmenides)

파르메니데스(Parmenides, B.C 515~B.C 445?)는 플라톤의 대화편 저서『파르
메니데스(parmenides)』에 의하면 남부 이탈리아 엘레아 지역에서 태어나 엘레아
학파를 이끌었다. 그의 저작 중에는 몇 편의 단문들과 세 부분으로 구성된 운문
인『자연에 대하여(On Nature)』가 전해진다. 그는 제논의 스승으로서, B.C 449
년에 제논과 함께 아테네를 방문하여 당시 20세 정도였던 소크라테스와 대화를
한 것으로 나온다.

그러므로 파르메니데스는 실제적인 엘레아 학파의 대표자로서 그는 오직 존
재만이 있으며, 비존재는 결코 있을 수 없으므로 지금의 존재 이외에는 더 이상
생성과 소멸은 불가능하다고 보는 '운동부정론'을 제시하였다. 즉 생성과 변화에
관한 문제에 대하여 그것을 부정하는 운동부정론을 펴 만물유전설을 주장한 헤
라클레이토스(Herakleitos)와 논쟁을 벌인 것이다. 헤라클레이토스의 철학을 감각
적인 것으로 규정하고 오직 사유에 의해서만 파악할 수 있는 불변의 존재만을 강
조한 것이다. 다시 말하면 존재하는 것만 존재한다는 것이며, 새로운 생성이나
변화는 없다는 관점이다. 이러한 파르메니데스의 세계관은 그 이후의 사상계에

영향을 주었지만 동시에 상당한 반향(파장)을 초래하게 되었는데 이를 반박하기 위해 파르메니데스와 그의 제자인 제논은 변증법(역설)을 통하여 논리적으로 대응하였다.

3) 제논(Zenon)

제논(Zenon, B.C 495~B.C 430)은 이탈리아의 루카니아 지방에 있었던 엘레아의 상인출신으로서 파르메니데스의 제자이며, 플라톤의 대화편 『파르메니데스(*Parmenides*)』에서는 아주 젊은 소크라테스가 파르메니데스와 40세 정도인 제논과 함께 대화를 나눈 것으로 기술되어 있다. 한편 아리스토텔레스는 제논을 변증법의 발견자로 칭하고 있으며, 특히 '제논의 역설(paradox)'들로 알려져 있다. 아울러 제논은 엘레아 학파에 속하기도 하지만 엘레아의 국정에 참가한 철학자이자 그의 스승인 파르메니데스의 운동부정론 즉 "이 세상에는 움직이는 것은 없다"라는 일원론을 공격하는 피타고라스 학파를 막아 내는 데 최선을 다했다. 파르메니데스의 충실한 제자였던 엘레아의 제논(스토아 학파의 창시자인 카티온의 제논과 구별)은 피타고라스 학파의 수학적 고찰의 내부적 모순을 4가지의 역설을 통해 피타고라스 학파와 논쟁하였던 것이다.

제논의 역설은 트로이전쟁의 영웅 아킬레우스(Achilles or Achilleus)와 거북의 역설(이야기), 이분역설, 화살의 역설, 경기장의 역설 등의 네 가지가 알려지고 있다. 그 중 아킬레우스와 거북의 역설을 보면 그리스 신화에 나오는 인물이며, 호메로스의 대서사시 『일리아드(*Iliad*)』와 『오디세이아(*Odyssey*)』에서 다루어지는 그리스와 트로이 간의 전쟁(Trojam War) 때 트로이의 영웅 헥토르(Hector)를 죽임으로써 그리스가 승리하도록 했던 아킬레우스(Achilleus)가 거북이보다 10배 이상 빠르게 달릴 수 있다고 가정하고, 거북이를 아킬레우스보다 1,000m 앞에서 출발시킨다. 이 때 아킬레우스가 1,000m를 달리면 거북이는 100m를 가게 되는데, 거북이는 잡히는 것이 아니라 계속 움직이게 되어 있으므로 아킬레우스가 영원히 거북이를 따라 잡을 수 없다는 식의 역설로서 피타고라스 학파와 논쟁하였다. 이것은 물론 경험적으로 충분히 아킬레우스가 거북이를 따돌리고 앞서게 되지만 당시의 피타고라스 학파의 수학적 지식으로는 반박할 여지를 찾지 못하게 된 논쟁으로 유명하다.

파르메니데스의 수제자로서 제논은 스승이 주장한 존재의 운동부정론에 대한 공격을 방어하기 위하여 '귀류법(歸謬法, reductive absurdum)'이라는 논증방법을 사용하였는데 이러한 논증방식이 지니고 있는 특성을 일컬어 '제논의 역설(Zenon's paradox)'이라고 부르는 것이다. 귀류법은 어떤 명제가 참임을 직접 증명하는 대신, 그 부정 명제가 참이라고 가정하여 그것의 불합리성을 증명함으로써 원래의 명제가 참인 것을 보여 주는 간접 증명법을 말하는데 배리법(背理法)이라고도 하는 반론의 역설을 말한다. 따라서 귀류법은 상대방이 다시 반박하기 어려워 많은 사상가와 정치가들로부터 미움을 받았는데, 결국 왕으로부터 미움을 받아 제논은 처형을 당한 것으로 전해진다. 이는 소크라테스가 반어법으로 당시의 지배자들이나 경쟁자들에게 미움을 사게 되어 처형을 당한 것과도 비유될 수 있다.

4. 다원론(원소론)과 원자론자의 사상 체계

엘레아 학파인 파르메니데스와 제논의 세계관, 즉 존재는 결코 운동과 변화를 할 수 없다는 일원론적인 역설을 곧이곧대로 받아들일 수 없었던 다원론자와 원자론자(原子論者)로서는 아낙사고라스, 엠페도클레스, 데모크리토스를 들 수 있다. 이들은 파르메니데스의 영향을 받아 이 세계에는 생성과 소멸은 없다고 생각하였다. 그러나 다양한 원소나 원자의 혼합과 분리를 통해 변화와 운동을 해나간다고 주장하였다. 이러한 사상은 이오니아 학파와 엘레아 학파의 사상적 절충으로도 볼 수 있다.

1) 아낙사고라스(Anaxagoras)

아낙사고라스(Anaxagoras, B.C 500~B.C 428)는 그리스 식민지 소아시아 클라조메나이(Clazomenae)에서 출생하여 아테네에서 주로 활동하였던 정객이며 철학자였다. 그는 우주가 무수한 소립자(씨앗)로 구성되어 있다고 생각하였는데, 그것을 분리하거나 결합하게 하는 힘인 정신을 '누스(Nous)'라고 칭하였다.

그러나 그는 소립자 이론을 발전시키는 과정 중에 "태양도 단순한 돌덩이에 불과하다."고 하여 당시 태양신을 숭배하던 아테네에서 불경죄로 추방당하게 되었다. 그러나 추방된 이후에도 연구를 계속하여 제자 레우키포스(Leucippus)를 길러내었고, 레우키포스의 제자였던 데모크리토스(Demokritos)는 스승들의 원소론을 종합하여 고대의 원자론을 완성하게 되는 것이다.

2) 엠페도클레스(Empedokles)

엠페도클레스(Empedokles, B.C 493~B.C 433경)는 지중해 시칠리아(Sicilia) 남서부의 고대도시 아크라가스(Acragas)의 저명한 집안에서 태어나 피타고라스, 크세노파네스, 파르메니데스, 아낙사고라스 등으로부터 수학한 것으로 알려져 있다. 아리스토텔레스는 엠페도클레스를 언어의 사용법을 연구하는 수사학(rhetoric)의 창시자로 찬양하였으며, 그의 철학적 사상을 보면 만물의 근원이 단일한 것이 아니라 탈레스가 주장했던 물, 아낙시메네스의 공기, 헤라클레이토스의 불을 받아들이면서도 새로이 '흙'을 추가하여 물, 공기, 불, 흙의 4가지 다원소론을 제시하였는데, 이 4원소들은 새로 생성되거나 소멸, 변화하지 않은 존재라고 하였다.

그는 이러한 4원소론을 물질 이외의 정신세계나 의학의 분야에도 적용하였는데 생명체의 살, 뼈, 피 등의 차이를 4원소의 혼합비율차이로 생각하였으며, 4원소가 본래는 신(神)의 곁에 있었던 영혼이었으나 부정한 짓을 저질러 지상으로 떨어졌지만 신성한 힘을 지닌 존재로 보았다. 따라서 엠페도클레스 자신도 신성을 확인하기 위해 자신의 추종자들이 보는 가운데서 시칠리아 섬 에트나(Etna) 화산의 분화구 속에 스스로 투신하였다고 전해진다.

3) 데모크리토스(Democritos)

데모크리토스(Democritos, B.C 460~B.C 370경)는 그리스 북동부 트라케 연안의 아브데라(Abdera) 출신으로 소크라테스와 거의 동시대 인물로 스승인 레우키포스와 더불어 원자설의 창시자로 불린다. 원자설 즉 원자론(原子論)은 말 그대로 모든 세계의 사상(事象)을 원자(Atom)와 그 운동과정으로 설명하려고 한다. 이는 현대 물리학의 주류학설이기도 하기 때문에 일부 과학역사가들은 데모크리토스를 '근대과학의 아버지'로도 칭한다. 데모크리토스 이전의 고대 사상가들은 동서양을 막론하고 우주만물의 생성원리를 물·불·바람(공기)·흙 등의 4가지의 혼합물로 보아왔다. 동양의 지수화풍(地水火風) 사상이나 사주명리학(四柱命理學)에서의 목화토금수(木火土金水)도 이러한 서양의 우주만물을 해석하는 사상과 통하는 것이다.

　데모크리토스는 아브데라 출신의 거부였던 아버지로부터 많은 유산을 물려받았으나 "지혜로운 사람에게는 온 지구가 그의 집이다."라는 그의 말에서도 알 수 있듯이 당시 세계의 남쪽 끝인 이집트, 에디오피아에서 동쪽 끝인 페르시아, 인도 등을 여행하면서 유산을 탕진하기도 한 기인이었다. 그는 수학, 철학, 윤리학, 사학, 음악, 물리학, 법학, 기하학, 시학 등의 다양한 학문분야를 섭렵했는데, 스스로 자신을 5종 경기 선수에 비유하였다. 한 가지 종목이 최고는 아니지만 종합적으로는 최고라는 표현일 것이다.

　데모크리토스의 원자설은 모든 물질은 계속 쪼개다보면 더 이상 쪼갤 수 없는 아토모스(Atomos), 즉 오늘날의 원자(Atom)가 남는다는 관점인데, 그는 원자는 불변이며, 그 수는 무한하고 원자와 원사 사이에는 빈 공간(Void)이 있다고 하였다. 이러한 그의 원자설(원자론)은 현대의 원자설과는 다소 차이도 있지만 연구방향에서는 거의 차이가 없다. 이는 최초의 '기계론적 우주관(Mechanistic view of the universe)'을 완성한 것으로 평가할 수 있다. 즉 다원론(원소론)이나 원소론자들은 기계론자로 볼 수 있는데, 이들의 공통점은 물질의 본질을 설명하는 데 있어서 신(神)을 배제한다는 점이며, 유물론적인 철학의 통로를 열었다는 데도 의미가 심장하다. 사회주의 사상의 교조인 칼 마르크스(Karl Marx)의 예나대학7) 박사학위 논문이 『데모크리토스와 에피쿠로스 자연철학의 차이에 대하여(1841)』라는 것을 보더라도 그러하다.

　데모크리토스의 기계론적 우주관인 원자론을 이른바 근대 과학의 아버지라고 칭해지는 뉴턴(Isaac Newton), 갈릴레이(Galileo Galilei), 코페르니쿠스(Nicolaus Copernicus), 데카르트(Rene Descartes) 등이 대부분 과학과 종교(신)을 조화시키려는 시도를 부여하고 있다는 점과 비교해 보면 고대인으로서는 참으로 혁신적이라고 할 수 있다. 그에 따르면 영혼도 원자로 구성되어 있기 때문에 영혼은 물질이며 사

---

7) 프리드리히 실러 예나 대학교(Friedrich‒Schiller‒Universität Jena)는 독일 튀링겐 주 예나에 있는 공립 대학교이다.

후세계는 없다. 신을 배제한 기계론적 우주론 관점인 이러한 과학적 원소론은 73권의 저서로 저술되었다고 하나 현재 남아있는 저서는 없으며, 아리스토텔레스 등의 다른 철학자들의 인용문에서 단편적으로 다루어질 뿐이다. 그는 무신론적 연구태도는 플라톤에게는 적대시 되었다. 왜냐하면 플라톤은 조물주가 이데아(idea)에 맞추어 세상을 창조했다고 보았기 때문에 데모크리토스의 저작들은 모두 불태워버려야 한다고 주장하였다고도 전해지기 때문이다.

그러나 아리스토텔레스의 경우에는 "데모크리토스는 명료하고 방법론적으로 모든 문제에 대해 생각했다."는 평가를 보인다. 하지만 대부분의 아리스토텔레스의 저술에서는 자신의 주장인 '제1운동자(Prime Mover)'나 '목적인(Final Cause)' 등의 우월성을 증명하기 위해 데모크리토스의 저작을 인용한 것이었고, 이는 중세에 와서는 스콜라철학과 충돌하게 된다. 다시 말하면 철학적 승자인 플라톤과 아리스토텔레스의 유신론적 우주관 입장에서는 데모크리토스는 거의 2000년 동안 패자의 위치에 있었다고 볼 수 있다. 그러나 19세기 말 이후에 현대에 와서는 원자론이 수용되면서 데모크리토스와 이들의 입장이 역전되는 경향이 농후하기도 하다.

한편 데모크리토스는 유복한 가정에서 성장했던 영향으로 성격이 낙천적이었다고 전해지며 세상을 여행하면서도 항상 큰 소리로 웃어서 '웃는 철학자(laughing philosopher)'라는 별명을 가졌다고 한다. 아울러 그의 원자론적 사고도 당시 문명세계였던 동방의 인도지역을 여행하면서 인도의 종교인 힌두교, 불교, 자이나교 등에서 전개하였던 원자론을 도입하여 사상적으로 체계화 했는지도 모른다는 점에서 보면 원소론의 배경은 인도철학적인 근거를 찾을 수도 있을 것이다.

제 2 절   소크라테스의 생애와 인간철학

1. 소크라테스의 생애배경

소크라테스(Socrates, B.C 470~B.C 399경)는 그리스 아테네의 평민 출신으로 아버지는 조각가 소프로니코스(Sophroniscus)였고 어머니는 산파 파이나레테(Phaenarete)였다. 그는 50세 정도에 악처로 알려진 크산티페(Xanthippe)와 결혼하여 세 명의 아들을 두었으며 40세가 될 즈음에 철학적 사고관념을 확립한 것으로 보인다. 그는 정치에는 적극적으로 참여하지는 않았으나 아테네의 10개 지역에서 각각 50명씩 선출하여 구성된 오백인 의회에 선출되어 활동하기도 하였다고 전해진다. 그는 이 당시 아테네가 스파르타와의 전쟁에서 부상한 병사들을 구해내지 못한 장군들을 집단적으로 처단하자는 의회 의결에서 부당하다는 이유를 들어 유일하게 반대한 사람이었다고 한다.

소크라테스의 외모는 뚱뚱하면서도 키가 작고 눈이 튀어나왔으며, 들창코이고 입은 커서 마치 그리스 신화의 주신(酒神) 디오니소스(Dyonisos)의 스승인 실레노스(Silenos)의 형상을 닮았다고 전해지지만 눈빛이 빛나고 당대의 친구들로부터는 내면적으로 우수한 사람이라고 인정을 받은 것으로 묘사된다. 그는 사계절에 상관없이 다 떨어진 외투에 신발도 없이 맨발로 다닐 정도로 가난한 생활을 하였으나 가정을 유지했으며 금욕주의자는 아니었다. 그는 거리를 순회하면서 사람들에게 질문을 하는 방식으로 철학적 대화를 하였고 청자들이 그들 스스로 무지를 깨닫도록 하는 문답법의 대화술로서 반어법(irony)을 사용하였다. 그의 이러한 변증법적인 대화술은 그의 어머니의 직업인 산파(midwife)에서 암시를 받았기 때문에 이를 산파술(조산술)로 칭하였다.

그가 살았던 고대 아테네 시기는 민주주의 제도가 쇠퇴하면서 사회적 황폐가 확대되는 상황이었는데 당시 소크라테스는 평민출신이었지만 지배계급인 귀족계급을 대변하는 사상적 역할을 하고 있었으나 새로운 신흥계급의 출현으로 귀족계급들이 반민주적으로 수세에 몰리는 상황이었다. 소크라테스가 종래의 소피스트들의 유물론적 자연철학에 대립하여 "너 자신을 알라."는 말로 설파한 것

은 바로 당시의 지배계급을 비롯한 아테네 시민들에게 도덕적 행위를 고양시키
고자 한 목적이었던 것으로 보인다.

그러나 소크라테스는 아테네의 집회장이었던 아고라(agora) 광장을 돌아다
니며 반어법을 사용하며 기존 소피스트들을 궤변론자로 지칭하여 밀어내고, 자
신의 제자들을 양성하는 과정에서 질시를 받았다. 이는 결국 청년들을 타락시키
고 국가의 신을 믿지 않고 영혼불멸의 새로운 신을 끌어들였다는 죄목으로 그의
정적과 아테네 시민들에게 고소를 당하여 70세 즈음의 나이에 사형에 처해지게
되는 원인이 되었다.

2. 소피스트와 필로소포스의 인간탐구 철학

소크라테스는 소피스트와 더불어 철학의 중심을 그 이전의 자연철학의 탐구
로부터 인간에 관한 물음으로 전환시키는 역할을 하였다. B.C 5세기 정도가 되
면 그리스는 아테네의 황금기인 페리클레스(B.C 495~B.C 429)가 지배한 시대가
끝나갈 무렵이었으며, 사람들은 혼란한 사회를 헤쳐 나가고 자신의 생계를 위해
옳고 그름은 무엇인가? 혹은 가치의 척도는 무엇인가에 대한 인간과 관련된 물
음에 관심을 가지게 되었기 때문이다.

원래 고대 그리스 사회에서는 소피스트(sophist)가 '지혜를 가진 자(현인)'의
의미였지만 소크라테스 등의 주지주의자(主知主義者, an intellectualist)들은 이들
을 설득을 목적으로 논변술을 사용하는 '궤변론자'로 격하시켰다. 당시의 소피스
트들의 공통적 관심은 절대적인 진리, 올바른 신념이 존재하지 않은 인식을 하고
있었고 진실과 거짓을 구별할 수 있는 절대적인 기준이 없다는 상대적 해결의 한
계성을 보였다. 따라서 소크라테스, 플라톤, 아리스토텔레스 등의 주지주의자들
은 자신들을 '지혜(sophia)를 사랑(philo)하는 자' 즉 '필로소포스(philosophos,
哲人, 愛智者)'로 생각하고 기존의 사상가들은 단순한 궤변을 늘어놓는 소피스트
라고 공격하였던 것이다. 대표적인 당시의 대표적인 소피스트로서는 프로타고라
스와 고르기아스를 들 수 있다.

1) 프로타고라스(Protagoras)

프로타고라스(Protagoras, B.C 480~B.C 410경)는 원소론자인 데모크리토스 (Demokritos)와 동향인 아브데라 지역 출신으로서 소크라테스보다 다소 연상의 소피스트였다. 그는 그리스의 여러 지방을 소피스트(교사)라는 이름으로 다녔던 최초의 인물로 알려져 있다. 아테네에서 대부분의 생애를 보냈는데 인생 후기에 저술한 저서인 『신에 대하여(Concerning the Gods)』에서 신에 대한 믿음에 회의적인 태도를 나타내어 B.C 415년경에는 아테네에서 추방되었다.

플라톤은 자신의 『대화편(對話篇)』저서 중 하나에 프로타고라스의 이름을 따서 사용하였는데 소피스트로서 40년 동안 군중에서 일상생활의 행동에 필요한 '덕 (arete)'을 가르친 것으로 기술하고 있다. 특히 프로타고라스는 "인간은 만물의 척도이다."라는 명제를 주장하여 유명하며, 이는 모든 지각이나 판단이 개인에 따라 상대적이라는 상대주의적 존재론을 의미하는 것으로 볼 수 있다. 다시 설명하면 어떤 사람은 특정 음식을 선호하지만 또 다른 사람에게는 그 음식이 비선호될 수도 있고, 특정인에게는 선하게 인식되는 사람이 또 다른 사람에게는 선하지 않은 존재로 받아들여지게 되는 인간마다의 특수성을 가진 상대적인 인간으로서의 척도가 된다고 본 것이다.

대화편 중의 『프로타고라스(Protagoras)』에서는 주로 지혜를 팔아 돈을 버는 소피스트(sophist) 프로타고라스가 이른바 필로소포스(philosophos)라고 할 수 있는 소크라테스를 만나서 대화를 한 내용을 기록하고 있는 형식을 취하고 있는데, 이때 소크라테스가 던진 질문은 "과연 '덕'이라는 것은 가르칠 수 있는 대상인가?"라는 것이다. 다시 말하면 특정한 기술이 아닌 '덕성'을 가르쳐서 좋거나 나쁜 가치판단을 할 수 있도록 하는 것이 가능한가의 질문을 한 것이다. 물론 프로타고라스는 당연히 가르치는 것이 가능하다고 답을 하지만 소크라테스는 특유의 짧은 질문방식과 답을 하는 방식으로 프로타고라스의 모순을 지적하는 형식으로 대화를 이어간다. 그러나 이 대화에서는 프로타고라스의 주장이나 소크라테스의 지적이 분명하게 결론이 나는 것이 아니라 양자의 주장 모두가 부정되는 상황으로 논의가 계속되지만 결국 프로타고라스가 이에 저항함으로써 대화는 끝나버리고 마는 방식으로 전개되어 소크라테스의 입장을 옹호하고 있다.

이는 오늘날 대부분의 교육기관이나 교사들이 덕성이나 인성을 교육할 수 있다는 관점을 가지고 있다는 점에서는 고대의 소피스트들의 견해와 별 차이가 없다. 훌륭한 교사의 가르침이나 교육과정을 마친 사람이 훌륭하고 가치 있는 판단과 행동을 할 것으로 기대할 수는 있지만 기술이 아닌 덕성을 외부에서 지식적 차원에서 교육할 수 있다고 하는 데는 모순이 있다는 것이 소크라테스 등의 주지주의자들의 관점이라고 할 수 있다.

2) 고르기아스(Gorgias)

고르기아스(Gorgias, B.C 483~B.C 374경)는 소크라테스 이전에 태어나 소크라테스 사후에도 활동했는데 그리스의 시칠리아 섬의 레온티니(Leontini)에서 태어났다. 고르기아스는 레온티니의 외교사절단으로 선출되어 아테네에 파견되었고 탁월한 웅변술로 의회와 대중들에게 감명을 주었다고 알려져 있다. 일설에서는 같은 시칠리아 섬 출신이자 동 시대의 인물인 엠페도클레스(Empedocles)의 영향을 받았다고도 한다.

고르기아스는 프로타고라스의 상대주의를 더욱 진전시켜 존재와 개념 간의 관계를 부정하는 사상을 보였다. 그의 저서 『존재하지 않은 것 혹은 자연에 관하여』에서는 "존재하는 것은 없다. 설령 존재하더라도 알 수가 없다. 안다고 하더라고 그것은 타인에게 전달할 수 없다."라는 논리를 펴고 있다. 플라톤은 대화편에서 『프로타고라스(Protagoras)』와 마찬가지로 『고르기아스(Gorgias)』를 하나의 저서로 다루고 있는데 주제는 연설술(웅변술)과 정치철학으로 정의(옳음)가 무엇이며, 왜 옳은 정치를 지향해야 하는지를 논박한 책이다. 플라톤의 데뷔작인 『소크라테스의 변명(Apologia Sokratous)』과 함께 초기의 작품이며, 정치를 논한 저작이다. 즉 철인왕이 통치하는 『국가(공화국)』가 중기의 대표 저작이고 『정치가』, 『법률』이 후기에 저술된 정치철학서라면 『고르기아스(Gorgias)』는 초기의 플라톤 정치철학을 피력하고 있는 책이다.

그리고 플라톤의 대화편 『메논(Menon)』에서는 고르기아스가 메논의 스승으로 표현되고 있으며, 아리스토텔레스의 저서로 알려져 있는 『멜리소스, 크세노파네스, 그리고 고르기아스에 대하여』에서는 고르기아스의 엘레아적인 관심도 보여주고 있다. 이러한 점에서 고르기아스는 프로타고라스가 모든 존재자를 개인의 특수성에 따른 상대성을 주장한 것에 비하여 다른 관점을 나타낸 것으로 보인다. 즉 엘리아학파의 관심과 같이 "아무 것도 존재하지 않는다."는 부정적 견해를 보이는 것이다. 존재는 생성되는 것일 수도 없는 것이므로 만약 지식으로서 존재를 다른 사람에게 교육하거나 전한다고 하더라도 그 사람의 귀에 들리는 것은 소리에 불과하며 존재 그 자체는 아니며 말 뿐이라는 것이 고르기아스의 철학사상이다.

이는 존재와 관념 혹은 개념을 구분하고 있는 상대주의 관점에 속하는 것이다. 그러나 소피스트라 불리는 프로타고라스나 고르기아스 등이 자연철학에서처럼 존재의 본질을 필연성이나 객관성을 바탕으로 규정하지 못하고 있는 상대주의적 해결의 한계성을 보이는 것은 소크라테스 이후의 주지주의 철학에서도 크게 차이가 나지 않는다. 소크라테스 역시 여러 소피스트와 더불어 아테네의 황금기였던 페리클레스(Perikles)[8]시대가 끝나갈 즈음에 자연철학의 탐구로부터 '인간이란 어떤 존재인가?'에 대한 상대주의적 철학으로 전환시키는 데 주력하였기 때문이다.

3. 소크라테스의 주지주의적 대화술(산파술: 반어법)

그리스 아테네 시기의 황금기였던 페리클레스 시대 말기에 이르면 많은 철학자(소피스트)들은 철학의 중심을 자연철학으로부터 '인간이란 무엇인가?'에 대한 인간탐구 철학으로 전환시키는데 관심을 가지게 된다. 왜냐하면 혼란한 정치사회 현상에서 현자로서 지식을 고수하여 생계를 유지해야 하는 소피스트들의 입장에서는 민주정과 귀족정을 주장하는 많은 정치 리더들이 자신을 옹호하고 변론할 수 있는 논쟁술을 지원해야 했기 때문이다. 아울러 일반 대중들에게도 "옳고 그른 행동은 무엇인가?" 혹은 "옳고 그른 가치의 척도는 무엇인가?"에 대한 자신의 생각이나 행동의 정당성을 논증할 수 있도록 교육할 필요성도 있었기 때문이다.

---

8) 페리클레스(B.C 495~B.C 429경)는 고대 그리스 아테네의 정치가, 웅변가, 장군으로 그리스 -페르시아 전쟁과 필로폰네소스 전쟁 사이에 아테네의 전성기를 이끌었던 사람이다. 그는 귀족혈통과 부 덕분에 학문에 매진할 수 있었고 당대의 소피스트 프로타고라스, 제논, 아낙사고라스 등과 관계를 유지한 정치가였다. 그의 시대에는 델로스 동맹으로 아테네 제국을 세우고 아크로폴리스에 파르테논 신전을 건축하였으며, 아테네 민주정을 육성하였다.

이러한 시기에 소크라테스는 정치가나 일반 대중들이 말만 잘해서 자신의 생각이나 행동을 정당하게 포장할 것이 아니라 인간 스스로 자신의 무지함을 인식하고 자신의 개인적 생각이나 감각이 아닌 보편이성을 지니고 행동할 수 있도록 하기 위한 주지주의(主知主義)[9]적인 철학을 견지하게 되었다. 즉 소크라테스는 일생 동안 "어떻게 살 것인가?"의 인간에 대한 물음을 가지고 탐구한 결과, 음미하는 삶 즉 숙고하는 삶을 살고자 하였으며, "음미되지 않는 삶(숙고하지 않는 삶)은 살 가치가 없다."는 명언을 남기기도 하여 주지주의(intellectualism) 철학의 창시자로 불린다.

소크라테스가 이처럼 '음미하는 삶'을 추구하고 자신의 무지함을 깨닫도록 하기 위해 정치가나 대중들에게 계몽하기 위해 사용한 대화술은 반어법(irony)이었으며 이는 산모가 아이를 순산할 수 있도록 산파(조산사)가 조력하듯이 보편적인 지식을 감각이 아니라 이성에 따라 자연스럽게 배울 수 있도록 하는 주지주의적인 방법이었다. 즉 소크라테스가 해답을 주거나 결론을 짓는 방식이 아니라 스스로 터득할 수 있도록 하는 기법을 사용하였다. 따라서 그는 스스로 이러한 대화술을 산파술(조산술)로 불렀다. 평민으로 태어나 특별한 교육과정을 거치지 않았던 그로서는 타인에게 직접 해답을 가르치거나 결론을 제시하는 방식보다는 다소 일목요연하지는 않더라도 상대방이 스스로의 무지함을 인식할 수 있도록 논증해나가는 방식이 타당한 방식이 되었을 것으로도 보인다.

물론 소크라테스는 "덕은 곧 지식이다. 그러므로 정의, 절제, 용기 등의 덕에 상반되는 부도덕은 부정의, 방종, 비겁이 아니라 무지하기 때문이다."라고 하였다. 이는 다른 소피스트들과 같은 입장에서 '덕'을 지식교육의 대상으로 보는 관점도 어느 정도 보이지만 당시의 소피스트들과는 달리 상대주의적 인간 가치관의 한계점을 극복하고 보편이성을 깨닫도록 대화방식을 사용하였다는 점에서 차별성을 찾을 수 있다. 다른 한편으로 소크라테스 철학의 특징은 지식과 행동, 이론과 실천을 분리하지 않은 데서 찾을 수 있다. 그는 인간의 잘못된 행위는 인

---

9) 철학에서 주지주의는 지성 또는 이성과 지혜를 앞세우는 경향이나 태도를 말하는데, 감정이나 정서를 중요시 여기는 주정주의(主情主義) 혹은 정서주의(情緒主義)나 의지를 중요시 하는 주의주의(主意主義)와 비교된다.

간의 수양 또는 실천 의지의 결여로부터 발생하는 것이 아니라, 무지함으로부터 비롯된다고 생각하였다. 소크라테스는 어떠한 행위를 함에 있어서 무엇 때문에 그 일을 해야 하는가에 대한 확실하고도 분명한 인식(주지)을 갖지 않으면 그 행위를 할 수 없다고 보았던 것이다. 그러므로 "정의, 절제, 용기 등의 덕에 상반되는 부덕은 불의, 방종, 비겁이 아니라 무지하기 때문이다."라고 한 점은 주지주의적(主知主義的) 지행합일설(知行合一說)을 나타내는 말이기도 하다. 따라서 소크라테스는 바로 이론과 실천을 하나로 보는 인식론을 자신의 삶 속에서 보여 주고자 한 실천적 사상가였다고 할 수 있다.

이러한 소크라테스의 사유방식은 인식과정에서 감정이 아닌 이성의 역할을 중시하는 주지주의적인 태도이다. 주지주의는 근대철학자 베이컨이 근대과학을 반대하는 부정적인 개념으로 처음 사용한 용어인데, 그 이후 칸트는 감각주의에 대립되는 개념으로 이해하고 고대의 플라톤과 근대의 라이프니츠를 가장 유능한 주지주의자로 꼽는다.[10] 그러나 이러한 인간탐구적 주지주의 철학은 소크라테스로부터 시작되었다고 할 수 있다. 당시의 현자(철학자)들은 상대주의와 주관주의, 회의주의적인 경향이 많았기 때문에 소크라테스는 이들을 소피스트로 격하시키고 자신은 이성을 진리의 원천으로 보는 주지주의를 내세운 필로소포스로서 이들을 타파하였던 것이다.

그러나 소크라테스의 이러한 주지주의적이고 상대방 스스로가 무지함을 깨닫도록 이끄는 대화술(변증법술, 문답법)은 당시의 정치가들이나 소피스트들로부터 자존심을 건드리는 결과를 가져왔고, B.C 399년경에는 아테네 법정에 고발이 되게 하는 원인이 된다. 당시 고발장의 내용은 소크라테스가 국가의 신을 믿지 않고 타락시켰다는 죄목이었으며, 고소인은 소크라테스와 친했던 알키비아데스와 크리티아스의 정적이며 아테네 민주정파의 지도자인 아니토스(Anytus)가 중심이 되고 비극 시인 멜레토스와 웅변가 리콘이 그에 따랐던 것으로 나타난다.

소크라테스가 유죄가 될 만한 조건은 당시 사회로서는 아테네의 공직추첨제 방식의 민주정을 비판하고 스파르타체제를 찬양한 것이나 그와 친한 제자였던 크

---

10) 주지주의적 인식은 플라톤, 아리스토텔레스, 토머스 아퀴나스, 데카르트, 칸트 등의 사상에서도 보인다. 그리고 루소는 주정주의, 쇼펜하우어는 주의주의 인식론을 보인다.

리티아스(Kritias)는 민주정 직전까지 아테네의 30인 과두독재체제를 이끌었던 핵심인물로 민주정파에 의해 살해당했던 자였다는 점이다. 30인 참주정을 폐지하고 민주정이 회복된 지 4년이 지난 시점에 민주정파는 이러한 이유를 배경으로 소크라테스를 고발한 것이다.

이 외에도 소크라테스가 고발당하게 된 사유는 대화술로 인하여 유명해지고 난 후 델포이(Delphi) 신전의 신탁에서도 친구이자 제자였던 카이로폰이 소크라테스가 제일 현명한 자라는 답을 얻었다고 주장한 것에도 원인이 있다. 그리고 소크라테스도 이에 고무된 나머지 겉으로는 이를 반박하는 한편, 지혜로운 자들과 많은 논쟁을 벌여 상대방을 궁지에 몰아넣었기 때문이기도 하다.

그리고 델포이 신전에 신탁으로 쓰여 있던 "너 자신을 알라(그리스어: gnothi seauton, 그로티 세아우톤, 라틴어: nosece te ipsum, 노스케 데 입숨, 영어: Know thyself or know yourself)"[11]는 말은 고대 그리스 시기에는 가장 흔한 말로서, 일종의 경고문에 해당한다. 흔히 소크라테스가 대화술에서 많이 사용한 어귀였다고 전해지지만 탈레스(Thales)가 최초로 써놓은 것이라는 설과 스파르타(Sparta)[12]의 정치가 킬론(Chilon)의 말을 기록해놓은 것이라는 설도 있다는 점에서 본다면 고대 그리스 시기 현인들의 인간탐구 철학을 가늠할 수 있는 경구(epigram)에 해당한다.

---

11) 델포이 신전에는 다음과 같은 그리스 7 현인의 명언이 신탁으로 새겨져 있다고 전해진다. ① 밀레투스의 탈레스(Thales): "너 자신을 알라." ② 아테네 솔론(Solon): "모든 일에서 절제하라." ③ 스파르타의 킬론(Chilon): "불가능한 것을 탐하지 말라." ④ 코린트의 페리안데르(Deriander): "모든 일에서 멀리 내다보라." ⑤ 린도스의 클레오블루스(Cleobulus): "절제가 최선이다." ⑥ 피리에네의 비아스(Bias): "모든 인간(남자)은 악하다(나쁘다)." ⑦ 미틸레네의 피타쿠스(Pittacus): "어떤 선택을 할지 알아야 한다."

12) 그리스 펠로폰네소스 반도 남동부 라코니아(Lakonia) 지방에 있던 고대 도시 국가이며 오늘날에는 에브로타스(Eurotas) 강 오른쪽 연안에 있는 라코니아 주의 주도이다. 스파르타는 B.C 480년에 페르시아군을 영웅적으로 막아냈고 그 후에도 페르시아 전쟁을 이끌어 그리스의 승리에 크게 이바지했다. 그러나 살라미스 해전(B.C 480)으로 아테네 해군의 막강함이 드러나자 그리스의 두 강대국 사이에 결코 화해할 수 없는 싸움이 벌어졌다. 이 싸움은 펠로폰네소스 전쟁이 끝난 B.C 404년에 아테네의 패배로 끝났고 스파르타는 그리스에서 가장 강력한 나라로 등장했다. 코린트 전쟁(B.C 395~387)에서 스파르타는 아테네 동맹군에게 육지에서는 2차례 승리했지만 크니도스(Cnidos) 해전에서는 아테네와 페르시아의 연합 함대에 참패를 당했다(daum 백과사전 참조 수정).

제 2 장

플라톤의 이데아론 철학

제 1 절   플라톤의 생애

1. 플라톤의 생애배경

플라톤(Platon, B.C 427~B.C 347경)은 아테네의 귀족출신인 아버지 아리스톤(Aristōn)과 어머니 페릭티오네(Periktionē)의 사이에서 태어났으나 어린 시절에 아버지가 죽고 난 후에는 당시 정치지도자였던 페리클레스(Pericles)의 친구이자 지지자였던 피릴람페스(Pyrilampes)와 어머니가 재혼한 가정에서 성장하였다. 그는 어린 시절 '아리스토클레스(Aristokles)'라는 이름으로 불렸으나 유년기에 체육관에 다니다가 그의 넓은 가슴 때문에 '플라톤'이라는 이름으로 바뀌게 되었다고 한다. 어릴 때는 레슬링 선수였지만 4년마다 열리는 올림픽에서 한 번도 수상을 하지 못하자 비극 시인이 되고자 하였으나 이마저도 여의치 못하였고, 소크라테스를 만난 이후에 철학으로 전환하여 결혼하지 않고 저술을 하며 80세의 평생을 살았다.

그는 B.C 404년에 그리스 과두독재정권을 이끌었던 그의 외삼촌 크리아티스를 통해 당시 과두정권체제를 옹호하던 소크라테스를 그의 나이 20세이던 B.C 407년경에 만나서 27세가 되었던 B.C 399년경까지 약 7년간 소크라테스로부터 교육을 받을 수 있었다. 귀족이었던 플라톤도 청년시절에는 정치적 관심이 있기도 하였으나 당시 과두정부의 폭력적 풍토 때문에 포기하였다. 그리고 과두독재 정권이 물러나고 민주정이 들어선 이후에 그의 스승 소크라테스가 B.C 399년에 민주정 인사들의 주도하에 사형을 당하는 사건이 발생하자 정치에는 관심을 끊고 다른 소크라테스의 제자들과 함께 3년 정도 아테네를 떠나 피신을 하게 된다. 피신 기간 중에 그는 약 10여 년 동안 지중해 연안의 이집트, 시칠리아, 소아시아 지역 등지를 여행을 하였고 피타고라스 학파와도 교류하여 수학적·종교적·철학적 견해를 넓혔다. 이러한 경험들은 그의 저서인 다양한 『대화편(對話篇)』에서도 찾을 수 있다.

아울러 그가 살았던 시대적 배경을 보면, 플라톤이 태어나기 4년 전에는 아테네와 스파르타 간의 펠로폰네소스 전쟁(B.C 431~B.C 404)이 시작되었고, 전쟁 시기인 B.C 429년에는 아테네의 탁월한 정치가였던 페리클레스(Pericles)가 사망하였으며, B.C 404년에는 아테네가 스파르타에 항복을 하게 된 시기였기 때문에 시대적으로 격변의 시기였던 것으로 보인다. 특히, 도시국가로서의 법률과 제도를 자연적이고 신성한 종교적 힘에 근거를 두었던 아테네로서는 펠로폰네소스 전쟁의 패배는 소피스트들이 당시의 주류였던 소크라테스 등의 자연철학자들을 밀어내고 인간의 도덕적 타락과 폭정을 대상으로 논증할 수 있는 계기로 작동하였다고 생각된다.

이러한 혼미한 시대적 배경에서 플라톤은 소크라테스를 철학적인 관계로 만나 가르침을 받게 되었고 소크라테스가 처형당한 후에는 여러 곳을 다니며 수학한 것이 그의 철학적 폭을 넓히는 데 도움이 된 것으로 보인다. 특히 다시 아테네로 돌아온 이후인 그의 나이 43세가 되던 B.C 387년경에 '아카데미아(accademia)'라는 서양 최초의 학원을 열고 아리스토텔레스 등의 걸출한 제자들을 양성한 것은 서양철학사에서 길이 남을 존재로서의 위치를 차지하게 된 근거가 되었다.

2. 플라톤과 소크라테스의 관계

플라톤의 철학은 서양정신사를 대변하는 위치에 있다. 영국의 화이트 헤드(Alfred North Whitehead, 1861~1947)는 "서양철학의 역사는 플라톤 철학의 각주이다."라는 말을 한 것도 같은 맥락에서 이해할 수 있다. 그러나 플라톤의 철학을 논의하려면 그의 스승인 소크라테스 철학에서 시작하지 않으면 안 되며, 마찬가지로 그의 제자인 아리스토텔레스 철학도 거론하지 않을 수 없다.

플라톤은 잘 알려져 있듯이 소크라테스의 수제자이며 아리스토텔레스의 스승이다. 즉 플라톤은 성인이 된 20세에 62세였던 소크라테스를 만나 약 7년간 아테네 거리에서 대중들을 대상으로 대화하고 연설하는 방법을 학습한 사람이다. 다시 말하면 철학을 조용한 사색(思索, thinking)의 형태가 아니라 활발한 토론과 대화의 형태로 교육받은 제자이다. 이러한 학습과 교육방식은 소크라테스가 그의 정치적 견해와 반대 위치에 있었던 민주주의자의 수장 아니토스(Anytus)의 소송에 의해 B.C 399년에 독배를 받고 사형에 처해진 장면부터『대화편(對話篇)』저술에 적용되어 그대로 후세에 전해지고 있다.

따라서 소크라테스의 철학과 플라톤의 철학은 분리할 수 있을 만큼의 차이점을 발견하기가 쉽지 않다. 단순한 스승과 제자 사이의 학습적 관계만이 아니라 단 한 권의 저서도 남기지 않았던 스승 소크라테스의 철학을 플라톤이 죽은 소크라테스의 입을 통해 다시 기록하고 있다고 할 수 있을 만큼 사상적 혼연일체를 보이고 있는 것이다.

그러나 이것은 서양정신사에서는 플라톤이 유일하지만 동양정신사에서도 유사한 사례가 없질 않다. 소크라테스보다 150여년 앞선 시기에 동양에서 활동했던 석가모니(B.C 624~B.C 544)나 80~100여년 정도 앞선 시기의 노자(B.C 6세기경),[1] 공자(B.C 552~B.C 479) 역시도 대부분 대중들을 대상으로 가르침을 주었을 뿐, 많은 저서는 남기지 않았으나 그들의 제자들에 의해서 스승의 사상들이 기록으로 전해지고 있기 때문이다.

예를 들어 석가모니(Sakyamuni)의 사상을 저술한 제자로는『유마경(維摩經)』의 제자 품(弟子 品)에서는 10대 제자로 사리불(舍利佛, Śāriputra), 목건련(目犍連, Maudgalyāyana), 가섭(迦葉, Kāsyapa), 수보리(須菩提, Subhūti), 부루나(富樓那, pūrṇa), 가전연(迦旃延, Kātyāyana), 아나율(阿那律, Aniruddha), 우바리(優婆離,

---

1) 성(姓)은 이(李), 이름은 이(耳)로 도교경전인『도덕경(道德經)』의 저자로 알려져 있으나 현대 학자들은『도덕경(道德經)』이 한 사람의 손에 의해 저술되었을 가능성은 받아들이지 않는다.

Upāli), 라훌라(羅睺羅, Rāhula), 아난(阿難, ānanda) 등이 있다. 이들 중에 아난은 석가모니가 직접 설했던 가르침을 모두 암송해냄으로써 후대의 경장(經藏)을 성립시키는 데 기여하였다. 그리고 우바리는 석가모니 사후 첫 번째 결집에서 계율에 관한 모든 내용을 암송하여 후대의 율장(律藏)을 성립시켰으며, 가전연은 교의에 대하여 논하는 데 가장 뛰어난 능력을 보여 논(論)의 제일로 알려진다.

중국 최초의 역사서인 춘추(春秋, chun‒chju)를 쓴 공자의 제자로는 자로(子路), 염유(冉孺), 유약(有若), 안회(顔回), 중궁(仲弓), 자공(子貢), 자유(子游), 증자(曾子) 등이 많이 알려지고 있다. 그리고 맹자(孟子, Mengtzu, B.C 371~B.C 289경)와 순자(荀子, Hsuntzu, B.C 300~B.C 230경)는 공자 사후 2세기 정도가 지난 시기에 활동한 제자의 제자에 해당된다. 공자의 사상인 유학(유교)의 경전은 사서삼경(四書三經)으로 요약될 수 있는데, 사서(四書) 중에서 『논어(論語)』는 공자가 생존 시에 훈육한 내용을 제자들이 받아 적은 공자의 말과 공자 사후 공자의 제자들의 말 및 기타 자료들로 구성되어 있다.

그리고 『맹자(孟子)』는 맹자 자신과 그 제자였던 만장(萬章)과 공손추(公孫丑)가 공저한 것으로 보이며, 『중용(中庸)』은 공자의 손자인 자사(子思)가 『논어』의 핵심내용을 중심으로 지은 것으로, 『대학(大學)』은 증자(曾子)가 공자가 찬술한 내용을 정리한 것으로 추정되고 있다. 그리고 삼경(三經)은 사서에 비해서 종교적인 의미의 경전이라고 말할 수 있는데 시경(詩經), 서경(書經), 주역(周易)이 그것이며, 시경(詩經)은 중국 춘추시대(春秋時代)2)의 민요를 중심으로 한 중국 최고(最古)의 시집(詩集)이고, 서경(書經)은 중국 요순시대(堯舜時代)부터 주(周)나라3) 때까지의 정사(正使)에 대한 문서를 수집하여 공자가 편찬한 책이다. 주역은 점서(占書)로서 경(經)과 전(傳)의 두 부분으로 되어 있으며 역경(易經)이라고도

---

2) 중국역사에서 춘추전국시대란 동주시대(東周時代)의 다른 이름이다. B.C 770~B.C 476년은 공자가 편찬한 노(魯)나라의 편년체 사서인 『춘추(春秋)』의 이름을 따서 춘추시대라 하고, B.C 475~B.C 221년은 강대국들이 패자의 자리를 놓고 다투었으므로 전국시대(戰國時代)라고 칭한다.

3) 주나라는 기원전 1046년~기원전 256년에 상나라를 이어 중국에 존재했던 나라이다. 중국 역사상으로 가장 오래 유지된 나라이며, 이 시기에 철기 시대의 사용이 시작되었다. 주나라는 기원전 11세기 중엽에 서쪽의 웨이허 강 분지에서 세력을 확대하여, 은나라를 멸망시키고 중원(中原)을 지배하기도 하였다.

하는데 주(周)나라의 문왕(文王)이 지은 것으로 전해진다.

한편 같은 동양정신철학으로서 노장사상(老莊思想)은 공자와 비슷한 시기에 주나라의 사관(史官)으로 활동했던 노자(老子, Laotzu)의 『도덕경(道德經)』과 노자 사후에 맹자와 비슷한 시기에 활동한 것으로 추정되는 장자(莊子, Chuangtzu, B.C 369~B.C 289경)의 『장자(莊子), 일명 남화진경(南華眞經)』에서 살펴볼 수 있는데, 『도덕경』보다 더 분명하며 이해하기 용이하다. 그의 사상을 말하는 노장사상은 공자의 유교를 배척하기 위한 것으로 도교(道敎) 또는 도학(道學)으로 불린다.

이외의 서양종교사상으로는 예수(Jesus, B.C 2?~B.C 36?)와 그의 직계 12제자 (베드로, 안드레아, 야고보, 요한, 빌립, 바톨로메오, 토마, 마태, 시몬, 유다, 야고보, 가롯 유다)의 기독천국사상을 들 수 있으나 이들의 직접적인 저작은 없으며, 주로 예루 살렘 지역에서 유대인을 대상으로 선교했다. 그러나 예수의 천국사상은 직계 제 자가 아닌 성 바울(Saint Paul, AD 10~AD 67경)이 복음서들이 정비되지 않은 상태 에서 전 로마지역을 대상으로 선교를 하였는데, 오늘날의 기독교 경전인 신약성 경의 대부분은 예수의 직접적인 말씀이 아니라 사도 바울이 전도하는 기간에 그 의 제자들이나 추종자들에게 보냈던 서간(편지글)을 바탕으로 하고 있다.

제2절   플라톤의 저서와 이데아론 형이상학

1. 초기의 대화편: 소크라테스적 시기의 저서

플라톤은 소크라테스가 아테네 법정에서 독당근즙을 먹고 사형[4]을 당한 이 후 시기부터 책을 쓰기 시작했다. 30여 편[5]에 달하는 그의 책은 서양정신사로 간

---

4) 소크라테스가 신을 모독하고 청소년을 타락시켰다고 아테네 법정에 고소당했던 이유는 소크라 테스가 사랑했던 제자들 때문이었다고 볼 수 있다. 펠로폰네소스전쟁 중에 스파르타에 투항한 알키비아데스와 전쟁 후 스파르타의 후견 아래 동포 1500명을 처단했던 아테네 과두정권의 지도자 크리티아스도 소크라테스의 제자였다. 500명이나 되는 배심원 중 280명이 유죄를 선 고하고 다시 만장일치로 사형을 판결한 배경엔 이런 이유가 있었던 것으로 보인다.

5) 플라톤의 저작은 35편의 대화편과 13편의 편지글(서간)이 인정되어 왔으나 현대학자들은 『알키비아데스』 1권, 2권, 『히파르코스』, 『에라스타이』, 『테아게스』, 『소(小)히피아스』, 『클레이토폰』, 『미노스』, 『에피노미스』, 『서간집』 등은 진위여부를 의심하고 있다.

주되며, 서양 철학사는 플라톤 책의 주석서라고도 할 수 있다. 그러나 정작 플라톤 자신은 그의 많은 저작들의 존재를 부인하고 사후에 불태워버릴 것을 요구하였다고 한다. 20세기 실존주의 철학을 대표했던 하이데거(Martin Heidegger, 1889~1976)가 "소크라테스는 서양의 가장 순수한 사유가이며, 때문에 그는 아무 것도 쓰지 않았다."고 지적하고 있듯이 플라톤 역시 그의 스승과 같이 저서를 남기는 것에 대한 다소 부정적 시각을 가지고 있었던 것으로 보인다.

플라톤의 주요 저서는 소크라테스의 말을 인용하여 대화체로 저술되었기 때문에 말 그대로의 『대화편(對話篇)』이다. 이는 자신이 쓰고도 스승의 말로 표현(구사)함으로써 순수한 사유가로서의 자신을 지키고자 했던 것으로도 보인다.

플라톤의 초기 저작은 소크라테스가 사형된 시기부터 아테네에 아카데미아를 설립하기 이전까지 저술된 작품들을 말하는데, 『소크라테스의 변론(변명)』, 『크리톤』, 『에우티프론』, 『카르미데스』, 『라케스』, 『소(小)히피아스』, 『이온』, 『프로타고라스』, 『리시스』, 『대(大)히피아스』, 『에우티데모스』, 『메넥세노스』, 『고르기아스』, 『국가』 1권 등이 있다.

『소크라테스의 변론(Apology Socrates)』은 플라톤의 저작 가운데 대화체가 아닌 유일한 작품으로 소크라테스가 아테네 법정에서 자신의 입장을 변호하면서 당시 그리스 사회의 윤리적 문제점 등을 토론하는 내용을 다루고 있다. 소크라테스가 스스로 변호하는 주요 내용으로 제1부에서는 서론, 제2부에서는 문제제기, 제3부에서는 소크라테스의 변명으로 구성되는데, 변명의 핵심은 자신은 그가 만나본 유명한 정치인이나 시인, 장인과 마찬가지로 지혜가 없지만 그들보다 우월한 것은 자기 스스로 지혜가 없다는 것을 알고 있다는 것에 있었다. 즉 사형에 대한 소크라테스의 변명은 '무지에 대한 지'를 변론한 것이며, "이제 떠나야 할 시간이 되었습니다. 각기 자기의 길을 갑시다. 나는 죽기 위해서, 여러분은 살기 위해서, 어느 쪽이 더 좋은 것인가는 오직 신만이 알 뿐입니다."는 말로 그의 변명은 종결이 된다.

『크리톤(Kriton)』은 소크라테스의 친구 크리톤이 감옥에 갇혀 있는 소크라테스를 찾아가 도망갈 것을 설득하는 내용으로 구성되어 있다. 이때 소크라테스가 허술했던 감옥을 탈출하여 도망가지 않았던 것은 크리톤에 나오는 소크라테스의 주장에서 미루어 짐작할 수 있듯이 그 자신에 대한 자아존중감이었을 것으로 보인다. 흔히 소크라테스의 법사상을 '악법도 법이다'라는 식으로 해석하고 있는 경우가 많지만 플라톤의 저작 어디에서도 소크라테스가 '악법도 법이다'라고 직접 화법으로 말한 내용은 없다는 점에서 보면 전통적인 해석의 하나에 불과하다고 보아야 할 것이다.

『에우티프론(Euthyphron)』은 경건이란 무엇인가를 주제로 제자 에우티프론과 나누는 대화편을 내용으로 한다.

『카르미데스(Charmides)』는 절제라는 것은 무엇인가에 대한 질문에서 시작되어 자신을 안다는 것이 어떤 의미인가를 논의하는 대화편을 내용으로 구성되어 있다.

『라케스(Laches)』는 소크라테스와 장군인 라케스와 니키아스가 용기란 무엇인가에 대하여 논의하는 대화편인데, 자식의 교육을 누구에게 맡길 것인가 하는 문제에서 출발하여 전문적인 지식에 대한 물음으로 전개된다.

『이온(Ion)』은 최고의 호메로스 서사시의 해석자인 이온이 소크라테스와 시에 대해 나누는 대화편을 내용으로 한다.

『프로타고라스(Protagoras)』는 소피스트 프로타고라스와 소크라테스 간에 인간은 어떻게 살아야 하는지, 덕은 가르칠 수 있는 대상인지, 지식으로서 덕은 어떤 역할을 하는가? 등에 논쟁하는 내용의 대화편이다.

『리시스(Lysis)』는 소크라테스가 두 명의 청년과 우정에 대해서 논의하는 대화편이다.

『에우티데모스(Euthydemos)』는 소크라테스와 두 명의 소피스트 간에 젊은 사람들을 가르치는 법에 대해 논쟁하는 내용의 대화편이다.

『메넥세노스(Menexenos)』는 대화편에서 철학과 교양공부를 한 18세 가량의 메넥세노스가 한 명문가 자제로 나오는데, 이 대화편의 주된 내용은 아테네가 펠레폰네소스 전쟁(Peloponnesian War)[6]에서 스파르타(Sparta)[7]에게 패한 후 또 다

---

6) B.C 431~B.C 404년 아테네와 스파르타가 각각 동맹 도시국가들을 거느리고 싸운 전쟁으로 스파르타의 승리로 끝났으나, 고대 그리스 쇠망원인이 되었다. 아테네는 민주정치를, 스파르타는 과두정치(寡頭政治)를 각각 대표한 폴리스였다. 따라서 이 전쟁은 두 정치체제의 싸움이기도 하였다.

시 코린토스 전쟁을 한 후의 전사자들을 위한 장례식 추도연설을 다루고 있다. 여기서 소크라테스는 반어적이고 허구적인 헌사로 애국심을 빙자하여 역사를 왜곡하는 자들을 비판하고 있다.

『고르기아스(*Gorgias*)』는 소크라테스와 고르기아스, 카이레폰, 폴로스, 칼리클레스 등의 소피스트 사이에 벌어졌던 대화편으로, "어떻게 살아야 하는가?" 등의 논쟁을 내용으로 한다.

『소(小)히피아스』와 『대(大)히피아스』는 각기 다른 내용으로 다루어지는데 소(小)히피아스에서는 나쁜 행위는 '비자발적인 행위'라는 역설을 내용으로 하고 있고, 대(大)히피아스에서는 '아름다움이란 무엇인가?'라는 문제에 대해 소크라테스와 같은 시대의 소피스트 히피아스(Hippias) 간에 벌어지는 논쟁을 다루고 있다.

『국가(*Politeia*)』는 플라톤 저술의 초기에 1권이 쓰여지고 2권부터 10권까지는 중기에 저술되었는데 이상국가와 올바른 인간상에 대하여 논의가 된 플라톤의 대표 저작이다.

2. 중기의 대화편: 전환기와 성숙기의 저서

플라톤의 중기 저작으로는 제자를 양성하기 위해 기원전 385년에 아카데미아8)를 설립한 후부터 60세 정도에 이를 때까지 저술한 것을 들 수 있는데, 『메논』, 『크라틸로스』, 『향연』, 『파이돈』, 『국가』 2권~10권, 『파이드로스』, 『파르메니데스』, 『테아이테토스』 등이 있다. 중기 시기는 플라톤이 장년시기에 접어들어 초기에서처럼 소크라테스의 사상을 옹호하는 것에만 그치지 않고, 문학적으로 가장

---

7) 옛 이름은 라케다이몬(Lacedaemon)이며, 그리스 펠로폰네소스 반도 남동부 라코니아 지방에 있던 고대 도시 국가이며 오늘날 에브로타스 강 오른쪽 연안에 있는 라코니아 주의 도시 주변에 고대 유적이 산재해 있는 모습은 B.C 6~2세기에 스파르타 도시 국가를 다스린 군사 과두정부 지배자들의 엄격함을 보여준다.

8) 아카데미아의 유래는 아테네 근교에 위치한 영웅 헤카데모스(Hecademos) 숲에 자리 잡고 있는데 나중에 '아카데미'로 불리게 되었다. 공식적으로는 아폴로(Apollo)와 뮤즈(Muse) 신을 숭배하기 위한 종교 모임이었고, 제자와 스승이 한 솥밥을 먹는 생활공동체 형태였다고 한다. 플라톤이 아카데미아를 세운 목적은 현대의 대학들처럼 '교육과 연구'만을 추구하는 것이 아니라 전인교육을 하는 데에 그 목적이 있었다고 전해진다.

완성도가 높은 대화편으로 평해지며, 초기와는 달리 다양한 문제를 다루었다.

『메논(Menon)』은 플라톤 저작의 과도기(전환기)에 속하는데, 따라서 초기의 요소와 중기의 요소를 공유하고 있다. 메논은 그리스 테살리아(Thessalia)에 위치한 파르살로스 평원의 젊은 귀족인데, 고르기아스의 제자로 나온다. 따라서 『고르기아스』보다는 뒤에 저술된 것으로 보이며 소크라테스가 메논이 질문하는 탁월함이 무엇이며, 가르칠 수 있는 것인지?, 탐구와 배움은 무엇인가?에 대해 토론하는 내용을 담고 있다.

『크라틸로스(Cratylos)』은 헤라클레이토스의 제자인 크라틸로스와 소크라테스가 사물의 명칭이 가지는 단어의 의미에 대해 논쟁하는 대화편이다. 헤라클레이토스와 크라틸로스(Cratylos)는 세계가 끊임없는 유동상태이므로 영구불변한 진리는 없다고 생각한 회의주의자(懷疑主義者)였는데, 플라톤은 21세 이전에 크라틸로스에게서 철학을 처음 배우고 21세부터는 소크라테스를 스승으로 삼았다고 한다. 크라틸로스와 소크라테스 간의 토론에서는 언어가 사고의 도구이기 때문에, 그것의 정당성은 단순히 사회에서 통용되는 방식에서가 아니라 사고를 정확히 표현하는 순수한 능력측면에서 검토되어야 한다고 주장하는 내용으로 구성된다.

『향연(Symposium)』은 초기저작 중에서 소크라테스의 『변론(변명)』, 『크리톤』, 중기 저작의 『파이돈』과 함께 흔히 '소크라테스의 말씀을 전하는 4대 복음서'로 칭해진다. 그만큼 플라톤의 저작 중에서는 가장 문학적인 유명한 작품이다. 내용은 크게 세 부분(도입부, 찬양연설, 마무리)으로 구성되는데 사랑(에로스)을 다채롭게 다루고 있다.

『파이돈(Phaidon)』은 감방에 갇혀있는 소크라테스가 죽기로 되어 있는 날 아침부터 죽기 바로 직전까지 이루어지는 대화편으로 주제는 죽음에 대한 것이다. 소크라테스는 죽음 앞에서 대담하고도 평온한 모습을 보이며 제자들을 위로한다. 소크라테스가 죽음 앞에서 초연할 수 있었던 것은 영혼불멸에 관한 그의 믿음 때문이었으며, 영혼불멸을 그의 제자인 파이돈과 추종자들에게 설명하기 위해 "죽음이란 몸으로부터의 영혼의 해방"이라는 주장과 함께 인간은 배움을 통해 인간의 인식을 상기할 수 있고 참된 세계(이데아)를 볼 수 있다고 하였다.

『파이드로스(Phaidros)』는 소크라테스와 그의 친구이자 제자인 파이드로스가 아테네의 도심거리가 아닌 일리쏘스(Ilissos) 강변을 거닐면서 신적인 감동 속에서 대화가 이어지는 방식을 띠고 있다. 따라서 철학과 시와 신화가 혼합된 플라톤 철학의 정수를 보여준다. 대화의 주제는 사랑(Eros)으로서 에로스에 대한 최고의 법정 연설문 작성가 뤼시아스(Lysias, B.C 459~ B.C 380)의 연설에서 시작해 같은 주제에 대한 두 편의 소크라테스의 후속 연설이 이어진다. 전체적인 내용의 흐름은 참된 에로스는 무엇이며, 참된 수사학이란 어떤 것인가라는 물음에 대한 것이며, 아울러 소크라테스의 영혼불멸에 대한 견해가 나타나기도 한다. 그는 영혼이 신에게서 떨어져 나온 날개이며, 땅에 떨어진 영혼이 인간의 육신에 태어나는데 영혼은 총 9개의 종류로서 인간의 신분이 결정되고 그 중에서 가장 많은 우주의 영험을 목격한 영혼이 철학자의 신분으로 태어난다는 설명을 한다.

『테아이테토스(Theaitetos)』는 플라톤이 같은 시대의 그리스 수학자였던 테아이테토스와 소크라테스 간의 대화를 통해 "앎이란 무엇인가?"라는 주제에 대해 일관되게 다루고 있다. 따라서 플라톤의 대화편 중에서는 가장 명확하고 단일한 주제를 다루고 있지만 난해하기로 유명하다. 영국 공리주의를 완성한 존 스튜어트 밀(John Stuart Mill, 1806~1873)은 플라톤의 『테아이테토스(Theaitetos)』를 도저히 이해할 수 없을 정도로 난해하다는 불평을 그의 자서전에 피력하고 있기도 하다. 이처럼 『테아이테토스(Theaitetos)』가 유명한 이유 중에는 몇 가지를 더 들 수 있는데, 철학의 시작을 놀라워하는 것(thaumazein)에서 찾는다는 글귀와 기하(수학)를 기초로 정립한 탈레스가 별을 관측하다가 물에 빠졌다는 이야기, 그리고 소크라테스의 못생긴 얼굴을 테아이테토스(Theaitetos)가 언급하거나 소크라테스를 '산파(maia)'에 비유하고 있는 것 등이 그것이다.

이러한 플라톤의 저술 내용은 소크라테스보다는 수학적 공리에 따라 앎을 추구하려 했던 플라톤의 독창성을 엿보게 하는 측면으로 보인다. 사실 소크라테스는 기하(수학)를 경멸했지만 플라톤은 소크라테스 사후 피타고라스 학파로부터 기하학을 배웠고 B.C 389년에 세운 '아카데미아'9)의 현관에 "기학을 모르는 자는

---

9) 플라톤은 기원전 385년 아테네 근교의 숲인 아카데모스를 모신 신역(神域) 옆에 서양학교의 최초가 되는 '아카데메이아(academeia)'를 세웠다. 이곳에서는 더러운 것으로부터 영혼을 깨

출입을 금지한다(mhdeiς $\alpha\gamma\varepsilon\omega\mu\varepsilon\tau\rho\eta\tau o\varsigma$ εisitw, medeis ageometretos eisito, 메데이스 아게오메트레토스 에이시토)."라고 써놓았다는 것은 이를 방증한다. 이러한 플라톤의 기하학적 사상은 유클리드(Euclid Alexandreiae, B.C 330~B.C 257경)에 의해 완성을 보았는데 유클리드의 저서인 『기하학원본(Elements)』 13권이 그것이다.

『파르메니데스(Parmenides)』는 중기에서 후기 저작으로 넘어가는 시기에 저술되었는데, 파르메니데스(Parmenides)는 엘레아 학파인 크세노파네스(Xenophanes)의 제자인데 소크라테스보다는 나이가 많고 제논과 함께 아테네를 방문해 젊은 소크라테스를 만난 것으로 나온다. 플라톤은 이 대화편에서 파르메니데스를 중심으로 하는 엘레아 학파의 존재론과 변증법에 대한 비판을 통하여 그의 이데아론을 발전시켰다. 즉 파르메니데스는 소아시아 지방의 에베소 출신인 헤라클레이토스가 "만물은 흐른다."는 변화적 존재론(만물유전론)을 공격하고 사물은 일원적이고 불변적이라는 존재론(운동부정론)을 주장하였는데, 이에 대해 플라톤은 가설을 설정하는 방법으로 엘레아 학파인 파르메니데스의 논리(원리)를 무력하게 만드는 이데아론을 펼친 것이다.

그리고 플라톤의 저작 가운데 가장 대표작으로 평해지는『국가론(원제 Politiea)』 2권~10권이 바로 이 중기 시기에 저술되었다. 『국가론』은 그의 이상주의관에 따른 이상국가론(물론 오늘날과 같은 의미가 아닌 고대 그리스 시기의 police 형태에서의 이상적 국가론)과 정의관을 총 10권의 방대한 책으로 피력한 것인데, '훌륭하게 산다는 것은 무엇인가?'를 주제로 삼고 있다. 1980년대부터 미국 하버드대에서 30년간 정치철학을 토론식으로 강의한 마이클 샌델(Michael J. Sandel) 교수가 2010년에 출판한 『정의(Justice)』라는 저서로 '정의란 무엇인가?'를 대중에게 설파하고 있는 것과 마찬가지로 플라톤은 지금으로부터 2400년 전에 『국가론』에서 소크라테스의 입을 빌어 '정의'에 대하여 소피스트들과 토론하는 내용을 담고 있는 것이다.

『국가론』의 앞부분에서는 부자인 케팔로스(Kephalos)의 아들 폴레마르코스(Polemarchos)가 "정의는 선한 자를 이롭게 하고 악한 자를 해롭게 하는 것입니

꿋하게 한다는 믿음으로 짧은 수면을 취하고, 성생활과 육식은 금지되었다. 교육내용은 철학을 중심으로 수학·음악·천문학 등이었다.

다."라고 한 말에 "대상이 악하다고 해서 누군가를 해롭게 하는 것이 과연 정의
인가?"라고 소크라테스가 반론적인 질문을 하면서 정의론은 시작된다. 이에 소
피스트인 트라시마코스(Thrasymachus)가 나서서 "정의란 다스리는 자의 이익입
니다. 다스리는 자가 옳다고 정한 규칙을 따르는 것이 정의(옳은 것)입니다."라는
논점을 내놓자 이에 대하여 소크라테스는 "다스림의 본질은 다스림을 받는 자들
을 이롭게 하는 것이 옳은 것(정의)이다. 다스림으로 인하여 이익을 취한다면 옳
은 다스림이라고 볼 수가 없고, 정의란 개인은 각자의 소임을 다하고 국가도 마
찬가지이다. 제화공은 구두를 만드는 일에, 목수는 집을 짓는 일에 최선을 다하
는 것이다. 하지만 정의는 외면적인 일보다는 인간의 내면적인 것과 관련이 있는
데, 자신의 내면을 잘 조절하고 지배와 복종, 협력을 마치 아름다운 선율처럼 이
끌어 내는 일이다."라고 답하는 내용으로 정의론이 전개되는 것이다.

3. 후기의 대화편: 노년기의 저서

플라톤의 후기(노년기) 저작으로는 67세(B.C 360년)부터 80세의 나이로 생을
마감한 B.C 347년까지 저술한 『티마이오스』, 『크리티아스(*Critias*)』,[10] 『소피스트』,
『정치가』, 『필레보스』, 『법률』 등이 있다. 플라톤이 노년기에 접어들어 저술한
대화편들은 중기에 다루었던 내용을 더욱 깊게 다루며, 다소 추상적인 전개과정
으로 구성되지만 그의 이데아론을 비롯한 플라톤 철학이 가장 농축된 저작들이
많다.

『티마이오스(*Timaios*)』에 나오는 티마이오스는 그리스 시칠리아 출신의 역사
가로서 플라톤의 대화편에 등장하는 인물이다. 헬레니즘-로마철학시기의 회의
주의 학파 퓌론(Pyrrhon, B.C 360~B.C 270)은 플라톤의 『향연』과 『티마이오스』를
너무나 숭배한 나머지 플라톤 사상을 비판하지는 않고 수정하였다. 『티마이오스』
에서 크리티아스(Critias)의 입을 통해 훌륭한 국가체제를 갖추고 풍요와 번영을
누리며 9,000년 전 지중해 너머 대서양에 존재했다고 믿어지는 '아틀란티스'섬

---

10) 플라톤의 저작 '티마이오스'와 '크리티아스'에서는 아틀란티스 대륙에 대해서 최초로 언급이 되
고 있으며, 그 위치는 대서양 한 가운데로 언급되고 있지만, 후에 지중해 산토리니 섬 인근이나
스페인 카디스 북부 해안 등이라는 여러 주장이 나와 실제 위치는 확실하지 않은 상태다.

(국가)[11]의 형성과 멸망의 이야기를 서두로 우주적 질서와 인간의 본성, 그리고 최선의 삶에 대한 논의를 공동체 차원에서 구현하는 주제를 다루고 있다. 즉 우주에는 인간의 삶을 훌륭하게 이끄는 신의 섭리가 담겨있다고 봄으로써 중세에 와서는 기독교 세계관과 연결되는 측면이 있고, 그의『국가론』이 인간 중심의 세계관이라면『티마이오스』는 다시 우주로 확대되는 종교중심의 세계관으로도 볼 수 있다. 이 책에서는 소크라테스, 크리티아스, 헤르모크라테스, 티마이오스가 등장하여 대화를 나누는 방식을 취하고 있지만 대부분은 티마이오스(Timaios)가 중심이 된 대화가 많다.

　『크리티아스(Critias)』는『티마이오스』에서와 마찬가지로 전설 속의 아틀란티스 섬(국가)의 이야기가 나오며, 대화에서는 티마이오스, 소크라테스, 헤르모크라테스가 등장하지만 주로 크리티아스(Critias)가 중심이 된다. 이러한 패턴으로 볼 때『티마이오스』,『크리티아스』외 다음 저작으로는『헤르모크라테스(Hermocrates)』가 구상되었을 것으로 예측되나『크리티아스』가 미완성상태로 끝나는 바람에 시칠리아 민주지도자였던 '헤르모크라테스(Hermocrates)'에 대한 대화편은 저술되지 못했던 것으로 보인다. 즉 플라톤은『티마이오스』에서 우주적 국가론과 생명체 탄생에 관한 대화를 전개한 이후에『크리티아스』에 와서는 보다 구체적으로 아틀란티스 통치자(포세이돈 신이 건축하고, 그의 다섯 쌍둥이 아들 10명이 지배했으며, 그 중에서 장자인 아틀라스(Atlas)가 최고권력자였던 것으로 설정됨)들의 부정적인 모습과 타락상을 언급하고 있는데, 결국 징벌을 위해 제우스신이 신들을 소집하는 이야기에서 대화편은 중단된다. 이는『크리티아스』라는 대화편에 나오는 크리티아스(Critias)는 플라톤의 친척이자 소크라테스의 제자이었고, 아테네와 스파르타 도시국가 간의 펠레폰네소스 전쟁에서 아테네가 무조건 항복을 하자 스파르타는 아테네의 민주정체를 폐지하고 크리티아스가 중심이 된 유력정치가 30인 참주 독재체제를 세웠던 시대적

---

11) 플라톤의 저작 '티마이오스'와 '크리티아스'에 따르면 아틀란티스는 전설속의 섬으로 유럽과 아프리카의 양쪽 물가인 지브랄타 해협으로 들어가는 문에 설치한 2개의 기둥인 이른바 헤라클레스의 기둥(Pillars of Hercules)을 지나 아틀란티스라는 이상국가가 있었다고 한다. 플라톤 이후 아틀란티스 대륙은 끊임없이 존재여부와 위치에 대한 논쟁의 대상이 되어왔는데, 아틀란티스 대륙은 대서양이나 지중해에 있다고 주장한 것이 대부분이지만 태평양 한가운데 있다는 주장도 나오고 있다.

배경에서 혼란했던 국가상을 바로 잡아 이상국가(유토피아)상을 제시한 것으로 보인다.[12]

『소피스트(Sophistes)』는 소크라테스, 테오드로스, 테아이테토스 그리고 엘레아에서 온 손님인 철학자가 대화에 참여하며, 엘레아 철학자가 소피스트의 본질을 파헤치는 대화를 주도하고 테아이테토스가 논의를 전개하는 방식의 대화편이다. 이 대화편에서 플라톤은 소피스트들을 '지혜로운 자'가 아니라 '설득술', '아첨술', '쾌락술'을 통해 대중들을 사냥하려는 사냥꾼에 불과하다는 식으로 엘레아 철학자의 입을 통해 비판을 가한다. 이 대화편에서는 소크라테스는 본격적인 대화에는 참여하지 않고 있는데, 이는 필로소피아(philosophia) 즉 '지혜를 사랑하는 자'로서 소크라테스가 아테네 시민들로부터 청년들을 현혹하는 소피스트로 오인되어 고발되고 사형된 것에 대한 철학적 대변으로 보인다.

『정치가(Politikos)』는 플라톤 철학의 인식론적 방법의 본보기를 보여주는 대화편 저작이다. 즉 젊은 시절 정치가를 꿈꾸었던 플라톤이 참된 '치자(治者, politikos)'의 기능과 모습이 무엇인지를 인식론적 방법에 의해 논리정연하게 전개하고 있다. 그의 중기 저작인 『파이돈(Phaidon)』에서처럼 영혼의 인식에 대해 배움을 통한 한 가지의 접근이 아니라 다양한 측면에서 인식하려는 접근을 보여주는데, 변증술의 두 단계인 형상(모습)의 모음과 나눔 및 결합이라는 복합적이면서도 치밀한 논리적 과정을 참된 치자의 형상(eidos)을 규정하고 있는 것이다. 그는 현실적인 정치가가 아닌 원론적이고 왕도적 치자(治者)의 치술을 직조술의 예로 들어 지식을 분산된 다수성에서 하나의 개념으로 통일하는 방식인 모음(취합)과 나눔(분할) 그리고 또 다시 하나의 형상으로 모이게 하는 결합(엮음)의 순서로 논리적으로 사고하는 변증술을 보여주고 있다. 다시 말하면 치자에게 요구되는 기능과 치술의 형태는 나누어져 분할되어 결국에는 하나의 형상으로 결합되어 '보살핌'이라는 개념으로 규정할 수 있는 것이다.

『필레보스(Philebos)』는 플라톤의 중용사상과 창조사상을 엿볼 수 있고, 어떻

---

12) 30인 독재 참주정치는 공포정치에 대항하는 무고한 시민들을 처형하는 등의 악행을 저지르자 소크라테스는 이를 비판하였으며, 그러나 민주정체가 회복된 이후에도 아테네 정치는 혼란하였고 이를 비판한 소크라테스는 민주정파에 의해 고발된 후 사형된다.

게 하면 즐겁고 쾌락적으로 사는 것인지에 대하여 존재론적으로 규명하려고 시도하는 대화편이다. 다시 말하면 필레보스와의 논쟁의 주제는 인간을 행복하게 해줄 수 있는 '영혼의 상태와 배열'이 무엇인가?에 대한 것이 과연 쾌락(즐거움)인지 아니면 지혜의 모습인지에 대해 필레보스, 프로타르코스, 소크라테스 등이 대화하는 형태인데, 소크라테스는 인간의 즐거움이 하나라기 보다는 한정되지 않은 여럿으로 이루어진다는 주장을 하고 있다.

『법률(Nomo, Laws)』은 플라톤의 최후의 저작이자 총 12권으로 구성되어 가장 방대한 저작이면서 『국가론』과 함께 대표저작으로 꼽힌다. 특이한 것은 플라톤의 대화편 저작에 자주 등장하는 소크라테스가 등장하지 않고 다수의 장로들이 등장하는 대화편이라는 것이다. 따라서 위작(僞作)으로 지목되기도 하는데, 최초로 '법에 의한 국가통치'를 주장하고 있다는 점에서 법률학에서는 최고의 고전으로 꼽힌다. 『국가(론)』이 이상주의적인 국가관의 주장인 것에 비교하면 『법률』은 현실주의적 국가체제수립에 필요한 입법방향을 논의하고 민주적 국가운영방식을 다루고 있다는 점이 다르다.

4. 플라톤의 주지주의적 이원론(이데아론)의 사상 체계

플라톤의 저서에서 나타나는 철학은 소크라테스의 대화법을 기초로 출발하여 플라톤 자신이 정립한 이데아론으로 종착된다고 볼 수 있다. 그렇다면 그의 이데아론(이상주의적 이원론)이 소크라테스의 사상과는 차별적인 인식론(epistemology)이라고 할 수 있다. 그러나 실상은 그의 주지주의적인 이데아론이 소크라테스의 사상과 독단적으로 정립된 것이 아니라는 점을 인식할 필요가 있다. 소크라테스는 지성(이성)이 의지(감정)보다 우위에 있다고 생각하는 주지주의(intellectualism)의 입장에서 늘 답을 내놓은 사람이 아니라 대화 상대방에게 성가실 정도로 질문을 하여 상대방 스스로가 논리적 허점을 찾게 하여 스스로 혼란에 빠지게 만드는 방식을 취하였다. 그리고 상대방은 소크라테스의 답을 듣기 위해 주시하지만 결국 대화는 소크라테스가 답을 제시하지 않기 때문에 결론 없이 끝나는 아포리아(Aporia)방식으로 전개된다.

아포리아는 그리스어로서 하나의 명제에 증거와 반증이 동시에 존재하기 때문에 그 진실성을 확립하기 어려워서 해결하기 어려운 일을 말하는데 철학적 관심사가 피지스(physis, 자연세계)에서 노모스(nomos, 인간세계)로 옮겨가는 시기였던 기원전 5세기경의 그리스 사회에서는 철학의 화두가 되었다. 이 당시 대부분의 소피스트들은 이러한 아포리아에서 '인간이 어떻게 살아가는 것이 올바른가?'에 대해서 논쟁을 하게 되는데 다른 소피스트들이 인간사회의 규범을 상대적 잣대로 다르게 봐야 한다고 주장한 반면, 소크라테스는 상대방의 허점을 파고들면서도 자신의 답은 제시하지 않는 방식을 취하면서 보편적 규범이나 진리가 있음을 주장하는 대화술을 사용하는 것이 특징이다.

그런데 플라톤의 이데아(idea)는 완전한 원형(형상)을 의미하는데, 플라톤의 이데아론은 바로 스승의 대화법처럼 아포리아에 처하게 됨에 멈추는 것이 아니라 바로 아포리아의 놀라움에서 다시 출발하고 있다. 다시 말하면 스승의 대화법이 진리를 찾는 데는 반드시 필요한 방법이지만 "지금 당신이 알고 있는 것이 진리가 아닐 수도 있지 않은가?"로 질문하는 것에 머무는 것이 아니라 보편적인 진리를 찾아 "이것이 변하지 않는 진리이다."라는 것을 주장하고자 하였다. 그것이 바로 참된 세계론(이데아론)으로 형성되었다고 볼 수 있다. 즉 플라톤은 우리가 살고 있는 세계를 크게 두 가지의 세계로 구분하였는데, 불완전한 '현상계'와 완전하고 이상적이어서 변하지 않는 '이데아계'가 있으며 현상계는 가짜 세계라고 주장하여 이원론적 세계관을 보였다.

다시 말해서 완전한 지식은 변하지 않으며, 인간에게는 현상계의 경험을 뛰어넘어 본래의 이데아계를 볼 수 있는 선천적인 능력이 있다고 보았으며, 이는 그의 저서 『국가론(Republic)』 10권 중에 7권에 나오는 '동굴 비유(Allegory of the cave)'의 줄거리에서 찾을 수 있다. 동굴은 인간세상을 빗댄 것인데, 동굴에 갇혀있는 죄수들이 바깥세상의 그림자를 보고 그것이 세상의 전부라고 믿지만 그 중의 한 죄수가 묶여있는 족쇄를 풀고 주위를 둘러본다면 그동안 그들이 봐 왔던 세상은 그림자임에도 불과하고, 그림자도 바깥세상의 태양에 의해서 비롯된 것임을 알게 된 후에 나머지 죄수들에게 밝은 세상을 알려주게 될 것이지만 그는 동료들로부터 비난을 받고 동굴 밖으로 나가는 것을 꺼리게 될 것이라는 내용이다.

플라톤은 이 줄거리에서 바깥세상을 깨달은 죄수는 철학자이며, 인간은 철학을 통해서 바깥세상에 도달할 수 있다고 보고 감각기관에 의한 경험이 아니라 이성적 판단을 통한 관념의 세계인 '이데아'의 존재를 알아 낼 것을 주문하고 있는 것이다. 즉 플라톤의 이데아론은 현상계(동굴 안의 세계)와 이데아계(동굴 밖의 바깥 세계)라는 2원적인 세계관으로서 기존의 소피스트들이 감각이나 경험에 근거한 불완전한 현상계를 상대주의적(가변적)으로 규정하는 것에 대응하여 플라톤이 그의 스승 소크라테스와 함께 이성에 근거한 완전한 이데아계로서 보편주의(불변적)으로 접근한 것으로 정리할 수 있다. 이는 기존의 소피스트들은 감각이나 경험에 의한 주의주의(主意主義, voluntarism)적 경향에 있었던 반면, 소크라테스나 플라톤은 이성(지성)에 의한 주지주의적 입장에서 접근한 것으로 볼 수 있다. 이러한 주지주의적 경향은 데카르트나 칸트의 경우에서도 드러난다.

그의 이상주의(理想主義)는 『국가론(Republic)』에서 이데아(idea)를 경험하고 이데아를 볼 능력이 있는 철인(엘리트)이 국가를 통치하는 것이 이상국가라는 관점을 보이는데, 국가는 계급적으로 통치자(지배자)는 지혜의 덕으로, 수호자(전사)는 용기의 덕으로, 생산자는 절제의 덕으로 사는 것이 이상주의적 국가(완전한 국가)형태라고 정리할 수 있다. 여기서 지혜, 용기, 절제는 정의를 구성하는 요소가 되며 4가지 모두는 훌륭한 국가나 개인이 갖추어야 할 덕(德, virtue)이라고 하였다. 플라톤에 따르면 인간은 타고난 천성은 유덕하지 않지만 그렇다고 악한 것도 아니므로, 지혜, 용기, 절제, 정의 등의 이른바 플라톤의 4주덕(四主德 : 근본이 되는 4가지 덕)을 성취하는 인간이 선한 인간이라는 관점을 보인다.

제3절 플라톤처럼 사랑하고

1. 고대 그리스에서의 사랑하기

1) 고대 그리스인들의 사랑

철학사에서 가장 먼저 사랑의 개념을 체계적으로 언급하고 있는 것은 고대 그리스 시대의 철학자 플라톤의 저작 『대화편』에서이다. 그러므로 본격적인 플라톤의 사랑의 개념을 논의하기 전에 고대 그리스인들 사이에 인식되었던 사랑의 개념을 몇 가지 형태로 분류해보고자 한다. 왜냐하면 원래 사랑의 개념이나 그것을 표현하는 방법은 시대적으로 지리적으로 다채로운데 여기에서는 플라톤이 추구했던 사랑의 개념, 즉 '플라톤처럼 사랑하기'에 대해 논구하는 것에 목적이 있기 때문에 그가 살았던 시대적, 지리적 배경과 관련한 내용을 살펴볼 필요가 있는 것이다.

고대 그리스에서는 '사랑한다.'는 의미로 에란(eran), 필레인(philein), 아가판(agapan)이라는 동사가 주로 사용되었다. 'eran'의 의미에는 열광적 사랑, 자기를 위하여 남을 요구한다는 뜻이 담겨져 있으며, 'eran'에서 기원한 명사형인 에로스(Eros)는 육체적인 사랑에서 진리를 찾고자 하는 동경이나 충동적 에너지를 포함하고 있는 사랑의 형태이다. 'philein'은 배려적으로 사랑한다는 의미를 담고 있는데, 그에 기원한 명사형 필리아(Philia)는 친구들 간의 사랑(우정)을 의미하거나 신들의 인간에 대한 사랑의 의미를 가지고 있었다. 그러므로 충동적 에너지가 포함되지 않은 의미이며 인간을 포용하는 신적인 의미도 내포하고 있다. 그리고 'agapan'은 원래 성적인 사랑의 의미도 있었으나 어느 것을 다른 어느 것에 비하여 우선하여 선택하는 사랑의 뜻도 있었다. 나중에 신약성서에서 차용이 되면서 신과 인간 사이의 조건 없는(무조건적인) 사랑을 뜻하는 명사형 아가페(Agape)로 변형되었다.

이와 같은 고대 그리스인들의 '사랑하기'의 개념은 '사랑하기'의 형태에도 적용이 될 수 있는데 다음에서 다루어지는 몇 가지의 유형이 그것이다.

2) 에로스, 필리아, 아가페

고대 그리스인들의 '사랑하기'의 유형을 비교해보면 용어상으로 상호 차이점을 알 수 있다. 에로스(Eros)는 남녀 간의 성적 에너지에 기반을 둔 사랑의 형태에 가깝게 해석되지만 고대 그리스인의 범주에 속했던 플라톤은 정신적 세계의 이상적 상태(이데아)를 추구하는 것으로 언명한다. 즉 플라토닉 러브(Platonic love, 플라톤의 사랑)라고 지칭할 때는 바로 이상적이고 관념적인 사랑을 의미하는데, 남녀가 자신에게 부족한 부분을 채워 충만한 존재, 즉 완전한 존재가 되고자 열망하는 '순애'를 의미하는 것이다. 따라서 에로스적인 의미에서 상대방을 사랑하는 것은 상대의 부족함을 채우고자 헌신하는 것이 아니라 자신에 중심을 둔 사랑의 형태이다.

필리아(Philia)는 자신에 중점을 두는 일방적 에너지를 추구하는 것이 아니라 상대방을 자신과 대등하게 위하는 에너지를 사용한다. 어떤 의미에서는 성애적인 사랑의 개념과는 다소 거리를 찾을 수 있는 동료애나 공동체애에 가깝다. 고대 그리스인들은 남녀 간의 에로스적인 사랑의 개념보다는 동성 간의 혹은 동료나 친구 간의 정신적 에너지의 교감을 더욱 높은 차원의 사랑으로 표현하고 있는데, 그렇다고 오늘날의 동성애의 형태처럼 비난의 대상이 될 만한 유형으로 보기는 어렵다.

아가페(Agape)는 완벽한 존재로 지칭되는 신이 인간에게 주는 무조건적인 형태의 이타적 사랑이나 혹은 그러한 완벽한 존재인 신에 대한 인간의 무조건적인 사랑을 의미한다는 점에서 본다면 필리아가 자신과 상대방을 동등하게 사랑하는 것에서 더 나아가 자신보다는 상대방을 더 사랑하는 차원을 일컫는다.

그러므로 세 가지 형태 중에서 민주주의적 그리스 사회에서 가장 훌륭하고 이상적 사랑의 개념은 동등한 관계에서 형성될 수 있는 동료애, 즉 우정을 의미하는 필리아(Philia)가 된다. 같은 필리아의 개념 속에 있었던 나이 많은 성인이 미소년을 사랑하거나 같은 맥락에서의 여성 간의 사랑은 오늘날의 동성애와 유사한 개념이었지만 처벌의 대상이 되지는 않았고 다만 논박의 대상이 되었던 것으로 보인다. 그리고 아가페의 중요성은 중세에 와서 종교적 개념에서 강조된 개념이다.

3) 루두스, 프라그마, 스토르게, 마니아

그리스인들에게는 몇 가지 또다른 사랑의 유형들이 있었는데, 루두스(Ludus), 프라그마(Pragma), 스토르게(Storge), 마니아(Mania) 등이 그것이다.

루두스(Ludus)는 성인기 이전의 아이들 간의 사랑개념이나 남녀 간의 연인들이 서로 상대에게 몰입하지 않는 형태의 사랑을 말한다. 루두스적인 사랑이라고 할 때는 서로 상대에게 완전한 이상을 추구하지 않기 때문에 상호허용적이고 유희(놀이나 게임)로서의 사랑을 의미하는 것이다. 따라서 동시에 여러 사람을 사랑할 수도 있고 언제든지 상대방을 떠날 준비가 되어 있는 유형의 사랑을 말한다.

프라그마(Pragma)는 비교적 결혼생활을 오래한 부부사이에 일어나는 사랑의 형태로서, 서로 이해도 높기 때문에 다소 실용적이고 논리적인(비낭만적인) 사랑을 하게 되는 것을 의미한다. 따라서 상대에게 과도한 감정표현이나 질투를 표현하는 것보다는 밋밋한 유형의 사랑에 속한다.

스토르게(Storge)는 힘든 일들을 함께한 경험이 있는 형제(자매)나 전우(동료)간의 사랑의 형태를 나타내는 개념이다. 이것은 공동체로서의 우애적 사랑이라는 점에서 본다면 '필리아'의 개념범주에도 들어갈 수 있지만 자신이 상대방을 선택하는 것보다는 서로 경험을 통해 우연히 뜻이 맞는 상대가 생김으로써 느껴지는 우정적 정서로 볼 수 있다. 따라서 연인 간에는 자신과 비슷한 흥미를 가지고 동일한 활동을 하기를 바라는 사랑의 개념이다.

그리고 마니아(Mania)는 집착하는 사랑의 형태를 의미하는데 특히 에로스, 즉 남녀 간의 사랑에서 발생하는 사랑의 형태로 보았다. 따라서 육체적인 자극을 추구하면서도 상대방의 사랑을 강박적으로 확인하고 의존하려는 소유적이고 중독적인 사랑의 형태로 나타나는 경우이다. 따라서 서로에게 만족하지 못하고 더 많은 애정과 헌신을 요구하게 된다.

이렇게 볼 때 고대 그리스 사회에서 논의되었던 사랑의 개념과 형태 중에서 필리아, 아가페, 스토르게는 직접적으로는 남녀 간의 성적 에너지에 기초하는 사랑의 개념과는 다른 차원의 사랑이라고 볼 수 있으며, 에로스, 루두스, 프라그마, 마니아는 상대적으로 오늘날의 남녀 간의 사랑의 유형과도 크게 다를 바가 없을 정도로 유사하다. 만약에 남녀 간에도 필리아적이고 아가페적인 사랑이나 스토르게적인 사랑이 추구될 수 있다면 철학적이고 종교적이거나 공동체적인 차원의 사랑의 이데아(이상적 사랑)는 현대에서도 지속적 논의의 대상이 될 수 있을 것이다.

2. 『향연(Symposium)』에서의 사랑하기

1) 향연의 서막

『향연(*Symposium*)』은 플라톤의 중기 저작 중에서 『파이드로스(*Phaidros*)』와 함께 소크라테스와 대화 속에 나오는 상대자들의 입을 통하여 '사랑'에 대한 철학적 논의를 하는 대화편이다. 『향연(*Symposium*)』은 본래 종교의식과 같이 기념

할 만한 행사 속에서 '함께(sym) 먹고 마신다(posium)'는 의미를 가지고 있다. 『향연』에서는 그리스 비극 시인 아가톤(Agathon)이 비극경연대회에서 우승한 것을 축하하는 향연에 초대받아 아가톤(Agaton)의 집에서 소크라테스를 비롯한 그의 친구와 제자들인 일곱 명의 연사가 사랑의 신 에로스를 각각 찬양하는 내용을 담고 있다.

이날 향연에 초대된 연사들은 대부분 어젯밤 과음으로 몸이 안 좋다든가, 기력이 없다는 말을 하며 어느 누구도 적극적으로 포도주를 많이 마시지 않으려는 분위기가 조성된 가운데 자기 능력껏 즐거울 정도로만 마시는 형태에서 대화가 진행되고 있다. 대화의 초반에는 에릭시마코스(Eryximachus)가 나서서, 평소에는 어느 누구도 에로스 신에 대해서는 찬양하는 시나 노래를 짓지 않았다는데 대하여 이야기하겠다는 것을 모인 사람들에게 상기시킨다. 따라서 모두가 에로스에 대하여 대화하는 것에 동의한다면 가장 첫 번째 자리에 앉아있는 파이드로스(Phaidros)가 제일 먼저 시작하고, 왼쪽방향으로 돌아가면서 말할 것을 제안한다.

이에 대해 모임의 수장인 소크라테스가 그렇게 하도록 허락하자 파이드로스의 이야기로부터 시작이 되는데, 이러한 사례를 보더라도 파이드로스는 남보다 앞서서 말을 하는 적극성을 가지고 다른 사람들의 이야기를 이끌어내는 데 열정과 재능이 있었던 것으로 유추할 수 있다.

2) 에로스 신에 대한 비철학적 찬양

가장 먼저 나선 연사로 파이드로스(Paidros)는 신들의 탄생을 전하는 헤시오도스(Hesiodos)나 그 밖의 시인들의 구절을 인용하면서, 에로스(Eros)신은 신들 중에서 최고의 신이자 모든 선한 것의 원천이라는 찬사를 한다. 아울러 사랑하는 사람은 자신의 부끄러운 모습을 다른 누구보다 자기가 사랑하는 사람에게 보이지 않으려 하기 때문에 사랑에 빠진 사람은 수치심과 명예심이 강해지게 되며, 바로 이것이 인간을 덕과 행복으로 이끄는 힘이 되는 것이라는 주장을 한다.

두 번째의 연설자로 나선 파우사니아스(Pausanias)는 사랑의 여신인 아프로디테(Aphrodite)에게는 우라노스(Uranos, 천상적)와 판데모스(Pandemos, 세속적)라는 극단적 성질이 있듯이 에로스에게도 두 가지의 성질이 있다는 점을 주장한다. 즉 아프로디테는 둘임을 부정할 수가 없는데, 그들 중의 하나는 어머니 없이 우라노스가 직접 낳은 천상의 아프로디테(비너스)이고, 또 다른 나이어린 아프로디테는 제우스와 디오네(Dione)의 딸로서 세속적(판데모스) 아프로디테이듯이, 에로스에 대해서도 천상의 여신과 함께 일하는 천상의 에로스와 세속적 여신과 같이 일하는 세속적 에로스로 구분하는 것이 옳다는 주장을 한다. 다시 말해 천상의 에로스는 용감하고 지혜로운 사랑을 하지만 세속의 에로스는 남성이나 여성을 가리지 않고 관능적이고 성교적인 사랑을 하기 때문에 찬미할 수 없다고 한 것이다.

　　이러한 파이드로스와 파우사니아스의 에로스 신에 대한 대화 속 견해는 그 뒤의 연사인 아가톤(Agaton)의 연설에서도 비슷한 맥락의 내용으로 재생되고 마지막에는 소크라테스가 종합적으로 정리하는 연설방식으로 끝맺음을 하게 된다. 그러나 플라톤은 『향연(Symposium)』속에서 소크라테스를 따르지 않고 비판했던 희극작가 아리스토파네스(Aristophanes)를 설정하여 스승인 소크라테스의 이데아 철학을 철저히 옹호하는 듯한 전개를 한다. 왜냐하면 이날 술자리에 참석한 7명 중에 아리스토파네스를 제외한 나머지 5명은 소크라테스의 추종자였거나 제자였기 때문에 대부분은 같은 이야기를 재생하거나 소크라테스를 직접적으로 칭송하는 이야기를 함으로써 자연스럽게 소크라테스의 이데아 철학의 관점에서 에로스를 철학적으로 성취해냈다. 그러나 유독 참석자 중에서 『구름(Nephelai)』이라는 희극으로 소크라테스를 궤변론자로 비판한 경력이 있는 아리스토파네스는 다른 연사들과 다른 방식으로 에로스의 위대함에 대한 진술을 하고 있다. 그러나 플라톤은 저작 속에서 여러 가지 문학적 비판 장치를 설정하여 그의 견해를 소외시킴으로써 소크라테스의 '철학적 사랑'이라는 이데아적 에로스론(論)을 분명하게 하고 있는 것이다.

　　예를 들면, 대화(연설)의 순서상으로는 파우사니아스 다음으로 아리스토파네스가 이야기를 하도록 되어 있었지만 갑자기 딸꾹질을 하는 아리스토파네스를 묘사하여 의사인 에릭시마코스(Eryximachus)가 아리스토파네스의 권유로 먼저 이야기를 하게 하는 장면이 나오고, 여기에서 에릭시마코스는 의술의 관점이나 음악의 기술에 비추어 이야기를 하면서 사려 깊음(절제)과 정의를 통해 인간들과 신들에게 최선의 것을 만들어 주는 사랑의 힘을 에로스가 갖고 있다는 칭송을 한 후 아리스토파네스에게 이야기 순서를 넘긴다. 아울러 에릭시마코스는 희극작가인 아리스토파네스에게 '우스갯소리나 하지 말고 진지하게 말하라'는 식으로 그가 딸꾹질도 절제하지 못하는 사람임을 은연중에 비아냥거리는 태도로 대하는 장면이 나오기도 한다.

뿐만 아니라 『향연(Symposium)』의 전체 대화분량에서 아리스토파네스가 차지하는 비중은 극히 적으며, 아리스토파네스가 소크라테스의 주장을 반박하는 말을 하려는 순간 바깥에서 술꾼들이 대문을 요란하게 두드리는 소리나 피리를 부는 소녀를 등장시킴으로써 아리스토파네스의 주장은 전체적인 대화의 맥락 속에서 소외되거나 묻혀지게 되는 문학적 배치를 하고 있는 것이다.

그러면 여기에서 아리스토파네스가 우스갯소리로 듣지 말라며 에로스의 힘에 대해서 신화적인 진술을 하고 있는 내용을 보면, 태초에 인간은 오늘날의 남성(andron)과 여성(gynon)뿐만 아니라 자웅동성(ansdrogynon)이라는 하나의 독립된 종이 있었는데 자웅동성은 형태상으로나 특성상으로 남성과 여성의 공통점을 가지고 있었다는 말을 한다. 즉 원시적으로 인간은 두 사람씩 등이 붙어 있었는데 남성은 남성 둘이, 여성은 여성 둘이, 자웅동체(雌雄同體)는 남성과 여성이 등을 맞대고 붙어있었다는 것이다.

이 세 가지의 원시 인간은 네 개의 손과 네 개의 다리가 있었고 공처럼 둥근 목 바로 위에 똑같은 두 개의 머리가 반대로 놓여있고 그 위에 하나의 머리가 붙어 있는데 귀도 네 개이며 수치스런 부분(성기)도 두 개여서 자신들이 원하는 방향은 회전을 하면서 어디든지 갈 수 있는 대단한 힘과 능력의 소유자로 그려진다. 그리고 이들은 남성은 태양, 여성은 지구, 자웅동체는 달의 자식이었기 때문에 조상들의 모습을 이어받아 원형이었고 점점 오만해져서 신들의 자리를 위협하게 되었다고 하였다.

이에 신들이 모여서 대책을 강구하던 중 제우스신이 아이디어를 내고 인간들이 오만하지 않게 되는 방법을 사용하게 되는데, 제우스는 마치 저장식품을 만들기 위해 마가목 열매를 자르듯이, 달걀을 말총으로 자르듯이 인간들을 각기 둘로 잘랐다고 한다. 그 다음 치료의 신인 아폴론(Apollon)에게 둘로 나뉜 인간의 얼굴과 목이 반쪽을 잘려나간 쪽으로 돌려놓도록 시켰다고 한다. 이는 인간이 항상 자신의 잘린 단면을 보면서 좀 더 분별력을 지닐 수 있도록 하기 위한 것인데, 치료의 신인 아폴론은 잘려진 피부도 모아 염낭(夾囊, a moneybag)을 묶듯이 배 중앙에 하나의 주둥이가 만들어지도록 했는데 이것이 배꼽이라는 말을 한다.

이와 같은 아리스토파네스(Aristophanes)의 말에 의하면 이때부터 인간은 남성과 여성의 두 개의 종류로 되었으며, 자신으로부터 잘려나간 또 다른 반쪽을 끊임없이 찾게 된 것이다. 즉 자웅동성은 잃어버린 여성을, 남성은 잃어버린 남성을, 여성은 잃어버린 여성을 찾게 되는 에로스를 갖게 된 것으로, 이에 따르면 동성애(homosexuality)가 성적인 혐오의 대상이고 치료의 대상이 되는 오늘날의 관점과는 달리 고대 그리스사회에서는 집착하지 않고 지나침이 없으면 받아들여지는 관점이었음을 유추할 수 있다.

결국 아리스토파네스가 『향연』이라는 술자리를 빌어 이야기한 에로스라는 사랑의 신은 인간의 원초적 본성을 되살리고 치료해줌으로써 인간을 완전히 행복하게 만들어주는 존재로 비추어진다. 그리고 이러한 논조에 우스갯소리나 하지 말라고 비아냥대었던 에릭시마코스도 즐거웠다는 말로 어느 정도 수용하는 태도를 보이지만 다음 순서에서 아가톤(Agathon)과 소크라테스가 정리할 것이라는 말로 아가톤과 소크라테스의 순서로 넘어가게 된다.

비극 시인 아가톤은 다섯 번째 순서로 사랑의 본성과 에로스신의 훌륭한 행위들에 대한 찬양을 한다. 그는 에로스는 가장 젊고 경묘한 신이며, 에로스의 청춘기의 삶은 그의 형색의 아름다움을 나타내주고 시들어버린 육체나 영혼에는 깃들지 않는 아름다운 존재라는 점을 먼저 찬양한다. 그리고 에로스는 정의 외에 절제에도 관련하는데, 에로스보다 더 강한 쾌락이 절대로 존재하지 않는 이유는 쾌락이나 욕망보다도 에로스가 우월한 지배자이기 때문이라는 것이다.

3) 에로스에 대한 철학적 정의: 플라토닉 러브

마지막 차례는 소크라테스가 맡는데 우선 고르기아스(Gorgias)에 버금가는 수사학을 구사한 아가톤(Agathon)의 진술에 찬사를 보낸 다음 앞선 논의들에 대한 전체적 비판과 함께 에로스에 대한 논의를 자기주장이 아닌 무녀이자 예언가였던 디오티마(Diotima)에게서 들었던 이야기를 통해 사랑(에로스)의 본성을 철학적으로 정리를 하게 된다. 소크라테스는 먼저 에로스가 어떠한 아버지와 어머니로부터 태어났는지에 대해 묻게 되었는데 그에 대한 디오티마의 대답은 아름다움의 신인 아프로디테 여신의 생일축하연에서 초대를 받은 풍요의 신(神) 포로스(Poros)가 넥타주(nector)에 취해 제우스의 정원에서 잠들었을 때 초대받지 못한 결핍의 여신(빈곤의 여신) 페니아(Penia)가 포로스(Poros)를 유혹하여 잉태한 결과로 에로스(Eros)가 태어났다고 말했다고 했다. 그러므로 에로스는 어머니의 결핍적인 본성을 닮아 언제나 결핍과 함께하고 아버지의 성격을 이어받아 아름답고 훌륭한 것을 획득하는 계책도 잘 만드는 풍요와도 같이하는 중간자로 볼 수 있다는 것이다.

이러한 소크라테스의 언급은 디오티마에게서 그가 대화하면서 배웠던 에로스를 철학적으로 설명한 것으로 볼 수 있는데 지혜를 탐구하려는 소크라테스와 플라톤의 이데아 철학에 비추어 본다면 에로스는 포로스(Poros)적인 지혜와 페니아(Penia)적인 무지의 중간자이므로 단순히 에로스를 육체적 사랑만 추구하는 단계에서부터 끊임없이 정신적인 사랑을 추구하기 위해 노력하는 존재로까지 광범위하게 규정할 수 있다.

이렇게 『향연』은 에로스에 대한 다섯 명의 찬양과 소크라테스의 철학적 정리로 마무리가 된 셈이지만 책의 제3부에서는 술에 취한 소크라테스의 제자 알키비아데스(Alcibiades)가 연회장에 등장하여 소크라테스와 아가톤의 좌석사이에 자리잡고 소크라테스에 찬사를 늘어놓으면서 포티다이아(Potidea) 전투13)에서 소크라테스가 자신의 목숨을 구해준 용감성에 대해서도 이야기 하는 장면이 이어진다. 그리고 자신은 소크라테스를 끔찍이도 사랑하는데 소크라테스는 미소년인 그를 사랑하지 않는다는 불평이 이루어지는 가운데 참석한 사람들의 대부분이 술에 취하면서 에릭시마코스와 파이드로스 등의 몇몇 사람들은 집에 가버리고 아리스토파네스와 아카톤 등은 그 자리에서 잠이 든다. 그리고 새벽이 되자 소크라테스는 잠에서 깨어난 제자 아리스토데모스(Aristodemes)를 데리고 리케이온(아테네의 동쪽 일리쏘스 끝에 위치한 체육관)으로 가서 세수를 한 다음 여느 때와 같이 낮시간을 보낸

---

13) 펠로폰네소스 전쟁 당시 소크라테스는 세 번의 전투에 참전한 것으로 보인다. 즉 B.C 431~B.C 429년 포티다이아 전투에 참가한 후 B.C 424년에는 보이오티아 전투에 참전했으며, B.C 422년에는 암피폴리스 전투에도 참전했다.

후 저녁에 집으로 돌아가 쉬는 장면이 『향연』의 종결장면이다.

이러한 『향연』 속에 정리되고 있는 플라톤의 사랑(Platonic Love) 개념은 말 그대로 에로스에 관한 사랑의 의미이다. 흔히 플라토닉 러브(Platonic love)라고 칭할 때는 자칫하면 필리아적인 사랑으로 오인할 수도 있으나 에로틱 러브(erotic love)라고 할 수 있는 것이다. 다만 에로틱하다고 하는 것이 성적인 감정에만 머물러 있는 것이 아니라 순수하고 강한 형태의 비성적인 수준에 이를 때를 의미한다. 여사제(무녀)이며 그의 스승이었던 디오티마(Diotima)로부터 영감을 얻은 소크라테스가 『향연』에서 사랑(에로스)을 지혜에 이르는 수단이라고 설명하고 있는 것은 다른 사람을 사랑하는 방법은 마치 지혜를 사랑하는 마음처럼 철학적인 것이라는 플라톤 자신의 사랑에 대한 정의라고도 할 수 있다.

영어표현으로 '플라토닉 러브'라는 말을 최초로 사용한 것은 16세기 르네상스 시대의 비평가였던 윌리엄 데이브넌트(William Davenant, 1606~1668)가 쓴 『플라토닉 러버스(1636)』에 기원한다고 보는 것이 보편적인데, 이것은 바로 마음과 영혼을 고무시키고 정신적인 수준에까지 이르는 순수한 사랑을 말한다고 볼 수 있다. 그러나 현대에 와서는 육체적 사랑을 배제한 정신(관념)적인 사랑만을 지칭하는 용어로도 다루어지고 있는데 이는 플라톤이 결혼을 하지 않은 생활을 했다는 점에 치중하고 있는 해석으로 보인다. 다시 말하면 사랑에 대한 플라톤의 다채로운 정의에 대한 몰이해나 편협된 이해에서 비롯된 것인데 이는 『파이드로스(Phaidros)』에서도 거론이 된다. 플라톤이 말하는 에로스는 어느 한 쪽의 의미만을 말한 것이 아니라 이성에 의해 지배를 받는 '이성적 사랑'이 있는가 하면 정욕의 지배를 받는 '비이성적 사랑'도 있는 것이다. 그가 이성적 에로스의 특징을 미의 이데아를 열망하는 마니아(mania, 미침의 상태)로 했던 것은 에로스가 가지고 있는 양자적인 특성 중에서 정욕의 지배를 받는 육감적인 비이성적 사랑보다는 미의 이데아에 대한 열망을 가지고 끝없는 황홀감(엑스타시스, ecstasis)을 추구하는 이성적 사랑을 구분한 것이다. 따라서 일반적으로 말하는 플라토닉 러브(Platonic love)는 단순히 육감적 사랑과 정신적 사랑을 구분한 것에서 '정신적 사랑'만을 의미한다고 한정하는 것보다는 이성론자(관념론자)로서 이데아를 추구했던 '플라톤의 사랑'을 오늘날의 현대인들이 숙고하여 '플라톤처럼 사랑하기'의 방법을 사유하고 추구하는 데 의의를 두는 것이 바람직한 해석이 될 것이다.

3. 『파이드로스(Phaidros)』에서의 사랑하기

1) 파이드로스의 구성

『파이드로스(Phaidros)』는 플라톤이 60세 정도에 쓴 중기 저작에 속하며, 파이드로스와 소크라테스 간의 대화를 통해 변론기술과 사랑의 두 가지 주제를 다루고 있다. 이 중에서 사랑의 주제를 소크라테스와 파이드로스 간에 이루어지는 대화편의 내용을 보면 다음과 같다.

소크라테스는 『향연(Symposium)』에서 정신적 사랑을 '우라노스 - 에로스'14)로 육체적 사랑을 '판데모스 - 에로스'로 구분한 바 있다. 우라노스(Uranus)는 그리스 신화에 나오는 하늘의 화신인데 태초의 카오스(Chaos) 상태에서 가이아(Gaea)가 나왔고 가이아는 우라노스 및 산과 바다를 낳았다. 판데모스는 pan(모든)과 demos(민중)이 합해진 모든 민중을 뜻하는데, 고대 그리스의 현인이자 정치가였던 솔론(solon)은 기원전 6세기에 아테네 최초의 매춘굴(사창)을 운영하여 그 수익금으로 아고라(agora, 광장)에 아프로디테 판데모스 신전을 만들기도 하였다.

사실 파이드로스는 『향연(Symposium)』에서 대부분의 사람들이 에로스 신을 젊음과 연관15)시켜서 말하는 것에 비하여 '가장 오래된 신'이라고 표현하였다. 그러나 『향연(Symposium)』에서와 마찬가지로 플라톤은 『파이드로스(Phaidros)』에서도 이어서 참된 에로스가 무엇인가에 대하여 신화적 비유를 구사하며 묘사하는 내용이 전반부를 차지하고 있다. 내용의 흐름은 파이드로스가 뤼시아스의 연설을 들은 것을 정리하여 소크라테스에게 보여주고 대화를 열어 가는데, 이에 대해 소크라테스는 반대적인 연설을 전개하는 방식에서 사랑하는 사람과, 사랑을 받는 사람, 사랑하지 않는 사람에 대해 정의를 하고 있다.

---

14) 기원전 8세기에 그리스의 헤시오도스(Hesiodos)는 신화를 계통적으로 정리한 『신통기(Theogony)』를 저술했다. 이에 따르면 하늘과 땅이 갈라지기 이전에 카오스(chaos)가 있었는데 카오스에서 제일 먼저 생겨난 것이 대지의 여신 '가이아(Gaia)'이고 그 뒤를 이어서 사랑의 신 에로스(Eros)가 태어났다. 가이아는 자가생식(自家生殖)으로 하늘의 신 우라노스(Uranos)를 낳았고, 뒤를 이어 에로스의 중개로 우라노스와 결혼해서 신들을 분만했고, 각종 생물과 인간도 태어났다.

15) 그리스신화의 에로스는 로마 신화에서는 큐피트(갓난아기)로 표현된다.

전체적인 『파이드로스(Phaidros)』의 구성은 이처럼 에로스에 대한 연설에 이어 후반부에는 좋은 이야기와 나쁜 이야기를 구별하는 연설술(수사학)과 앎을 전달하기 위한 글쓰기의 적절성에 대한 논의로 이어진다. 따라서 『파이드로스(Phaidros)』에서의 사랑에 대한 논의는 주로 앞부분과 중간 부분에서 이루어지는 연설에서 찾을 수 있다. 즉 우연히 소크라테스가 거리에서 뤼시아스(Lysias)[16]의 연설을 듣고 나온 파이드로스를 만나 아테네 동쪽 일리쏘스(Ilissos) 강변으로 나가서 파이드로스가 당대의 탁월한 연설가였던 뤼시아스에게서 배우고 들은 사랑에 대한 연설문을 보여주고 낭독하자 소크라테스가 그와 상치되는 개념으로 대화(연설)를 하는 내용에서 다루어지는 것이다.

2) 뤼시아스 연설에서의 에로스

뤼시아스(Lysias)가 어떤 연설을 했는지 소크라테스가 묻자 파이드로스는 일리쏘스 강변에 적절한 장소를 잡고 앉아서 뤼시아스의 연설문을 낭독하는데 내용은 에로스적인 사랑에 관한 것이었다. 연설문에서는 사랑하는 사람들이 겪게 되는 좋지 않은 것들을 사례로 들고, 사랑하지 않는 사람들이 겪게 되는 좋은 것들이 무엇인지를 부각시키는 내용이었다. 즉 뤼시아스는 사랑하는 사람보다 사랑하지 않는 사람에게 더 많은 호의를 베풀 것을 주장을 한 것인데, 첫 번째의 막간의 대화에서 소크라테스는 뤼시아스 연설문에 대하여 다음과 같은 비판을 한다.

첫 번째는 뤼시아스의 연설문은 글이 유창하고 정확하게 표현하고 있느냐의 문제보다는 그가 진리를 말하고 있는가를 볼 때 뤼시아스는 언어의 수사에만 치우치고 있으며, 사랑이 무엇이며 어떤 힘을 가지고 있는가에 대해서는 모르고 있다는 점을 들었다. 그러나 파이드로스가 소크라테스의 지적에도 뤼시아스는 매우 가치 있는 이야기를 하고 있다고 반응하며 그러한 근거를 들지만 소크라테스는 뤼시아스가 일반적인 사랑에 대한 언급을 할뿐 독창적인 것을 찾아볼 수가 없다고 재 비판을 한다. 이 말은 뤼시아스가 "(나를) 사랑하는 사람과 사랑하지 않는 사람 중에서 과연 누구에게 더 큰 환심을 살 수 있도록 해야 하는가?"에 대하

---

16) 고대 그리스 시기에는 수많은 연설가들이 있었으나 그 중에서도 뤼시아스는 수사학(연설술)을 비난했던 플라톤도 인정한 대가였으며, 소크라테스와 데모스테네스도 대표적인 연설가로 꼽는다.

여 이야기를 수사적인 방법에 따라 현란하게 제시할 뿐 진정한 사랑에 대한 정의를 하지 못하고 있다는 점을 소크라테스가 지적한 것이다.

수사학에 비판적이었던 플라톤은 이처럼 『파이드로스』에서 수사학(연설술)의 대가인 뤼시아스를 등장시키고 소크라테스의 입을 통해 중언부언하는 방법으로 비판을 하고 있는데, 오늘날 사랑에 견주어보면 뤼시아스의 에로스적인 사랑은 타당성을 찾을 수도 있을 것으로 보인다. 왜냐하면 만약에 자기를 사랑하지 않는 사람에게 호의적 구애를 한다는 것은 구애를 하는 입장에서도 어느 정도의 사리분별을 하면서 호의를 베풀게 되기 때문에 상대방이 그것을 받아들일 경우나 그렇지 않을 경우에 구애자는 크게 불화나 상처를 입지 않게 된다. 그러나 자신을 사랑하는 사람에게 많은 호의를 베풀 경우에는 사랑의 욕망이 채워지거나 상대방이 사려분별이 없이 소유를 하려 하거나 질투를 하게 될 경우가 생겨서 불화나 후회와 같은 상처를 입게 될 수 있기 때문이다.

이는 뤼시아스의 역설적 논거에서도 설명될 수 있다. 사랑을 하는 사람은 사랑받는 사람의 육체에 끌리게 되며, 육체적 욕망이 충족되고 나면 사랑의 열정이 식어 버려 오랫동안 진정한 사랑을 나누기가 어렵지만 자신을 사랑하지 않는 사람에게 기쁨을 주면 더 오래 우애를 나눌 수 있다고 한 것이다.

3) 소년애와 동성애에서의 에로스

소크라테스가 뤼시아스의 사랑에 대한 연설에 대한 비판은 오늘날의 남녀 간 사랑과는 다소 차이가 난다. 『향연(Symposium)』에서도 소크라테스가 알키비아데스를 대하는 소년애(파이데라스티아, paiderastia)가 대화 속에서 정의되고 있지만 『파이드로스』에서 나타나는 사랑은 주로 당시 사회에서는 권장되는 관습으로서의 나이 많은 성인이 미소년을 선택하여 단순한 성적인 사랑이 아니라 지적 활동을 신장시키는 의미가 강했던 것으로 볼 수 있다. 그러므로 오늘날에 와서 고대 그리스 사회의 성애를 이성애가 아닌 동성애로 간주하는 것은 적절한 것인가를 고려할 필요가 있다.

왜냐하면 『파이드로스』에서 소크라테스가 비판적 연설을 통해 사랑을 정의하는 내용은 대부분 소년애와 관련이 되어 있기 때문이다. 어떻게 보면 『파이드로스』가 에로스에 대한 논의를 『향연』에서부터 이어서 다루고 있기는 하지만 상당 부분을 연설술(수사학)과 글쓰기에 대한 내용을 담고 있는 점을 든다면 본격적이고 체계적인 에로스의 찬양이나 정의와는 다소의 거리가 있다.

소크라테스는 미소년을 사랑하는 성인과 소년의 관계를 육체적 욕구의 측면에서 보는 것이 아니라 영혼의 고양을 이끄는 지혜 사랑의 관점에서 보고 있다. 즉 진정한 영혼에서 소년의 아름다움을 바라보고 열망에 사로잡히게 된 것이라면 자연스럽다는 말을 한다. 왜냐하면 이러한 사랑을 하는 사람이라면 사랑을 받는 사람의 영혼을 이끌어 자신이 공경하는 신과 닮은 상태로 최대한 끌어올리기위해 노력하게 된다는 것인데, 이는 뤼시아스가 자기를 사랑하는 사람을 사랑하면 상대는 질투를 가지고 우애를 저해한다고 한 것과는 대립되는 개념이다. 다시말하면 자신을 사랑하는 사람은 자신(사랑받는 사람)을 선과 지혜로서 이끌게 된다고 보는 관점이기 때문이다.

이러한 견지에서 소년애는 사랑을 받는 소년이 사랑을 하는 사람(성인)에게서 '신과 닮은 극진한 보살핌'을 받게 되는 관계라는 점을 강조한 것이다. 결국『파이드로스』에서 제시하는 플라톤의 사랑은 당시 고대 그리스에서 동년배끼리의 동성애가 아닌 유능한 성인이 성장하는 과정에 있는 소년을 대상으로 남성다운 덕성과 인생철학을 전수하는 관계에서 일어났던 소년애에서의 사랑하는 방법과 철학을 아름다운 영혼의 사랑으로 정의하고 있는 것으로 보인다.

이렇듯 플라톤이 활동했던 고대 그리스 시기의 사랑하기는 근본적으로 에로스(Eros)에 기반을 둔 사랑의 형태를 비롯한 다양한 개념으로 그 시대의 세계관이나 가치관에 영향을 미쳐온 것으로 보인다. 흔히 플라토닉 러브(Platonic Love)라고 지칭되는 '사랑하기'의 개념 역시 그의 많은 대화편 저서에서도 언급이 되듯이 기본적으로는 남녀 간의 이상적이고 관념적인 에로스에서부터 세상을 밝히는 지혜를 대상으로 한 사랑하기의 활동(필로소페인: philosophein, 철학하기)이라고 규정할 수 있다.

제 3 장

아리스토텔레스의 학문적 철학

제1절 아리스토텔레스의 생애와 이데아론 비판

1. 아리스토텔레스의 생애배경

아리스토텔레스(Aristoteles, B.C 384~B.C 322)는 마케도니아(Macedoina) 지역 이었던 그리스 북쪽에 위치한 스타게이라(Stageira)라는 작은 해변도시에서 태어 났다. 그의 아버지는 마케도니아 왕의 시의(侍醫)였던 니코마코스(Nikomachos)이 며, 어머니는 부유한 가문 출신의 파에스티스(Phaestis)인데 어린 시절 매우 유복 한 생활을 하였으나 부모가 사망한 후 17세에 아테네로 유학을 가서 18세 무렵 부터 플라톤이 세운 아카테미아에서 막 60대에 접어든 플라톤의 제자로 약 20년 간 생활하였다. 이는 플라톤이 20세 즈음에 62세 정도였던 소크라테스에게서 수 학을 했던 점과도 유사하다.

한편 아리스토텔레스는 다리가 가늘고 혀 짧은 소리를 했으며, 이러한 신체 적 결함 때문에 마케도니아식의 좋은 옷을 자주 입었다고도 하며, 책을 사는데 돈을 많이 썼다고 한다. 중년이 되어서는 플라톤의 수제자로서 오랫동안 토론과 강의를 맡아 했는데 그의 탁월한 교수 능력에도 불구하고 아테네에서는 그를 이 방인으로 대하는 경우가 많았으며, 이는 당시 그리스 사회에서 아테네와 마케도니아가 적대적 폴리스 관계였던 점과도 관련이 있는 것으로 보인다.

　　B.C 347년에 플라톤이 죽은 후에 플라톤의 조카였던 스페우시포스(Speusippos)가 아카데미아의 학장직을 맡게 되고, 급기야 마케도니아와 아테네 사이에 전쟁이 일어나자 아리스토텔레스는 아테네를 떠나 소아시아의 아스소스(Assos) 영주 헤르메이아스(Hermeias, 플라톤 제자 중 한 사람)에게로 가서 3년 정도 활동하였다. 그곳에서 헤르메이아스의 친척(양녀)인 퓌시아스(Physias)와 40세가 넘은 나이에 결혼하여 딸 하나를 낳았다고 한다. 그러나 그녀가 출산 후 병사하자 41세(B.C 343년)에 그리스의 통일론자로서 마케도니아의 필립왕이 왕자 알렉산더의 스승으로 초빙을 하자 아리스토텔레스는 고향인 마케도니아로 가게 된다.

　　그러나 알렉산더는 학문보다는 정치활동에 적극성을 보였고, 필립왕이 자신의 근위병에게 암살당하자 20세의 알렉산더가 왕위를 계승하게 되고 아리스토텔레스는 49세(B.C 335년)에 다시 아테네로 돌아와, 그 해 파르테논 신전에서 멀지 않은 뤼케이온(Lykeion)[1]의 숲속에 학교를 세워 12년간 제자들을 양성하였다. '뤼케이온'은 플라톤의 '아카데미아' 이래 두 번째로 아테네에서 운영된 학교였다. 그러나 강성해진 마케도니아의 알렉산더 대왕이 아테네를 침략한 후 대제국을 세웠지만 동방원정 중인 B.C 323년에 33세의 나이로 바빌로니아에서 병사하자 아테네에서는 반 마케도니아파가 대두되었고, 아리스토텔레스는 한 때 알렉산더의 스승역할을 했다는 이유로 협조자의 죄목으로 기소를 당하게 된다.

　　이 때 알렉산더는 플라톤의 스승이었던 소크라테스가 무고한 죄목으로 처형을 당한 것을 상기하고, "아테네인들로 하여금 두 번 다시 철학을 모독하는 죄를 짓지 않기 위해서"라는 언명을 하고, 마케도니아령인 에우보에아(Euboea) 섬의 칼키스(Chalcis)로 피신을 하였지만 채 1년이 지나지 않은 B.C 322년에 위장병으로 병사한 것으로 알려진다. 그는 죽기 전 제자인 안티파테르를 후계자로 지명하고 그의 두 번째 아내(첫 번째 아내 퓌시아스의 시종)와 그녀가 낳은 아들 니코마코스가 보는 가운데 62세의 나이로 삶을 마감한 것으로 전해지고 있다.

---

1) 뤼케이온은 원래 공공모임을 갖는 곳이어서 기둥들이 많은 건물(페리파토이)들이 있었는데, 아리스토텔레스는 제자들과 이곳에서 모임을 가지게 되자 그들을 '페리파토스'라고 불렀다고 한다. 이것이 훗날 '걷다.'라는 뜻의 '페리파테코스'라는 용어와 혼선을 가져오면서 '페리파토스 학파(the Peripatetic school)' 즉 소요학파(逍遙學派)로 불리게 된 것으로 보인다.

이처럼 아리스토텔레스는 10대 후반(18세 정도)에서 30대 후반(37세)까지 약 20년간 플라톤의 '아카데미아'를 근거로 공부를 하였고 성장한 이후에는 강의를 하였기 때문에 플라톤의 수제자로 볼 수 있다. 그의 스승인 플라톤이 60대 초반이던 소크라테스를 20대에 만나 약 7년간 토론식 학습을 한 것과 비교해 보아도 훨씬 오랫동안 스승의 그늘에서 가르침을 받은 셈이다. 그러나 소크라테스와 플라톤의 학문적·철학적 관계에서보다는 플라톤과 아리스토텔레스 간의 관계에서는 여러 가지로 차이점이 드러난다. 이 말은 아리스토텔레스가 플라톤의 철학적 가르침을 거부한 것이라는 말은 아니며, 플라톤의 정신적 사유방식을 계승하였지만 국가를 다스리는 지도자에 관련된 정치철학이나 세계관(형이상학 존재론) 측면에서는 차별성을 보인다는 말이다. 즉 플라톤은 그의 스승인 소크라테스의 이성적 사유방식을 체계화하여 관념론으로서의 이데아 사상을 정립했고, 여전히 '철학적 지혜'를 강조하였지만 아리스토텔레스는 '실천적 지혜'에 기초한 일원론(실재론)을 주장한 것이다.

다시 말하면 플라톤은 현상계의 본질(변하지 않는 것)을 현상계(물질세계)가 아닌 이상세계(정신세계)에서 찾으려는 이원론적인 사고방식을 가졌다면 아리스토텔레스는 사물의 본질은 실제 안에 있다는 실재론적 관념을 보인다. 이는 우주 삼라만상의 본질은 정신과 물질로 구분될 수 있는 것이 아니라 보이는 물질 속에 정신이 있다는 일원론적 세계관을 의미한다. 만약 이것을 인간관에 비교하면 보이는 육체라는 물질 속에 이성(정신)이라는 영혼이 존재한다는 사유방식이 된다. 따라서 아리스토텔레스는 현재 보이는 형상은 질료로서 만들어진다는 '질료형상론(hylemorphism)'을 제시한 것인데 이것은 플라톤이 질료와 형상을 독립된 존재로 보는 이데아론의 부적절함을 비판하고 있는 것으로도 해석될 수 있다.

2. 아리스토텔레스의 이데아론 비판

서양철학의 역사를 관념론(idealism)과 실재론(realism)의 양대 산맥의 발달과정으로 보면 관념론은 플라톤의 이데아론에서 시작되고, 실재론은 아리스토텔레스의 일원론에서 연원한다. 르네상스 시기의 이탈리아의 화가 라파엘로 산치로(Raffaelo Sanzio, 1483~1520)가 1509년에 교황 율리우스 2세(Pope Julius Ⅱ,

1503~1513)의 명으로 바티칸 교황청(The Holy See, Vatican, 敎皇廳)2)에 있는 '서명의 방(Stanza della Segnatura, Room of the Segnatura)에 '철학'을 나타내는 벽화를 그린 아테네 학당(La Scuola di Atene, The School of Athens)'의 그림에서 플라톤의 손이 하늘방향으로 향하고 있는 것은 플라톤의 이성적 이데아를 지칭하고, 아리스토텔레스의 손이 앞쪽 아래를 향하고 있는 것은 아리스토텔레스의 일원론적 실재론을 의미하는 것으로도 해석할 수 있다. 즉 관념론은 인식대상이 의식내재적이라는 입장이고, 실재론은 인식대상이 의식외재적이라는 입장이다.

그러나 20년간이나 플라톤의 학교인 아카데미아에서 교육을 받고 스승의 가르침에 따라 강의하고, 스승의 저작 방식인 대화체의 『대화편』을 써왔던 아리스토텔레스가 이렇게 다른 세계관을 가지게 된 원인을 쉽게 알기는 어렵다. 단지, 소크라테스와 플라톤, 그리고 아리스토텔레스가 활동했던 B.C 5세기경의 아테네 시기의 철학을 고대 서양철학사에서 동일한 시기의 개념으로 배치하지만 좀 더 세부적으로 보면 상당히 시대적으로나 사상적으로 간극(間隙, a gap)도 존재한다는 점을 그 배경으로 찾을 수도 있다. 그것은 플라톤은 소크라테스와 함께 수많은 자연철학자(소피스트)들의 상대론적 세계관을 극복하고 변하지 않는 진리 즉 절대론적 세계관을 정립시키려는 사상적 전환기에 있었다면, 아리스토텔레스는 플라톤에 의해 어느 정도의 철학적 사유방식이 아테네 시민들에게 체계적으로 알려진 이후부터 플라톤을 스승으로 만나 다소 안정되게 공부하였다는 차이점이 있다.

그리고 정치사적으로는 소크라테스와 플라톤은 아테네와 스파르타 간의 펠로폰네소스(Peloponesos) 전쟁에서 아테네가 패배한 후 스파르타가 아테네를 지배하여 불안정하였고, 아리스토텔레스가 뤼케이온 학당을 설립하고 아테네에서 활동했던 시기에는 마케도니아가 아테네를 비롯한 많은 폴리스 국가들을 전쟁을

---

2) 바티칸 교황청 박물관 서명의 방에는 4개의 벽화가 있는데, 이는 라파엘로가 교황의 명으로 그의 도서관이자 사무실이었으며 교황청 최고재판소였던 방에 그 당시 신플라톤주의의 근간사상인 진선미를 상징하는 주제였던 신학, 법학, 철학, 예술(문학)을 상징하는 벽화를 그렸다. 즉 신학을 상징하는 '성체논의(Disputation over the Most Holly sacrament)', 그 반대편 벽화에 철학을 상징하는 '아테네 학당(School of Athens)'을 그린 후 나머지 두 벽에는 법(학)을 상징하는 '세 가지 덕(Allegory)'과 시와 예술(문학)을 상징하는 '파르나소스(The Parnassus)'를 그렸다.

통하여 통일했던 시기라는 점에서는 같은 혼란기였다는 점에서는 유사하면서도 차이점은 발견된다. 즉 아리스토텔레스가 활동했던 시기는 강력하고 안정적으로 보였던 스파르타마저도 멸망한 이후부터이고, 아리스토텔레스가 62세의 나이로 사망했던 시기는 소크라테스나 플라톤이 이상도시국가 형태로 여겼던 도시국가(Polis)가 깨어지고 그야말로 마케도니아 중심의 대제국이 성립되었던 시기라는 차이점이 그것이다. 이러한 시대적 변화과정은 당대를 대표했던 플라톤의 사상이나 아리스토텔레스의 사상에서도 변화과정이 일어나게 하는 요인이 되었을 가능성이 농후하다.

플라톤은 B.C 5세기 말엽에 정치적으로 도덕적으로 매우 불안정했던 그리스 사회의 혼돈 속에서 여러 소피스트들과 정치가들이 선동적이고 상대적인 존재론을 제시하고 다닐 때 스승인 소크라테스의 사상을 그대로 이어 받아 보편적 윤리를 세우려 노력하였는데 그것의 핵심은 이데아사상에 있었던 것이다. 물론 플라톤의 스승이 소크라테스라는 걸출한 사상가 한 명만 있었던 것은 아니었다. 그는 소크라테스와 같이 했던 약 7년간 많은 교육을 받았지만 소크라테스 처형 이후에는 피타고라스(Pythagoras, B.C 582~B.C 497경)나 파르메니데스(Parmenides, B.C 520~B.C 440경), 헤라클레이토스(Herakleitos, B.C 535~B.C 475경)에게도 영향을 받은 것은 그의 저서 『대화편』을 통해서도 알 수 있다.

다시 말하면 그의 이데아론은 피타고라스가 궁극적으로 변하지 않는 것을 물질적이 아니라 '수(數)'와 같은 관념적이라는 것, 파르메니데스가 실재는 불변의 것이고 변화하는 사물들은 불완전한 환상에 불과한 것으로 일원론적으로 규정한 것, 그리고 헤라클레이토스가 현상계의 모든 것은 부단히 움직인다는 만물유전설을 제시한 것, 소크라테스가 인간행위의 준칙이 되는 지식이 상대적이 아니라 절대적이어야 한다는 것에 영향을 받은 것으로 볼 수 있는 것이다.

이처럼 그의 스승인 플라톤이 소크라테스와 함께 강력하고 안정적으로 보였던 스파르타 지배체제 하에서 아테네의 불안정한 국가체제나 사상보다는 스파르타적인 절대적 진리관을 세우는데 매진한 결과로 구체화시킨 이데아론은 그러한 스파르타가 쇠망한 이후에 주로 활동했던 아리스토텔레스에게는 그대로 받아들여지기에는 한계가 있었던 것으로 보인다. 왜냐하면 아리스토텔레스 역시도 상대론적인 사고가 아니라 절대론적인 가치론을 가지고 있었다는 점이 그것인데, 그의 이데아론 비판은 플라톤의 절대론적인 가치를 현실에 적용함에 있어서 발생이 예견되는 점들을 보다 세련되게 보완하려는 과정에서 지적되는 것으로 보이기 때문이다. 그가 윤리학에서 중용론을 제시하고 있는 것도 같은 맥락에서 파악이 될 수 있다.

아리스토텔레스가 그의 스승인 플라톤의 '이데아론'을 집중적으로 비판하고 있는 저작은 『형이상학(Metaphisics)』인데 그는 '질료(matter)'와 '형상(form)'이라는 용어로 설명하고 있다. 질료는 무엇을 가능하게 하는 '가능태'이고 본질적으로 불확정한 존재이며, 형상을 질료로부터 발현되는 존재로 설명하는데, 문제는 플라톤의 이데아론은 이데아를 경험적 사물의 본질이라고 하면서도 이데아를 경험적 사물과는 분리되어 있다고 주장하는 것이 무리가 있다는 점을 든다. 아리스토텔레스는 이데아로 지칭하는 형상들은 질료들과 따로 떨어진 존재가 아니라 질료들이 결합하여 같이 존재한다는 '실재론'을 제시하고 있는 것이다.

그리고 아리스토텔레스는 그의 저서 『정치학(Politika)』에서도 플라톤의 『국가론』에서 제시된 이상국가론을 비판하고 있다. 그는 가장 기본적인 의식주의 해결을 위해서는 국가의 존재가 필요함을 강조한 플라톤과 같은 입장을 보이는데 "어떤 우연에 의해서 아니라 자신의 성질상 국가가 없는 사람은 보잘 것 없는 존재이거나 아니면 인간 이상의 존재이다."라고 언급하고 있다.

그런데 몇 가지 관점에서는 비판적 태도를 보이는데, 플라톤의 이상국가론은 철학자에 의한 이데아를 실현하기 위해서는 재산은 물론이고 처자까지도 공유하여 이상적인 국가를 형성해야 한다는 입장을 보였지만 아리스토텔레스는 노예제도 외에는 비판하고 있다. 즉 "많은 사람의 공유로 된 것은 그만큼 돌보지 않게 될 것이며, 만일 아들들이 여러 아버지의 공유물이 된다면 아무도 그 아들들을 돌보지 않을 것이다."라는 점과 플라톤식의 공유는 나태한 사람들이 늘어나고, 이웃 간에도 시비가 생기게 될 것이라는 점에서도 비판하였다. 따라서 그는 사유재산을 자비로운 마음에서 나누어 쓸 줄 알도록 교육하는 것이 중요하다는 주장을 한다.

제 2 절   아리스토텔레스의 저서와 학문분야

1. 아리스토텔레스 저서의 시기 구분

아리스토텔레스의 저서는 그가 주로 소아시아 지역의 아스소스(Assos)에서의 아카데미아 학원 분교에서나 뤼케이온 학당에서 강의한 교재를 편집한 것들인데 현존하고 있는 그의 저작은 위작 여부가 드러나지 않은 것을 포함하여 46권정도(옥스포드 간행 수정번역본 쪽수로는 2,383쪽, 벡커판[3] 쪽수로는 1,462쪽)이다. 그러나 3세기경 고대 그리스의 전기 작가였던 디오게네스 라에르티오스(Diogenes Laertius)의 『유명한 철학자들의 생애와 사상』에서 따르면 약 550여 권에 달하는 146개의 저서 이름이 나온다. 이 정도라면 아마 6,000쪽 정도에 달할 것으로 보인다.

이러한 아리스토텔레스의 방대한 저서들은 그가 아테네에서 추방되면서 플라톤의 저작들과는 달리 많이 소실되거나 흩어지게 되고 특히 서로마제국이 멸망[4]한 시기 이후 즈음부터는 아리스토텔레스의 저작은 스콜라철학이 융성하게 된 12~13세기까지 유럽사회에서는 빛을 발하지 못하게 된다. 즉 로마시대까지만 해도 세네카(Lucius Annaeus Seneca), 키케로(Marcus Tullius Cicero) 등의 로마 철학자들이 그의 서적들을 필사하기도 했지만 로마제국이 서로마와 동로마 등으로 분열한 이후에는 주로 그리스를 비롯한 동방의 영토를 바탕으로 계승한 동로마제국(비잔티움 제국)과 오늘날의 스페인과 이집트 지역인 아랍(이슬람) 지역에서 11세기 이후부터 13세기까지 번역작업이 이루어졌다. 그리고 중세의 십자군 전쟁으로 인하여 아랍어로 번역된 아리스토텔레스의 저작들이 유럽사회에 전해지

---

3) 우리가 읽고 있는 아리스토텔레스에 관한 대부분의 책들은 19세기의 프랑스의 희랍어 학자인 디도(Didor)가 편찬한 것과 벡커(Bekker)가 편찬한 프러시아학술원판에 의거하는 것이다.

4) 로마의 역사는 B. C 753년 초대 왕 로물루스에 의한 도시 국가 로마의 건국에서부터 동로마제국(비잔티움제국)이 멸망한 1453년까지로 보면 약 2,200년이 넘지만 동·서로마로 분열된 이후 서로마제국이 멸망한 476년을 기준하면 1,229년이 된다. 그리고 로마제국은 실제로는 아우구스투스 황제(옥타비아누스) 지배 체제 혹은 원수정(principatus)을 사실상 시작한 기원전 27년부터 476년 서로마제국 몰락까지의 로마를 말하므로 약 503년으로도 볼 수 있다. 이에 비하여 우리나라의 조선왕조(1392~1910)는 519년간 지속되었다.

고 라틴어와 그리스어 등으로 번역되면서 유럽사회의 대학이나 종교사회에 큰 영향을 미치게 된 것이다.

　기독교 신학에서 플라톤 철학에 기반을 둔 아우구스티누스(Augustinus)의 교부철학의 전통이 아리스토텔레스 철학에 바탕을 둔 토마스 아퀴나스의 스콜라철학으로 전환되기도 한 것은 이러한 흐름을 반영한 것이다. 그리고 근대에 와서는 아리스토텔레스가 인간의 인식능력에 대해 삼단논법이라는 단계적 분석을 시도하고 인간의 기본적 사고규칙을 다루는 형식논리학(formal logic)을 세우고 그 기본적 방법으로서 연역법과 귀납법을 제시하는 등의 논리적이고 과학적인 방법론의 기초를 세운 것으로 받아들여지게 되었고, 현대에 와서도 아리스토텔레스는 '만학의 아버지'로 불리게 된다. 다시 말하면 그의 저서들은 철학뿐만 아니라 수사학, 정치학, 자연과학에 이르기까지의 방대한 영역에서 수많은 연구를 하였음이 드러나고 있으며, 근대 과학적 방법론에서는 이러한 아리스토텔레스의 권위에 맞서는 연구들이 진행되게 된 것이다.

　이처럼 다양한 아리스토텔레스의 저서들을 연대와 생애주기에 따라 구분해 보면 대략 세 시기로 정리할 수 있는데, 플라톤의 아카데미아에서 젊은 시절에 가르침을 받았던 시기의 대화편 형식의 저서, 점차 플라톤의 철학적 사상에서 자신만의 독창적 사상을 표현하기 시작한 과도기의 대화편 저서와 플라톤 사후에 아카데미아를 떠나 일부 제자들과 함께 소아시아의 아스소스로 옮겨 어패류 등의 생물연구를 한 자료적인 저서, 그리고 말년에 마케도니아에서 아테네로 돌아와 뤼케이온 학당을 열고 강의용으로 저술한 학술논문 방식의 저서 등이다. 이 중에서 현존하고 있는 저서는 대부분 대화체 방식의 글이 아닌 학술논문 방식의 저작인데, 이론적 영역으로 세분해 보면 형이상학(제1철학), 영혼, 자연학(우주론), 박물학, 시학, 윤리학, 경제학, 정치학 등이다.

　이렇게 볼 때 아리스토텔레스는 플라톤과 달리 수학(기하학)에 관련된 연구보다 생물학에 관심이 많았다는 특징이 있고 오늘날의 저서가 대부분 대화체가 아닌 학술방식의 서술체로 되어 있는 것은 그의 제자들이 강의내용을 정리한 것으로도 보인다.

　첫 번째, 아카데미아 시기의 저서로는 『행복론(Eudemus)』, 『프로트레프티코스

(Protrepticus)』 등의 대화편 저술이 있다.

　두 번째, 아카데미아를 나와 아스소스로 가서 결혼한 이후 쓴 저서와 그 후 마케도니아로 가서 쓴 책들로서 『철학에 관하여*(De philodophia)*』 등이 있는데, 이때 플라톤의 이데아론을 비판하거나 보완하는 실재론 사상을 펴게 된다.

　세 번째, 말년에 아테네에서 뤼케이온(혹은 리시움, Lyceum)학당을 연 이후에 강의용 서적이나 연구서적을 보면 방대한 분량과 분야를 보인다. 즉 철학에 관련된 저서로는 논리학과 형이상학을 주제로 한 서적과 윤리 및 정치학을 주제로 한 저작들이 있으며, 자연과학에 관련된 저서와 수사학과 시학에 관련된 저서들이 이에 해당된다.

2. 아리스토텔레스 저서의 학문 분야

　아리스토텔레스가 말년에 강의용이나 연구결과로 저술한 저서들을 오늘날의 학문 영역별로 분류하는 것은 서양철학사에서 그가 '만학의 아버지'로서 칭해지고 있다는 점에서 의미가 있다. 따라서 여기에서는 구스타프 카프카(Gustav kafka, 1883~1953)가 1922년에 독일어로 쓴 『*Aristoteles*』에서 구분하고 있는 내용을 참고로 하여 저술을 분류해보고자 한다.

1) 아리스토텔레스의 논리학 관련 저술

　아리스토텔레스는 학문의 영역을 이론적 학문(이론학), 실천적 학문(실천학), 제작에 관한 학문(제작학)의 세 가지 형태로 분류하였다. 이론적 학문은 지식 자체를 탐구하는 학문이고, 실천적 학문은 개인의 행동이나 사회체제를 탐구하는 학문이며, 제작에 관한 학문은 실용적으로 무엇을 만드는 것을 탐구하는 학문을 말한다. 그의 저서들을 이러한 기준에 따라 분류하면 형이상학 관련 저서, 자연학 관련 저서, 영혼에 관한 심리학 저서가 이론적 학문에 속하는 것이다. 그리고 윤리학이나 정치학 관련 저서들은 실천적 학문에 속하며, 시학과 수사학 관련 저서는 제작에 관한 학문에 속한다.

　그렇다면 여기에서 다루고자 하는 논리학 관련 저술은 이러한 세 가지의 학문 분류에는 속하지 않는 분야이다. 후세 학자들이 아리스토텔레스를 논리학의 창시자로 칭하고 있다는 점에서는 아이러니컬(ironical)하지만 그 이유는 그가 쓴 많은 논리학 관련 저서들의 명칭이 그가 죽은 후에 『오르가논*(Organon, 기관)*』이라는 한 권의 이름으로 집대성 되었다는 데에서 찾을 수 있다. 오르가논이란 의미는 '기관'이나 '도구'라는 뜻을 담고 있기 때문에 모든 학문을 하기 위한 도구나 기관 즉 예비학(기초학)으로 보았음을 말해준다. 그러므로 논리학은 모든 학문을 하는데 필요한 조건이 되며 인간 사유의 형식과 관련되는 형식과학(formal science)인 것이다.

그러면 『기관*(Organon)*』으로 통칭되는 논리학 관련 저술들을 정리해보면 다음과 같은 여섯 가지 서명이 해당된다.

① 『범주론*(Categoria)*』: 언명의 기본형식론

② 『해석론*(De Interpretatione)*』: 명제와 판단론

③ 『분석론 전서*(Analytica priora)*』: 추리론

④ 『분석론 후서*(Analytica posteriora)*』: 증명론

⑤ 『토피카*(Topica)*』: 변증론

⑥ 『궤변 철학적 반박*(De Sophisticis Elenehis)*』: 궤변론

2) 아리스토텔레스의 형이상학 관련 저술

아리스토텔레스의 형이상학(metaphysica)에 관련된 저술도 그의 사후 여러 가지의 저술들이 총괄된 명칭으로 편찬된 서명이다. 그는 '제1철학'이라는 말을 사용하였을 뿐 형이상학이라는 말을 사용하지 않았던 것이지만 학문 중에서는 첫 번째 학문이라는 점을 강조한 것으로 보인다.

여기에서는 『형이상학*(Metaphysica)*』에 포함된 14가지의 저술 및 다른 자료 중에서 비교적 알려진 개별 서명들을 제시해보면 다음과 같이 아홉 가지 정도가 있다.

① 『지금까지의 철학체계에 대한 비판』

② 『이율배반론』

③ 『모순율(矛盾律)과 배중률(排中律)에 관한 논문』

④ 『제1철학의 한계에 관한 탐구』

⑤ 『실체론』

⑥ 『가능태와 현실태에 관한 이론』

⑦ 『절대자』

⑧ 『수학의 대상들』

⑨ 『이데아들』

3) 아리스토텔레스의 자연과학 관련 저술

아리스토텔레스의 자연과학적 저술들은 '피지카(Physica)'로 대변되지만 12개의 저술 및 다른 자료들이 포함되는데, 이 중에서 다음과 같은 서명이 비교적 거론이 되고 있다.

① 『자연학(Physica)』

② 『천체론(De Caelo)』, 『우주론』

③ 『생성 및 소멸론(De Generatione et Coruptione)』

④ 『기상론(Meteorolegica)』

⑤ 『비교해부학 및 생리학원론』

⑥ 『동물발생론』

⑦ 『동물부분론』

⑧ 『동물운동론』

⑨ 『동물지(動物誌)』 등이 그것이다.

세부적으로 보면 아리스토텔레스의 자연과학적 저술들은 자연·천문·생물학에 관한 저술들을 포괄하고 있는 저서들이다.

4) 아리스토텔레스의 심리 윤리 및 정치학 관련 저술

아리스토텔레스는 『영혼론(De anima)』에서 그의 심리학적 견해를 피력하고 있는데, 후에 분석심리학의 창시자인 카를 융(Carl Gustav Jung, 1875~1961)은 '아니마(anima)'를 남성의 무의식적 인격의 여성적 측면을 원형(archetype)이라고 하고, '아니무스(animus)'를 반대로 여성의 무의식 인격의 남성적인 측면을 의미하는 것으로 표현하는데 사용하였다.

그리고 윤리학 관련 저서로는 『니코마코스 윤리학(Ethica Nicomachea)』와

『에우데미아 윤리학(Ethica Eudemia)』이 있고, 정치학 관련 저서로는 국가론 및 그리스 국가의 헌법에 관한『정치학(Politica)』이 있다. 아리스토텔레스의 유명한 명언 중에 "인간은 사회적(정치적) 동물이다."라는 말은 바로『정치학(Politica)』에서 나온다.

5) 아리스토텔레스의 수사학과 시학 관련 저술

아리스토텔레스는 무엇을 만드는 제작에 관한 학문의 영역에서『수사학(Rhetorica)』이라는 담화의 기술에 관한 저서와『시학(Poetica)』이라는 시가예술론(詩歌藝術論)을 저작을 하였다. 시학은 오늘날에 철학의 연구 분야론(방법론)으로 분류하면 존재론, 인식론, 가치론 중에서 가치론에 속하는 저술이며, 가치론이 주로 윤리학과 미학을 다룬다는 측면에서 보면 미학과 관련된 저작이다.

6) 대화체 방식의 대중적 저술

아리스토텔레스도 플라톤이 운영했던 '아카데미아'의 일원으로 강론하고 연구했던 중년기 이전에는 대부분의 저서를 대화체 방식으로 대중들을 위한 저술을 하였다. 단지 그의 스승 플라톤이 30여 편에 이르는 많은 저서들 중에서『소크라테스의 변론(변명)』만을 제외한 25편을 그의 스승인 소크라테스를 주도적 대화자로 등장시켜 스승이 토론을 종합하고 정리하는 방식으로 전개하고 있는 것에 비하여 아리스토텔레스의 경우에는 여러 사람들을 대화의 장면에 등장시킨 대화방식을 취한 것이 다른 점이다.

제 3 절　아리스토텔레스의 형이상학 / 논리학 / 윤리학

1. 아리스토텔레스의 존재론(형이상학)

아리스토텔레스는 그의 스승인 플라톤의 주지주의적 이데아론에 영향을 입었지만 비판적으로 계승하여 존재론, 인식론, 가치론이라는 오늘날의 학문적 철학체계를 구축하게 된다. 우선 형이상학이라는 말은 아리스토텔레스가 '제1철학'이라고 지칭한 자연과 인간의 존재론에 관한 여러 저술들을 말한다. 형이상학이라는

말의 근원을 찾아보면 B. C. 1세기경의 후학인 그리스 로데스(Rhodes) 지역의 안
드로니쿠스(Andronicus of Rhodes)가 로마로 반입된 아리스토텔레스 저서를 번역
하여 정리하고자 할 때 그의 논리학, 물리학(자연학) 외에 존재론에 관한 14권의
저서와 기타 자료들을 발견하였는데 이들 저서들이 표제에 명칭이 붙어있지 않음
을 보고, 그 내용상 자연학(물리학) 뒤에(meta) 넣기로 하여 'metaphysica(형이상
학)'으로 지칭된 것이다. 어떻게 보면 '메타피지카'는 물리학을 넘어서 경험되지
않은 전체로서의 존재론을 다룬다고 볼 때는 제1철학으로서의 아리스토텔레스적
인 명칭과도 상통한다.

그리고 한자어로서의 형이상학(形而上學)의 근원을 찾아보면, 『주역(周易)』
의 '계사전(繫辭傳)'의 "형이상자 위지도, 형이하자 위지기(形而上者 謂之道 形而
下者 謂之器)"에서 따온 것인데, '형이상(形而上)'이란 '도(道)'를 말하고, '형이하
(形而下)'란 '기(器)'를 뜻하는 것으로서 아리스토텔레스의 'metaphysica'의 의미
를 잘 드러낸다고 볼 수 있다(박영식, 2000).

아리스토텔레스가 그의 존재론(형이상학)적 저서에서 제시하고 있는 학문적
철학 사상을 질료와 형상, 작용과 목적이라는 '사원인설(四原因說)'의 개념과 존
재의 계열과 부동의 제1동자(第一動者)로서의 신의 개념으로 설명될 수 있다.

1) 사원인설(四原因說)

아리스토텔레스는 플라톤이 자연에 관한 모든 지식을 하나의 설명할 수 있
다고 제시한 '이데아'적 인식론에는 찬동하지 않았다. 그는 자연을 탐구하는 존
재론은 네 가지의 '아이티아(aitia)' 즉 '공격방식'이 있다고 하였다. 이것을 고대
로마 철학자 마르쿠스 키케로(Marous Tullius cicero, B.C 106~B.C 43)가 라틴어인
'카우사(causa)'로 번역한 후에 영어로 'cause(원인)'으로 번역하게 되면서 네 가
지의 '원인'으로 구성된 4원인설로 굳어진 것이다.

첫째, 질료(hyle, matter) 혹은 질료인(material cause)으로서, 무엇으로 될 자
료나 소재를 말한다.

둘째, 형상(eidos, form) 혹은 형상인(formal cause)으로서, 질료를 가지고 만
들어 내려는 사물의 모양이나 형태를 말한다. 만약에 동으로 만들어진 조각상이

있다면 동은 질료이고 조각상이 형상(인)이 되는 것이다.

셋째, 작용(시동) 혹은 운동인(시동인, 동력인)으로서, 질료를 가지고 형상을 만들어 내는데 필요한 (원인이 되는) 힘(노력)을 말한다. 예를 들어 조각을 만들 때 소요되는 조각가의 정신적이고 신체적인 힘이 동력인(efficient cause)이 되는 것이다.

넷째, 목적 혹은 목적인(目的因)으로서, 질료를 가지고 조각상이라는 형상을 만들어 내는 의도된 목적인(final cause)이 있어야 한다는 것이다. 아리스토텔레스는 이 네 가지의 원인이 있어야 자연의 운동을 완전하게 탐구할 수 있다고 보았다.

2) 존재의 계열과 부동의 제1동자로서의 신

아리스토텔레스에 의하면 우주와 세상의 모든 존재는 하나의 계열(hierarchy)을 이루고 있는데, 계열의 가장 위에는 순수형상(pure form)으로서의 부동의 제1동자인 '신'이 존재한다고 본다. 즉 존재 계열의 가장 밑에는 질료의 역할만 하지 어떠한 형상의 역할도 하지 못하는 순수질료(pure matter)가 있고, 가운데에는 제일 아래쪽 위치의 순수질료와 맨 위쪽 위치의 순수형상의 중간자적 역할을 하는 존재의 계열이 연결(chains of being)되어 있다고 설명하는 것이다.

여기에서 아리스토텔레스는 존재계열의 맨 위쪽에 위치하는 순수형상을 '부동의 동자(the unmoved mover)'라고도 명칭을 하였는데, 이로 인하여 후 학자들은 아리스토텔레스를 플라톤이 제시한 최고 선으로서의 '이데아'와 같은 개념이라는 해석을 하기도 한다. 즉 변하지(움직이지) 않으면서도 다른 질료들을 움직이게 하는 최고의 존재로 '신(神)'을 제시한 것은 플라톤의 이데아론에서 벗어나지 못하고 있다고 보는 것이다. 그러나 부동(unmoved)에 초점을 준 것이 아니라 동자(움직이는 자, mover)에 초점을 두게 되면 아리스토텔레스는 플라톤의 이데아적이고 절대적인 존재론에서 상당히 극복된 존재론을 제시했다고 볼 수 있다.

2. 아리스토텔레스의 인식론(논리학)

아리스토텔레스의 학문적 철학 중에서 인식론(epistemology), 즉 '인간은 어떻게 알 수 있는가?'하는 지식이론(the theory of knowledge)은 앎을 논리적으로 해명하는 앎의 논리학을 말한다. 다시 말하면 인식론은 심리학과 밀접한 관계에 있지만 심리학이 인간 사고의 자연적이고 사실적인 법칙에 따라 연구하는 것에 비하여 인식론은 앎을 형식적(논리적)으로 판단하려는 관점을 가진다.

아리스토텔레스의 논리학(인식론)적 사상을 그의 『기관(機關, *Organon*)』에서 찾을 수 있다. 그의 논리학은 그 형식적 원리들을 통하여 존재의 형이상학적 구조를 밝히려고 하였기 때문에 플라톤이 형상을 파악할 때에만 인식에 도달할 수 있다고 한 주장을 받아들이고 있다. 그러나 아리스토텔레스는 어떤 형상이 파악이 되려면 어떤 실체를 설명할 수 있는 술어가 있어야 한다는 점을 든 것은 차이점이다. 즉 인식의 단위가 플라톤의 경우에는 형상(이데아)과 질료가 떨어져 있는 반면에 아리스토텔레스는 형상(주어, 실체)과 질료(술어)로 구성된 어떤 '명제'가 사물을 판단하는 데 필요하다고 본 것이다.

그리하여 아리스토텔레스는 여러 가지의 명제가 통일적 지식체계 속에서 서로 연관이 있도록 설명하는 방식을 삼단논법(三段論法, syllogism)으로 추리하는 형식논리학을 정립하였다. 삼단논법이란 어떤 전제(前提)로서의 명제를 진술되었을 때 그것을 기초로 다른 어떤 명제가 필연적으로 귀결되는 형식의 논리전개 방법이다. 예를 들면, "50대 이후의 성인은 대사증후군(Metabolic Syndrome)[5]의 질병이 많다."는 전제적 명제가 진술되면, "50대 이후의 대사증후군은 운동과 식이요법으로 완화될 수 있다.", "그러므로 50대 이후의 성인은 운동과 식이요법을 실천해야 한다."는 형식의 논리적 전개를 하는 것이다. 이것은 연역법에 기초한 삼단논법의 방식의 결론 맺기인데 근대의 경험론 철학자 베이컨(Francis Bacon, 1561~1626)은 '대전제'가 참인가?의 문제에서 "인간은 모든 지식을 타고 난다."는 전제방식의 합리론을 비판하고, "인간의 지식은 경험을 통해서 축적된다."는 경험론을 제시한다.

---

5) 대사증후군의 원인에는 복부비만, 운동부족, 과음·과식, 스트레스, 유전적 요인 등이 있는데, 인슐린 저항성(insulin resistance)이 근본적인 원인이다. 혈당을 낮추는 호르몬인 인슐린에 대한 몸의 반응이 감소해 근육 및 지방세포가 포도당을 잘 섭취하지 못하게 되고, 이를 극복하고자 더욱 많은 인슐린이 분비돼 각종 문제가 발생하는데 그 중 하나가 대사증후군이다. 진단 기준에는 ① 수축기 혈압이 130mmHg 또는 이완기 혈압이 85mmHg 이상인 경우 또는 고혈압 약을 복용하는 경우 ② 공복혈당이 100mg/dL 이상인 경우와 당뇨 약을 복용하는 경우 ③ 복부 둘레 남자 90cm 이상, 여자 85cm 이상인 경우 ④ 중성지방이 150mg/dL 이상인 경우 ⑤ HDL 콜레스테롤 남자 40mg/dL 미만, 여자 50mg/dL 미만 등으로 이 가운데 3가지 이상을 동반하면 대사증후군에 해당한다.

한편, 아리스토텔레스는 그의 논리학 저서 『오르가논(기관, 도구)』에서 내적 분석과 외적추론을 통해 사물을 이해할 수 있고, 그것을 타인에게 전할 수 있다고 하여 존재론적이면서도 인식론적인 견해를 보인다. 내적분석이란 주로 존재론(형이상학)에서 사물을 규명하는 방법으로 사용된 것이다. 예를 들어 청동으로 된 말 조각상이 있다면, 질료(청동), 형상(말 조각상), 동력(효능, 말 조각을 한 조각가의 힘), 그리고 '목적'으로서 공원이나 광장에 오는 시민들에게 보이기 위한 의도로서 그것을 설명할 수 있다는 것이다.

그리고 외적 추론이란 바로 이러한 내적 추론을 거쳐서 규명한 내용을 타인에게 논리적으로 설명하기 위해 사용되는 네 가지의 논리방법인 연역법, 귀납법, 변증법, 역설법을 말한다.

첫째, 연역법(deduction)은 어원적으로 de(무엇으로부터 나오다)와 duco(이끌어 내다)의 합성어로서 일반적 원리로부터 개별적인 원리를 이끌어 낸다는 의미이다. 예를 들어, "모든 사람은 죽는다. → 소크라테스는 사람이다. → 그러므로 소크라테스는 죽는다."는 식의 논리이다.

둘째, 귀납법(induction)은 in(무엇으로 들어가다)과 duco(이끌어 내다)의 의미를 가진 합성어로서, 연역법과는 상대적으로 여러 가지의 개별적 원리를 이끌어 내어 일반적 원리로 들어가는 결론방식이다. 예를 들면, 개별적인 사람들이 죽는 나이가 83세 정도라는 점을 들고 "모든 사람은 83세 정도면 죽는다."는 결론을 내리는 결론방식이다.

셋째, 변증법(dialectic)은 어원적으로 dia(서로 통하다)와 lego(서로 말하다)의 합성어로서 서로 말하며 통한다(의견을 좁힌다)는 의미가 있다. 이는 헤겔(Georg Wilhelm Friedrich Hegel, 1770~1831)이 제시한 정－반－합의 변증법, 즉 '정(正)'의 서술과 '반(反)'의 대립과 '합(合)'의 형성을 통하여 점진적으로 완전한 표현이 된다는 것도 여기에 기원하는 논리이다.

넷째, 역설법(Paradox)은 para(평범하다)와 dox(의견)의 합성어로서, 의견이 처음부터 평행해서 결론에 이르는 데는 논리성이 떨어지는 방식의 추론이다. 즉 어떤 전제가 없이 A와 B의 두 가지 의견이 제시되고 판단을 하도록 하는 방식인데, 소크라테스가 "나는 아는 것이 없다. 그러나 나는 아는 것이 없다는 것을 안다.”고 말한 것도 역설적인 추론 방식으로 볼 수 있다. 아리스토텔레스는 외적 추리를 위해서 사용되는 방법 중에서 연역법, 귀납법, 그리고 두 가지 논리방법을 종합한 변증법은 높이 평가하고 있으나 역설법은 상대적으로 낮게 평가를 하였다.

3. 아리스토텔레스의 가치론(윤리학 / 미학)

철학의 연구 분야로 보면 가치론(theory of value : axiology)은 존재론과 인식론과 더불어 3대 영역에 속하는데, 따라서 이 3대 연구 분야는 각기 다른 연구대상을 가지고 있지만 인식론(지식이론)보다는 존재론(형이상학)과 관련이 깊다. 즉 자연현상이나 인간현상을 대상으로 탐구를 하는 철학의 방법론 중에서 인식론은 논리적 방법 혹은 합리적이고 경험적인 방법을 통하여 규명하려고 하지만 존재론과 가치론은 논리적인가, 합리적인가, 경험적인가?의 물음과는 별로 상관이 없다. 존재론은 절대 불변하는 것이 무엇인가?에 대해 관념적(ideal)이고 실제적인 (real) 방법으로 탐구하려 하고, 가치론은 무엇이 가치 있는(선한) 것인가?에 대해 윤리적이고 미학적으로 논구하는 방법을 취한다.

다시 말하면 진화론과 창조론을 예로 들 때, 이것을 지식이론(인식론)으로 다룰 때는 논리적이고 합리적인 논구로써 규명하는 데는 사람들 간의 합의(consensus)가 만들어질 수 있지만 존재론과 가치론의 관점에서는 처음부터 전제(前提)가 없기 때문에 상반된 견해가 제시될 수밖에 없고 결국 아포리아(aporia)에 처할 수밖에 없다. 신이 있다고 믿는 사람은 창조론을 주장할 것이고 무신론자와 과학적 사고방식을 따르는 사람은 진화론을 선택하는 존재론과 가치론을 주장할 개연성이 많을 것이다.

이러한 가치론(axiology)은 그리스어에서 axios(가치 있는)와 logos(이론·학문)가 합쳐진 어원을 가지고 있는데 고대 그리스 시대부터 사람들 간에는 인간의 행동의 규준을 두고 ‘무엇이 선하고 착한 것인지, 무엇이 인간에게 즐거움과 행복을 가져다주는 것인지?’에 대하여 논구되어 왔다. 그 중에서 여기에서 다루고자 하는 아리스토텔레스의 행복론과 모방예술론은 그의 윤리학이며 미학으로서 가치론적인 논구이다.

1) 아리스토텔레스의 행복론(윤리학)

아리스토텔레스는 『니코마코스 윤리학(*Ethika Nikomacheia*)』에서 인간이 마땅히 추구해야 할 목적이 무엇인가?하는 이른바 목적론적 윤리학에 대하여 '에우다이모니아(eudaimonia)'라는 말을 사용하고 있다. 그래서 아리스토텔레스의 윤리설의 입장은 에우다이모니즘(eudanimonism)으로 흔히 지칭한다. 오늘날 영어 번역에서는 '에우다이모니아'를 '행복(happiness)'이라는 단어로 표현되고 있는데 이는 당초 아리스토텔레스가 살았던 시대적 가치관과 비교해보면 다소 차이가 있는 의미로 보인다. 즉 고대 그리스인들은 개인마다 자신을 보호한다고 믿는 선한 수호신이 있다고 믿었는데 이를 '다이몬(dimon)'이라고 지칭했다는 점에서 본다면 인간 개개인이 가치롭다고 여기는 것을 찾아내기 위한 지속적 정신활동이며, 그것을 찾아낸 이후에는 그것의 완성이라는 최종목적을 위해 추구하는 행위 그 자체를 '에우다이모니아'라고 정의할 수 있다.

그렇다면 아리스토텔레스가 말한 에우다이모니아(행복)의 개념이 인간 개개인의 탁월성(Arete, 덕)을 찾아서 자기의 탁월성을 발휘하는데 목적을 두고 있음을 알 수 있다. 예나 지금이나 사람은 행복을 추구하고 행복이 인생의 목적이라는 점에서는 아리스토텔레스도 동의를 하지만 쾌락을 통한 행복, 즉 재물, 권력, 지위, 명예 등의 인간 욕망에 기초한 정의는 하지 않고 있는 것이다. 플라톤이 이성의 발휘를 전제로 '정의'를 인간윤리의 핵심으로 제시한 것을 아리스토텔레스도 충실히 따르는 입장인 것이다. 다시 말해서 플라톤이 말한 '정의(justice)'를 아리스토텔레스는 좀 더 현실적으로 고대 그리스인들의 생활과 관련된 '에우다이모니아'로 표현한 것으로도 해석할 수 있다.

플라톤은 인간이 윤리적인 행동을 하기 위하여 가져야 할 네 가지 덕성으로서 지혜, 용기, 절제, 그리고 정의(『국가론』에서 청년들을 국가 지도자로 만드는 4가지 덕목으로 제시함)를 들었는데, 아리스토텔레스는 인간성 속에 합리적인 요소도 있지만 많은 불합리한 요소도 있다는 점을 들어 다음과 같은 세 가지 요소로 구분하고, 그에 대응하는 탁월성(Arete, 덕)을 발휘하는 것이 선한 생활이나 행복에 도달하는 길(방법)이라고 제시한다.

첫째, 인간성 속에는 이성의 지배를 받지 않는 불합리한 부분이 있는데, 이에 대응하기 위해서는 자연적 탁월성을 발휘해야 한다. 이는 플라톤이 말하는 '덕'에는 다소 거리가 있는데 행운이나 요행의 결과로 행복이 온다는 점을 든 것이다.

둘째, 이성의 지배를 받지만 불합리한 부분이 있는데, 이에 대응하기 위해서는 도덕적 탁월성을 발휘해야 한다. 이는 올바른 습관을 형성함으로써 획득이 되는 것으로 '중용'을 선택하는 것이 바로 도덕적 탁월성이 된다. 여기에서 중용이란 어떠한 의사결정의 아포리아 상태에서 중도적 입장을 취하라는 말이 아니라 '부족'과 '과도' 사이의 중용을 의미한다. 예를 들면, 용기라는 덕(탁월성)은 비겁과 망동의 중용이며, 우정은 무정과 아첨의 중용의 덕이고, 절제란 금욕과 탐닉의 중용적 습관에서 생기는 덕이다.

셋째, 인간성 가운데 이성의 지배를 받는 부분은 지적인 덕(탁월성)을 발휘함으로써 행복에 도달할 수 있는데, 이것은 교도(敎導: 가르침과 지도)와 성찰을 통해 체득되는 덕이다.

2) 아리스토텔레스의 모방예술론(미학)

아리스토텔레스의 철학 중 가치론적 분야에서 미학에 관련된 내용을 주로 『시학』에서 찾을 수 있다. 그는 『시학(詩學, Poietike)』에서 "예술은 원리상 모방(mimesis)이다."라고 말하고 있는데, '미메시스'라는 단어는 『자연학』 관련 저서에서도 "예술은 자연을 모방한다."라는 언급에서 거론되고 있다. 『시학』에서 나타나고 있는 모방의 개념은 세 가지로 구분되는데, '사물의 과거나 현재의 상태', '사물이 응당 그렇게 되어야 하는 상태'가 그것인데, 그가 강조하는 개념은 세 번째의 경우와 맞닿아 있다. 왜냐하면 예술은 보편(이상)과 개체가 따로 이원적으로 존재하는 것이 아니라 개체 안에 보편(이데아)이 실재한다고 보았기 때문이다. 다시 말하면 모든 개체는 보편자로서의 현상(form)을 실현하고자 하는 목적이 있다는 그의 목적론적 가치론의 입장과 통하는 것이다.

그리고 아리스토텔레스는 『시학』 제6장에서 인류문학작품 중에서 가장 오래된 양식인 '비극'의 효과를 통해 모방예술론을 피력하고 있는데, "비극은 하나의 완전하고 일정한 길이를 가지고 있는 선한 행위에 대한 모방이다.", "비극은 극적 연기의 방식을 취해 연민(pity)과 공포(fear)의 감정을 일으켜 카타르시스(catharsis, 정화)를 성취하는 것이다."라고 정의하였다.

이러한 아리스토텔레스의 비극을 사례로 한 정의에서는 결국 '모방'과 '정화'라는 두 가지의 가치(미학)가 드러나는데 비극의 줄거리(plot)는 인간행동의 완전함(선함)을 모방해야 하고, 시각장치나 언어, 노래(음악) 등으로 연민과 공포의 감정을 불러일으킨 후, 그동안 쌓여있던 불안, 긴장, 우울함 등을 정화시켜야 한다는 것이다.

제 4 장

헬레니즘 / 로마철학

제 1 절 키레네-에피쿠로스 학파의 철학

1. 에피쿠로스 학파(쾌락주의)의 배경과 개념

에피쿠로스 학파(키레네-에피쿠로스 학파)는 쾌락주의적 윤리설을 최초로 제시한 학파이다. 즉 처음 키레네 학파(Cyrenaicism)가 쾌락주의적 윤리설을 들고 나왔으며 이는 에피쿠로스 학파(Epicurean School)에 의해 발전되었다. 키레네(Kurene, Cyrene)는 지금의 리비아(Libya) 동부지역에 해당하는 아프리카 북쪽 지중해 해안에 건설된 고대 그리스의 식민지였는데 이 지역을 중심으로 아리스팁푸스(Aristippus, B.C 435~B.C 360)가 쾌락주의적 행복론을 전개하였다. 그는 플라톤(B.C 428~B.C 348)이나 디오게네스(Diogenes B.C 412~B.C 323)와 같은 시대의 사람으로 소크라테스의 명성에 이끌려 아테네로 가서 소크라테스의 제자 역할을 하였다고 하는데 플라톤이나 아리스토텔레스와는 달리 소크라테스로부터 진정한 선(善)은 현재의 쾌락을 추구하는 것이라고 배웠다고 설파하면서 학파를 형성하였다. 이러한 사고방식은 고대 철학자들의 행복론과는 달리 오히려 현대의 행복론에 가까운 사상으로 보인다. 왜냐하면 고대에는 세상의 이치를 밝히고 그 안에서 인간의 위치를 정의하는 것에 철학의 목적이 있었으므로 현세적이고 순간적인 쾌락을 추구하는 것은 그것을 포기하는 것이기 때문이다.

　그러면 같은 소크라테스의 사상을 두고 이처럼 완전히 상반된(상당히 거리가 먼) 해석을 하게 된 시대적 배경을 고려해보는 것이 필요한데, 고대철학의 제2기인 아테네 철학이후에 아리스토텔레스가 사망한 B.C 322년을 전후한 시대부터 중세철학의 시작이라고 할 수 있는 아우구스티누스(Augustinus, 354~430)의 교부철학이 정립되기 이전까지의 약 1천년 동안은 시대적으로 혼란스러웠기 때문에 정신철학적으로도 이론적인 체계성을 확보하지 못한 시기로 보는 것이 타당할 것이다. 단지 고대서양철학의 마지막 시기에 플라톤 사상을 계승한 플로티노스(Plotinos)가 주도한 신플라톤주의는 중세의 아우구스티누스 철학에 직접적인 영향을 미칠 정도의 체계성을 갖추었던 것으로 판단이 된다.

　이렇듯 아리스토텔레스 사망 이후의 철학이 비체계적이고 단편적이며, 어떤 측면에서는 현실도피적인 철학으로 접어들게 된 것은 당시 전쟁으로 점철되었던 지중해 연안의 정치적 배경과도 상관이 있다. 플라톤과 소크라테스가 활동하던 시기에는 아테네(Athens)와 스파르타(Sparta)[1] 사이의 펠레폰네소스 전쟁(B.C 431~B.C 404, Peloponnesian War)[2]으로 아테네가 패하였지만 결과적으로 스파르타도 아리스토텔레스가 활동했던 시기에 와서는 이미 마케도니아의 알렉산더 대왕에 의해 B.C 323년에 마케도니아의 식민지가 되었다. 그러나 그리스뿐만 아니라 이집트, 페르시아 제국, 인도접경까지의 제국을 형성했던 마케도니아 역시 알렉산더 대왕이 지금의 이라크의 바그다드 남쪽에 위치했던 바빌론(Babylon)에서 말라리아

---

1) 고대 그리스는 폴리스라는 여러 도시국가들로 이루어져 있는데 이 중 대표적인 폴리스는 아테네와 스파르타이다. 아테네와 스파르타는 노예제도를 바탕으로 하고 있다는 점에서 비슷하나 그 국가적 성격과 정치제도에 있어서는 큰 차이를 보인다. 아테네는 민주정치를, 스파르타는 과두정치(寡頭政治)를 각각 대표한 폴리스였다.

2) 펠로폰네소스 전쟁은 아테네가 이끄는 델로스동맹국과 스파르타가 이끄는 펠로폰네소스 동맹국 간의 그리스 내전이었다. 펠로폰네소스는 반도로서 아테네의 서쪽이면서 스파르타가 위치하고 있는 지중해를 향해 돌출한 지역의 이름이다. 따라서 스파르타와 펠로폰네소스 반도에 위치하고 있는 도시국가의 사람들을 펠로폰네소스인이라고 부르기도 했으며, 스파르타가 맹주가 되어 이끄는 도시국가 연합을 펠로폰네소스 동맹이라고도 불렀다. 전쟁의 결과는 아테네의 델로스동맹의 패배였는데 이로 인하여 아테네는 델로스동맹을 해산하고 민주정부가 과두정부로 바뀌었다. 전쟁이후의 아테네는 그리스의 정치적·경제적 중심이 아니라 문화적 중심으로 남게 되었다. 한편 스파르타도 정치적 패권을 장악하였지만 국력을 소모하여 나중에 마케도니아에 패망하는 원인으로 작용하였다.

로 33세에 병사(B.C 323년)한 이후에는 그 세력이 약화되었으며, B.C 168년에는 이탈리아 반도의 중부지역에서 발흥한 도시국가 로마(Rome)에 의해서 멸망당하는 혼란한 시기가 지속된 것이다.

역사학자들은 B.C 336년 이후의 알렉산더 제국부터 로마의 공화정체제를 제국체제로 바꾼 로마의 초대황제 아우구스투스(Augustus) 황제가 마지막 헬레니즘 왕국인 이집트를 로마의 속주로 병합한 B.C 30년 정도까지를 헬레니즘(Hellenism)시대로 본다. 즉 그리스의 고유문화가 오리엔트 문화와 융합·복합됨으로써 형성된 그리스사상 시대로 칭한다. 그러므로 시기적으로는 정확한 기점(시작점)을 잡기는 어렵지만 헬레니즘 시대(그리스사상 시대)는 약 300년간 정도가 되는데, B.C 338년은 알렉산더 대왕의 아버지 필리포스(Philippos)가 카이로네이아(Chaironeia)전투를 통해 아테나이(Athenai, 아테네)와 테바이(Thebai, 테베) 연합군을 격파하였고, B.C 337년에는 코린토스(Corinthos, 코린트) 동맹을 결성하여 실제적인 그리스지역을 통일한 때이기 때문이다. 이때 왕자 신분이었던 알렉산더는 B.C 340년에 그의 아버지 필리포스가 비잔티움을 공격하는 동안 마케도니아 내부통치를 맡았으며, 2년 뒤에 필리포스가 그리스 동맹국들을 격파한 카이로네이아 전투에서도 알렉산더는 좌익군을 맡아 지휘하는가 하면 아테네와 테베의 신성동맹을 격파할 때도 용맹함을 보였다. 그러나 1년 후 필리포스 왕은 알렉산더의 어머니인 올림피아스[3]와 이혼하였고, 알렉산드로스는 아버지의 새 결혼을 축하하는 자리에서 분란을 일으킨 뒤 어머니와 함께 에페이로스로 도망갔다가 나중에 아버지와 화해하고 마케도니아로 되돌아왔으나 후계자로서의 지위가 위태로웠던 상태였다.

그리고 헬레니즘 시대의 시작점으로 보는 B.C 336년에는 갑자기 필리포스 왕이 그의 근위병에게 암살되자 20세의 알렉산더 3세(알렉산더 대왕)는 군대의 지지를 받아 왕위를 계승한 해를 말한다. 그 후 알렉산더 3세는 B.C 323년에 인도지역을 점령하고 돌아오는 길에 바빌론(Babylon)에서 33세의 나이로 병사하고,

---

3) 알렉산더는 필리포스 2세와 에페이로스 왕 네오프톨레모스의 딸 올림피아스 사이에서 태어나 13~16세 정도에 아리스토텔레스에게 교육받고 그의 영향으로 철학과 의학, 과학적 탐구에 흥미를 갖게 되었다.

마케도니아 제국이 그의 부하들에 의해 여러 국가로 분할된 후에도 마케도니아 제국은 지속되었다. 그리고 헬레니즘 시대가 끝나는 지점으로 보는 B.C 31년은 마지막 마케도니아 속령이었던 이집트가 로마의 장군 안토니우스(Antonius)[4]와 클레오파트라(Kleopathra) 7세 여왕의 연합함대가 옥타비아누스(Octavianus, 후일의 아우구스투스 황제)와 벌인 악티움해전(Battle of Actium)에서 패한 후 안토니우스와 클레오파트라가 알렉산드리아에서 자살함으로써 이집트가 로마의 속주가 된 시기이다.

이처럼 개략적으로 알렉산더 3세의 마케도니아 제국이 아우구스투스 황제의 로마제국에게 완전히 멸망하게 되는 시기까지가 헬레니즘 시대로 볼 수 있다. 그러나 헬레니즘 시대의 중요성은 전쟁이나 정치에서는 고대 그리스 국가가 멸망한 시기이지만 그리스인들의 정신문화는 그리스 지역뿐만 아니라 마케도니아, 이집트, 시리아 등의 페르시아제국에 이르기까지의 지역에서 융·복합적으로 유지되었다는 점에 있다.

그리고 헬레니즘 문화는 그 후의 로마제국이 서로마제국과 동로마제국(비잔틴 제국) 등으로 분열되고 결국 1453년에 동로마제국이 멸망할 때까지도 영향을 미치게 되는 것으로 볼 수 있다. 마케도니아 제국이 성립되기 직전시기 즈음에 쾌락을 강조한 키레네 학파 아리스팁푸스(B.C 435~B.C 360)의 주장에 따르면 행복은 쾌락의 총계라고 할 수 있다. 그러므로 행복을 추구한다면 쾌락의 양을 최대한 늘리는데 민감한 식견이 있어야 하는데, 그 식견(識見)은 플라톤이나 아리스토텔레스가 말한 덕성이나 탁월성의 지혜가 아니라 세속적인 이해(육체적 쾌락 수준)를 판단하는 데 있었던 것으로 보인다.

한편, 아리스팁푸스(Aristippus)와 유사한 시기에 그리스 트리키아(Thricia) 해변의 아베라(Abera) 출신이었던 데모크리투스(Democritus, B.C 460~B.C 360경)도 쾌락주의를 옹호하는 견해를 보였는데, 그는 아리스팁푸스와는 달리 그의 원자론(원소론)에서 이성(理性)은 감각을 넘어서 궁극적 원자에까지 침투하는 것이기 때문에

---

4) 율리우스 카이사르가 통치한 로마의 장군이며, 제2차 삼두정(三頭政: B.C 43~B.C 30) 때의 세 실력자들 중 한 사람으로 로마의 공화정에서 실권을 잡기 위해 마케도니아 왕국이었던 이집트 여왕 클레오파트라 7세와 함께 옥타비아누스(훗날의 아우구스투스 황제)에게 대항하였으나 패배했다.

일시적이고 육체적인 쾌락이 아니라 영적이고 지적인 최선의 쾌락에까지도 도달한다는 관점이었다.

2. 에피쿠로스의 생애와 사상 체계

에피쿠로스(Epikuros, B.C 341~B.C 270 경)는 고대 그리스의 사모스 섬(Samos, Greece) 출신으로 바로 이러한 데모크리토스(Democritos)의 쾌락적 사상의 영향을 받았는데, 이는 B.C 327~B.C 324년까지 약 3년 동안 이오니아 지역의 도시에서 데모크리토스의 제자였던 나우시파네스(Nausiphanes)로부터 수학을 하였기 때문으로 보인다. 나우시파네스는 데모크리토스의 원자론을 더욱 발전시켰는데, 에피쿠로스가 원자론에 기초한 윤리학설을 정립한 것은 여기에 연유한 것이다. 즉 이 세계는 나선형이 운동에 의해 무거운 원자와 가벼운 원자가 분리되고 서로 다른 원자들의 혼돈된 덩어리로부터 생겨난 존재이고 영혼도 정교하고 둥근 원자로부터 성립한다고 본 것이다.

에피쿠로스는 빈곤한 가정에서 병약한 초년생활을 보낸 후 교육자가 되었으나 마케도니아 제국의 정치적 학정으로 여러 곳으로 피해 다니기도 했는데, B.C 310년경에는 그의 추종자들이 아테네에 정원이 딸린 집을 마련해 주었고 여기서 제자들을 불러 놓고 정원에서 철학을 가르쳤다고 전해진다. 이것이 후에 '정원(Garden)학교'로 발전하였는데 고대 아테네의 네 학원 중 플라톤의 아카데미아와 아리스토텔레스의 뤼케이온 다음의 세 번째로 설립된 것이었다. 그는 정원학교에서 공부도 가르치고 친구들을 응접하여 30년 이상을 지냈는데 초년의 불운과 성장 후의 사회적·정치적 불안의 영향으로 세상으로 다가서는 적극적 행복추구 사상보다는 다소 세상과의 절연 속에서 평온을 찾음으로써 쾌락에 이르고자 하는 경향을 띠었던 것으로 보인다.

그러나 에피쿠로스는 키레네 학파 아리스팁푸스가 추구한 세속적 쾌락이나 감성적(육체적) 쾌락이 아니라 정신적 쾌락을 추구했으며, 쾌락이 선한 것으로 고통은 악한 것이라는 주장을 한다. 이러한 에피쿠로스 학파의 입장은 정원학교의 입구에 "쾌락은 최고의 선이다."라는 문구가 걸려있었다는 점에서도 이해가 된다. 후세에 와서 에피쿠로스 학파는 단순히 쾌락만 추구한 것으로 오인되는 것은 순전히 그가 살았던 시대적 배경을 고려하지 않고 단편적으로 재단한 것으로 보인다. 단지 행복을 추구하는 것이 인생의 목표임을 인정하면서도 그 이전의 아리스토텔레스의 주장에서처럼 개인이 가진 특성에서 탁월성(arethē)[5]의 발휘를 통해서 적극적인 행복을 추구하는 관점이 아니라, 불안한 전쟁이나 정치가 판치는 세상에서 물러나 마음이 고요한 상태(평정)을 유지하고 욕구(욕망)를 줄이면서 즐거움(쾌락)을 찾자는 회피적이고 소극적인 입장을 견지하고 있었음을 빗댄 것으로 판단할 수 있다.

제2절 키니코스-스토아 학파의 철학

1. 키니코스 학파(견유 학파)의 배경과 사상 체계

라틴어로 '키니코스(Cynics)'는 개(犬)를 뜻하며 개처럼 자유롭게 살고자 한 키니코스 학파(Cynicism, 견유 학파)는 키레네 학파가 형성된 시대와 비슷한 시대에 대두하였고 에피쿠로스 학파와 마찬가지로 그리스적 로마시대에 염세관을 반영하는 스토아 학파(stoicism)로 발전하였다. 그리고 키니코스 학파도 키레네 학파처럼 소크라테스로부터 사상을 이어받았다고 주장하지만 플라톤의 사상이나 키레네 학파를 창설한 아리스팁푸스의 쾌락주의적 사상과는 전혀 다른 입장을 취한다. 키니코스 학파를 연 안티스테네스(Antisthenes, B.C 440~B.C 370경)는 아테네 출신으로 소크라테스의 제자이면서 디오게네스(Diogenes, B.C 412~B.C 325경)의 스승으로 알려져 있다.

안티스테네스는 소크라테스의 사상에서 학문적 방법보다는 윤리적인 삶의 태도와 인격의 고매함에 영향을 받은 것으로 보이는데, 윤리적인 행동이 행복을 가져오고 어떠한 해악도 닥쳐오지 않게 한다고 생각한 것은 소크라테스의 사상과 일치한다. 단지 참다운 행복은 세속적인 관계보다는 자신의 정신적인 단순성

---

5) 아리스토텔레스는 니코마코스윤리학에서 세 가지 유형의 인간의 탁월성을 논한다. 즉 신체의 탁월성, 성격의 탁월성, 지성의 탁월성으로 구분하였다. 성격의 탁월성과 지성의 탁월성은 인간의 이성적 삶 속에 포함되어 있고 선택이 가능한 영역에 속한다. 따라서 "행복은 완전한 탁월성에 따른 영혼의 행동이다."라는 관점을 보인다.

과 정직한 노동에서 획득되는 것이기 때문에 무욕과 자기억제를 전제로 바른 습관을 쌓아 인격을 도야하는 것이라고 함으로써 이론보다는 실천을 강조하였다.

이러한 키니코스 학파의 사상은 제자들의 시기에 와서는 쾌락을 강조한 키레네 학파와 직접적 대립적 관계에 서게 되었고, 흑해 연안의 시노페(Sinope) 출신의 제자인 디오게네스 시기에 도달하게 되면 결혼을 하지 않거나 금욕주의적 삶을 추구하는 것뿐만 아니라 일체의 문명적인 생활태도를 배척하기에 이른다. 디오게네스는 키니코스 학파 중에서도 가장 많이 알려진 사람인데 그 이유는 바로 문명적인 생활을 하지 않고 걸식을 하며 아테네와 아테네의 서쪽으로 약 80㎞정도 떨어진 코린트(Kórinthos) 시에서 나무통(혹은 큰 항아리)을 집으로 삼아 개처럼 살았다고 알려진 데 있다. 이는 스승인 안티스테네스의 무욕(무소유)정신을 통한 행복추구의 태도로 보이며, 디오게네스의 제자로 테베 출신의 크라테스(Krates, B.C 336~B.C 286경)도 그를 따랐던 애인 히파르키아(Hipparkhia)와 함께 구걸하는 생활을 했다고 전해지는 것을 보면 소극적인 삶이지만 내면의 만족을 통하여 행복을 추구한 것으로 보인다.

특히, 디오게네스의 일화들은 이러한 철저한 쾌락을 거부하면서도 기이한 삶의 태도를 알 수 있게 한다. 그는 대낮에도 등불을 들고 다니면서 사람다운 사람을 찾는다는 말을 했다고 하여 '디오게네스의 등불'이라는 일화가 있고, 페르시아를 정벌하기 위해 알렉산더 대왕이 코린트에 머무르고 있을 때는 많은 철학자들과 정치인들이 찾아와 알렉산더 대왕을 칭송했지만, 당시 유명했던 디오게네스는 찾아오지 않았다고 한다. 이에 알렉산더가 부하들을 데리고 찾아가 소망을 묻자 "대왕이시어! 햇볕이 들지 않으니 옆으로 비켜주시오!"라는 말만 했다는 일화도 유명하다. 이것은 세상에 대한 디오게네스의 조소적인 고립적 생활태도를 보여준 것이기도 한 것인데, 영어의 시니컬(cynical, 냉소적인)이라는 형용사는 바로 키니코스(cynics/kynikos) 학파의 이름에서 연유하고 있다.

2. 스토아 학파(금욕주의)의 배경과 사상 체계

1) 제논의 생애와 사상

디오게네스의 견유 학파를 이어받은 사상은 스토아 철학자들의 사상이다.

스토아(stoa)는 원래 고대 그리스의 광장(아고라) 안에 세워진 기둥이 줄지어 늘어선 복도를 의미하는데, 스토아철학을 창시한 제논(Zenon, B.C 340~B.C 265경)이 플라톤이 세웠던 아카데미아에서 공부를 하였으며, 성인이 되어서는 아고라 기둥(柱廊 玄關)과 스토아 포이킬레(stoa poikile)라는 건물에서 제자들을 가르쳤기 때문에 그렇게 지칭이 되는 것이다.

스토아 학파(Stoicism)를 창설한 제논은 소크라테스 이전의 엘레아의 제논과 구별하여야 하는데, 그리스인이 아니라 페니키아의 고대도시 키프로스 섬의 키티움(citium) 출신의 유대인 출신으로 아테네에서 네 번째의 학원인 '스토아 학원'을 설립하였던 사람이다. 제논을 비롯한 초기 스토아 철학자들의 사상은 헬레니즘과 로마시대에 걸쳐 가장 폭넓게 대중화된 철학으로 볼 수 있는데, 왜냐하면 유대교나 그리스도교, 이슬람교 등의 교리에도 적용되었고, 후기 스토아 철학자(세네카 등)들은 키니코스 학파나 에피쿠로스 학파와 같이 금욕을 통한 처세(안심입명)를 주장하기는 하지만 소극적으로 은둔하지는 않고 거리낌 없이 관직이나 정치에 참여하였다.

이러한 스토아 학파의 사상적 태도는 전쟁과 정치적 혼란 속에서의 헬레니즘 조류의 지배적 사상으로 자리 잡게 되는 계기로 작동하여 어떤 시기에는 플라톤 사후의 아카데미아에서 교재로서 교육되기도 하였다. 아울러 스토아 학파는 헬레니즘/로마철학시기의 주요철학인 에피쿠로스 학파, 스토아 학파, 회의주의 학파, 신플라톤주의와 함께 또 다른 사상 학파라고도 할 수 있는 초기 기독교 사상에도 영향을 미치게 된다.

이처럼 철학사에서 흔히 키티온(키프로스 섬 키티온)의 제논 혹은 스토아의 제논으로 불리는 마케도니아 제국시기의 철학자 제논은 초기에는 키니코스 학파인 디오게네스의 영향을 받았기 때문에 고통을 참고 견디는 것을 미덕으로 삼는 금욕주의적 삶을 이상으로 삼았다. 즉 헬레니즘 시대에는 그리스 문화와 동방문화가 혼합되어 무질서하고 무도덕적인 사회흐름의 경향에서 쾌락을 추구함으로써 행복을 찾는 에피쿠로스 학파가 득세하자 스토아 학파는 반대적인 입장에서 행복을 추구하는 방법을 찾게 되는데 외부적인 것들에 무관심하고 내부적인 마음의 고요한 상태(아파테이아, apatheia)를 유지하는 것을 최고의 선으로 제시한 것이다.

아파테이아(apatheia)를 실현하기 위해서는 '자연의 법칙'이나 '신의 법칙'에 따르는 생활의 '부동심(不動心)'과 '무정욕(無情慾)'의 상태로 가야 하는데 이것은 곧 보편적 우주이성인 로고스(logos)에 의해 지배를 받는 담담한 자세가 필요로 한다. 따라서 스토아 학파의 사상가들은 이러한 상태를 유지하기가 어렵게 되면 자살을 허용하는 관점을 보이기도 하였다. 제논 역시도 고령에 이르러 자살한 것도 같은 맥락이다. 이렇게 볼 때 금욕주의로 알려져 있는 스토아 학파의 사상은 디오게네스의 영향을 받았지만 제논은 플라톤 사상을 아카데미아에서 배웠다는 점을 고려해보면 철저히 이성에 따른 정신세계와 윤리적 행동에서는 견유 학파에서처럼 지나친 냉소적 생활이 아니라 현실적 세계에도 어느 정도 다가서는 중용의 덕을 취하고 있음을 알 수 있다. 즉 이성적 판단의 정신세계는 플라톤의 사상이며, 중용의 윤리행동은 아리스토텔레스의 주장과도 통하는 것이다.

이러한 금욕적이면서도 중용의 윤리를 통해 행복을 추구하는 사상은 그의 추종자들에게도 이어지는데 후기 스토아 철학자들인 세네카, 에픽테토스, 아우렐리우스 황제가 로마시대를 대표하는 사상가들이다.

2) 제논 이후의 스토아 철학자들의 생애와 사상

제논이 아테네를 중심으로 디오게네스의 키니코스적인 사상과 헤라클레이토스의 자연사상, 그리고 플라톤의 이성에 따른 정신세계를 융합한 사상으로의 스토아 철학을 창립한 B.C 3세기부터 로마제국 말기인 4세기에 이르기까지의 유명한 스토아 철학자들은 초기, 중기, 후기로 나누어 볼 수 있다.

제논 이후의 초기 스토아 철학자로는 제논의 직계 제자인 소아시아의 아스소스(Assos) 출신이면서 노동과 수양을 강조한 클리안테스(Kleantes)와 클리안테스의 제자로서 스토아철학을 체계화시켰던 킬리키아 항구도시인 솔로이(Soloi) 출신의 크리시포스(Chrysippos) 등이 있다. 따라서 스토아철학의 초기에는 기존의 아테네 중심의 그리스철학과 그리스의 변방이나 이국인 출신 중심의 스토아철학은 격렬한 대립을 보인다.

이러한 초기의 스토아철학은 여러 사상을 융합한 절충주의사상으로 비난을 받지만 중기에 들어오면 기존의 고전철학과는 이질적인 것들이 인정을 받게 되는데, 이것은 더 이상 그리스의 좁은 도시국가적인 사유방식이 아니라 지중해를 둘러싼 여러 지역을 대표하는 헬레니즘 사상의 대변인으로서 자리 잡게 되는 계기가 된다. 즉 아리스토텔레스가 인간은 '정치적 동물(zon plitikon)'이라고 『국가론』에서 정의한 것은 당시 그리스인들이 도시국가(police)에 소속된다는 특권이면서도 생존방식이었음을 나타내는 말로 볼 수 있는데, 그 후의 제논은 이성을 갖춘 실재로서의 우주는 개별도시국가가 아니라 세계국가(kosmopolis)라고 언급한 것은 중세 스토아 철학자들의 활동에서 확산되기 시작한 것으로 볼 수 있다.[6]

중기 스토아 학파를 대표하는 철학자로는 로마에 스토아철학을 처음 도입한 파나이티오스(panaitius, B.C 185~B.C 50)와 그의 제자 포세이도니우스(poseidonius, B.C 130~B.C 50)를 들 수 있다. 포세이도니우스는 로마의 국부(國父)로 칭송받았고 안토니우스에게 죽임을 당한 로마시대 정치가·철학자 키케로(Marcus Tullius Cicero, B.C 106~B.C 43)의 스승이기도 하면서, 그의 스승인 파나이티오스와 함께 초기에 크리시포스가 체계화시켰던 스토아철학에서 그리스 위주의 자연법 이론의 한계점을 로마사람들의 현실법 이론으로 보완하였다. 이것은 스토아 학파의 실용성을 높여준 공적이 되는데, 플라톤 사상과 아리스토텔레스 철학의 관점을 통일시킨 측면이 있다.

한편 스토아철학의 후기에 오면 키케로, 세네카, 에픽테투스, 아우렐리우스 등의 탁월한 철학자와 정치가들이 나타난다. 이 시기는 로마제정의 말기에 혼란했던 정치와 부패문제들과도 배경을 둔 시대적 사상의 발로이기도 한데 같은 시기에 출연한 기독교 사상에도 영향을 미친 것으로 보인다. 즉 예수의 직계 제자들인 12사도(司徒)들이 주로 팔레스타인 지역의 예루살렘의 유대인들을 대상으로 그리스도교를 전도했던 것에 비해 로마시민권이 있었던 바울(바오로, Saint Paul)은 이방인 사도로서 당대의 세계주의 사상을 가졌던 코스모폴리탄(cosmopolitan)이라고 볼 수 있는 그리스와 지중해 지역을 중심으로 한 로마제국

---

6) 제논의 세계국가사상은 사실 견유 학파(키니코스 학파)를 대표하는 디오게네스의 사유방식의 영향으로 보인다. 흑해 연안 지방도시 시노페 출신의 디오게네스는 이른바 개같이 자연적 삶을 하고 있을 때 출신을 묻는 대중에게 '우주에 있는 국가시민(politeiom en kosmo)'이라고 답했다고 한다.

에 선교를 하였다. 이것은 당시 코스모폴리탄들의 대표사상이었던 스토아철학을 배경으로 종교적 믿음(신앙)을 전파(AD 48~AD 60)한 것으로도 볼 수 있는 것이다. 물론 기독교적으로 보면 순수 신앙을 왜곡하는 것으로도 비판이 될 수 있지만 신약성경의 중심내용이 되는 사도 바울의 행적이나 전도 서신들을 보면 한정된 이스라엘의 수도였던 예루살렘 중심이 아니라 코스모폴리탄이라는 세계시민적 신앙정신으로 구성되어 있다.

세네카(Seneca, B.C 4~AD 65경)는 스페인 코르도바(Cordoba) 출신의 유대인으로 어릴 때에는 병약하였으나 이집트지역 사령관의 아내였던 큰 어머니의 영향으로 로마로 와서 스토아사상과 수사학(연설훈련)을 공부하여 네로황제 재위 초기인 AD 54~AD 62년까지 그의 정치적 동료들과 함께 로마를 실질적으로 통치하기도 한 사상가였다. 그의 철학적 저작들 중에 오늘날까지 비교적 알려져 있는 것으로, 『분노(화)에 관하여(Deira)』는 憤怒(火)에 대한 개념을 정의하고, 제기된 반론에 대해 재반론과 함께 화(분노)를 불러일으키는 원인들을 분석한 다음, 그 화를 조절하고 치유하는 내용으로 구성되어 있다. 그 외에도 『관용에 관하여(Declementia)』는 한때 그의 제자이기도 하였던 젊은 네로 황제에게 충고하고 자비로운 황제 자질을 권유한 내용을 담고 있다. 그리고 『영혼의 평정에 관하여(De tranquillitate animi)』, 『지혜의 불변성에 관하여(De constantia sapientis)』, 『행복한 삶에 관하여(De vita beata)』, 『여가에 관하여(De otio)』 등의 저서는 그의 스토아주의적인 현인의 인간상을 추구하는 내용을 담고 있다. 아울러 『자선에 관하여(De beneficils)』는 자선을 베푸는 자와 받는 자의 관점에서 다루고 있으며, 『삶의 짧음에 관하여(De brevitote vitae)』는 드물기는 하지만 인생은 시간을 적절하게 사용하기만 하면 그렇게 짧은 것은 아니라는 견해를 보인다. 세네카는 62세즈음에 네로황제 암살계획에 연루되었다는 의심을 받게 되어 독배를 마시고 자결한다.

에픽테토스(Epiktetos, AD 60~AD 120)는 노예출신에서 벗어나 세네카의 제자로서 니코폴리스(Nicopolis)에 철학학교를 세워 활동을 했는데 그는 저술은 하지 않았지만 전원생활, 노동, 절제, 간소한 생활 등을 함으로써 스승의 사상을 이어갔다.

그리고 에픽테토스를 정신적 스승으로 흠모했던 마르쿠스 아우렐리우스 안토니우스(Marcus Aurelius Antonius, AD 121~AD 180)는 로마제국의 황제이면서도 금욕과 절제를 주장하고 있는 그의 저서 『명상록*(Meditations*, 자성록)』에서 스토아적인 관점에서 로마의 만민법과 중세 및 근대의 자연법사상에 영향을 미치는 윤리사상을 보여준다. 그는 게르만족의 침입으로 인하여 도나우 강(Donau 江, 다뉴브 강) 인근의 진중에 있으면서 시간을 내어 명상록을 집필하였는데, 태어나고 죽는 자연의 법칙을 신의 섭리로 보고 의연하고 평정한 응대를 강조하는 내용을 담고 있다.

제3절   회의주의 학파와 신플라톤주의 학파의 철학

1. 회의주의 학파(퓌론주의)의 배경과 사상 체계

1) 회의주의 학파의 배경

회의주의 학파(Scepticism)는 에피쿠로스 학파나 스토아 학파와 같은 시대(로마시대)에 발생한 사조이다. 따라서 일종의 소크라테스적인 바탕을 가지고 있는데, 바로 소크라테스가 주장한 "나는 아무 것도 모른다는 것을 안다."는 무지(無知)의 언명을 이어받은 사상이다. 이러한 사상은 회의 학파를 세운 것으로 알려진 그리스 남부 펠로폰네소스 반도의 엘리스(Elis) 출신 퓌론(Pyrrhon, B.C 360~B.C 272)[7]과 그의 사상을 발전시킨 티몬(Timon, B.C 325~B.C 235)의 견해를 중심으로 한다.

회의주의는 영어로 Skepticism(Scepticism), Agnosticism으로 표현되는데 아리스토텔레스주의나 에피쿠로스 학파, 스토아 학파 등에서 볼 수 있는 바와 같이 어떤 진리를 발견하여 인간의 행복이나 윤리적 행동의 기준을 규정하고 있는 것을 독단적이라고 보는 관점이다. 진리라고 규정한 것조차도 확신할 수 없다는 의심 하에 계속 탐구하지만 결론을 짓는 것(판단)은 중지하려는 사상인 것이다. 회의주의자들도 아리스토텔레스주의 이후 지속된 주제인 '행복론'에 관심을 가지

---

7) 퓌론은 데모크리토스와 같은 연배인 아낙사르코스에게 사사하였다고 하며, 그는 저서가 없으므로 그의 수제자 티몬(Timon, B.C 320~B.C 230)의 '철학자를 비웃는 실롤리(Silloi)'라는 시를 통하여 퓌론의 사상을 알 수 있다.

고 '마음의 평정상태(아타락시아, ataraxia)'에서 그 답을 찾으려고 했지만, 마음의 평정을 얻기 위해서는 마음에 갈등이 생기지 않도록 '판단중지(epoche)'를 해야 한다고 주장한다.

퓌론(Pyrrhon, B.C 360~B.C 270)은 회의적 침묵주의자였기 때문에 저서를 남기지는 않았지만 그의 직계 제자인 티몬(Timon, B.C 320~B.C 230)이 죽은 후에도 카르네아테스(Carneades, B.C 213~B.C 129), 아이네시데모스(Ainesidemos, AD 100년경) 등의 퓌론주의자가 있었다. 그리고 퓌론이 사망한 후 400년이 지난 즈음의 아이네시데모스(Ainesidemos)와 500년 정도가 지난 시기의 세크스투스 엠피리쿠스(Sectus Empiricus, AD 250년경)의 저서에서는 이러한 그의 사상들이 '퓌론주의'(Pyrrhonism)로 정리되고 있다. 따라서 퓌론주의는 상당한 기간에 걸쳐 확산된 것으로 보아 로마제정 말기까지도 당시의 시대적 주요사상으로 자리 잡고 있었다고 할 수 있다. 특히 회의주의론자들 역시 스토아 학파와 마찬가지로 그리스 아테네를 중심으로 한 전통사상이 아니라 지중해 연안지역 전체에 걸쳐 다양한 출신들이 포함되어 있는 것을 보더라도 그러하다.

2) 퓌론주의의 주요사상

알렉산더 대왕의 동방정벌에 병사로서 전쟁에 참여하기도 했던 퓌론(Pyrrhon)의 회의주의적 사상은 헬레니즘 말기의 섹스투스 엠피리쿠스(Sectus Empiricus)에 의해 『퓌론주의의 개요』로 정리되었고, 근대 르네상스시기에 다시 소개됨으로써 근대철학에도 영향을 미친 것으로 보인다. 그 중에서도 퓌론이 맹렬한 폭풍우 속에서 배가 뒤집힐까 봐 우왕좌왕하는 선원들 사이에서 상관하지 않고 먹는 것에만 집중하고 있는 돼지를 가리키면서 저렇게 살아야 마음 편하게 살 수 있다고 영혼의 평안함을 피력하기도 했다는 것은 알려진 이야기이다. 이처럼 회의주의가 추구했던 궁극적인 사상은 그 당시까지의 주요 학파들이 내세운 진리규정의 독단적 견해를 회의하고 옳고 그름에 대한 판단을 유보함으로써 아포리아적인 탐구를 통하여 마음의 평정상태를 유지하려는 데에 있다. 다시 말하면 인간이 감각적으로 볼 수 있는 현상들과 생각되는 것들을 회의라는 대립방식으로 진술하고 그것들이 서로 같은 힘으로 상충되는 평형의 상태가 되도록 하여 결국 아포리아(aporia)의 마음에서 머물도록 하려고 한다.

이러한 사상은 퓌론의 직접적 제자였던 티몬(Timon)과 그 후의 카르네아테스(Carneades, B.C 213~B.C 129)의 저서로서 계승되고 있다. 아테네 출신의 티몬은 어떤 명제이든 그것이 절대적인 참이라고 말할 수 있는 것은 아무 것도 없으며, 마찬가지로 절대 거짓이라고 볼 수도 없기 때문에 단지 그렇게 드러난다고 말할 수밖에 없다는 입장을 보였다. 카르네아데스는 종교적 신앙을 대상으로 반어법을 사용하기를 즐겼는데 각 신앙들은 스스로의 모순을 가지고 있음을 지적하였다. 즉 만일 신이 있다면 그것은 무형 혹은 유형의 어느 한 쪽일 것이며, 유형이라면 많은 물체들과 마찬가지로 변화와 사멸을 하게 되는 전능하지 못한 존재가 되며, 무형이라면 인간은 그 존재를 찾아 증거를 댈 수가 없고 전능하다고 본다면 세상에는 많은 악과 유덕하지 않음을 보면 그것도 불확실하다고 비판하였다. 그러나 다른 한편으로는 신이 존재할지도 역시 모른다는 입장을 보이기도 했는데, 어떤 회의론자들은 성직자가 되기도 하였고 사교형식을 취한 종교모임을 따르기도 한 것이다.

그렇지만 이러한 회의론자들이 퓌론을 추종하는 단일학파로 존재하는 것만은 아니었는데 헬레니즘 시대에 활동하던 이른바 '아테네의 네 학원들'을 이끌어가는 철학자들 중에서도 회의론적인 논쟁이 다소 소극적이지만 지속되었다. 아리스토텔레스가 세운 '뤼케이온 학원'은 헬레니즘 시대에 그렇게 융성하지는 못했지만, 나머지 플라톤의 '아카데미아', 에피쿠로스의 '정원학원', 제논의 '스토아학원'의 영향을 받은 그리스(希臘)적 로마철학자 모두에게서 회의론적인 사유방식은 있었다고 보아진다.

2. 신플라톤 학파(플로니노스주의)의 배경과 사상 체계

1) 신플라톤 학파의 배경

신플라톤 학파는 그리스적 로마 철학에 속하며, 에피쿠로스 학파나 스토아 학파, 회의주의 학파가 활동했던 시기와 비슷한 시기에 형성되었지만 특정한 사조를 나타내는 명칭은 아니다. 즉 이집트에서 비잔틴(이스탄불)에 이르기까지 광대한 로마제국이 헬레니즘 세계에서 받은 다소 퇴폐적 요소가 일어남에 따라 당시의 플라톤 철학의 견지(그리스적 사유방식)를 따르는 학파를 통칭하는 것이다.

플로티노스(Plotinos, AD 205~AD 270)는 서양 고대철학의 마지막 시기에 혼란했던 로마제국에 접어들어 퇴폐적으로 되었던 헬레니즘 사상을 배척하고, 심지어 플라톤의 아카데미아의 일부 지도자들 속에서도 본래의 플라톤 사상이 스토아주의나 회의주의 등으로 혼선을 빚고 있음에 대항하여 플라톤적인 사상체계를 구축하였던 대표적인 사상가이다. 따라서 이를 두고 근대에 와서는 신플라톤주의(Neo Platonism)라고 칭하게 되었다. 아울러 플라톤이나 아리스토텔레스처럼 특별한 사조를 형성한 것은 아니지만 플로티노스의 사상은 3세기에서 6세기에 이를 정도의 기간 동안 로마제국에서 성행하게 되었으며, 신비주의적이거나 종교적인 사상으로도 변화하게 된다.

일반적으로 역사가들이 서양사에서 중세의 시작점을 로마가 동로마제국과 서로마제국으로 양분되어 서로마제국이 몰락의 길로 접어드는 시기인 395년으로 간주하고 있음을 보면 신플라톤주의는 서양 고대철학의 말미와 중세 서양철학의 시작점을 잇는 교두보 역할을 한 것으로 파악된다. 따라서 플로티노스는 그리스 아테네 출신이 아닌 이집트의 튀코폴리스 출신이면서 알렉산드리아에서 공부한 후 로마로 와서 학교를 열고 활동하였지만 플라톤, 아리스토텔레스와 함께 서양 고대철학의 3거성(三巨星)으로 불리기도 할 만큼 비중을 차지하는 사상가였다.

한편 플로티노스를 중심으로 한 신플라톤 학파가 로마제국에서 성행하게 된 배경에는 후기 스토아 학파에 속하면서 로마제국의 제16대 황제였던 마르쿠스 아우렐리우스(Marcus Aurelius, 재임기간 161~180)의 로마황금시대가 끝남으로써 이른바 로마의 5현제 시대가 군인황제 시대로 전환되는 시점과 맞물려 있었다.

B.C 31년에 이집트 지역 악티움(악티온)해전에서 안토니우스와 클레오파트라 7세의 연합군을 제패함으로써 지중해 연안의 헬레니즘 지역을 통일했던 옥타비아누스(아우구스투스: 존엄자의 의미)가 로마제정 제1대 황제가 된 이후 자식이 없었던 아우구스투스가 양자인 티베리우스(Tiberius Caesar Augustus, AD 14~37 재위)에게 황제 자리를 물려준 후부터 가이우스, 클라우디우스, 네로 황제에 이르기까지 정치적 혼란과 폭정 속에서 로마인들은 시달렸고 결국 스토아 철학자이면서 정치가였던 세네카를 반역죄로 죽였던 네로가 로마 대화재 방화범으로

몰려 이집트로 도망하다 실패하여 자결하자 군인이 아닌 원로원의 의원이었던 네르바(Nerva Caesar Augustus, 96~98 재위)가 황제로 추대된 것이다.

이때부터 로마 원로원은 지난날의 혼란과 폭정을 막기 위해 황제 자리를 무능한 자식이나 친족에게 물려주지 못하도록 유능한 자를 황제의 양자로 삼아 권력을 잇게 하는 이른바 '양자상속제 방식'의 현명한 다섯 황제 시대(5현제 시대)가 열리게 된 것이다. 즉 네르바 황제 이후의 트라야누스, 하드리아누스, 안토니누스, 피우스, 마르쿠스 아우렐리우스는 모두 양자제도에 의한 황제로서 로마평화시대를 이끌었기 때문에 이 시대를 '팍스 로마나(Pax Romana)'라고도 부른다.

이러한 로마의 전성시대를 구가하던 사상은 주로 스토아철학이 차지하였으나 마르쿠스 아우렐리우스 황제가 그의 친아들인 코모두스(Commodus, 재위기간 177~192)를 후계자로 지목한 후 전쟁터에서 병사한 이후부터는 로마가 또 다시 황제가 군대에 의해 살해되는 등의 혼란이 지속되었다. 특히 플로티노스가 로마에 학교를 열고 본격적으로 활동하였던 시기에는 군대에 의해 옹립된 황제들이 살해되고 전사하는 경우가 많았으며, 플로티노스 사후에도 이어져 로마제국은 약화되고 결국 게르만족에 의해 서로마제국이 476년에 멸망하는 계기가 되었다.

이처럼 신플라톤주의는 로마의 황금시대가 아니라 마르쿠스 아우렐리우스 이후의 로마제정의 혼란기를 배경으로 성립되고 확산된 사상이다. 따라서 그 이전의 스토아철학에서처럼 자연의 법칙에 따른 이성적 평안(고요함)을 추구하나 옳고 그름의 판단을 중시하는 회의주의 학파는 힘을 잃게 되며, 다소 신비주의적이면서도 플라톤의 이성의 세계(이데아)에 바탕을 두고 아리스토텔레스의 현실의 세계(실재론)를 고려한 플로티노스 중심의 신플라톤주의가 자리 잡게 된 것으로 해석된다.

2) 신플라톤 학파 플로티노스의 생애와 사상

플로티노스의 생애는 로마제국이 전성시대를 지나 쇠망의 시기로 접어든 혼란한 군인황제 시대로 점철되어 있었는데, 플라톤이나 아리스토텔레스에 비교될 만큼 서양고대철학사에서 비중을 차지하는 사상가의 삶을 살았다. 신플라톤 학파로 정리되는 플로티노스의 사상은 사실 플라톤 뿐만 아니라 아리스토텔레스, 스토아 학파, 신피타고라스 학파는 물론 이집트의 신비학파에서도 영향을 받아서 새롭게 창시된 것이기 때문에 '플로티노스 사상(주의)'라는 새로운 학파의 명칭을 사용해도 별 무리가 없을 정도이다.

이집트의 뤼코폴리스에서 태어난 그는 28세가 되던 해에 당시 헬레니즘 시대를 대표하는 도서관이나 철학자가 많았던 알렉산드리아(Alexandria)[8]로 가서 스승 암모니우스 사카스(Ammonius Saccas, 175~242경) 밑에서 39세까지 배우게 된다. 암모니우스 사카스는 그리스도교 초기 신학자인 오리게네스(Oregenes Adamantius, 185~254경)의 철학 스승이기도 하였다는 점을 보면 플로티노스는 오리엔트에서 시작된 기독교적인 부분과 이집트의 신비학적인 부분을 동시에 학습한 것으로 보인다.

40세 되던 해에 플로티노스는 오리엔트(페르시아와 인도)철학을 공부하기 위하여 로마황제 고르디아누스 3세(Gordianus Ⅲ, 238~244 재위)를 따라 페르시아 원정에 참여했으나 고르디아누스 3세가 메소포타미아 지역에서 병사들에게 살해당하는 사건이 발생한다. 고르디아누스 3세는 고르디아누스 1세와 2세가 죽은 뒤 로마 원로원에서 나이가 많은 원로 푸피에누스 막시무스(Marcus Clodius Pupienus Maximus)[9]와 발비누스(Decius Caelius Calvinus Balbinus)를 공동 황제로 선임했으나 황실 근위대가 반란을 일으켜 발비누스와 막시무스를 죽이고 당시 13세였던 고르디아누스 1세의 손자이며 2세의 조카였던 그를 부황제(Caesar)로 삼아 제위 계승자로 삼았기 때문에 황제가 되었으나 또다시 군인에 의해서 살해된 피해자로 볼 수 있다.

이로 인하여 플로티노스는 다시 로마로 돌아와 정착하여 학생들을 가르치게 되었다. 로마에서 그의 강의를 들은 사람들과 제자들은 황제와 원로원 회원들로

---

8) B.C 332년에 알렉산더 대왕이 이 도시를 건설한 후 이집트의 수도로 삼았으며, 고대에는 헬레니즘 학문과 과학의 중심지이기도 했으며, 지금의 수도인 카이로에서 북서쪽으로 183km 떨어져 있었다.

9) 고대로마의 군사령관·정치가였던 퀸투스 막시무스 파비우스(Quintus Maximus Fabius)와는 구분하여야 한다. 즉 제2차 포에니 전쟁(B.C 218~B.C 201) 초기 단계에 신중한 지연 전술로 한니발이 이끄는 카르타고 침략군에 대해 공세를 펼 수 있는 시간적 여유를 벌었던 막시무스 파비우스의 전술이 현대에 와서는 점진적이거나 신중한 정책을 뜻하는 페이비아니즘(Fabianism)으로 칭하게 된 것과는 상관이 없다.

구성된 귀족 부류와 그의 수제자 포르피리오스(Porphyrios, 233~305) 등의 페니키아(Phoenicia)10) 출신(오리엔트 출신)으로 구성되어 학파를 이루었다. 그 중에서 갈리에누스 황제(Gallienus, 재위 253~268)와 그의 아내 살로니나도 있었는데 플로티노스는 이들의 후원으로 270년경에 이탈리아 남부의 캄파니아(Campania) 지방에 플라톤의 이상도시(Platonopolis, 플라토노폴리스)를 설립하려고도 했다. 그러나 갈리에누스 황제가 전쟁 중에 피살되자 플로티노스도 원로원의 박해를 피해 캄파니아(Campania) 지방의 민투르나이(Minturnai)로 가서 약 2년 동안 병고를 치른 후 65세의 나이로 사망하게 된다.

이러한 플로티노스의 생애는 로마에서 6년간 같이 살았던 그의 오리엔트 출신의 수제자인 포르피리오스가 스승의 글을 편집하여 출판한 책 『엔네아데스(Enneades)』로의 서문에 나와 있을 뿐이다. '엔네아데스'라는 책 이름은 '9편집(九篇集)'이라는 뜻인데 총 6권으로 각 권은 9장씩 편집되어 있기 때문이다. 즉 제1권(집)은 윤리학과 미학, 제2권(집)과 제3권(집)은 자연학과 우주론, 제4권(집)은 심리학, 제5권(집)과 제6권(집)은 논리학과 인식론을 다루고 있는데 각 9장으로 편집되어 있다.

플로티노스는 49세까지는 강의만 하였을 뿐 저술을 하지는 않았다고 하며, 50대에 와서 많은 글을 썼으나 노안으로 인하여 책으로 편찬하기가 어렵게 되자 죽기 5년 전 정도에 그의 제자인 포르피리오스에게 원고를 맡기게 되었고, 이를 포르피리오스가 주제에 따라 9편씩 묶어서 6권으로 편찬한 것이다.

그러면 『안네아데스(Enneades)』에 나타나고 있는 내용을 중심으로 그의 신플라톤적 사상을 정리해보면 다음과 같이 형이상학과 신비주의적 존재론으로 구분할 수 있다.

우선, 플로티노스의 형이상학은 고대 그리스 시대의 플라톤과 아리스토텔레스의 사상에 바탕을 두지만 그들이 활동한 시기와는 약 600년 정도의 차이가 있

---

10) 오늘날의 레바논과 시리아, 이스라엘 북부로 이어지는 지중해 동쪽 해안에 자리 잡은 도시국가들로서, 최초로 알파벳을 사용한 문명으로 알려져 있다. 페니키아인들이 사용한 페니키안 알파벳으로부터 여러 알파벳이 분파되었다. 페니키아인들은 페니키아어를 사용하였고 해양 무역을 통해 자신들의 알파벳을 북아프리카와 유럽에 전파하였는데 여기에서 그리스어의 알파벳이 만들어진 것으로 보인다.

는 로마 말기에 살았기 때문에 차이가 있다. 즉 플라톤과 아리스토텔레스의 자연주의적이고 이원적인 형이상학이 아니라 존재에는 오직 하나의 거대한 계열이 있을 뿐이고 그 최고의 위치에는 신이 있다는 '일자(to hen, to agathon)'의 개념을 제시한다. 다시 말하면 플로티노스의 형이상학은 일자설에 의한 일원론이라고 볼 수도 있다. 플로티노스는 만물은 일자(一者)에서 생겨나는데, 첫 번째는 '누스(Nous)'가 창조된다고 하였는데, 이는 오늘날의 지성(intellect)이나 정신(sprit)의 의미가 있는 것으로 보인다. 두 번째는 물질적 세계를 만들고 질서를 만드는 '소울(soul)'이 창조되는데, 이는 오늘날의 영혼의 개념에 해당한다. 그리고 영혼 다음으로는 물질의 개념인 '매터(matter)'가 일자로 유출되는 위계체계를 제시한 것이다.

그리고 그의 신비주의적 존재론도 이러한 일자(一者)로의 합일을 주장하는 것이다. 즉 만물은 일자에게서 유출되고 창조되었기 때문에 인간의 육체와 영혼도 일자와 합일하기 위하여 유출의 반대 순서로 상승하려고 한다는 신비주의적 체험관점을 보인다. 이는 영혼이 이성의 단계를 넘어 일자인 신과 합일할 수 있다는 낙관적 사유방식으로 볼 수 있다.

이러한 플로티노스의 사상은 플로티노스의 제자이며 후기 신플라톤주의자인 시리아의 칼키스(Chalcis) 출신인 이암블리코스(Iamblichos, 250~330경)와 이스탄불 출신인 프로클로스(Ploklos, 412~485경)가 활동한 시기에 오면 완벽한 형이상학 체계와 비그리스도교적 신학을 추구하는 것으로 변화하게 된다. 이들의 사상은 아테네의 아카데미아에서 가르쳐졌으며, 529년에 동로마(비잔틴제국) 황제 유스티니아누스 1세(Justinianus I, 재위 527~565)[11]에 의해 아카데미아가 폐교될 때까지 신플라톤주의 교육이 지속되었다.

한편 고대 제정로마 시기(B.C 27~AD 330)에는 공교육 제도는 존재하지 않았고 대신에 유명한 사설 교사들이 돈을 받고 귀족 계층 자녀들을 가르쳤고 그렇지

---

11) 유스티니아누스는 아카데미아를 폐지하고 유대인을 괴롭히기도 한 독실한 기독교도이기도 했다. 기독교 이상국가 건설을 원했던 그는 원활한 통치와 제국의 발전을 위해서는 통치의 근간에는 법과 종교가 있어야 한다고 생각했고, 로마법 대전 편찬과 성 소피아 성당을 건립하였다. 성 소피아 성당은 그런 그의 이상을 담았으며 제국 곳곳에서 여러 건축물의 재료(자재)를 빼와 건설되었기에 동서양을 포함해 당대 최대 규모의 투자가 들어간 대형 건축물이었다.

않은 교사들은 평민 계층 자녀들을 가르치는 방식의 사교육이 이루어졌다. 그러나 콘스탄티누스 1세가 330년에 세운 카피톨리움(Capitolium) 대학을 시작으로 로마의 공교육이 기틀을 잡기 시작한 이후에는 이교도 학문 세력이 약해졌고, 결국 유스티니아누스 1세의 이교도 교육 금지령과 함께 529년에 아테네의 신플라톤 학교가 폐쇄 조치를 당하게 된 것이다. 이는 고대철학교육이 종료되는 의미가 있다.

B.C 6 ~ A.D 5세기의 고대철학 요약

1. B.C 6 ~ B.C 5세기의 자연철학

고대철학의 제1기에 해당하는 기원전 6세기경의 고대 그리스[1]에서 철학의 시작은 그리스 본토가 아니라 그리스의 오른편에 위치하고 있는 에게해(Aegean Sea)[2] 건너편의 식민지인 이오니아(Ionia) 지방에서였다. 그중에서도 그리스 식민지의 중심도시였던 밀레투스(Miletus)는 이오니아 지방의 무역과 교통의 요충지로서 B.C 9~8세기경 호메로스(Homeros)[3]가 활동했던 지역이며, 오리엔트 문명과 그리스 문화가 공존하는 상업도시로서 학문과 예술도 크게 번성하였던 지역이다. 그러므로 밀레투스를 중심으로 하는 이오니아인들은 자유로운 비판정신을 가지고 서양철학을 탄생시켰고, 탈레스(Thales, B.C 624?~B.C 546?), 아낙시만드로스(Anaximandros, B.C 610~B.C 545), 아낙시메네스(Anaximenes, B.C 585~B.C 525) 등의 이오니아 학파(Ionia School) 혹은 밀레투스 학파(Miletus School)를

---

1) 고대 그리스(Ancient Greece) 시기는 그리스 암흑기가 시작된 B.C 1100년경부터 로마가 3차에 걸친 포에니전쟁(Punic Wars)을 통하여 범 그리스 지역인 카르타고, 마케도니아, 시리아 지역을 정복한 B.C 146년까지의 약 1000년간을 의미한다.
2) 서구문명이 시작된 지역으로 볼 수 있는 그리스는 그리스 본토와 2000여개의 섬으로 구성된 에게해 지역으로 구성된다.
3) 호메로스는 고대 그리스의 시각장애인 시인으로 『일리아드(*Iliad*)』와 『오디세이(*Odyssey*)』의 저자로 추정된다.

배출하였다.

그리스인들은 밀레투스 학파가 생성되기 전에도 이미 다양한 형식의 철학적 사상을 가지고 있었는데, 밀레투스학파의 철학자들은 생성하고 소멸하는 세계의 모든 변화 원인이 실재적인 현실세계를 초월한 어떤 의인적이고 신적인 존재자라고 하는 전통사상을 믿지 않았다. 이들은 서양 최초로 우주의 문제를 이성에 의해 생각해 보고자 하였는데 우주를 구성하는 근본적이고도 변화하지 않는 존재를 아르케(arche)라고 명칭하고 그것을 자연적인 세계 안에서 구하려고 사고하였던 것이다. 그리스 당시의 '아르케'의 의미는 오늘날의 원칙(principle)이나 법(law)과 유사한 의미가 있으나 그보다는 근원적인 물질이라는 특징이 강한 용어에 해당한다.

철학의 아버지로 불리는 탈레스는 밀레투스의 철학자로서 처음으로 신화적 우주관에서 벗어나 만물의 근원이 '물'이라고 말했던 사람이다. 즉 "만물의 아르케(arche)는 물이다."라고 하였으며, 일식(日食)을 예언한 사람으로 '철학의 창시자(아버지)'로 불리는 이유는 이미 그가 살아 있던 때부터 탈레스는 고대 그리스의 '칠현인(七賢人)' 중에서도 가장 위대한 현자로 인정받고 있었기 때문이며, 만물의 근원을 물이라고 단언[4]하였기 때문이다. 즉 과학이 고도로 발달한 오늘날에 와서 만물의 근원이 물이라는 주장은 의미가 없지만 철학사적으로 볼 때는 매우 의미 있는 주장이다. 눈에 보이는 여러 사물과 변화에 대한 근원적인 세계에 대하여 알고자 하는 '본질적인' 질문을 처음으로 던지고 그것을 규명하려고 했다는 것이 곧 철학의 작업인 것이다. 그러나 바빌로니아·아시리아의 창세신화와 이집트의 천지창조신화에서도 모든 것은 물과 흙으로부터 태생된 것으로 나오고 중국 신화에서도 최초의 생명은 바다의 파랑(波浪)이라고 한 것을 보면 당시에는 지구의 시작은 물이며 우주의 근원적인 의미로 보았던 것은 보편적인 생각이었

---

4) 탈레스가 만물의 근원을 물이라고 단언하였다고 한 것은 신화에 의존하여 세계를 보려했던 사람이 아니라는 말이 된다. 만물의 근원이 물이라고 한 것은 모든 생명을 좌우하는 것이 물이라는 그의 관찰에 의한 해석으로 보아야 하는 것이다. 탈레스는 젊은 시절에 선진국이었던 이집트에 유학하여 천문학, 기상학, 수학, 항해술 등을 공부하였고, 그 과정에서 풍요로운 나일 삼각지의 비옥한 토양이 나일 강 물의 범람에 의한 것임을 관찰한 것도 그의 세계관 형성에 영향을 미친 것으로 보인다.

을 것으로도 보인다.

아낙시만드로스는 탈레스의 친구이자 제자이었으나 탈레스보다는 보다 합리적인 우주론을 세웠던 사람이다. 그는 양적인 제한성을 가지고 있는 물과 같은 사물이 아르케(arche)일 수는 없다고 생각하고 양적으로 무한정한 추상적 개념인 '아페이론(apeiron)'이라는 새로운 용어를 도입하였다. 즉 아페이론은 공간적 의미에서 무한정(boundless)하며, 성질적으로도 규정되지 않는(indeterminate) 근원적인 의미를 가지고 있다. 다시 말하면, 아페이론은 무한정적이고 무규정적이므로 우주는 무한한 것이며 탄생과 소멸을 반복하며 지속될 것이라고 보았던 것이다.

아낙시메네스는 "물질의 근본은 공기이다."라고 하여 물활론(物活論)[5]적 견해를 가지고 있었다. 그는 공기의 농후와 희박을 통해 만물의 생성을 설명하였는데 공기가 농축되면 바람, 구름, 물이 되고 그 다음에는 흙과 돌이 되며 천체가 발생한다고 보았다. 태양도 흙이지만 아주 빠르게 움직이므로 불타고 있는 것으로 천체를 설명한 것이다. 이처럼 서양철학의 시초는 이오니아 학파(밀레투스학파)에서의 자연을 탐구하는 자연철학에서 찾을 수 있다.

한편 B.C 5세기경의 두 차례에 걸친 페르시아와 그리스의 전쟁(Greco-persian War)[6]으로 그리스가 승리했지만 이오니아지역의 밀레투스는 페르시아 대군에게 함락이 되자 그리스철학의 전통은 같은 이오니아 지역의 고대도시였고 현재의 터키지역에 소재하는 에페소스(Ephesos) 지역으로 옮겨져서 이어지게 된다. 헤라클레이토스(Herakleitos, B.C 540?~B.C 480)는 바로 에페소스 지역을 대표하는 고대철학자로서 "모든 것은 끊임없이 변화하고 있다(panta rhei)."고 주장하고 만물의 근저에 있는 우주의 원질은 '불(火)'이라고 하였다. 그는 만물유전(萬物流轉)을 주장하면서도 불변적인 존재를 인정하여 이를 '로고스(logos) 법칙'이라고 불렀다.

이와는 다르게 고대 그리스지역이 아닌 이탈리아지역에서 형성된 피타고라스

---

5) 물활론(hylozoismus)은 어떤 물체가 자체적으로 생명을 지니고 있어서 그것이 스스로 물질을 만들어 낸다는 사고방식을 말하며, 밀레투스 학파의 공통적 인식수준이다.

6) B.C 490년 페르시아의 다리우스 대왕이 보낸 그리스 원정군은 에게해를 건너 아테네의 인근 해안인 마라톤 광야에 상륙하였으나 전투에서 그리스군에게 패배하였다. 이때 그리스의 용사 페이디피데스가 마라톤 전장에서 아테네까지의 약 40km를 달려 승리를 알리고 절명하였다는 마라톤 전투의 고사가 있다.

(Pythagoras, B.C 570~B.C 500)학파와 엘레아 학파(Eleaticism)인 제논(Zenon, B.C 495~B.C 430?), 그리고 제논에게서 영향을 입은 데모크리토스(Demokritos, B.C 460~B.C 370?)도 유명한 자연철학자로 들 수 있다. 피타고라스는 "만물의 근원은 수이다."라고 주장하였다. 그는 의사이면서 수학자였으며 종교가로서 이탈리아의 남부 크로톤(Croton) 지역에서 공동체(the Pythagoras Society) 생활을 하면서 학파를 형성하였다. 마찬가지로 이탈리아의 남부 엘레아(Elea) 지방에서는 또 다른 자연철학 그룹이 형성되었는데, 크세노파네스(Xenophanes, B.C 570~B.C 480), 파르메니데스(Parmenides, B.C 515~B.C 445?), 파르메니데스의 제자 제논[7] 등이 엘레아 학파를 이루었던 것이다.

그리고 다원론(원소론) 철학과 원자론 철학도 자연철학에 속하는데, 다원론 철학자로서는 헤라클레이토스의 만물유전 사상을 인정한 엠페도클레스(Empedokles, B.C 493~B.C 433)와 아낙사고라스(Anaxagoras, B.C 500?~B.C 428)가 있다. 아낙사고라스는 엠페도클레스와는 달리 만물의 근원인 물, 불, 공기, 흙의 네 가지 원소에 국한되지 않는 무수한 수의 원소가 있다는 아르케(arche) 사상을 가지고 있었다. 그는 모든 물질은 무수한 원소인 '스페르마타(spermata)'라는 종자 혹은 씨앗을 가지고 있으며, 현상계의 생성변화는 이 종자의 혼합과 분리에 의해서 생긴다고 보았다. 그리고 이 종자를 혼합하고 분리하는 원동력을 '정신(nous)'이라 불렀다.

이 외에도 데모크리토스(Demokritos, B.C 460?~B.C 370)는 아낙사고라스와 같이 많은 수의 원소개념을 만물을 지배하는 우주의 근본원리를 아르케(arche, 原理)로 보았지만 원소론을 더욱 발전시켜서 우주는 파괴할 수 없는 무수한 원자(atom)들로 구성되었다고 주장하였다.

2. B.C 5 ~ B.C 4세기의 아테네철학

고대철학의 제2기에 해당하는 기원전 5세기 후반에 이르러서는 철학적 관심의 새로운 변화가 일어났다. 즉 철학적 관심의 주제가 자연에서 인간에로 바뀌게 되었다. 따라서 이 시기의 철학을 자연철학이 아니라 '인간철학'으로 부르기도

---

7) 엘레아 학파의 제논은 스토아 학파를 창설한 키티움 출신의 제논(Zenon, B.C 336~B.C 264)보다는 앞선 시대의 철학자이므로 구별해야 한다.

한다. 아테네에서는 기원전 5세기 초부터 민주정치가 시작되었고, 오늘날 이란의 옛 왕국이었던 페르시아(Persia) 제국과 그리스 도시국가 사이에 전쟁이 계속되었지만 B.C 480년에 아테네 근처인 살라미스(Salamis) 해안전투에서 승리한 아테네(Athens)는 기원전 5세기 후반부터 절정에 이르게 되었다. 특히 기원전 443~429년(14년간)에는 세계적인 문화 중심지의 역할을 하게 된 것이다. 그리스는 델로스 군사동맹(Delian League)을 통하여 아테네 제국으로 형성되었으며 파르테논(Parthenon) 신전도 이 시기에 건립되었다. 그러나 그리스 폴리스의 분열을 가져온 펠로폰네소스(Peloponnesos) 전쟁(B.C 431~B.C 404)으로 인하여 아테네는 페르시아의 지원을 받은 남부지역(펠레폰네소스 반도)에 위치한 스파르타(Sparta)에게 패배한 후 사회정세가 급변하게 되었다.8)

　　아테네의 초기 전성기에 속하는 철학자들은 '인간이란 무엇인가?'에 대한 문제의식을 제기하였지만 자연철학에서처럼 필연성이나 객관성을 확보하지 못하고 상대적 해결의 한계성에 머무르게 되었는데 이들은 궤변론자를 의미하는 소피스트(sophist)로 불려졌다. 원래 소피스트는 '지혜를 가진 자'의 의미이였지만, 소크라테스(Socrates, B.C 470?~B.C 399) 등의 주지주의자(主知主義者, an intellectualist)들은 이들을 '궤변론자'로 격하시켰던 것이다. 소피스트들의 공통적 입장은 절대적인 진리, 올바른 신념이 존재하지 않는다는 인식을 하였으며 진실과 거짓을 구별하는 절대적인 기준은 없다는 결론을 내렸다는 점이 비판의 대상이 된 것이다. 대표적인 소피스트로서는 "인간은 만물의 척도이다."라는 명제를 주장한 프로타고라스(Protagoras, B.C 480~B.C 410)와 프로타고라스의 상대주의를 더욱 진전시켜 존재와 개념 간의 관계를 부정한 고르기아스(Gorgias, B.C 483~B.C 374)가 있다.

　　그 다음은 아테네철학이 체계적으로 발전했던 소크라테스, 플라톤, 아리스토텔레스 시기로 이어지는데, 아테네 시기의 철학은 기원전 323년에 알렉산더(Alexand) 대왕이 전쟁 시기 중 33세로 급사할 때까지 이어졌다.9)

---

8) 사회적 정세불안은 지식인들의 희생을 가져왔는데, 소크라테스도 기원전 399년에 "청년을 타락시키고 신을 모독했다"는 이유로 배심원 280명이 유죄를 선고하여 독배를 마시고 처형되었다. 이는 아테네 시민들이 펠로폰네소스 전쟁 패배의 책임을 소크라테스에게 전가한 것으로 보인다.

9) 기원전 343년부터 4년간 아리스토텔레스는 궁정교사로서 알렉산더를 가르쳤는데, 주로 그리스

　소크라테스는 조각가인 아버지와 산파인 어머니 사이에 평민으로 태어나 특별한 교육과정을 거치지 않았지만 참된 지식을 추구하도록 사람들을 계몽하는 대화술로서 반어법(irony)10)을 사용하였으며, 어머니의 직업이었던 산파(産婆)에서 암시받아 이를 산파술(조산술)로 칭하기도 하였다.11) 그런데 이 대화술은 상대방의 자존심을 건드리게 되어 수많은 적들을 만들게 되었고 결국 소크라테스 자신을 72세의 나이로 사형에 처해지도록 했던 원인이 되었다고 볼 수 있다. 그는 현학과 허식을 주장하는 소피스트와 구분하는 의미로서 자신을 필로소포스(philosophos)라고 칭하여 '지혜를 사랑하는 자(愛智者)'로 생각하고 당시의 소피스트들과 논쟁하였다. 그러던 중 그는 그리스에서 올림푸스 산(Mount Olympus)만큼 신성한 산으로 알려진 파르나소스 산(Mount Parnassus)에 있는 델파이(Delphi) 신전12)의 무녀 신관(神官)으로부터 아테네 제일의 현자라는 신탁증명13)을 받았지만 이를 겸양하고 늘 '자신은 무지하다는 것을 아는 사람'이라고 말하고 다닌 것으로 알려지고 있으며, 대중 연설만 하였을 뿐이지 단 한 권의 저서도 남기지 않았다.

　플라톤(Platon, B.C 427~B.C 347)은 아테네의 귀족출신이었지만 소크라테스를 스승으로 삼고 20세부터 약 8년간의 교육을 받았다. 플라톤은 "소크라테스와

　의 정신이 나타나 있는 호메로스(Homeros)의 작품을 교육하였다.

10) 이를 소크라테스 반어법(Socratic irony)이라고 칭한다.

11) 산파는 아이를 낳는 사람이 아니라 뱃속에 있는 아이에게 자극을 주어 순산을 돕는 사람을 말하듯이 소크라테스는 자기의 학문적 방법도 이와 유사하다고 보았다고 한다.

12) 델피신전(아폴로신전)은 그리스의 수도인 아테네에서 북서쪽으로 약 200km 떨어져 있으며, 그리스 중부의 해발 약 3,000m의 그리스 신화에서 아폴론과 아르테미스가 출생한 것으로 나오는 '파르나소스 산(Mount Parnassus)' 중턱에 자리 잡고 있으며, 원래 수확과 풍요를 상징하는 대지의 여신 가이아(Gaea/Gaia)를 모시는 성소였는데, 기원전 900년경 태양 신 아폴론을 모시게 된 이후에는 신탁이 이루어지면서 그리스에서 가장 유명한 신탁소가 되었다고 하며, 아폴론신전으로도 불린다. 이곳에는 세계의 중심이 되는 돌(navel stone) 옴팔로스(omphalos)가 있었기 때문에 델피는 세계의 중심이라고 생각되었다. 델피신전에선 환각상태에 빠진 피티아(Pythia) 또는 피토네스(Pythoness)라고 알려진 무녀가 신탁을 했다고 전해진다.

13) 신전의 벽면에는 고대의 철학자 탈레스의 "너 자신을 알라. 무엇이든 지나침이 없어야 한다."는 격언이 적혀 있었다는데, 후에 이 말은 『소크라테스의 변명(Aplogia)』이라는 플라톤의 책에 의하면 소크라테스가 신탁을 받은 것으로 나와 있고, 이로 인하여 이 말은 소크라테스에 의해 널리 알려지게 되었다.

같은 시대에 태어난 것만 해도 신에게 감사한다."고 말할 정도로 소크라테스를 존경하였으며, 그의 많은 『대화편(Diologues)』[14]저서에서 자기 자신의 사상까지도 소크라테스의 입을 통하여 피력하고 있을 정도이다.[15] 플라톤은 기원전(B.C) 390년경에 아테네 교외에 있는 아카데모스 신전의 정원과 체육공원을 매입하여 오늘날의 대학(University)의 전신인 아카데미아(Academia)를 창립하였다. 즉 아카데미아라는 명칭은 바로 트로이전쟁 시기의 그리스 영웅이었던 아카데모스를 숭상하는 의미도 있는 것이다.

아카데미아는 학칙·규칙·강의실·기숙사·박물관·도서관까지 갖춘 오늘날의 대학과 연구소 형태로 지어졌는데, 선의 이데아를 탐구하고 이성적인 정신을 도야하는 연구와 교육을 하였다. 플라톤은 81세의 나이로 사망할 때까지 아카데미아에서 소크라테스의 반어적이고 변증법(dialektike)적인 학문방법을 채용한 철학체계를 구축하는데 평생을 보냈다. 그가 설립한 아카데미아는 제정 로마 말기인 529년에 유스티니아누스 1세(527－565)에 의해 폐교될 때까지 약 900년 정도 사설교육을 이끌었다.

『대화편(Diologues)』에 속하는 주요 저서로는 플라톤의 가장 위대한 저서일 뿐 아니라 『법률(Nomoi)』과 함께 가장 방대한 저서(10권)이기도 한 『국가론(Politiea)』,[16] 소크라테스의 재판 장면을 묘사한 『소크라테스의 변명(Aplogia)』, 아테네의 감옥에서 죽음에 직면하여 소일하던 소크라테스의 나날을 파이돈이 에케크라테스(Echecrates)에게 이야기하는 형식으로 영혼불멸설을 주장한 『파이돈(Phaidon)』, 플라톤 자신의 이데아론에 대한 비판과 그에 대한 설을 편 『파르메니

---

14) 플라톤의 저서는 약 30편에 달하는데, 한 편을 제외하고는 소크라테스를 중심으로 하여 대화를 하는 대화체로 저술되었기 때문에 '대화편'이라 칭한다.

15) 소크라테스는 단 한 권의 저서를 남기지 않았으나 플라톤을 통하여 많은 사상을 전하게 되는데 『대화편』은 바로 그러한 맥락에서 이해될 수 있다. 플라톤은 '그리스 철학이 보여주는 천재성의 완벽한 실현자', '서양철학의 모든 문제의 근원을 마련한 자', '진정한 의미에서 유일한 철학자'라고 칭해진다.

16) 플라톤은 기원전 4~5세기에 살았으면서도 30편이 넘는 저작을 남긴 인물이다. '국가론'(원제 Politiea)은 '정치체제(Republic)'라는 의미로서 플라톤의 이상국가론과 정의관이 담겨 있는 정수(精髓)다. '국가론'은 인간이 '어떻게 모여 살아가는 게 좋은가'를 말한 최초의 철학서이면서 인류 최초로 '정의(正義)란 무엇인가'를 규정한 책이기도 한데, 원래 '정의에 관하여'라는 제목으로 번역이 되기도 하였다고 하나 일본인들이 '국가론'이라고 번역한 것을 받아들이는 과정에서 고정화된 것이다.

테스(*Parmenides*)』, 미의 신인 에로스에 대한 대화내용을 다룬 『향연(*Symposion*)』 등이 있다. 이처럼 플라톤은 많은 저서에서 모두 주인공으로서 소크라테스를 내세우고 그의 이념성에 기초한 정신철학인 영혼관과 이상주의인 이데아설(idealism)을 창시했다.

아리스토텔레스(Aristoteles, B.C 384~B.C 322)는 마케도니아(Macedonia)령이었던 그리스 동북부지역인 스타케이라(Stageira)에서 마케도니아왕의 시의였던 아버지 니코마코스와 같은 의사집안 출신이었던 어머니 파이스티스에게서 태어나 비교적 부유한 환경에서 자라났다. 부모가 사망한 후인 18세 무렵에는 인근 도시국가인 아테네로 가서 플라톤의 아카데미아에 들어가서 플라톤이 사망할 때까지 약 20년간 머물렀다. 플라톤이 죽은 후 플라톤의 조카인 스페우시포스(Speusippos)가 '아카데미아(학술원)'의 학장이 되자 이에 실망하고 아리스토텔레스는 그의 나이 37세가 되었던 해에 아테네의 아카데미아를 떠났다. 그리고 B.C 343년에는 마케도니아(Macedonia)의 왕 필리포스 2세(Philippos Ⅱ)의 초청으로 그의 아들 알렉산드로스의 스승 역할을 하기도 하였다. 그 후 B.C 336년에 필리포스 2세가 암살당하고 20세의 알렉산드로스가 왕이 되어 그리스 반도의 권력을 장악하자 아리스토텔레스는 아테네로 돌아오게 된다. 그리고 알렉산드로스 대왕의 도움을 받아 아테네 교외의 숲속에 기원전 335년경 뤼케이온(Lykeion)이라는 학교(학원)를 설립했다.

이러한 새로운 학원설립의 배경은 플라톤이 소크라테스의 수제자였듯이 아리스토텔레스도 플라톤의 수제자였지만 아리스토텔레스는 그의 스승인 플라톤을 비판적으로 계승하였다는 점에도 영향을 미친 것으로 보인다.[17] 즉 아리스토텔레스의 철학은 플라톤의 이데아(Idea)론을 비판하는 데에서 시작이 된다고 해도 과언이 아닌데, 아리스토텔레스는 처음으로 학문을 분류하기도 하여 "만학의 아버지"라고도 불린다. 아울러 모든 학문에 통하는 인간의 기본적 사고규칙을 다루는 형식논리학(formal logic)을 세우고 그 기본적 방법으로서 연역법과 귀납법을 제시하였다는 것은 그의 학문적 기여성을 보여주는 것이다.

---

17) 아리스토텔레스는 플라톤의 이데아설(이상이론)을 비판하고 한 단계 진보한 존재론인 형이상학(metaphysics) 내지는 제1철학을 창시하였으며, 철학의 인식론인 논리학을 정립하였다.

한편 B.C 323년에 아리스토텔레스의 제자이기도 하였던 알렉산드로스 대왕이 33세의 나이로 오늘날 이라크 바그다드 인근 지역인 바빌로니아에서 병사하자 아테네에서는 반마케도니아 운동이 일어났고, 아리스토텔레스도 아테네 시민들로부터 신을 모독했다는 죄목으로 고발당하게 된다. 그러나 소크라테스가 자신의 무죄를 주장하며 감옥에서 처형을 당한 것과는 달리 아리스토텔레스는 마케도니아 지역으로 도피하여 지내던 중 1년여 만인 B.C 322년에 62세로 사망하였다.

이처럼 아테네 시기의 고대철학은 소크라테스, 플라톤, 아리스토텔레스로 이어졌으며, 그 이전의 자연철학의 시기에 활동했던 철학자들을 포함한 고대 그리스의 석학들의 모습은 이탈리아의 르네상스 시기 화가였던 라파엘로(Sanzio Raffaello, 1483~1520)의 작품인 '아테네학당(school of Athens)'에서 플라톤과 아리스토텔레스를 중심으로 표현이 되고 있다.

3. B.C 4 ~ A.D 5세기의 헬레니즘 / 로마철학

아리스토텔레스가 아테네의 북쪽이며 발칸반도의 중앙부에 위치한 마케도니아 지역 에우보이아(Euboea, 오늘날의 에비아) 섬에서 병사(B.C 322)하고 약 700년이 지나 중세의 아우구스티누스(Augustinus)가 출현하기까지 그리스철학(희랍철학)은 현실도피적이고 위축된 경향을 보였다. 그리스의 이상형인 도시국가(police)가 마케도니아(Macedonia)의 군주 필립포스 2세(Philippos Ⅱ)에 의하여 허무하게 점령당하자 희랍(Greece)의 문화와 사상은 그의 아들인 알렉산드로스(Alexandros, B.C 356~B.C 323) 대왕의 정복활동[18]으로 동방세계로 전파되었고, 이로써 오리엔트문명과 그리스문명이 혼합된 헬레니즘(Hellenism)문화가 만들어지게 된 것이다. 즉 이러한 알렉산더시대로부터 약 300년간의 그리스시대를 헬레니즘 시대로 칭하며, 헬레니즘문명에서 전개된 철학을 헬레니즘철학이라고 한다. 헬레니즘이란 말은 그리스인을 의미하는 헬렌(Heien)이라는 말에서 유래한

---

18) B.C 336년에 왕위에 오른 알렉산더(알렉산드로스)는 이집트, 페르시아, 인더스강 연안까지 정복하였으며, B.C 323년에 페르시아 지역인 메소포타미아 남동쪽 바빌로니아(Babylonia)에서 32세로 병사한 후 이집트, 시리아, 마케도니아 등의 헬레니즘 왕국으로 분열하였다. 헬레니즘의 마지막 왕국은 프톨레마이오스의 이집트 왕국이었는데, 이집트 왕국은 악티움 해전에서 이탈리아 지역 로마군에게 패배당하고 B.C 30년에 로마에 합병되었다.

것으로, 1836년 독일의 드로이젠(J.G.Droysen)이 그의 저서 『알렉산더 대왕 후계자의 역사(헬레니즘사)』에서 처음 사용된 것이다. 따라서 헬레니즘은 그리스문화, 그리스정신을 가리키는 용어로서 그리스문화가 오리엔트문화와 융합되면서 새로 태어난 문화로 볼 수 있다.

그리고 문명사(the history of civilization)적으로는 헬레니즘문명시대와 그 뒤의 로마시대 문명은 시기적으로는 다르지만 철학사적으로는 헬레니즘철학과 로마철학은 별도로 언급되는 것이 아니라 포괄적으로 언급이 된다. 그 이유는 헬레니즘 왕국의 하나였던 마케도니아가 기원전 2세기 중반(B.C 146)에 이르러 로마에 정복당한 이후 시기에도 고대 그리스 지역을 포함한 로마제국 내에서 그리스철학은 에피쿠로스 학파(Epicurean School)와 스토아 학파(Stoicism)로 전개되었을 만큼 활성화된 것에서도 찾을 수 있다. 따라서 고대 로마시대(B.C 8세기~A.D 476)[19]에는 고대 그리스시대와 구별할 수 있을 만큼의 고유한 정신적 유산을 소유하지 못했기 때문에 철학적 측면에서는 '로마철학'이 아닌 '헬레니즘과 로마철학' 시기로 칭하는 것이다. 즉 로마가 그리스를 점령하여 세계의 중심이 아테네가 아닌 로마가 된 고대 로마시대에도 그리스철학과 헬레니즘철학은 지속된 것이다. 대표적으로 보면, 에피쿠로스(Epicouros, B.C 341~B.C 270)는 쾌락주의를 대표하는 철학자였으며, 스토아 학파[20]를 완성했던 세네카(Seneca, Lucius Annaeus, B.C 4?~A.D 65)는 엄격한 금욕주의와 자연주의(naturalismus)적 입장을 가지고 있었다.[21]

이 외에도 회의 학파(Skeptism)는 헬레니즘과 로마시대를 연결짓는 사상적 체계로 나타났는데, 퓌론(Pyrrhon, B.C 360~B.C 270)은 인간들은 의견(opinion)만 가

---

19) 기원전 753년에 라틴인에 의해 건국된 로마는 기원전 272년에 이탈리아 반도를 통일하고 3차에 걸친 포에니전쟁(B.C 264~B.C 146)으로 마케도니아, 카르타고, 시리아 등의 그리스 전역을 통일하여 융성하였으나 사치와 향락 등으로 A.D 395년에 동·서로마로 분열되었고, 476년에 서로마제국은 게르만족에게 멸망하였다. 그 후에도 동로마제국(비잔틴제국)은 1453년에 이슬람세력인 오스만 투르크의 무하마드 2세에 의해 멸망할 때까지 계속되었지만 고대 로마시대는 주로 서로마제국의 멸망시기(476년)까지를 말한다.

20) 스토아 학파는 키프로스섬 키티움(Citium) 출신인 제논(Zénon)이 창시하였다.

21) 고대 로마제국 에스파냐 안달루시아지방 코르도*바(Cordoba)* 출신의 세네카가 활동하였던 이 시기는 그리스도교의 창시자 예수(Jesus, B.C 4~A.D 26, 36)가 팔레스타인 지역을 중심으로 활동한 시기에 해당한다.

지고 있을 뿐 사물을 판단하는 지식(knowledge)을 가질 수 없는 무지한 존재이므로 회의적인 태도(판단중지: epoke)를 가질 것을 주장하였다.[22] 이러한 헬레니즘과 로마철학은 고대그리스 도시국가의 멸망에 이어서 서로마제국이 멸망한 476년 이후에는 더 이상 진전되지 못하고 로마시대 말기에 창립된 기독교 사상이 확산된다. 이는 중세 봉건국가시대의 전개와 더불어 교황권이 강성화됨에 따라 서서히 철학이 종교의 시녀 역할에 머무는 기독교 철학으로 전개되게 하는 계기가 된다.

---

22) 퓌론이 활동하였던 이 시기는 중국에서 유교의 제2인자로 볼 수 있는 맹자(Mengtzu, B.C 371 ~B.C 289)가 인간의 성선설(性善說)을 주장하며 활동하였던 시기에 해당한다.

제2편

아우구스티누스와
토마스 아퀴나스의
중세철학

중세철학 흐름의 프롤로그

A.D 375년 무렵에 이르면 중국 지역의 몽골계통의 훈(Hun)족이 동게르만족인 고트족(Goth)과 반달족(Vandals)을 침범하게 된다. 유럽에서 훈족이라고 부르는 세력은 우리 민족과 같은 한(Han)족으로서 중국에서는 흉노족이라고 칭하였다. 오늘날 헝가리 동쪽 지역에 거주했던 훈족은 375년경에 게르만 지역을 공격하기 시작하여 그 후 100여년 동안 동로마지역을 점령하고 조공을 받는 형식으로 지배하였던 것이다. 당시 훈족의 왕은 아틸라(Attila)로 알려져 있으며, 같은 시기에 한족으로는 고구려의 광개토 대왕이 제국을 형성하고 있었다. 한편 이러한 훈족의 유럽공격으로 소위 야만족으로 불리던 이들 게르만족들은 로마제국 영토로 약 200년간에 걸쳐 대규모의 이동을 하게 된다. 이것을 흔히 게르만족의 이동[1]이라고 칭하는데, 북게르만은 노르웨이나 덴마크, 스웨덴 지역에 남았지만 동게르만과 서게르만은 로마지역 내로 이동해왔기 때문에 로마인들에게는 서로마 제국의 종말(476년)을 의미했다. 그리고 문명사적으로도 철학사상이 종교사상으로 대체되는 그야말로 중세(Middle Ages) 암흑시대(the Dark Ages)를 예고하는 의미도 있었다.

---

1) 375년에 아시아계통의 훈족의 압박으로 흑해 연안에서 살고 있었던 동게르만 서고트족이 처음으로 국경 수비가 소홀해진 로마 제국에 집단적으로 침입하여 이동하여 남프랑스와 에스파냐 북부에 국가를 건설하게 된다. 연이어 동고트족은 이탈리아에, 반달족은 아프리카에 국가를 형성하고, 서게르만 프랑크족은 라인강의 중하류 지역에, 앵글로색슨족은 브리튼으로 이동하여 국가를 세웠던 시기를 말한다.

고트족의 이름은 고딕(Gothic) 양식[2]이란 역사, 문화 용어로도 남아있다. 중세 북유럽의 건물이나 성당 양식을 거칠고 세련되지 못했던 고트족에 빗대어 고딕 양식이라 일컫는 것이다. 그래도 북아프리카 지역 문화 파괴활동의 대명사로 불리는 반달리즘(Vandalism)에 비하면 오늘날에는 훌륭한 문화 양식으로 인정받고 있는 셈이다. 이에 비하여 같은 중세 문화 양식이면서도 고딕 양식 이전의 로마네스크(Romanesque) 양식은 8세기말에서 12세기 고딕양식이 발생하기까지의 서부 유럽 각지에 건축된 양식을 말하는데, 로마네스크란 말은 '로마 풍'이란 뜻이지만 로마건축을 기초로 게르만 요소가 어느 정도 반영된 양식이다. 그리고 유사한 시기의 비잔틴(Byzantine) 양식은 비잔틴제국(330~1453년)에서 발생한 예술 양식으로 그리스 고전문화와 그리스도교적 요소가 결합된 양식이다. 비잔틴 양식은 유스티니아누스 1세(재위 527~565) 시대에 전성기를 이루고 약 1,000년에 걸쳐 지속되었다. 이러한 중세의 건축 양식들은 대부분 르네상스 이전 시기의 종교적 신념과 관련된 양식으로 교회나 성당건물에 많이 적용되어 오늘날에도 볼 수 있다. 그러나 근대로 접어들게 되면 이러한 종교성은 배척되거나 희박해진다. 즉 이탈리아 피렌체(플로렌스)를 중심으로 한 15세기의 르네상스(Renaissance) 양식이나 르네상스 이후 17세기에서 18세기에 걸쳐 이탈리아를 비롯한 유럽 가톨릭국가지역에서 발달한 바로크(Baroque) 양식, 그 뒤 18세기에 파리에서 시작되어 곧 프랑스 전역과 독일, 오스트리아로 확산된 로코코(Rococo) 양식에서는 종교적 웅장함보다는 반종교적이거나 근대성에 기초한 문화를 담게 된다.

고트족은 원래 지금의 북유럽지역인 고틀란드 섬(Gotland)에 살고 있었던 게르만족이었는데 훈족의 침범으로 점차 남하하여 로마 영내를 침범할 무렵에는 오늘날의 루마니아 남부 및 우크라이나 서부에 거주하게 되었다. 이들 고트족들은 서쪽과 동쪽으로 나뉘어 각자 독자적인 국가를 세우고 발전 과정을 거치므로 서고트족(Visigoths)과 동고트족(Ostrogoths)으로 따로 일컫게 되는데, 남하하지 않고 스칸디나비아 반도에 잔류했던 북게르만 고트족은 이후 기트족(Geats)이라

---

2) 고딕양식은 12세기부터 프랑스 북부지방에서 발생한 프랜치 노르만 건축에 기초하는데, 그 이전의 로마네스크 양식을 더욱 엄격히 다루어 석재를 사용하여 건축적 완벽성과 종교적 신념을 중세 교회건축 양식으로 나타냈다. 이러한 고딕건축은 15세기 르네상스 운동이전까지 유럽 전체에 전파되었다.

불리게 된다.

그러나 이탈리아에서 군림하던 동고트 왕국이 522년 동로마제국(비잔티움 제국)의 유스티니아누스 대제에게 멸망당하고 난 후에는 내분에 휘말려 오늘날 스페인 지역인 이베리아 반도(Iberian Peninsula) 남부를 동로마제국에 내주게 된다. 그 후에는 또다시 고트족이 이베리아 반도를 통일하고 백년간 왕국을 유지했지만 711년에는 지브롤터 해협을 건너 침공한 북아프리카의 이슬람 세력에 의해 멸망하게 된다.

중세(Middle Ages)는 정치적 관점으로 보면 전쟁과 전염병이 창궐하던 시기와 맞물려서 그 틈새를 교황이 종교적 영향으로 메우던 상황에서 출발한다. 시기적으로는 서로마제국이 멸망한 476년부터 중세가 시작되고, 동로마제국이 멸망한 1453년을 중세가 끝나는 시기까지의 약 1000년간으로 볼 수 있다. 그러나 기독교의 창립과 전파, 종교개혁(Protestant Reformation) 등과 연관하여 생각해 볼 때는 대체로 중세 교황권의 창시자로 볼 수 있는 그레고리우스 1세(Greogius Ⅰ, 590~604)가 교황의 자리에 오르게 된 590년부터 르네상스 시기 이전인 14세기까지의 약 800년간이 중세에 해당한다. 그러므로 아우구스티누스를 중심으로 한 교부철학이나 토마스 아퀴나스가 완성한 스콜라철학 등의 중세 기독교철학이 전개된 시기도 같은 맥락에서 파악될 수 있다.

흔히 중세 유럽사회를 거론할 때는 몇 가지의 공통 요소가 포함된다. 첫째는 봉건제도라는 주종관계 혹은 지배예속관계의 신분제도이고, 둘째는 로마가톨릭교의 교황청과 교회, 수도원 등으로 이루어진 신앙체계이며, 셋째는 라틴어를 공용어로 사용하였고 넷째는 게르만족이 중심이 되었다는 점이다. 시기적으로는 동로마제국이 중세 시기에도 지속되었지만 중세 유럽세계에 포함시키지 않는 것도 이러한 요소에서 보면 어긋나기 때문이다.

이 네 가지의 요소 중에서도 더욱 중요한 것은 정치적인 요소로는 게르만족의 대이동이며, 종교적인 요소로는 로마가톨릭이 정신세계를 지배했다는 점이다.

우선, 게르만족의 로마제국으로의 이동은 동방으로부터 중앙아시아의 유목민족인 훈족(Hun)이 흑해(Black Sea)연안으로 쳐들어와서 게르만족인 고트족을 살육하고 약탈을 하자 서고트족이 훈족을 피해서 발칸반도로 이동하였다. 그로부터 연쇄적으로 게르만족이 남쪽의 비옥한 토지가 있는 로마의 영토 안으로 침공해 들어가 많은 국가를 세우게 된 것을 말하며, 그 중에서도 프랑스와 독일지역에 세워진 프랑크왕국은 대표적인 게르만족 국가였다. 그러나 프랑크왕국이 무너지고 난 후의 대부분의 국가들은 로마시대나 근대국가처럼 강력한 중앙통치령을 갖지 못하는 중세 봉건국가 형태를 유지하였다.

봉건국가의 성립배경을 보면, 중세 봉건 왕조는 프랑크왕국의 분열 이후, 각 지역에서 정치적으로 성장한 국가들을 말한다. 따라서 이들 국가는 근대적 의미인 국민의식을 기반으로 한 국가가 아니라 각 지역에서 권력 유지를 하기 위한 국가들이었다. 그러므로 봉건 왕조라는 말은 봉건제도를 매개로 한 국가라는 뜻인데, 이 당시의 봉건국가는 프랑크 왕국3)의 분열과 이민족의 침입으로 인하여 유력 제후(영주)들과 연합한 국가형태를 띄고 있었으며, 그 연합은 사적인 보호관계인 주종관계를 기반으로 하는 쌍무적 계약관계였다. 따라서 14세기까지의 봉건국가들은 주권이나 중앙집권이라는 개념이 없었고, 왕이 제후(영주)들을 압도하기 위하여 될 수 있는 한 왕이 통치하는 영토를 넓히는 것을 주요한 목적으로 삼았으므로, 그야말로 국토라는 개념이 아니라 왕이 다스리는 영토라는 개념만 존재하였다. 당시 장원4)의 생산을 담당했던 농노들은 왕이 다스린 장원이든 제후가 다스린 장원이든 신분상으로 별 차이가 없었기 때문에 중세의 왕조들은 봉건질서 상으로만 상위 주군의 역할을 담당할 뿐, 실제 강력한 왕권을 행사하기는 어려웠다. 다시 말하면 중세는 상층부는 정치적으로 대영주와 소영주 간의 종속·신분관계를 이루었고, 하층부는 경제적으로 생산관계를 중심으로 영주와 농노가 신분적 주종관계를 이루어 계서제(hierarchy) 보호의 개념에 있었다. 이러한 관점의 봉건제(feudalism)는 영국에서 구체화된 후에 유럽의 여러 나라로 전파되면서 페우달리스모(feudalismo) 혹은 페우달리스무스(feudalismus)라고 칭하여졌다.

---

3) 486년 게르만계의 프랑크족이 갈리아에 세운 서유럽 최초의 그리스도교적 게르만 국가로 그리스트교를 국교로 인정하고 로마 가톨릭과 동맹을 맺는 등 그리스트교와 중세 여러 제도의 모체가 되었으며, 현재의 독일, 프랑스, 이탈리아를 형성한 것으로 평가되고 있다.

4) 장원은 보통 기사 한 사람이 소유한 농경지를 말하는 토지 관리 단위를 뜻한다. 장원의 중심부에는 장원을 관리하는 영주나 기사의 집이 있고 인접하여 교회와 창고가 위치하였다. 그리고 농민(농노)의 집 주변에는 경작지와 목장이 위치하는 것이 보편적 형태였다.

한편 중세 시기의 동양에서는 주로 소수민족이 다수 민족인 한족을 지배했던 시기에 해당한다. 서양과 비교해서 보면 420년에 건국된 송나라가 479년에 망하고 제나라와 양나라를 거쳐 남조의 마지막 왕조인 진나라(557~589)[5]가 중국을 통일하였으며, 그 뒤의 수나라는 38년의 짧은 역사를 가졌고, 당나라(618~907)가 위력을 떨쳤다. 그 뒤에는 요나라, 금나라, 원나라, 명나라, 청나라로 이어진다. 그리고 우리나라는 삼국시대 말기에서부터 고려시대와 조선시대로 이어진 시기였다. 중세가 서양으로 보면 암흑시대로 칭하지만 중국을 비롯한 동양에서는 발달된 기술과 집약된 농업체계로 번성한 문명사회를 갖추고 있었던 것으로 보인다. 예를 들어 당나라 시대의 수도였고 현재의 서안(西安)인 장안성(長安城)에서는 시리아인, 아라비아인, 페르시아인, 타르타르인, 티베트인, 한국인, 일본인 등이 같이 살았던 세계에서 가장 큰 국제도시였다. 당태종 때에는 장안성에 대학과 2만권 이상을 보유한 도서관이 있었으며, 이를 바탕으로 문학과 회화가 절정에 달하였고, 8세기에 설립된 한림원은 1천년 뒤에나 세워진 유럽 학술원들의 본보기가 되었다고 볼 수 있다. 이 당시 유럽은 종교전쟁으로 종족 간에도 다툼이 판을 치고 있었던 것과 비교하면 극명한 차이를 보인다.

서양에 있어서 중세철학사상은 바로 이러한 봉건국가를 배경으로 한 로마가톨릭교 중심의 기독교철학[6]에서 비롯된다. 그러므로 중세철학을 이해하기 위해서는 봉건국가를 배경으로 한 기독교에 대한 이해가 우선되어야 한다. 중세 기독교의 배경은 고대 이스라엘 민족의 고유 신앙인 유대교에서 출발한다. 그러나 유대교가 종교적 의식과 율법에 구애되는 데 반하여, 기독교는 인간의 내면적 종교 감정에 호소하는 점이 다르다. 이러한 심정주의에 부가하여 기독교는 인류의 보편적 구원을 사명으로 하여 교리의 전파와 이교도의 개심을 호소하는 세계종교를 지향하였다. 그러기 위해서 기독교는 어느 종교와도 달리 토착적 성격을 탈피하고 인간의 내면세계에 파고드는 설득력을 밑받침하기 위하여 중세에 이르러서

---

5) 남북조시대(439~589)의 진나라를 말하는 것으로, 전국시대를 마감하고 중국 최초로 통일을 했던 진시황의 진나라(秦, B.C 221~B.C 206)와는 구별하여야 한다.

6) 불교 등의 동양종교에 비하여 서양종교로서의 기독교는 중세 시기의 인간사유적이고 철학적인 역할을 담당하였다.

는 철학적 의미를 가미하게 되었다(고수현, 2014: 163－169 참조 재수정).

초기의 기독교는 희랍(그리스)철학을 경원(敬遠)하면서 고유의 신학이론을 수립하는 데 힘썼다. 그러나 기독교를 전파하기 위해서는 어쩔 수 없이 철학적 변호와 해석이 필요해졌다. 아우구스티누스(Augustinus, 354~430)와 토마스 아퀴나스(Thomas Aquinas, 1224~1274)는 중세의 대표적인 신학자이면서 동시에 철학자였는데, 아우구스티누스는 플라톤 사상의 영향을 받아 4~5세기에 교부철학(敎父哲學, Patristic philosophy)[7]의 대부로서 역할을 하였고, 토마스 아퀴나스는 아리스토텔레스 사상의 영향으로 13세기에 스콜라철학(Scholasticism)을 완성하였다.

---

7) 교부철학은 카톨릭의 교부, 즉 교회의 이론을 세운 교부들의 기독교 신학을 바탕으로 하는 철학을 일컫는다. 교부철학은 흔히 종교철학에서 다루어지는 한 분야이지만, 전문적인 연구는 주로 가톨릭신학의 교부신학에서 이루어진다. 교부철학은 시대적으로 2세기에서 시작하고 있으며 아우구스티누스에서 그 절정을 이루었고, 8세기에 이르러 스콜라철학으로 전통이 계승된 것으로 보아진다.

제 5 장

아우구스티누스의 교부철학

제 1 절   아우구스티누스 이전의 교부철학

1. 기독교의 형성과 고대 로마제국의 기독교

1) 기독교의 형성

기독교는 그 뿌리가 지중해 동안(東岸)의 팔레스타인 지역의 유대교에 있지만 로마제국 말기시대와 중세에 이르러서는 유대교와는 절연된 종교체제로 정립이 된다. 즉 현재는 이스라엘과 팔레스타인 자치정부가 자리 잡고 있는 팔레스타인 지역에서 출발한 유대교가 바빌로니아, 페르시아, 고대 그리스의 마케도니아의 지배 속에서도 명맥을 이어오던 중 로마제국 시대에 이르러 예수(Jesus Christ, B.C 4?~AD 30)[1]의 개혁활동으로 새로운 종교로 분리되었다고 할 수 있다.

기독교(그리스도교, Christianity)는 유대인(이스라엘 민족)이 고대 청동기시대 다신교적인 쎔족 종교(Ancient Semitic religions)의 하나인 가나안 종교(Canaanite

---

1) 예수라는 이름은 헤브라이어(Hebrew language)로 "하느님(야훼)은 구원해 주신다."라는 뜻이며, 그리스도(Christ)는 성령의 임재를 상징하는 '기름부음(anointment)을 받은 자' 즉 구세주를 의미하는 말이다. 그리고 역사구분에서 B.C는 영어로 Before(이전) Christ(예수)의 약자이고 A.D는 라틴어로 Anno(연도) Domini(그리스도)의 약자이다.

religions)의 유일신 야훼(Yahweh)[2]를 믿는 유대교(Judaism)를 계승하여 그들의 경전인 구약성경(타나크, Tanakh)[3]을 성경으로 받아들이고, 예수 그리스도(Jesus Christ)의 말씀으로 전해지는 신약성경(New Testment)[4]을 믿는 종교이다. 구약성경(舊約聖經) 또는 구약성서(舊約聖書)는 '유대교 성경(Hebrew Bible)'을 기독교 경전의 관점에서 가리키는 말인데 예수 그리스도가 태어나기 전의 이스라엘 역사와 하느님의 구원의 약속, 계시 등이 담긴 39권으로 구성되어 있다. 그리고 야훼라는 뜻은 애초에 구약성서의 출애굽기에 나오는 예언자 모세(Moses)에게 4개의 히브리어 자음(YHWH)으로 계시되었다고 전해지는데, 이는 '존재하는 모든 것을 존재케 하는 절대자'라는 뜻이라고 유대인들은 믿는다. 그러나 6~10세기경에 히브리어 성서 원본의 재간행 작업을 벌인 신학자들이 'YHWH'라는 이름을 구성하는 모음들을 히브리어로 지존을 뜻하는 '엘로힘(Elohim)'으로 대치하여 부르게 되면서 나중에는 '여호와(Jehovah, YeHoWaH)'라는 인위적인 이름이 등장하게 되었다.

구약성경(Old Testament)에 따르면 히브리인(Hebrew)들이 B.C 1406년에 이스라엘을 세우기 전에는 팔레스타인에 중심을 둔 지역을 '가나안(Canaan)'으로 불렀으며, 원주민인 가나안족이 거주하고 있었는데 아브라함(Abraham)의 후손들이 이 지역을 점령하게 되었다. 이스라엘인을 유대인(Jews)이라고 부르기 이전에 성경에서는 히브리인이라고 칭하고 있다. 구약성서의 창세기에 나오는 야곱(Jacob)과 야곱의 12명의 아들은 아브라함과 그의 아들인 이삭(Isaac) 등의 자손

---

2) 고대 그리스도교 신학의 기본 틀은 신인본성론에 있었는데, 그것은 신이 사람의 이미지를 가지고 있다는 것에서 출발한 이론이었다. 기원전 유대인들은 스스로 존재하는 자(I AM WHO I AM)가 여호수아(Jeschua)라는 이름으로 살다가 처형당했는데 부활했다는 믿음을 가지고 있었다. 예수는 바로 그리스어로 여호수아의 애칭인 것이다.

3) 유대교의 성경이며, 그리스도교에서도 성경으로 받아들이는 구약성경(Tanakh)은 율법서(토라, Torah), 예언서(네비임, Neviim), 성문서(케투빔, Ketuvim) 등의 세 가지 부류로 구성된 24권이다. '타나크'라는 말은 세 부류의 히브리어 첫 글자를 합성한 말이다. 유대교의 종교적 율법은 '토라' 이외에도 모세율법, 탈무드율법, 랍비율법, 유대교 관습 등이 있다.

4) 신약성경은 그리스도교(가톨릭교회와 개신교회)가 믿는 성경으로 복음서, 사도의 활동(사도행전), 사도 바울과 야고보, 베드로, 요한, 유다 등의 예수 제자들의 서간(편지), 요한묵시록(계시록) 등의 27권으로 구성되어 있다. 예수의 탄생과 활동 시기는 기원전 7년에서부터 기원후 33년에 이르기까지 주장되고 있는데, 유대교에서는 예수를 랍비 중 한 사람으로 보고 있고 이슬람교에서는 무함마드(Muhammad Ibn Abdullah, 570~632년)보다 앞선 시기의 예언자로 본다.

으로서 B.C 2000년대 말경에 가나안(팔레스타인) 지역을 정복한 이스라엘 백성의 조상으로 지칭한다. 성서에서는 가나안 지역을 하느님이 아브라함을 통해 이스라엘 백성에게 주겠다고 약속한 것으로 표현되고 있다는 점에서 '약속의 땅'과 동일시하여 팔레스타인 지역 점령을 정당화하고 있다. 이는 오늘날까지도 이스라엘과 팔레스타인 민족 간의 영토권 다툼의 근원이 되고 있다.

초기 기독교는 고대 로마제국 시대에 팔레스타인 지역에서 유대교도였던 예수(Jesus, 豫受, B.C 약 7~2년 ~ AD 약 26~36년)가 기존의 유대교를 좀 더 순수하고 훌륭한 종교로 재형성하려는 종교적 활동들을 함으로써 시작이 된 것으로 볼 수 있는데, 기독교도들은 당시 유대교도들에게는 위험인물로 간주되었다. 당시 유대교에서는 예수의 열두 제자 중의 한 사람이었던 유다(Judas)에게 예수를 고발토록 하였고, 결국 로마제국 시대의 예루살렘 집정관(유대지방 로마총독)이었던 필라투스(Pilatus)에 의해 예수가 십자가형을 당한 이후부터는 새로운 종교로 형성이 된다.

즉 초대(초기) 기독교 사상은 유대교를 변혁하려고 했던 예수의 사상에 기원을 하지만 예수 사후의 그의 제자들과 추종자들은 유대교의 재형성차원이 아니라 예수의 행적을 기초로 유대교와는 절연된 새로운 종교(복음)을 구축하고자 한 노력들을 전개하였고, 오늘날의 기독교도 그 연장선상의 결정체라고 할 수 있는 것이다. 그 중에서 성 바울(Saint Paul, AD 10~AD 60경)의 노력은 가장 으뜸으로 보인다. 그러나 사도 바울은 유대교도에서 개종한 종교적 실천가이지 철학자는 아니기 때문에 서양철학사에서는 비중 있게 다루어지지는 않는다. 그는 예수나 예수의 직계 제자들처럼 유대인들을 대상으로 기독교를 전파한 것이 아니라 로마를 중심으로 한 지중해 연안지역을 대상으로 광범위한 종교 활동을 한 것이 차이점이라고 할 수 있다.

한편 기독교의 형성과 관련하여 이슬람교의 생성과정을 살펴보면 마호메트 사상을 들 수 있다. 마호메트(Mahomet, 570? ~ 632)는 오늘날 8억 인구로 구성된 이슬람교를 창시한 인물인데, 40세 때 사우디아라비아의 메카(Mecca) 교외의 히라산 언덕에서 천사장 가브리엘(Gabriel)로부터 유일신 알라(Allah)의 계시를 받고 처음 설교를 시작하였던 것으로 전해진다. 마호메트는 메카에서 가난한 과부의 유복자로 태어났는데, 그의 할아버지는 하심(Hashim)족의 우두머리였으나 메카 정계의 지도자적인 인물은 아니었던 것으로 보인다. 마호메트는 25세에 결혼하여 아들 셋, 딸 넷 모두 7남매를 낳았으나 아들은 어려서 모두 죽었으며, 딸 가운데는 마호메트의 사촌 알리의 부인이 된 파티마가 있다. 마호메트가 알리를 나중에 양자로 삼았으므로 알리와 파티마가 낳은 아들들이 마호메트의 후계자가 되었다.

그의 교리는 이슬람교 경전인 『코란(Koran)』에 실려 있다. 알라는 전능자, 창조주, 심판자라는 의미이며 '이슬람(Islaam)'이라는 말은 아랍어로 '신에 대한 복종'의 뜻이다. 그리고 마호메트의 추종자들은 '무슬림(Muslimun)', 즉 '모슬렘(Moslems)'이라고 호칭이 되며, 이슬람 사원은 모스크(Mosque)로 부른다.

점차 교도가 불어나 박해가 심해지자 마호메트는 622년에 오늘날의 사우디 지역에 소재한 메디나(Medina)로 이주하였는데, 이것이 유명한 '히즈라(성천, 聖遷)'인데, 이주가 일어났다고 보는 622년 7월 16일을 이슬람교의 기원(AH, Anno Hegirae)으로 보고 있다. 마호메트는 이슬람교단의 예언자일 뿐만 아니라, 군사 사령탑이기도 하였는데, 자신의 국가의 확장을 위해 유태교와 그리스도교, 기타 종족을 정복하고, 628년에는 메카로 진격하기도 하였다. 아라비아반도 전역의 통일을 이루고 난 후, 632년 3월(이슬람曆 10년)에는 메카신전을 순례하고 나서 메디나에 돌아와 6월 8일 열병으로 숨진 것으로 알려진다.

2) 고대 로마제국 시대의 기독교

이처럼 로마시대에 기독교를 창시한 예수는 유대인이었으나 이스라엘 민족이 『구약(the Old Testament)』에서 교시하는 율법의 기본정신을 망각하고 외적 형식에 사로잡힌 나머지 지엽말단에 집착하고 신의 뜻으로 혼동한다고 비판하는 사상을 전개하였다. 예수의 율법인 10계명에 의하면 그 기본정신은 '사랑'이다. 즉 10계명은 크게 나누어서 '신에 대한 사랑'과 '이웃에 대한 사랑'으로 받아들여져야 한다는 것이 예수의 지론이다. 그러나 예수의 유대교 개혁사상은 이교도 사이에서는 말할 것도 없고, 유대인들에게도 극히 소수의 동조밖에 얻지 못하였다. 그러나 예수가 골고다(Golgotha) 언덕에서 로마총독에 의해 십자가에 못 박히게 되자 그를 따르던 소수의 제자들 중에 예수의 부활을 믿었던 제자들이 중심이 되어 지하에서 예수의 교리를 전파하는 데 힘을 기울였고, 이들의 노력은 마침내 성 바울(St. Paul)[5] 등에 의해 새로운 종교로 발전되게 하였다(강재륜, 1996 : 70-72 참조 재수정).

여기에서는 예수가 가나안(팔레스타인) 지역을 중심으로 유대교를 개혁하려는 활동을 한 이후 로마제국 시대의 탄압 시기를 거쳐 로마제국의 콘스탄티누스 1세[6]에 의해 밀라노칙령으로 기독교가 공인된 이후에 테오도시우스 1세에 의한 테살로니카 칙령으로 국교로 승인되어 중세에 이르러서는 유럽과 아프리카, 아시아 지역으로 전파되면서 확산되는 일련의 과정을 살펴보고자 한다.

첫째, 로마제국의 기독교 탄압기 이전의 로마에서는 그리스신화에서 유래된 12신, 즉 유피테르(제우스)를 중심으로 미네르바(아테네), 마르스(아레스), 비너스(아프로디테), 박쿠스(디오니소스), 주노(헤라), 디아나(아르테미스), 아폴로(아폴론), 넵투누스(포세이돈), 플루토(하데스), 불카누스(헤파이스토스) 등과 로마제국의 황제를 신으로 모시는 다신교 체제의 신앙을 가지고 있었다.

둘째, 로마제국의 지배를 받았던 팔레스타인 지역의 예수에 의해 유대교로부터 파생된 기독교는 성 바울 등의 전도로 로마전역으로 신자들이 늘어났고, 기독교 신자들은 유일신 사상을 주장하며 병역을 거부하거나 로마제국의 정책에 저항하는 등의 문제가 드러났다. 이로 인하여 그동안 종교적 관용을 보였던 로마제국이 기독교를 탄압하게 되는 시기에 접어든다. 네로 황제가 기독교에 대한 탄압칙령을 내린 후 10여 명의 로마황제가 기독교를 탄압한 것으로 성경에서 거론이 되고 있는 것이 이를 방증하고 있다.

---

5) 현재 터키의 키리키아 지역의 도시 타르소스에서 태어난 바울은 로마시민권을 가진 유대교인이며 율법학자로서 예수 생전의 12제자(사도)와는 달리 이교도였던 예수교도들을 처단하던 중 예수 사후에 개종하여 예수복음을 전파함으로써 오늘의 기독교(그리스도교)를 세운 사도로서 일컬어지고 있다.

6) '동로마 제국'은 콘스탄티누스 대제가 324년 로마의 수도를 콘스탄티노플(비잔티움)로 옮기고 기독교를 승인한 이래, 1453년 5월 29일 이슬람교도인 오스만 제국에게 점령당하기까지 천년 이상 명맥을 유지하였으며, 동로마의 황제는 군주인 동시에 교회의 수장 역할을 하였다. 동로마제국을 멸망시킨 오스만 투르크 제국은 제1차 세계대전에서 패전한 후 쇠락할 때까지 이슬람교를 수호하는 대국으로서 유럽과 아시아에 영향력을 미치었다.

셋째, 탄압에도 불구하고 사도들의 초대교회(Apostoic church) 시기의 활동은 고대 그리스 지역과 로마영지 곳곳으로 전파되었고, 결국 AD 313년에 이르러서는 콘스탄티누스 1세(재위 306~337)가 밀라노 칙령을 발표하여 기독교 박해를 중지시키고 공인하게 된다. 그리고 325년에는 수도를 콘스탄티노폴리스(현재 터키의 이스탄불)로 옮긴 로마제국이 콘스탄티노플 근교의 작은 식민도시였던 니케아(Nicaea)에서 로마제국 전교회의 사도와 사제 약 318명을 소집하여 대회의를 열게 하였다. 이는 콘스탄티누스 대제가 국가통일에 그리스도교를 이용하려는 목적이 있었는데, 당시 교회 내부에는 교리 상으로 여러 파가 대립하여 논쟁하고 있었기 때문이었다. 교파 간의 논쟁의 요지는 예수의 아버지인 하느님과 그 아들인 예수와의 관계에 관한 것이었다. 회의결과로서는 아버지와 아들을 이질적으로 보는 아리우스파가 이단으로 몰리고 아버지와 아들을 동질적 존재로 해석하는 삼위일체론파가 채택되었다. 아리우스파는 이집트 지역 알렉산드리아 출신의 아리우스(Arius, 250년 또는 260년－336년) 주교가 주장한 기독교 신학파인데, 아리우스는 삼위일체에 반대하고 '성자' 예수는 '성부'에게서 창조된 존재(피조물)이므로 성부에 종속된 개념이라는 성격의 주장을 하였다. 즉 그리스도의 신성을 부정한 것이다.

넷째, 테오도시우스 1세 황제(재위 379~395) 시기인 380년에 테살로니카 칙령으로 기독교를 로마제국의 국교로 삼게 되었는데, 이때의 로마제국은 게르만족의 침입 등으로 황제의 통치력이 약화된 시기이기도 하였다. 테오도시우스 1세가 죽은 후(395년)에는 로마제국이 큰 아들 아르카디우스가 다스린 동로마제국과 둘째 아들 호로리우스가 다스린 서로마제국으로 분할이 되기에 이른다. 그러나 서로마제국은 황제에게는 실권이 없었고 결국 게르만족 용병대장 출신에게 그 뒤의 황제 로물루스 아우구스툴루스가 폐위됨으로써 476년에 멸망하기에 이르렀다.

이러한 로마제국의 쇠망사는 기독교의 강성화를 가져오는데 요인으로 작용하게 된 것으로 보인다. 당시 기독교는 국교가 되었기 때문에 서로마에 속한 로마교구와 동로마의 콘스탄티노플 교구 등 5개 교구[7]로 성장해 있었고 정·교가

---

7) 로마제국이 동서로 분열되기 이전부터 기독교회의 주요 교구는 예루살렘, 안티오키아, 알렉산

분리된 상태에서 중요사안을 결정할 정도의 세력을 가지고 있었다. 그리고 서로 마제국은 멸망하였지만 로마교구는 정·교가 분리된 상태였고, 로마교구에서는 예수 그리스도의 12사도 가운데 베드로(Pietro)가 1대 교황으로서 사도들의 우두 머리가 된다는 점을 인정하고, 그 뒤의 교황들은 베드로의 후계자로서 모든 사제 와 사도들에 대한 완전한 권위(수위권)를 갖는다는 규칙의 교황제도를 만들게 된 것이다. 이 때 샤를마뉴의 아버지 피핀 황제는 A.D 756년에 로마교회를 침입하 던 롬바르드 왕국의 일정부분을 정복하여 그 영토와 이탈리아교회령을 교황에게 기증하기도 하였는데 이것이 교황령의 시초가 되었다.

다섯째, 프랑크 왕국의 샤를마뉴 대제(Charlemagne 大帝)[8])가 당시 이베리아 반도에 있었던 이슬람 세력을 몰아내고 서부와 중부유럽의 대부분을 차지해 프 랑크 왕국을 제국으로 확장했던 시기이다. 샤를마뉴 대제는 재임하는 기간 동안 이탈리아를 정복하여 800년 12월에 교황 레오 3세에게 더 많은 땅을 기증하고 비잔티움제국(동로마제국)의 황제와 반대되는 서로마제국 황제직을 수여 받게 된 다. 서로마제국은 이미 300여년 전인 476년에 멸망한 국가지만 이 시점에 로마 의 교황이 서로마 황제를 새로 대관한 이유는 교황이 황제보다 우위에 선다는 것 을 보여주고자 함과 동시에 서로마 황제를 통해 기존에 존재하던 동로마 황제의 영향력에서 벗어나고자 했던 것으로 볼 수 있다. 이런 이유로 카롤루스 대제(찰 스 대제)가 서로마 제국의 황제가 되긴 했지만 그가 죽은 뒤 프랑크 제국은 베르 뎅 조약(843)과 메르센 조약(870) 등을 통해 서프랑크(현재의 프랑스) 왕국과 동프 랑크(현재의 독일) 왕국으로 갈라지게 된다.

여섯째, 프랑크 왕국의 샤를마뉴 대제가 죽은 후 그의 아들들에 의해 영토가 분할된 후 몇 차례 왕위가 바뀐 끝에 오토 1세가 즉위하여 강성해지는 시기가 오자 교황은 926년에 로마제국의 관을 바침으로써 '신성로마제국'이라는 이름이

드리아, 콘스탄티노플, 로마의 다섯 교구였다.

8) 프랑스식 이름인 샤를마뉴 대제(742년~814년)의 영어식 이름은 찰스 대제(Charles The Great)이며 라틴어로는 카롤루스 대제로 불렸다. 그는 중세 유럽을 통일했고 유럽인으로 하여 금 "하나의 유럽"이라는 통일의식을 갖게 하는 계기를 만들었다. 그는 무력으로 유럽 대륙을 통일하고 지배체제도 정비함으로써 효율적인 통치의 틀을 마련했고 국가의 부를 증진시켜서 민생도 안정시켰다.

생기게 되었다. 신성로마제국은 처음에는 그냥 로마제국으로 칭하였지만 기독교
회와의 일체감을 강조하기 위해 '신성'이라는 말을 함께 쓰게 된 것이다.

이렇게 됨으로써 기독교는 로마교구와 동로마 콘스탄티노플 교구가 경쟁하는
양상을 띠게 되었는데, 결국 라틴어를 사용하는 로마교구가 수위권을 가진 오늘날
의 천주교를 형성하게 되었고 그리스어를 주로 사용하는 콘스탄티노플 교구는 '동
방정교회'라고 불리면서 1054년에는 로마 가톨릭교회와 완전히 분리되었다.

3) 로마 가톨릭교회의 이념

중세 로마 가톨릭교회는 고대에 성행했던 철학을 종교적 이념으로 각색하기
위한 노력을 하게 된다. 이러한 경향은 성 바울 이후의 아우구스티누스나 토마스
아퀴나스 등의 기독철학에 와서는 더욱 체계화된다. 그러나 이들의 철학은 고대
의 인간 중심의 이성적 철학과는 거리가 멀었는데 어디까지나 신앙을 위한 수단
에 불과하였다. 중세를 암흑의 시대라고 칭하는 것은 바로 인간의 이성이 잠들고
철학이 기독교를 설명하는데 사용되는 그야말로 '신학의 시녀' 역할에 머물렀기
때문이다. 특히 중세에 접어들어 교부철학(patristic philosophy)과 스콜라철학
(Scholasticism)을 정립하는 과정에서는 더욱 그러하였다.

성 바울(Saint paul)이 당시의 로마제국 말기의 헬레니즘적이고 혼탁한 정신
사회의 배경에서 유대교를 믿는 신자로서 모세(Moses)의 율법에서 벗어난 새로
운 복음으로서 예수를 구세주로 하는 믿음을 전파할 초기 기독교(고대)에서는 철
학은 종교와 분리된 상태로 있었던 것으로 보인다. 당시 로마제국에서는 여전히
그리스적인 헬레니즘 문화와 철학 속에서 다양한 종교 신앙과 철학이 고대 로마
인들에게 받아들여지고 있었기 때문에 기독교 역시 유대교의 한 갈래로서 태양
신이나 그리스-로마신화적인 신앙과 함께 큰 갈등 없이 병존하고 있었기 때문
이다.

그러나 팔레스타인 지역인 예루살렘의 인근 마을인 갈릴리(Galilee) 나사렛
(Nazareth)에서 요셉의 아들로 혹은 마리아의 맏아들로 태어나 목수로 살다가 종
교 활동을 한 예수(라틴어 Jesus, 히브리어 Jehoshua)를 신격화하는 초대교회 시기
에는 메시아(messiah, 유대교에서 '기름 부음'의 뜻의 구세주)라는 용어를 사용하였

다. 그러다 차츰 유대교 신앙과는 차별적인 신앙으로 구체화 시키는 과정에서 유대인이 사용했던 히브리어 '메시아'에 해당하는 헬라어(그리스어)인 '그리스도(Christos)'로 바꾸어 부르고, 오늘날에도 예수 그리스도(Jesus Christ, 이탈리아어 Jesucrito)로 부르고 있는 것은 종교적 신념으로서 기독교를 독자적으로 나타내고자 한 노력으로 보인다.

유대교가 예수 그리스도가 활동하기 이전의 고대 이스라엘의 역사와 계시 즉 천지창조설부터 유대인이 바빌론에서 추방될 때까지의 성서적 기록들을 구약에서 히브리어로 기록하고 있는 것에 비해, 기독교에서는 예수탄생 이후의 하느님의 계시를 신약에서 그리스어로 기록하고 기독교(그리스도교)에서만 경전으로 인정하고 있는 것도 이와 같은 맥락에서 해석된다.

그런데 그리스도교가 구약을 그들의 경전으로 인정하고 있는 것은 예수가 유대교도였다는 점도 있지만 신약성서를 구약성서에서 언급되는 계시의 성취물로 보고 있다는 것이다. 이러한 관점은 같은 아브라함 계통의 종교인 이슬람교(Islam) 즉 A.D 610년경 마호메트가 창시한 마호메트교(Mohammedanism)에서도 마찬가지이다. 이슬람교에서는 구약성서를 아라비아어로 쓴 그들의 경전인 '코란(Koran)'과 함께 믿는다. 이것은 그리스도교와 마찬가지로 이슬람교에서도 구약성경에서 약속하고 있는 메시아(구세주)가 마호메트(Muhammad, 570~632경)로 나타났다고 믿는 종교적 신념을 나타낸 것으로 보인다.

한편 이러한 메시아(구원)사상은 동양의 일부 종교에서도 신념화 되고 있는데, 고대 그리스와 마라톤 전쟁을 했고 마케도니아의 알렉산더에게 망한 페르시아 제국의 양대 종교였던 불을 숭배하는 조로아스터(독일어로는 자라투스트라)교[9]와 미트라교(태양신 숭배)에서도 유사한 맥락을 보인다. 그리고 인도 지방의 종교인 불교의 미륵(미트라) 신앙에서도 나타나는데, 그들이 사용한 인도식 발음 메티아(Metteyya)나 페르시아식 발음 미트라(Mitra)가 서양 기독교의 메시아(Messiah)로 전래된 것으로도 추론할 수 있다.

---

9) 조르아스터교는 불을 신성시하는 일명 배화교(拜火敎)로서 창시자는 자라투스트라고 불리는 예언자에 의해 창시되어 기원 6세기에 페르시아의 국교가 되었다.

2. 사도 바울과 고대 로마 기독교의 이념구축

1) 사도 바울의 생애와 이념

사도 바울(The Apostle Paul, 10?~67?)은 중세가 시작되기 전인 고대 로마제국 시대에 천막을 만드는 일을 했던 유대인 출신의 로마시민이었다. 그러므로 철학자와는 거리가 먼 인물이었으나 나중에 유대교의 바리새인(Pharisees)[10]의 율법교육을 받았기 때문에 율법적 지식체계를 바탕으로 한 초기 기독교 전파와 이념구축에는 학문적 소양이 있었던 것으로 보인다. 따라서 여기에서 논구하고자 하는 중세 교부철학의 서두에서 바울의 생애와 이념을 다루는 것은 그의 행적과 기독교 이념구축이 중세에 와서 철학적 배경을 갖추는데도 근본적인 역할을 하였다는 측면에서이다.

바울(바오로)은 예수 생전의 직계 제자가 아니었기 때문에 생전에 예수를 직접 만나거나 가르침을 받은 적은 없는 것으로 보인다. 다만 신약성서의 5번째 책인 사도행전(The Acts of the Apostles)에서는 그가 시리아의 수도였던 다마스쿠스(Damascus)로 가던 중에 부활한 예수를 만나 개종한 것으로 되어 있다. 그러나 바울의 서간문에는 그러한 기록이 없는 것을 보면 바울 스스로가 당시의 유대교의 중심이 되었던 바리새인파들이 예수를 고발하여 처형토록 하고 왜곡된 신앙생활을 하는 것을 본 후에 자신의 영적 신념과 상통하는 기독신앙으로 개종하고 전도에 나선 것으로 보인다.

바울(바오로)가 A.D 10년 정도에 태어난 지역은 팔레스타인 지역과는 거리가 먼 현재의 터키 지역인 키리키아(Kyriakia)의 중심도시 타르소스(Tarsos)이었기 때문에 예수나 그의 제자들과의 만남도 용이하지 않았던 것으로 보인다. 그리고 신약성경의 사도행전(The Acts of the Apostles)에서는 그리스도교의 최초의 부제(副際, Deacon)[11] 순교자인 성 스테파노(Saint Stephanos)를 처형할 때 바울이 유대교 바리새인파 소속의 증인으로 나왔던 것으로 기록되고 있다.

---

10) 바리새파 또는 바리새인은 예수가 활동하던 시대에 존재했던 유대교의 경건주의 분파를 말한다.
11) 부제는 가톨릭, 정교회, 성공회에 존재하는 성직자 품계를 말하는데 남자만 가능하지만 성공회에서는 여자도 가능하다.

아울러 전도과정에서 바오로는 당시의 예수 직계 제자이었던 베드로(Saint Peter)[12]나 야고보(Saint James) 등과도 만났을 것으로도 보인다. 그의 본격적인 전도생활은 오늘날 시리아 지역인 안티오키아(Antiochia)의 교회에서 소아시아 지역의 유대인들을 대상으로 전도하도록 파견했던 것에서 시작되었고, 나중에는 로마 지역으로 와서 그리스인들을 대상으로 본격적인 전도활동을 하게 된 것으로 그의 서간문에서는 파악이 된다. 전도과정에서 바울은 예수의 죽음은 메시아의 경고이며, 예수는 성령으로서 살아있다고 말했다. 이는 예수가 성령이며, 하나님의 말씀이라는 뜻이다. 원래 유대교도였던 바울의 이러한 활동은 유대인의 입장에서는 배신이었기 때문에 유대인들은 그를 신랄하게 비판하였다.

그리고 바울은 로마 시민권자이였기 때문에 팔레스타인 지역보다는 로마 지역에서 비교적 수월하게 활동할 수 있었을 것으로 보이는데, 실제로 그의 로마 지역에서의 전도활동은 짧은 기간(AD 48~60년경)이었지만 매우 빠르게 확산되었다고 볼 수 있다. 물론 그의 선교활동은 당시 로마제국을 다스렸던 네로 황제(Nero Claudius Caesar Drusus Germanicus, 재위 AD 50~54)에게는 사상적·정치적 불안요인으로 인식되었고 로마 대화재 사건의 주범으로 체포되어 참수형에 처해져 그의 사도로서의 행적은 끝이 난다.

오늘날 로마의 4대 성당 중 바울의 무덤 위에 세워진 성 바울 성당(Basilica of Saint Paul Outside the Walls)[13]은 성 베드로 성당이 베드로의 무덤 위에 세워진 것과 마찬가지의 기독교적 의미를 가지고 있다. 4대 성당의 나머지 2곳은 최후만찬 때의 식탁과 제대를 보관하고 있는 '성 요한 성당'과 예수가 태어났다고 하는 베들레헴의 마구간 구유 일부 조각을 보관하고 있는 '성 마리아 성당'이다.

이처럼 사도 바울은 예수의 직계 제자가 아니었기 때문에 베드로나 야고보

---

12) 베드로의 원래 이름은 시몬(Simon)이었으나 예수가 그에게 반석이라는 뜻의 아람어 케파(kefa)라는 새 이름을 지어주었다고 하며, 예수 사후 베드로는 새로운 지도자로 소아시아 및 안티오키아에서 전도하였고, 로마에서 잠시 교회를 주재하였으나 네로 황제의 박해로 십자가에 못 박혀서 순교한 것으로 전해진다.

13) 성 바울 바실리카 성당은 콘스탄티누스 황제시기에 성 바오로 무덤위에 건립된 것으로서 1823년에 불에 타 소실되었으나 복원되었다. 이 건축물은 바실리카 양식으로 알려져 있는데 '성 베드로 대 성당(Bascilica di San Pietro)'과 같이 그리스도교의 가장 중요한 2대 성당이다.

등의 열두 명의 사도들과는 다른 방식으로 예수의 사상을 전도하거나 정리하게
되었는데 그의 종교적 사상은 전도과정에서 시리아 지역, 로마 지역, 터키 에베
소 지역, 예루살렘 지역을 다니면서 그를 따르는 교인들에게 보낸 13편의 편지
(서간문)에서 드러난다. 신약성경의 상당 부분은 그의 사후 300년 정도가 지난
즈음에 그의 서간문을 중심으로 중세시대의 교부철학자와 성직자들에 의해 편찬
된 것이다.

　　여기에서 신약성경에 나오는 바울(바오로)의 서간 13편을 보면 다음과 같다.
　　① 로마서(롬)
　　로마서는 로마신자들에게 보내는 편지로 신약성경 제6권에 배치되어 있다.
　　② 고린도전서(고전)
　　고린도전서는 코린토(Corinto)[14] 신자들에게 보내는 첫 번째 편지로 신약성경
제7권에 배치되어 있다.
　　③ 고린도후서(고후)
　　고린도후서는 코린토 신자들에게 보내는 두 번째 편지로 신약성경 제8권에
배치되어 있다.
　　④ 갈라디아서(갈)
　　갈라디아서는 갈라티아(Galatia)[15] 신자들에게 보내는 편지로 신약성경 9권
에 배치되어 있다.
　　⑤ 에베소서(엡)
　　에베소서는 에페소스(Ephesos)[16] 신자들에게 보내는 편지로 신약성경 제10
권에 배치되어 있으며, 신학자들은 바오로를 차명한 위작으로 보고 있다.

---

14) 코린토는 고대 그리스 아테네에서 서쪽으로 80㎞ 정도 떨어진 상업이 번창한 항구도시였다.
　　신약의 코린토 서간은 이곳에 세워진 교회 공동체가 안고 있는 여러 문제에 대해 바오로가 쓴
　　편지글이다.
15) 갈라티아는 현재의 터키에 해당하는 아나톨리아 중부에 있던 지역으로 B.C 3세기 초에 켈트
　　족에게 약탈당해 이런 이름이 붙었으며, 후에 로마제국의 보호국이 되었다.
16) 에베소는 소아시아 이오니아 지방에 있던 고대 그리스 도시들 가운데 가장 중요했던 곳으로,
　　로마가 제국을 건설했던 시기에도 번성했던 유명한 해양 도시였다.

⑥ 빌립보서(빌)

빌립보서는 필립피(Philippi)[17] 신자들에게 보내는 편지로 신약성경 제11권에 배치되어 있으며, 신학자들은 바오로를 차명한 위작으로 보고 있다.

⑦ 골로새서(골)

골로새서는 콜로새(Colosse)[18] 신자들에게 보내는 편지로 신약성경 제12권에 배치되어 있으며, 신학자들은 위작으로 보고 있다.

⑧ 데살로니가전서(살전)

데살로니가전서는 테살로니카(Thessalonika)[19] 신자들에게 보내는 첫 번째 편지로 신약성경 제13권에 배치되어 있으며 신약성경 중 가장 오랜 문헌으로 보인다.

⑨ 데살로니가후서(살후)

데살로니가후서는 테살로니카 신자들에게 보내는 두 번째 편지로 신약성경 제14권에 배치되어 있다.

⑩ 디모데전서(딤전)

디모데전서는 바오로의 제자 티모테오(Timoteo, Timothy)에게 보내는 첫 번째 편지로 신약성경 제15권에 배치되어 있으며, 신학자들은 위작으로 보고 있다.

⑪ 디모데후서(딤후)

디모데후서는 바오로의 제자 티모테오에게 보내는 두 번째 편지로 신약성경 제16권에 배치되어 있으며, 신학자들은 바오로를 차명한 위작으로 보고 있다.

⑫ 디도서(딛)

디도서는 바오로의 제자 티토(Titus)에게 보내는 편지로 신약성경 제17권에 배치되어 있다.

⑬ 빌레몬서(몬)

빌레몬서는 콜로새(Colosse)의 부유한 그리스도교도였던 필레몬(Philemon)에

---

17) 필리피는 그리스 카발라 주에 있는 구릉도시로 네아폴리스의 연안 평야와 만이 내려다보이는 곳에 위치하고 있다.
18) 골로새는 소아시아(현재 터키)의 주도적인 성읍으로 루카스 강가에 위치해 있었으며, 에게해 해변인 에베소에서 유프라테스 강에 이르는 동서무역로 상에 위치해 있다.
19) 테살로니카는 아테네 다음으로 큰 그리스 제2의 도시이자 마케도니아 지방의 중심 도시로, 로마에 정복된 후, 로마 제국과 비잔티움 제국의 중요한 상업중심지로 발달하였다.

게 옥중에서 보내는 편지로 신약성경 제18권에 배치되어 있다.

이 외에 사도 바울의 서간은 아니지만 발신자 미상의 편지, 야고보의 편지, 베드로의 편지, 요한의 편지, 유다의 편지 등이 서간 형식의 신약성경을 구성하고 있다. 그리고 그리스도교 4대 복음서인 마태오복음서(마태복음 – 마), 마르코복음서(마가복음 – 막), 루카복음서(누가복음 – 눅), 요한복음서(요한복음 – 요)가 있고, 사도의 활동을 루카(Lucas)가 쓴 것으로 알려진 사도행전(사도, 행)과 요한묵시록(요한계시록)이 신약성경 총 27권의 구성이다.

2) 로마제국 시대의 교회이념구축

중세의 아우구스티누스라는 걸출한 교부철학자가 등장하기 이전의 고대 로마기독교의 교회 이념을 살펴보는 것은 사도 바울과 아우구스티누스로 이어지는 기독교 사상에서 약 400년이라는 긴 시간동안의 기독교회 교부시대를 알 수 있게 한다. 흔히 교부시대(教父時代)라고 하는 것은 바로 사도 바울 등의 사도활동 시대를 지나 아우구스티누스에 이르는 시기의 그리스도교의 교회이념 구축역사를 의미하는 것이다.

사도 바울이 1세기의 로마제국 시대를 배경으로 활동하였고 아우구스티누스가 5세기 초반에 주로 활동한 교부철학자이자 교부신학자라는 점에서 본다면 교부로 후대 교회에서 경칭이 되는 교회 지도자들의 활동은 약 2세기부터 5세기에 걸쳐 이루어진 것으로 볼 수 있다. 그러나 아우구스티누스가 교부철학을 완성하였다고 보더라도 교부철학에서 이어지는 스콜라철학이 9세기부터 14세기에 이르는 약 6세기 동안 학원(스콜라)중심으로 이루어졌다고 본다면 8세기까지가 교부들이 기독교 신학이나 철학을 구축했던 시기로 간주할 수 있다.

단지, 여기서는 아우구스티누스 이전에 활동했던 로마제국 시대 교부들의 이념구축에 대하여 논의하고자 한다.

첫째, 2세기에 활동했던 교부로서는 주로 사도들의 제자들이 많은데, 제4대 교황(재위 90~100경)으로 재위한 로마교구의 클레멘스 1세(Clemens I) 교황이 있다. 클레멘스 1세는 제1대 교황이었던 성 베드로에게 주교 서임을 받고 실질적인 후계자가 되었는데, 그러나 그에 앞서 베드로는 리노와 아나클레토를 주교로 임명하여 사목(행정업무)을 맡기고 자신은 강론과 기도에 주력했다는 점을 보면 클레멘스는 순서적으로 네 번째의 교황이 되는 것이다. 그리고 2세기에 동방교회에서 활동한 교부로서는 사도 요한의 제자들로 알려진 폴리캅(Polycarp)과 이그나티우스(Ignatius of Antioch) 두 명이 있다.

　둘째, 3세기경에서 5세기 초반까지 활동한 아우구스티누스 이전의 교부들을 지역별로 보면 325년 니케아 공의회 이전의 알렉산드리아 교구, 북아프리카 교구, 로마 교구와 니케아공의회 이후의 그리스, 라틴 지역으로 구분될 수 있다. 즉 알렉산드리아에서 활동한 교부로는 오리겐(Origen)이 있고, 북아프리카 교부로는 키프리안(Cyprian)과 터툴리안(Tertulian)이 있다. 그리고 로마 교구에서는 히에로니무스(Hieronymus)가 활동하였으며, 니케아 공의회 이후에는 그리스 지역의 교부들의 활약이 많았다. 그 외의 라틴 지역에서는 암브로시우스(Ambrosius)가 밀라노 주교로서 예수가 성부(聖父, 하느님)의 피조물이 아니라, 성부가 사람으로 된 것이 성자(聖子)이며, 성부와 성자, 성령(聖靈) 혹은 성신(聖神)의 3위(3 Persons)가 하나의 존재라는 '삼위일체설(Trinity)'[20]을 지지하는 활동을 하였다.

　한편 삼위일체설은 초대교회에서 300년간 성경학자들의 오랜 논쟁 끝에 325년 니케아 종교회의에서 공식적으로 처음 공포된 교리로서, 381년의 제2차 공의회(콘스탄티노플)에서 알렉산드리아 교구의 아타나시우스(Saint Athanasius)파의 맹활약으로 투표에서도 재결정이 되어 기독교교리로 확정되었다. 이 회의에서는 예수의 신성화 뿐 아니라 부활절(Easter)[21] 날짜, 예수의 수난 주간(Holy Week),[22] 주교의 역할 등 현 로마가톨릭 교리의 핵심들이 만들어졌다. 이 회의에서 북아프리카 리비아 출신인 아리우스(Arius)가 성부·성자·성신(성령)의 세 위격(位格)은

---

20) 삼위일체라는 말은 성경에는 기록되어 있지 않으나, 로마 가톨릭교회를 포함한 대다수의 기독교는 삼위에 대한 개념이 요한복음서 등에서 간접적으로 암시함을 주장하고 있다.

21) 기독교에서 예수가 십자가에 매달려 죽은 후 다시 살아남을 찬양하는 날을 말하며, 대부분의 서방교회에서는 춘분(春分) 당일 혹은 춘분 직후의 만월(滿月) 다음 첫 번째 일요일로 정한다. 따라서 3월 22일부터 4월 25일 사이의 기간 중의 어느 한 일요일에 해당한다.

22) 기독교에서 예수가 고난을 당한 주를 일컫는 말이며, 예수부활주일 전 한 주를 '수난 주간(Passion Week)'이라고 한다.

대등하지만 성자와 성신은 피조물과 신의 중개역할을 하고, 오직 성부(하느님)만이 영원하다고 주장한 사상은 받아들여지지 않았다. 즉 "성자(예수)는 성부의 피조물로서 성신(성령)이 성자에게 세상을 구원하도록 하느님의 양자가 된 것이다."라고 주장한 아리우스파의 삼위일체부정설은 제1차 니케아 공의회에 이어서 이단으로 배척되었다.

다시 말하면 아리우스파는 "성부와 성자는 같지 않고 유사하다."는 유사본질 의미의 그리스어 '호모이우시오스(Homoiusios)'를 주장한 사상임에 비하여 아타나시우스파는 "성부와 성자는 동일하다."는 동일본질 의미의 그리스어 '호모우시오스(Homoousios)'를 주장한 사상으로 양쪽이 대립하게 된 것이었지만 자세히 보면 철자 하나 차이밖에 나지 않음을 알 수 있다.

3. 2~3세기의 아우구스티누스 이전 교부철학

그리스도교의 계시와 고대의 이교사상과의 사이에 최초의 접촉을 나타내는 철학이 교부철학(敎父哲學, patristic philosophy)이라고 할 수 있다. 이 교부철학은 고대문명 속에서 가치 있는 것을 그리스도교 사상 가운데로 섭취하는 한편, 그리스도교의 교설 자체가 궁극에 있어서는 이성에 의한 해명을 허용하지 않는 '신비'를 담고 있었다. 그러나 점차 파악 가능한 범위 안에서는 교설 자체도 어느 정도의 이성적인 구조를 갖추게 되어 그리스도교 사상은 하나의 총합적인 세계관으로서 형성되었다고 볼 수 있다. 바로 이러한 기초 위에서 중세의 그리스도교 신학의 체계가 확립되기에 이르렀던 것이다.

교부(church father)란 원래 '사도'를 뜻하는 말이었다고 보면 사도 바울은 최초의 교부이다. 사도라는 말이 점차 교회를 승계하고 지켜나갈 예수의 후계자란 뜻으로 변용되면서 '교부'란 말이 쓰이게 된 것이다. 즉 그리스도교의 신약성경을 저술하면서 교리의 정통성을 확보한 사람이나 각종 공의회에서 교회의 정통 교리를 확립한 사람들까지를 모두 교부라고 칭하는 것이다. 초기 교부철학은 철학사적으로는 헬레니즘과 로마철학 말기에 속하므로 사실은 중세철학이 시작되기 전이어서 헬레니즘적이었기 때문에 중세철학의 핵심을 차지하는 스콜라철학과도 거리가 있는 사상이다. 즉 초기 교부철학은 원시 그리스도교와 헬레니즘 철

학의 결합에서 생성되었다고 볼 수 있는데, 이 시기의 원시 그리스도교는 그 시
작을 유대교에 두고 있어서 초이성적이고 계시적인 종교이었지만 그리스 철학과
의 연관성으로 인하여 헬레니즘적인 성격을 띠게 되었다. 이러한 시기의 중심에
는 사도 바울의 활동이 있었는데 그가 지향했던 그리스도교는 유대교의 선민사
상의 테두리를 벗어나 온 인류에 대한 구원을 목적으로 하였다. 사도 바울은 유
대교의 율법이 선민적 이스라엘 민족을 위한 도덕적인 사회규범이라는 점에 착
안하여 예수가 메시아로서 인류를 구원할 능력이 있다는 것을 주장하였다. 이는
유대교 사상과의 절연을 의미한다.

대체로 초기 교부철학 시대는 사도 바울이 활동했던 로마기독교의 이념구축
이후와 아우구스티누스라는 걸출한 교부가 체계적인 교부철학을 내놓기 이전의
사이로서 이 시대는 교부철학적 의의보다는 교부신학적 의의가 더 큰 시기였다
고 할 수 있다.

이들 초기의 교부철학은 세 가지의 주요한 철학계통으로 나눌 수 있는데, 첫
째는 그리스도교와 이교주의는 완전히 조화된다고 보는 그노시스(Gnosis)파의 영
지주의(靈知主義, Gnosticism) 입장, 둘째는 그리스도교와 이교주의와는 완전히 대
립하는 것이라고 보는 이레네우스(Lrenaeus), 테르툴리아누스(Tertulianus), 히폴리
투스(Hippolytus) 등의 입장, 셋째는 그리스도교의 지식과 이교의 사상은 협력이
가능하지만 이교철학은 그리스도교에 종속해야 하며, 더 높은 계시에 의하여 정
화할 필요가 있다는 교리문답학파의 입장 등이다(가톨릭백과사전 참조 재수정).

1) 바실리데스(Basilides)와 바렌티누스(Valentinus) 등의 그노시스 학파
   (Gnosticism)

그노시스는 그리스 단어이며 라틴어로는 cognoscentia. 우리말로는 인식(認
識), 앎, 지식 등으로 번역할 수 있는데, 그 종교적 및 복합적 의미 때문에 주로
영지(靈知)라 일컫고 있다. 따라서 고대 말기에 그노시스 학파(Gnosticism)는 지
식(gnosis)이 신앙보다 앞선다고 주장한 종교 세력을 말하는데 이들은 신은 선
(善)의 원리이고 물질은 악의 원리라는 이원설을 주장하였다. 그러므로 육신을
가진 예수는 한낱 인간에 지나지 않으며 성스러운 신이 육신화하는 것은 모순이

며 나아가서 신의 아들이 태어나서 십자가에 못 박힘은 신답지 못한 일이라 하였다. 그노시스파는 다양한 분파가 있으나 대표적으로는 2세기 초의 바실리데스(Basilides)와 바렌티누스(Valentinus) 등이 있다. 이들이 주장하는 각 영지주의 분파들의 사상의 공통적인 측면을 보면 다음과 같다.

첫째는 모든 영지주의(靈智主義) 체계는 이원론에 그 기초를 두고 있다. 즉 영적 세계와 물질적 세계의 이루어질 수 없는 심연의 관계에서 신과 세상을 바라다본다. 둘째는 물질적 세계는 빛과 선의 하느님에게서 나온 것이 아니라, 제2급의 신인 데미우르고스(Demiurgos)가 창조한 것이다. 따라서 세상의 물질계는 무질서에 의한 싸움과 타락 등으로 생겨난 결과로서 악 자체로 본다. 셋째는 육체적, 정신적, 영적 인간이라는 세 부류의 인간이 존재한다. 이 중에서 육체적 인간은 절대로 구원 받을 수 없고, 오직 소수의 선택된 사람인 영적 인간만이 구원될 수 있다고 본다.

그러므로 그노시스 학파는 소아시아를 거점으로 한 그리스도교적으로 보면 이단이었다. 그노시스 학파의 기본 교리는 바울의 주장과 같이 성령은 말씀(Logos)이며, 말씀은 곧 구원의 증표가 된다. 성령은 하나님의 지식이며, 신의 계시로 보기 때문에 말씀을 믿고 따르면 구원이 온다고 보는 것이다. 그러나 그노시스(영지주의)는 성령을 하나님으로만 보지 않는다. 그리스 철학도 말씀이며, 제우스신도 구원이 가능한 신이라고 본다. 따라서 종말과 구원은 하나님뿐만 아니라 어느 신이나 할 수 있으며, 구원은 깨달음의 문제이기 때문에 지금 당장도 가능하다고 본다. 아울러 영지주의자들은 영혼불멸을 믿었다. 영혼은 순수한 것으로 지상에서 더럽혀진 육체가 영혼을 더럽게 하는 것이다. 따라서 죽음은 순수하고 자유로운 영혼으로 해방되는 것이다. 구원은 신으로 가는 과정일 뿐만 아니라 자동으로 영혼이 정화되는 과정이다. 따라서 현실에서의 더러운 육체가 원하는 욕망을 버리면 자연스레 천국이 온다. 이 세상은 육체가 만든 환영이며, 죽은 후가 실제 영혼의 세계이다. 따라서 예수가 더러운 육체로 지상에 내려온 것은 거짓이라고 보는 것이다. 결론적으로, 예수의 존재 자체는 부인되며 예수는 단지 말씀만 인정이 된다. 그러므로 십자가에 못이 박혀 죽은 것은 인성을 가진 인간 예수이지, 신성을 가진 말씀일 수가 없기 때문에 예수와 말씀은 별개로 보는 것이다.

그노시스 학파의 기본 철학은 신비주의였다. 스토아 학파의 금욕주의에서 영향을 받는 그노시스의 신비주의는 과학과 다른 정신적 신비주의였다. 신비한 지식 중에 최고는 살아 숨을 쉬고 있다는 실존지식이어야 하는데 이는 플라톤 사상과 맥락을 같이 하고 있었다. 플라톤이 이데아 세계와 현실세계를 구분하듯, 그노시스는 정신세계인 이데아가 육체보다 우월하다고 믿는다. 원래 플라톤이 소크라테스가 처형된 이후 아테네를 떠나 피타고라스 학파와 접했을 때 영혼불멸과 윤회사상을 믿는 신비주의 종교인 오르픽교의 영향을 받았다고 보면 이해할 수 있다. 바로 영생의 신 디오게네스를 믿는 오르픽교의 영혼불멸의 고차원 세계가 플라톤의 이데아론에 영향을 주었는데, 이 이데아의 신비세계는 스토아철학의 신성세계(로고스)에도 영향을 주었다고 볼 수 있다. 그들이 원한 것은 영원한 삶을 위한 해탈이지 부활이 아니다. 해탈을 위한 신이라면 어떤 신이든 받아들여지지만 해탈이 아닌 예수의 부활은 악의 세계인 현실로의 복귀가 되는 것이다.

그노시스 학파가 주장하는 것은 세상을 이루는 실제적 지식은 유일신인 하나님에 있는 것이 아니라 이원론적인 신이었다. 이원론이란 세상의 구성물질을 두 가지로 보는 것인데, 선과 악, 빛과 어둠 등의 대립되는 것들이 세상을 이룬다는 것이다. 이 사상은 스토아 사상이 유행했던 페르시아 지방의 조로아스터교 사상과도 통한다. 태초에 하나님은 선한 신이므로 사악한 세계는 별로로 존재하는데, 사악한 세계에서는 인간의 영원한 해탈은 어려운 일이 된다. 그 해탈을 돕기 위해서 예수의 가르침이 신비적 마법으로 영생의 길인 해탈의 세계를 열어준다고 해석하는 것이다. 이렇게 보면 그노시스 학파에서의 예수는 이데아론을 주장하는 플라톤 철학의 계승자이기도 한 것이다(http://historia.tistory.com 참조 재수정).

2) 유스티누스(Justinus), 테르툴리아누스(Tertulianus) 등의 호교파(Apoloigist)

호교파(護敎派)는 그노시스 학파 등의 이단으로부터 그리스도교의 교리를 변호하고 옹호하려는 입장에서 교리를 전개하였다. 초기 그리스도교의 적은 영지주의 뿐만 아니라 그리스, 로마 등의 시기에 밀었던 전통적인 신도 있었다. 그러나 신흥종교였던 그리스도교가 철학적 지식을 두루 갖춘 이들 신앙인들과 대적해서 선명성을 확보하기는 어려운 일이었는데, 이 때 등장한 자들이 그리스도교 호교가(Apologiar)들이었다. 이들은 그리스도 철학을 이교도에서 알리면서 하나님이 무에서 유를 창조했으며, 말씀으로 존재한다는 것은 물리적으로 설명되지 않는다는 것을 논리적으로 주장하고자 한 것이다. 그래서 이들 호교가들은 차츰 사도 바울과는 다른 교리로 논쟁에 다가서게 되었는데, 예수는 '인성'을 가진 존재라는 것이었다. 예수를 '신'으로만 파악해서는 그리스 철학자들과 논쟁이 되지 않는다는 점에서 그들은 예수의 인성을 강조하였고, 예수는 하나님보다 하위라는 이론을 주장하게 된다.

터키의 안디옥(Antioch)의 주교로 이교철학자들과 논쟁을 벌인 호교가 데오필루스(Theophilus, 115~118경)에 의하면 삼위일체설이 아닌 삼위분리설을 주장했음을 알 수 있다. 하나님의 존재는 성령, 성자, 성부의 3개체로 이루어져 있지만, 성자와 성부가 성령을 지배하고 있다고 말한 것이다. 이는 당시의 로마인들이 기도교인들을 현실을 무시한 미신을 믿는다고 주장하는 것을 반박해야 했기 때문이었다. 아울러 호교가들은 그리스도교의 하나님이 로마 황제를 위해 헌신하고 있으며, 제우스 신보다 훨씬 더 강력하게 제국을 지켜주고 있다는 것을 강조하였다. 이들의 노력으로 로마인들이 그리스도교를 친숙하게 여기게 되었으며, 로마 황제도 우호적으로 바뀌게 된다. 그러나 이런 호교가들의 입장은 대외적인 입장이었다고 보이며, 교회 내에서는 하나님의 천지창조와 예수의 신성을 높이 평가했으며, 하나님은 그리스 신보다 우위에 있다고 주장했다.

유스티누스(Justinus, 100~164)는 팔레스티나(Palestina)의 사마리아 지방에 세워진 플라비아 네아폴리스(Flavia Neapolis)의 이교 가정에서 태어났다. 어렸을 때의 성장 과정은 알려져 있지 않지만 그는 진리를 찾는 구도자의 자세로 꾸준히 탐구하는 학구적인 사람이었다. 그는 스토아철학, 아리스토텔레스 철학, 피타고라스 철학 그리고 플라톤 철학에 연이어 몰두하였지만 만족하지 못했다. 그는 132~135년 사이에 에페수스에서 유대인 트리폰과 종교에 관한 토론을 가졌으며, 이것을 토대로 155년에 『트리폰과의 대화(Dialogue with Trypho the Jew)』를 저술하였다. 그는 순회교사로서 여러 지방을 돌아다니며 가르치다가 안토니우스 피우스(Antonius Pius) 황제가 있는 로마(Roma)에 도착해서 그곳에 머물며 자기 집에서 교리를 가르치는 학교(schola)를 세웠다. 유스티누스는 그리스도인들에 대한 박해를 항의하는 2편의 『호교론(Prima Apologia, Secunda Apologia)』을 썼다.

그는 그리스도교의 첫 번째 호교론자이며 그리스 철학의 신성 세계인 로고스(logos)와 그리스도교 교리를 화해시키고자 하여 로고스는 신의 말씀이고, 이 로고스가 예수란 몸으로 나타났다고 주장하였다. 그는 크레센스라는 견유 학파 사람과 논쟁을 벌이다가 그의 사주로 인하여 로마(Rome)의 집정관인 유니우스 루스티쿠스(Junius Rusticus)에게 고발되어 다른 6명의 동료들과 함께 체포되었다. 그들은 이교 신전에 희생물을 바치라는 요구를 거절하고 수많은 고문을 당한 후 참수형을 받고 순교하였다(http://info.catholic.or.kr 참조 재수정).

테르툴리아누스(Tertullianus, 160~220)는 북아프리카 카르타고 출신으로 저명한 법률가로서 활약하였으나, 로마의 그리스도교 박해에서 신자의 영웅적 순교에 감동되어 그리스도교로 개종하여, 아내가 있었음에도 사제(司祭)가 되었다. 이교도(異敎徒)·유대인·이단자(異端者)들로부터 그리스도교를 지키기 위해 온 정력을 쏟았는데 그의 주요저서인 『호교서(護敎書, Apologeticum)』(197)에서는 "아테네와 예루살렘, 아카데미아와 교회, 이교와 그리스도교 사이에 무슨 통함이 있느냐?"고 반문한 뒤, 철학을 이단의 모태라 주장하면서 그리스도교가 이성에 배반됨으로 오히려 참되다는 이유를 "하느님의 아들은 십자가에 못 박히었다. 이것은 부끄러운 일이므로 나는 그것을 부끄러워하지 않는다. 하느님의 아들은 죽었다. 이것은 어리석은 일이므로 절대로 믿지 않으면 안 된다. 그는 죽었다가 다시 살아났다. 이것은 불가능한 일이므로 확실하다."고 설명하였다. 이러한 언급에서 알 수 있듯이 "불합리하기 때문에 나는 믿는다(Credo quia absurdum)."라는 명제는 이러한 테르툴리아누스의 견해에서 나온 것으로 그의 정신을 정확히 나타낸 것이다. 이렇게 테르툴리아누스는 철학을 전적으로 배척함으로써 일찍부터 그리스도교가 초이성적인 종교임을 주장하였다. 이런 그의 생각은 뒷날 여러 그리스도교 사상가에게 영향을 준다.

이처럼 호교파들은 끊임없이 그노시스와 싸우는 과정에서 새로운 교리가 탄생하였다. 그것은 예수의 지위를 격상시켜 하나님과 동급으로 만들려는 시도였다. 이들은 하나님 안의 예수는 다른 종파와는 다른 유일한 종교임을 강조하기 위해 '가톨릭(catholic)'23)이란 말을 사용하기 시작하였다. '가톨릭(catholic)'은 보편적이라는 뜻으로서, 콘스탄티누스 황제가 그리스도교를 국교로 공인할 때 '가톨릭(catholic)'이란 말도 같이 공인하였던 것은 정통성을 인정한 것이라고 보는 것이다(http://historia.tistory.com 참조 재수정).

3) 클렌멘스(Klemens), 오리게네스(Origenes) 등의 교리문답학교(Catechetical School)

3세기의 교부들의 호교활동은 그리스 철학의 영향을 못 벗어나고 있었지만 3세기가 지나면서 신플라톤 철학에 의해서 교리를 체계화하려는 노력이 나타나고 있었다. 이러한 노력이 일어난 것은 아프리카 북부 도시 알렉산드리아의 교리문답학교(Catechetical School)24)이며 이 학교를 대표하는 사람은 클레멘스(Klemens, 150~215)와 오리게네스(Origenes, 185~254)이었다.

클렌멘스(Klemens)는 150년경 아테네에서 출생하여 180년경 알렉산드리아로 이주하였으며 그곳에서 판태누스의 제자가 된 교부이다. 그는 판태누스와 함께 알렉산드리아에서 교리를 가르치다가 202/203년 세베루스 셉티무스(Severus Septimus) 황제의 박해가 일어나자 그곳을 떠났다. 그의 제자로는 오리게네스가 있다. 클렌멘스(Klemens)의 사상을 보면 이교적인 영지주의자처럼 그는 그리스어로 지식(그노시스, gnosis)과 믿음(피스티스, pistis)을 구별되지만 이 둘은 서로 대립되는 것이 아니라, 서로 다른 단계일 뿐이라는 입장을 보인다. 아울러 믿음은 지식의 전제(전 단계)로서 스토아적이며, 플라톤적인 철학으로부터 동등한 영향을 받았으나 지식 자체가 하나님에 대한 완전한 지식으로 인간을 인도하기에는 부족하다는 것을 지적한다. 클레멘스는 알렉산드리아 기독교 철학의 아버지

---

23) 이 용어가 어떻게 사용되었는가를 잘 설명하고 있는 책이 예루살렘의 성 키릴루스가 348년에 쓴 『교리문답(Catecheses)』인데, 이 책에서 그는 교회를 가톨릭이라고 부른 이유를 교회의 세계적 보편성, 교리의 완전성 때문이라고 설명하고 있다. 다시 말해서 가톨릭이라는 용어는 정통적(orthodox)이라는 의미가 있다.

24) 알렉산드리아의 교리문답학교는 후일 초대교회의 3대 학파의 하나인 알렉산드리아 학파의 근원이 되었다.

라고 불렸으며, 알렉산드리아 학파를 태동시킨 초기의 사상가였다.

오리게네스(Origenes)는 185년경 알렉산드리아의 기독교 가정에서 출생하였다. 그의 아버지 레오니데스는 알렉산드리아 학교의 교장이면서 오리게네스의 스승이기도 하였던 클레멘스와 더불어 청년 오리게네스의 정신적 성장의 지주 역할을 했다. 부친은 오리게네스에게 수학이나 문법, 수사학과 같은 일반학문뿐만 아니라, 기독교적 인식의 초보도 배우게 했다. 정규적인 교육과정 외에 성경공부 역시 강조하여 매일같이 성경 귀절들을 암기하고 큰소리로 반복하게 하였다. 따라서 청년기의 오리게네스는 스승 클레멘스와 부친 레오니데스의 두 영향 가운데서 성장한 것이다. 그의 아버지 레오니데스는 202년 셉티미우스 세베루스 황제의 박해 때에 처형당했는데 오리게네스의 나이 17세 때의 일이다. 특히 알렉산드리아와 카르타고에서의 박해가 심했고, 스승 클레멘스는 박해를 피하여 몸을 숨겼고, 피신 후 다시는 알렉산드리아 학교에 복귀하지 못했다. 따라서 오리게네스에게는 이 박해로 인하여 두 개의 정신적 지주를 잃게 된 것이다.

오리게네스는 성장하여 알렉산드리아 학교에서 교사생활을 했는데 지나친 금욕적 삶에 대한 열정 때문에 알렉산드리아 감독 데메트리우스(Demetrius)와 갈등을 빚었고, 231년에는 파문을 당했다. 파문을 당한 직접적인 사건은 오리게네스가 228년부터 230년까지 2~3년 동안 희랍(아카이아교회)의 초청을 받아 알렉산드리아를 잠시 떠나, 팔레스타인의 가이사랴를 경유하면서 옛 친구들이 그를 성직자로 안수하여 장로로 추대한 것에서 일어났다. 오리게네스는 자기의 활동에 제한을 받지 않을 것으로 낙관적으로 생각했지만 팔레스타인에서 장로로 안수를 받은 것이 모교회 감독의 권한을 무시한 것으로 받아들여져 데메트리우스의 감정을 불러 일으켰던 것이다. 따라서 그는 알렉산드리아 교회에서 제명처분(파문)을 받았고, 교리문답학교의 교수 자격도 박탈당했다. 그 다음해에 열린 노회에서는 안수 받은 장로 직분까지 무효로 선언되었다. 오리게네스가 쫓겨난 지 채 한해가 못 되어 데메트리우스는 죽었지만 그 와중에 데키우스 황제(249~251)는 교계의 상징적인 지도자였던 오리게네스에게 배교를 강요하는 교묘한 박해를 하였다. 그러나 오리게네스는 붙잡혀 고문과 온갖 악형을 받았으나, 배교하지 않았고 테키우스가 이듬해(251년) 갑자기 죽게 되자 석방되었다. 그러나 이때의 고

통은 노령의 그를 육체적으로 완전히 파멸시켰고 후유증으로 오리게네스는 254
년경 사망하게 된다.

오리게네스는 알렉산드리아 학파의 대표적인 신학자였고, 신앙면에 있어서
도 후세의 모범이 되는 실천적인 신앙인이었다. 신학자로서의 오리게네스의 위
치는 1세기 중반의 사도 바울과 5세기 초반의 히포의 감독(주교)이었던 어거스틴
(아우구스티누스) 사이의 가장 위대한 그리스도교 신학자의 자리를 점하고 있다.
그는 지적이며, 다방면에 탁월한 능력의 소유자로서 철학자, 언어학자, 교의학
자, 주석가, 비평가, 변증가, 논증가 등으로 널리 알려졌다(http://historia.tistory.
com 참조 재수정).

제 2 절   아우구스티누스의 생애와 저서

1. 아우구스티누스의 생애배경

라틴어로 성 아우구스티누스(Saint Augustiuns, 354~430)라 불리는 성 어거스
틴(Saint Augustine)은 로마시대 북아프리카의 카르타고(Carthage) 남서쪽 소도시
타카스테(Tagaste, 지금의 알제리) 출신이다. 따라서 아우구스티누스의 교부철학도
엄격하게 보면 중세 이전의 고대 로마시대의 말기의 사상이다. 그는 당시 로마관
원으로 무신앙인이었던 아버지 패트리시우스(Patricius)와 기독교도였던 어머니
모니카(Monica) 사이에서 태어나 카르타고 대학에서 공부하였으며, 이후 카르타
고를 거쳐 로마와 밀라노 지역에서 수사학(연설)을 가르치며 생활하였다.

그는 젊은 시절에는 마니교[25] 신자(Manichees)의 유물론적이고 회의론적인
인식론을 가졌으나 개종하여 37세(391년경)에 밀라노 교구의 주교 암브로시우스
(Ambrocius, 340~397)로부터 사제로 임명되었고 5년 후(42세) 정도에는 카르타고

---

25) 마니교는 3세기에 '빛의 사도' 또는 최고의 '빛을 비추는 자'로 알려진 마니가 페르시아에 창시
한 이원론적 종교로 마니는 바빌로니아(현 이라크) 남부에서 태어나 24세 때부터 페르시아 제
국에서 설교를 했는데, 처음에는 방해를 받지 않다가 나중에 왕의 반대로 유죄판결을 받아 감
옥에 갇혔고 제자들에게 최후의 메시지를 남기고 죽었다. 마니는 자신이 아담에서 시작하여 붓
다, 조로아스터, 예수로 이어져 내려온 예언자들의 마지막 계승자라고 주장했다고 전해진다.

에서 가까운 히포(Hippo) 지역에서 주교가 되었다. 한편 아우구스티누스가 주교로 활동하던 시기의 카르타고와 히포 지역은 기독교 교리적으로 중요한 역할을한 공의회가 열렸던 곳이다. 393년의 히포 공의회와 397년의 카르타고 공의회에서 27권으로 구성된 신약성경이 정경(正經)으로 확정된 것은 이를 방증하는것이다.

아우구스티누스가 만년에 쓴 저서『고백록(Confessions)』을 보면 그는 16세가 되던 해에 카르타고로 가서 방탕한 시기를 보냈다고 참회하고 있다. 그 줄거리는 17~18세부터 한 여인과 동거하면서 사생아를 두었으며 A.D 383년(28세)에는 새로 결혼한 부인과 아들 아데오다투스(Adeodatus)를 데리고 지중해 건너편인로마로 가서 수사학을 가르쳤으나 학생들이 수업료를 잘 내지 않자 밀라노로 다시 옮겨가면서 수사학을 가르쳤던 내용이 나온다. 그리고 신플라톤 학파인 플로티노스(Plotinos)의 사상을 다룬『엔네아테스(Enneades)』를 읽고 기독교에 대한암시를 받게 되었으며, 암브로시우스(Ambrocius)주교로부터 영향을 받아 밀라노의 어느 정원에서 종교와 철학을 연결하고자 하는 마음을 정하게 되어(386년경),수사학 교사직을 그만 두었다는 내용도 담고 있다. 아우구스티누스는 42세에 주교가 된 이후 히포(Hippo) 교구 한 곳에서만 35년간 주교로 봉직하면서 수많은저작을 남기고 430년에 76세의 나이로 사망하였다.

한편 아우구스티누스와 같은 시기에 로마에서 활동했던 히에로니무스(Eusebius Hieronymus, 347~420)[26]는 스트리돈(지금의 슬로베니아) 출신으로 칼키스 사막에서 2년 동안 은둔생활을 한 뒤에 로마로 와서 사제가 되었으며, 교황다마수스 1세(Damasus I)의 비서로 일하면서『불가타(Vulgata) 성서』[27]를 최초로라틴어로 번역하기 시작했다. 다마수스 1세가 사망한 이후에는 예루살렘 인근의예수탄생지인 베들레헴으로 가서 수도원 공동체를 세우고, 그 곳에서 성서 및 금욕주의, 수도원주의, 신학에 대해 쓴 많은 저서들을 저술했는데 가장 대표적인것은『불가타(Vulgata) 성서』이다. 성서 중에 복음서는 384년에 번역을 마쳤고,

---

26) 성 히에로니무스는 라틴어명이며, 예로니모 혹은 제롬으로도 불린다.

27) 불가타성서는 1592년에 클레멘스 8세 교황에 의하여 다시 개정본이 나오면서 로마가톨릭교회의 표준성서로 공인되었다.

신약 전체는 386년경, 구약까지 포함해서 완성한 것은 404년으로 알려진다. 그 외에도 374~379년에『테베의 바울전』, 390~391년에『마르쿠스전』과『힐라리온전』을 저술했으며, 404년에는『파코미우스 수도회칙』을 라틴어로 번역하여 이집트 수도원의 제도를 서방에 전하는데 기여하였다.

2. 아우구스티누스의 저서

아우구스티누스(Augustinus Hipponensis)는 서방교회의 공의회나 교황이 승인(approbatio ecclesiae)한 4대 교부(암브로시우스, 히에로니무스, 아우구스티누스, 그레고리우스 대교황)의 지위에 속할 정도로 그의 저서는 신학이나 철학적으로 비중이 크다.

그의 저서는 100권이 넘었다고 하나 후세에까지 알려지고 있는 것은 10권 정도인데,『고백록(Confessions)』,『행복론(De beata vita)』,『질서론(De Ordine)』,『독백론(Saliloquia)』,『교사론(De magistro)』,『신앙요리교육론(De catechizandis rudibus)』,『신국론(De civitate Dei)』,『삼위일체론(De Trimitate)』,『재고록(Retractiones)』등이다.

『고백록』은 성 어거스틴(Saint Augustine)이 수사학 교사를 그만두고 사제로서 6년간 신학교육을 받고 히포 교구의 주교로 임명을 받은 지 2년이 지난 즈음인 44세 정도에 쓰기 시작한 것으로, 자신의 젊은 시절의 방탕함(10대 후반에 동거하여 아이를 낳은 일, 도둑질을 한 일, 마니교에 빠진 일 등)을 참회하는 내용을 담고 있다. 따라서『참회록』으로도 번역이 되고 있다.

『행복론』은『복된 삶』으로도 번역되고 있는데, 어거스틴의 행복한 삶을 추구하기 위한 인식론이라고 할 수 있다. 그는 행복의 길은 하나님의 지혜를 소유하는 것이라는 그리스도교적 행복론을 펴고 있다.

『질서론』은 신의 섭리와 악의 문제를 다루고 있는데, 악은 신의 창조물이 아니기 때문에 일시적인 비존재(non-being)이고 신은 불변의 존재라는 인식론을 보이고, 신앙과 이성을 신을 인식하는 방법론으로 제시한다.

『독백론』은 어거스틴과 이성의 대화라는 허구적 독백의 형태로 저술되었는데, 인간 영혼의 불멸성을 바탕으로 신의 불멸성을 유추하는 흐름으로 마니교 등의 회의적 사유방식을 배격하는 내용을 담고 있다.

『교사론』은 그가 기독교로 개종하기로 결심한 후 카시키아쿰(Cassiciacum) 공동체에서 명상하면서 지내는 동안 그의 아들 아데오다투스(17세에 죽음)와 나눈 대화내용을 저술한 것인데, 그리스도교 교육철학을 담고 있다. 그가 주장하는 교사의 덕목을 정리하면 깊은 내적 성찰, 겸손과 사랑, 배움과 가르침에 대한 열정으로 정리될 수 있다.

『신앙요리교육론(信仰要理敎育論)』도 어거스틴의 교육철학을 보여주는 책인데, 그의 또 다른 저서인『교사론』,『기독교교육론(De doctrina cristiana)』와 함께 교육사상서이다.

『신국론』은『고백록』과 함께 그의 대표 저서라고 할 수 있는데, 그가 13년간 22권으로 쓴 대작으로 이교도들이 그리스도교인들을 비난하고 부랑하게 공격하는데 대한 이론적 대응을 다루고 있다. 아울러 인간역사에 대한 철학을 보여주는 책이기도 하다.

한편『신국론』제13권에서는 기독교 사상으로서 논란이 지속되고 있는 원죄사상(원죄설)이 언급되고 있다. 사실 원죄사상은 성경 상으로는 사도 바울의 주장에까지 올라갈 수 있는데, 최초에 하느님(신)이 인간인 아담(Adam)과 하와(Hawwah, Eve)를 창조하여 낙원(에덴동산)에 살게 했는데 뱀의 유혹으로 하와와 뱀이 선악과를 따먹고 아담도 같이 따먹게 됨으로써 신의 저주를 받게 되었다는 것이 그 내용이다. 즉 저주의 내용은 아담은 평생 동안 땀을 흘리며 일해야 음식을 먹게 되고, 하와는 해산의 고통을 받게 되며, 뱀은 배로 땅을 기면서 살도록 하여 하와의 후손이 발뒤꿈치로 그 머리를 깨도록 하는 저주를 받게 되고, 땅도 가시덤불로 덮이게 되고 여기에서 사는 인간들도 영원히 살 수 없고 죽어야 하는 존재로 되었다는 것이 원죄설의 내용이다.

이러한 내용을 아우구스티누스(어거스틴)는 그의『신국론』에서 다음과 같이 재언급하고 있다.

"하나님은 인간을 올바르게 창조하였다. 신은 세상에 존재하는 자연물의 창조자이다. 그러나 그러한 자연물이 지닌 오점의 창조자는 아니다. 인간은 스스로 타락하였고, 그로 인하여 저주 받은 까닭에 저주 받은 자손들을 낳았다."

여기에서 언급하고 있는 '인간'은 아담과 이브(하와)를 지칭하는 것이며, 그의 후손이라고 해석하고 있는 모든 인간들은 태어날 때부터 자신의 의지와는 상관없이 타락으로 인한 죄를 타고 난다고 하는 것이 '원죄사상(원죄설)'의 개요가 된다.

이러한 그의 원죄설(theory of original sin)은 예수의 구원인 '은총(grace)'으로써 벗어날 수 있다는 것인데, 그의 이러한 사유방식은 당시 로마제국이 혼란한 정치적 상황에서 시민들을 안정되게 통치하고자 했던 황제들의 욕구와 맞물려서 시의적절한 관점으로 받아들여진 것으로 보인다.

제 3 절   아우구스티누스의 인식론과 신론

1. 아우구스티누스의 인식론사상 체계

아우구스티누스주의(Augustinianism)로 불리는 아우구스티누스의 인식론은 플라톤의 이데아론과 플로티노스의 신플라톤적 사상을 철학적 인식의 기초로 삼고, 유대교와 그리스도교 사상(헤브라이즘[28])의 성경 속에 나타나는 '계시진리'를 그 내용으로 받아들인 것이다. 그의 이러한 인식론은 그리스도교 철학을 탄생시키는 역할을 하였고 고대 로마의 후기 사상가이면서도 중세의 기독교가 철학적 기반을 튼튼히 하는데 서막을 연 중세 교부철학자로서의 위치를 차지하게 된 것이다. 따라서 아우구스티누스는 시기적으로 로마제국의 몰락 시기에 활동한 중세적 기독교철학자로 볼 수 있다.

그의 인식론은 그의 세계관이라고도 할 수 있지만 당시 로마사회의 사상가

---

28) 헤브라이즘(Hebraism)은 헬레니즘(Hellenism)과 함께 서구사상의 양대 조류에 해당한다. 헬레니즘이 고대 그리스·로마적 인간중심의 세계관(스토아 학파, 에피쿠로스 학파)임에 비하여 헤브라이즘은 그리스도교적 신 중심의 세계관(교부철학, 스콜라철학)을 말한다.

들이나 교부들이 지혜(학문과 철학)와 신앙의 존재론에 대한 관계에 있어서 회의적인 관점을 가지고 있다고 간주하는 데서 출발한 것이다. 다시 말하면 인식론은 원래 철학적 방법론을 의미하는 것이지만 아우구스티누스는 신앙을 이해하는 수단으로서의 인식설을 정립하고 있는 것이다. 그의 철학적 견지는 플라톤 사상이나 아리스토텔레스 사상과의 타협점에서 제시되지만 그것도 영원불변한 진리가 되기 위해서는 신적 조명을 받아야 이데아와 같이 객관적인 존재가 될 수 있다고 보고 있기 때문이다.

그렇기 때문에 아우구스티누스의 사상은 회의론을 배척하고, 이성보다는 신앙을 우위에 놓은 인식론이라 할 수 있다. 그의 저서들 중에 『교사론(De magistro)』등에서 나타나는 조명설(the theory of illumination)은 사물을 보는 것이 시력의 존재와 빛에 의하여 가능하다는 일상적 경험과 같이 불변하는 지식은 그것을 비추어주는 지성적인 빛의 활동에서 비롯된다는 인식론의 한 형태인데, 그것을 '그리스도의 빛'에 의해서만 가능하다고 하는 '신적조명설'인 것이다.

이러한 견해에 따르면 지혜를 얻기 위해서는 우선 신을 믿어야 하는데, 일단 믿고 난 후에라야 신과의 접촉을 통해서 조명을 받을 수 있다고 할 수 있다. 물론 사물의 인식에 대한 과학적 인식을 아우구스티누스가 직접적으로 부정하지는 않았지만 그것은 영원불변한 진리의 지혜의 가치보다는 미약하다고 보는 것이며, 좀 더 높은 차원의 지식을 얻기 위해서는 신의 조명(빛)을 통해서만이 성취된다고 하는 것이 그의 인식론의 핵심인 것이다.

2. 아우구스티누스의 신론과 역사론사상 체계

1) 아우구스티누스의 신론

아우구스티누스의 신(신앙)에 대한 이해는 그의 저서 중에서 『신국론(De Civitate Dei)』보다는 『삼위일체론(De Trinitate)』에서 분명하게 드러나고 있다. 삼위일체론은 로마의 종교를 하나로 통일하여 정치적 안정을 추구하고자 했던 콘스탄티누스 황제가 325년 니케아 종교회의에서 당시 예수를 성부(하느님)가 성신(성령)29)을 통하여 창조한 성자(인간)라는 주장을 한 교파인 알렉산드리아의 대

---

29) 성서에서는 성령에 대하여 바람, 숨, 입김을 뜻하는 Ruah(히브리어), Pneuma(그리스어),

주교 아리우스(Arius, 250~336경)30)파가 삼위일체설을 주장한 아타나시우스(Athanasius, 293~373경)31)파에게 패한 후 기독교가 공인됨으로써 확정된 신론이다. 그러나 그 후 로마시대 교회에서는 논란이 지속되어 결국 콘스탄티노플 종교회의(381년)에서 재투표가 이루어졌고, 아리우스파가 또 다시 이단으로 몰림으로써 기독교가 삼위일체설을 바탕으로 한 국교로 된 후에도 로마제국에서는 아리우스파나 여러 종교가 지속되고 있었던 것이다.

　이러한 정치·종교적 상황에서 아우구스티누스는 삼위일체설의 교리적 결말을 짓고자 한 신앙적 사명에서 『삼위일체론』을 저술하여 그의 신에 대한 존재론을 설명하고자 한 것으로 보인다. 그의 삼위일체론은 니케아 종교회의에서 공인된 신조와 같은 맥락을 따르고 있으며 중세 기독교 철학을 집대성한 토마스 아퀴나스의 「삼위일체에 관한 논문(Treatise on the Trinity)」에서도 그의 주장은 재진술되는 경향이 보인다.

　이처럼 삼위일체론이 서방교회의 교리 중에서 핵심이 되면서도 논란이 지속된 것은 당시 사회의 여건도 있지만 근본적으로는 성경 자체에는 언급이 되고 있지 않은 점에도 원인이 있는데, 어거스틴(아우구스티누스)에 의해서 최종적으로 정형화된 삼위일체론 즉 신론(神論)은 삼위인 성부·성신(성령)·성자가 각기 온전한 인격(persons)을 가지고 독립적으로 존재한다는 것이며, 성부와 성자는 독립적이지만 같은 존재이며, 성령은 성부와 성자로부터 함께 발현되어 나온다는 주장이다.

　이러한 아우구스티누스의 삼위일체론은 중세 기독교의 핵심교리가 되었고 오늘날에도 주류 서방교회에서는 존속이 되고 있다. 그러나 근대 이후의 철학자

　　Spiritus(라틴어) 등의 무정형의 단어들이 사용되고 있다.

30) 아리우스는 니케아 종교회의에서 이단으로 도망가는 신세가 되었는데, 죽기 얼마 전에 콘스탄티누스 1세 황제의 딸 콘스탄티아의 선의로 추방상태에서 콘스탄티노플로 돌아와 타협신조에 동의하였으나 화해를 하기 전에 사망하였다고 한다.

31) 아타나시우스는 알렉산드리아 주교 알렉산데르를 부제 자격으로 수양하여 니케아 종교회의(325년)에 참석하여 삼위일체설을 주장하였고, 381년 콘스탄티노플 종교회의에서 그를 추종한 아타나시우스파의 주장이 재승리하여 국교가 되기 전에 사망하였다. 즉 콘스탄티누스 1세가 죽고 난 후 동서로마로 분리된 후 동로마제국 황제로부터 추방당한 뒤 서로마제국 황제의 보호를 받기도 했지만 아리우스파를 지지했던 황제들에 의해서 유배를 가기도 하였다.

들은 많은 신학자들과는 달리 삼위일체설에 대한 논란을 지속하고 있기도 하다. 근대 후기의 대표적인 독일 철학자인 칸트(Kant)와 헤겔(Hegel)은 삼위일체에 대한 기독교의 정통교리에 반대하는 견해를 보인다.

칸트(Immanuel Kant, 1724~1804)는 1793년 『이성한계 내에서의 종교*(Die Religion innerhalb der Grenzen der blossen Vernunft)*』를 출간하면서 그리스도교의 중요한 교리를 합리적으로 비판하게 되자 프로이센 제국으로부터 제재를 당하게 되는데, 그 후 종교적 주제를 대상으로 강의를 하거나 저술활동을 금지 당하게 된 것이다. 그러나 5년이 지난 후에 그의 생애 마지막 주요 저서라고 할 수 있는 『학부들의 전쟁*(Der Streit der Fakultaten)*』에서 금지된 주제인 삼위일체설을 또다시 비판하고 있다.

칸트가 "문자의 의미에서 삼위일체론은 우리가 그것을 이해 할 수 있다고 생각하더라도 실천적 의미를 가지고 있지 않다. 삼위일체론이 모든 개념을 넘어선다고 생각(주장)될 경우 그것은 한층 더 무의미하게 된다."고 한 것은 삼위일체설이 실천적 신앙과는 관계없는 문자나 사변에 불과하다는 관점으로 볼 수 있다. 다시 말하면 성부·성신(성령)·성자가 세 가지의 독립된 인격(persons)을 가지고 있다고 생각하든, 열 가지 혹은 한 가지 인격을 가지고 있다고 하든지 그것은 인간의 이성과 경험의 한계를 넘어서기 때문에 윤리적인 일신론이나 혹은 비인격적인 범신론(impersonal pantheism)을 받아들이면 된다는 것이다.

이 외에도 이슬람교나 여호와의 증인(Jehovah's Witnesses)을 비롯한 일부 신흥 기독교파들에게서도 삼위일체교리는 받아들여지지 않는데, 주로 그들은 창조자와 창조물이 있다고 하는 말씀(the Logos)이 그 중간자적인 존재(an intermediate being) 역할을 하는 것으로 보고 있다.

2) 아우구스티누스의 역사론

아우구스티누스의 역사론을 살펴볼 수 있는 저작은 그가 59세(413년)부터 72세(426년)까지 13년간 쓴 22권 분량의 대작 『신국론*(The city of God)*』에서이다. 저술의 목적은 당시 이교도들의 그리스도교들에 대한 비난과 공격을 이론적으로 방어하기 위한 것으로 보이지만 인류의 역사를 신의 의지와 구원계획에 따라 이루어진다고 보는 그의 역사철학이 담겨 있다.

그가 말하는 신국(神國)은 지상나라 즉 지국(地國)과는 구별되는 개념인데, 자신을 낮추고 신을 따르는 '신국'과 신을 업신여기고 자신을 따르는 '지상의 나라'가 얽혀있으며, 최후의 심판에서는 분리된다고 보는 것이다. 그가 신국론에서 제시하는 역사론(역사관)을 요약하면 세 가지 정도가 될 수 있다. 첫째는 역사는 신이 주체가 되어 선을 권장하고 악을 징벌해나가는 과정이라는 점이다. 둘째는 역사는 신이 어떻게 인류를 구원해왔는가를 보여주는 것이라는 점이다. 셋째는 역사는 결국 신의 작품이기 때문에 '지상의 나라'에도 개입하여 신국(신의 나라)을 실현하게 된다고 보는 것이다.

이처럼 아우구스티누스가 노년에도 불구하고 장구한 노력으로 『신국론』을 쓰지 않을 수밖에 없었던 절박한 시대적 배경을 보는 것도 그의 역사론을 이해하는데 도움이 될 수 있는데, 개략적으로 보면 다음과 같다.

당시 로마시대의 교회사정은 313년 콘스탄티누스 황제가 정치적 안정을 위해 밀라노칙령을 통해 기독교를 당시의 많은 다른 종교와 같은 수준으로 공인하였지만 그 후 제국이 동서로마로 분열되는 등의 혼란 속에서 388년경에 이르러 다신교 신앙의 보루였던 로마 원로원에서는 로마의 공적인 종교로서 유피테르신(Jupiter, 그리스의 제우스신)을 믿느냐 그리스도(예수)를 믿느냐를 두고 논란을 지속하였다. 이 논란은 393년에 테오도시우스 1세 황제가 원로원의 회의를 거쳐 그동안 그리스와 로마인들이 1000년 이상 최고의 신으로 인정해왔던 유피테르신(Jupiter) 대신 그리스도 숭배를 받아들여 그리스도교를 국교로 정함으로써 종식이 된 것이다.

그렇지만 그리스도교가 로마 국교로 된 지 2년이 지난 395년이 되면 게르만족의 하나로 4세기에 동고트족에서 분리된 서고트인들이 몽골계통의 훈족에게 쫓겨서 도나우강(다뉴브강)을 넘어 로마인근까지 유린하는가 하면 401년부터 410년까지는 직접적으로 로마를 침략하였다.[32] 이로 인하여 당시 로마제국은 어수

---

32) 서고트족은 게르만족 중에서 가장 강성했던 민족이며, 로마침략 이후에도 끊임없이 로마제국에 피해를 입혔는데, 지도세력 중에는 삼위일체설을 부정하는 아리우스파가 득세를 하기도 하였으며, 갈리아 지방(스페인 지역)으로 이동하여 톨레도를 수도로 하는 왕국을 세웠으나 711년 이슬람교도에게 멸망하였다.

선하였고 일부 시민들 사이에서는 그리스도교 때문에 로마가 망한다는 공격이 있었던 것이다. 따라서 아우구스티누스는 『신국론』에서 서고트족의 침입이 그리스도교의 책임이 아님을 역사적 사실을 제시하여 입증하려고 하였다. 로마가 승리하거나 패배하는 것은 이교도들의 주장과는 상관이 없으며, 단지 로마가 패한 것은 도덕적으로 타락하였기 때문이라는 것이며, 결국 그리스도교는 잔학한 서고트족까지 감화시켜 물러나도록 하였으므로 로마가 옛 영광을 회복하려면 이교도들이 믿는 신이 아니라 그리스도 앞에서 회개하는 것이라는 입장을 피력하고 있는 것이다.

지금까지 살펴본 바와 같이 성 아우구스티누스(어거스틴)의 교부철학은 인식론, 신론, 역사론 측면에서 그의 천재적 재능을 보여준 것으로 간주된다. 이것은 그가 중년에 기독교로 개종하면서부터 저술한 저서들 속에서 드러나는 사상들이 신플라톤주의적으로부터 출발하여 유일신을 믿는 일신교(유대교)적 전통의 기독교 신앙을 신의 존재론적 인식과 역사로 재창출하고 있는 것이다.

물론 크게 보면 그는 플라톤, 플로티노스와 함께 같은 맥락의 사상적 소유자이며, 서방교회가 인정한 4대 교부(성인)로서 신학적 맥락에서 파악이 될 수 있지만 고대에서 중세로 이어지는 사상적인 전환의 이정표 역할자로 규정할 수 있다. 이것은 토마스 아퀴나스 시기에 와서 중세 기독교 철학이 완성되는 데 있어서 결정적 서막이 되기도 했다는 점에서도 증명이 된다.

제6장

토마스 아퀴나스의 스콜라철학

제1절 스콜라철학의 형성과 보편자 논쟁

1. 스콜라철학 형성의 배경과 개념

고대 후기 내지 중세 초기는 아우구스티누스로 대표되는 교부철학이 신플라 톤주의에 입각하여 영성적이고 초월적이며, 교회특권적 철학이 정립된 시기이다. 이에 비하여 중세 중기 이후는 교회나 수도원의 부속학교(대학)를 말하는 '스콜 라(schola)'에서 아리스토텔레스주의를 기초로 기독교철학을 재정립함으로써 좀 더 보편적이고 학문적인 철학을 정립한 시기에 해당한다. 스콜라(Schola)는 라틴 어로 소리가 나는 대로 적은 영어인데, 고대 그리스어로는 '스콜레(schole)'라고 발음되며, '여유'라는 의미를 가진 오늘날의 '학교'나 '학파'의 뜻에 가깝다.

일반적으로는 스콜라철학(Scholaticism)이라고 하면 중세의 11~14세기에 그리 스도교회나 수도원의 부설로 운영되었던 학교(스콜라)에서 아리스토텔레스철학을 기초로 그리스도교의 신앙을 체계화한 기독철학으로 개념화 할 수 있다. 즉 중세 초기까지만 하더라도 기독교는 이스라엘 민족의 종교인 유대교에서 분파된 역사성 종교에서 머물러 있었다면 중세 중기에 들어와서는 '스콜라'라는 교회부속학교들 에서는 학문적이고 철학적인 보완으로 기독교가 종교나 문화적으로 확산되도록 하였다고 볼 수 있다.

그러나 중세(Middle Ages)라는 말과 병용되는 스콜라철학은 근대(late modern period)의 시작인 르네상스 시기 근대(early modern period)에서 19세기 초에 이르기까지의 철학자들이나 역사가들의 입장에서는 경멸이나 비난적인 표현에 불과했다. 중세는 고대의 그리스-로마시대의 이성적 철학과 고대 그리스와 로마의 문예를 통하여 인문주의(Humanism)를 부흥하고자 하는 근세철학의 사이에서 벌어진 암흑적인 막간극에 불과하다고 본 것이다.

여하튼 중세가 이러한 암흑의 시대라고 하더라도 철학사에서는 고대의 플라톤 철학과 아리스토텔레스 철학이 결코 단절된 것이 아니었으며, 플라톤 철학은 아우구스티누스라는 걸출한 교부학자를 통해 기독교적으로 활용되었고, 아리스토텔레스 철학은 토마스 아퀴나스 사상(Thomism)이라는 기독교의 공식철학으로 정립된 것이다.

특히, 스콜라철학 시기에는 경험적인 사물과 이데아적인 보편자 개념 사이의 관계를 논증하려는 보편논쟁이 일관되게 지속되었다. 그런데 보편논쟁은 별도로 새롭게 창단된 것이 아니라 플라톤과 아리스토텔레스의 철학적 개념을 바탕으로 전개되었기 때문에 스콜라철학 자체로서 시대를 대변하는 사상가들과 함께 변화·발전하게 되었다. 즉 스콜라철학의 관심은 신앙과 이성, 신 존재 증명으로서의 실재론과 유명론으로 구분이 되는 보편(자)논쟁으로 구성이 되어 발전하고 변화하였다고 할 수 있다.

12세기에서 13세기에 걸쳐 기독교인(로마가톨릭교도)들이 이슬람교도와 유대교도들을 대상으로 벌인 군사원정인 십자군전쟁(The crusades, 1095~1270)[1]은 9차례의 원정 끝에 실패를 함으로써 교회는 동방교회와 서방교회로 분리되고 교황권이 약화되는 위기를 가져왔으며, 정교분리(政敎分離, separation of religion and politics) 과정이 빠르게 진행되었다. 이러한 상황에서 당시 유럽인들은 역사

---

1) 십자군 전쟁은 그리스도교인들이 이슬람교도들에게 빼앗긴 성지 예루살렘을 되찾기 위해 1095년 교황 우르바노 2세(Urban Ⅱ, 1088년~1099년 재임)의 군사행동 호소로 원정을 시작한 이후 13세기 후반까지 집중되었으나 최종적으로는 1454년까지 지속되었다. 그러나 성지탈환은 되지 못하여 교황권의 쇠퇴를 가져왔고, 십자군원정의 물자를 공급하며 경로가 되었던 이탈리아의 베네치아 등의 도시들이 번성하게 되었다.

상 가장 비참하고 암흑적인 시대에 있었다고 평가할 수 있다.

그러나 십자군전쟁으로 정신적으로 피폐해진 13세기에 와서도 신학적으로나 철학적인 버팀목이 있었다고 볼 수 있는 것은 기독교를 중심으로 한 탁발수도회(托鉢修道會, mendicant)들의 등장과 교회나 수도원에서 운영한 스콜라(대학, 학원)이다. 13세기 초에 결성된 탁발수도회는 기존 교회세력에 맞서서 청빈한 생활을 하면서 거리에서 탁발한 자선금으로 수도회를 운영하려고 했던 로마 가톨릭의 수도회를 말한다. 그 중에서 이탈리아 아시시(Assisi)의 프란체스코(Franciscus, 1181~1226)가 설립한 '작은 형제회(Ordo Fraturm Minorum, 1206년 결성)' 즉 프란체스코 교단과 스페인의 도미니코 구즈만(Domingo de Guzmán, 1170~1221)이 설립한 도미니코 교단(Dominicans, 1215년 결성)이 대표적이다. 중세 스콜라철학을 집대성하고 완성한 알베르투스(Saint Albertus Magnus)와 그의 제자 토마스 아퀴나스는 바로 도미니코 교단의 수도원 출신 성직 학자들이다.

여기서는 이러한 중세 후기의 스콜라철학에서 전개된 보편논쟁을 중심으로 전기·중기·후기로 구분하여 정리하면 다음과 같다.

첫째, 전기 스콜라철학은 11세기에 영국 켄터베리(Canterbury)의 안셀무스(Anselmus, 1033~1109)에 의해 전개된 플라톤 사상적 보편(자)논쟁에서의 '실재론(Realism)'의 입장을 취하였다. 즉 안셀무스를 비롯한 전기 스콜라철학은 "보편은 실재이고, 보편은 경험적 사물에 앞선다."는 개념으로 스콜라철학의 보편논쟁의 존재론적 신 증명방법을 취하였다.

둘째, 중기 스콜라철학은 12세기에서 주로 프랑스 파리지역을 중심으로 전개된 보편자논쟁에서의 온건실재론을 취하였다. 아벨라르(아벨라두스), 알베르투스(알베르투스 마그누스), 토마스 아퀴나스 등은 아리스토텔레스 철학에 바탕을 둔 신 존재 증명을 시도하였는데, "보편은 실제이고, 보편은 경험적 사물 안에 존재한다."는 관점을 보였던 것이다.

셋째, 후기 스콜라철학은 토마스 아퀴나스 사망 직후부터 시작된 것이나 주로 14세기에 접어들면서 아리스토텔레스주의에 반대하는 입장에서의 보편논쟁으로 전환되는 시기의 유명론(唯名論, Nominalism)을 말한다. 이 시기에는 영국 런던 인근의 오컴지역 출신인 프란체스코 수도회의 수사 윌리엄 오컴(William of

Ockham, 1285~1349)과 스코틀랜드 맥스론 출신이며 프란체스코교단의 수도사 둔스 스코투스(Duns Scotus, 1266~1308)가 토마스주의(토미즘)를 비판하면서 기독교 교리를 저지하려는 견해를 보였다. 이는 마르틴 루터(Martin Luther, 1483~1546)에 영향을 미쳐 종교개혁사상으로 전개되는 역할을 하였는데, 유명론은 "보편은 명칭(이름)일 뿐이고, 보편은 사물 다음에 존재한다."는 관점을 보였던 것이다. 이것은 교회 내의 학문적 철학인 스콜라철학의 세속적인 종말을 예고하는 전조였고 15세기의 근대문화 시작과 더불어 스콜라철학은 세속학문이나 철학과 분리되어 가톨릭교회 내부에서만 남게 된 것이다.

2. 토마스 아퀴나스 이전 스콜라철학의 보편자 논쟁

1) 보편자 인식으로서의 신의 존재증명

중세 중·후반에 들어오면 신의 존재증명에 관하여 보편자 문제(Problem of universals) 혹은 '보편(자) 논쟁'이 벌어진다. 보편자 논쟁이란 신의 어떠한 형태로 존재하는지를 놓고 신학자들이나 철학자들 간에 입장이 나누어진 것을 말하는데, 그것은 '실재론'과 '유명론'으로 구분된다. 실재론(實在論, Realism)의 입장은 "신은 보편으로서(실체로서) 존재한다."는 것이고, 유명론의 입장은 "보편은 단지 사물에 대한 일반적인 이름(唯名)에 불과하다."는 것이다. 따라서 유명론은 명목론(名目論)이라고도 한다.

보편자 논쟁은 신학적인 관점으로서 주로 스콜라철학자들에 의해서 주장되었는데, 요하네스 스코투스 에리우게나(Johannes Scotus Eriugena, 810~877), 안셀무스, 토마스 아퀴나스 등이 플라톤의 이데아론적 입장에서 보편(普遍)은 사물에 앞서 존재한다는 실재론을 주장하였다. 그러나 그 뒤의 아벨라르두스(Abelard, 1079-1142)는 양론의 조화를 주장하면서도 유명론적인 견해를 보였고 13세기에 와서는 신학과 철학, 즉 신앙과 이성을 별개의 진리로 보는 '이중진리설'이 대두되면서 둔스 스코투스가 유명론의 입장에 섰다. 아울러 14세기에는 윌리엄 오캄이 유명론을 역설하였고 15세기 이후에 와서는 오캄주의적 교육을 받은 마르틴 루터가 1517년에 서방교회(로마가톨릭교회)의 면죄부(免罪符)[2] 판매를 공격한 것

---

2) 면죄부의 기원은 1차 십자군 때 클레르몽 공의회에서 프랑스인 출신의 교황 우르바누스 2세

도 유명론(Nominalism)의 입장이었음을 알 수 있게 한다.

물론 면죄부 판매와 실재론적 스콜라철학3)이 직접적으로 관련이 있었던 것은 아니지만 젊은 시절에 루터는 토마스 아퀴나스의 사상보다는 아우구스티누스 사상에 심취하였다. 이는 그를 비텐베르크 대학으로 보내 신학을 공부하게 한 사람도 어거스티니안 수도원의 책임자였던 스타우피츠(Staupitz)였기 때문이다. 아울러 마르틴 루터는 대학에서도 당시 중세 스콜라철학의 실재론적 입장보다는 새로운 방법을 강구하면서 참으로 실재하는 것은 보편이 아니라 개체라고 믿는 유명론적 오캄주의를 공부하였던 것이다.

이처럼 중세 스콜라철학에서 보편논쟁이 지속된 것은 중세 교부철학을 완성한 아우구스티누스 이후에도 그리스도교는 교회가 공식화 되지 못했기 때문에 교리가 공식화 되는 과정에서의 수많은 이단 논쟁이 계속되었던 연장선상에서 파악될 수 있다. 더 쉽게 말하자면 중세는 신학이 철학보다 상위에 위치하면서도 그의 정당성을 확보하고 논리를 세우기 위한 스콜라철학자들의 논쟁이 활발하게 일어났던 것이다. 그러한 논쟁이 바로 실재론과 유명론(명목론)이었으며, 그 중에서 실재론을 반대하는 유명론자는 일종의 소수파에 속했다.

중세에 있어서 이러한 보편자 논쟁은 궁극적으로는 신 존재증명과 무신론과의 대결과 관련되어 있다. 즉 중세는 신학과 신의 말씀을 인용하여 이루어지는 모든 설교는 신이 어떤 방식으로든지 존재하는 것을 전제로 그것을 모든 인간들이 현시적(顯示的)으로 알 수 있도록 증명해내는 것과 상관된 주제로 이루어졌다는 말이 된다.

신학이 철학보다 우위에 서는 중세의 신 존재 증명에 대한 논쟁은 안셀무스의 '존재론적 신 증명(Ontological argument, 본체론적 신 증명)'과 그것을 비판한

(Urbanus 二世, 재위 1088~1099)가 십자군에 종군한 병사나 금전과 재물을 바친 후원자들에게 발급되어 큰 문제가 되지 않았으나 나중에 교황의 재정적 필요를 보충하는 방법으로 팔게 되면서 문제가 되었다.

3) 면죄부의 근거는 13세기 스콜라철학자들이 만든 '공덕 보고(寶庫) 사상'에서 유래한다. 면죄부 판매는 영국이나 프랑스 등의 국왕의 힘이 막강한 지역에서는 여건이 좋지 않아 판매하지 못하고, 독일을 상대로 팔기 시작하면서 종교개혁의 불씨가 되었다. 당시 독일의 모직물 상업을 했던 푸거 가문은 면죄부를 판매한 돈의 3분의 1을 차지한다는 조건으로 로마교황청으로부터 위탁받았고, 영방 제후들의 지원을 받아 판매하였다.

토마스 아퀴나스의 '우주론적 증명(Cosmological Arguments)'과 이를 확대한 방법
인 '목적론적 증명(Teleological Argument)'을 들 수 있다. 안셀무스의 '본체론적
(존재론적) 신 증명'이 당시 플라톤 철학에 기초하여 자신 있게 신 존재를 증명한
것이라면 토마스 아퀴나스가 그의 저서 『신학대전*(Summa Theologiae)*』 1부 2문
3항에서 제시한 신 존재증명은 13세기경에 파리나 나폴리 등에서 많이 공급되었
던 아리스토텔레스 저작에 기초를 둔 견해라고 볼 수 있다.

이러한 중세의 세 가지 존재론(ontologia, ontology) 중에서 대표적인 토마스
아퀴나스의 다섯 가지 존재증명(다섯 가지 방식)을 보면 다음과 같다.

첫째, 운동과 변화(motion & change)로부터의 신 존재를 논증(논쟁) 할 수 있
다. 만약 움직이지 않고 있던 사물이 움직이게 되는 것은 그것이 정지한 상태를
움직이게 하는(운동시키는) 제일의 원인으로서의 운동자(Prime mover)가 있어야
하는데 그것이 바로 신이라는 것이다. 토마스 아퀴나스는 이 제1증명을 가장 명
백한 논증이라고 언급하고 이때 신은 부동의 동자(unmoved mover)로서의 역할
을 한다고 보았다.

둘째, 작용인(作用因) 혹은 능동인(能動因)으로부터의 신 존재를 논증하는 방
식이다. 경험적으로 모든 사건과 현상은 그것을 가능하게 하는 원인과 결과가 있
는데, 어떤 사건과 현상이 결과가 아니라 원인으로 작용하려면 그 원인보다 앞선
또 다른 원인이 있어야 하며, 그것은 제1원인(First cause)으로서의 신밖에 없다는
방식의 논증이다.

셋째, 모든 사물은 생성하고 소멸하는 존재로서 필연적인 존재가 아닌 우연
적 존재들(contingent beings)인데, 만약 우연적 존재만 있다면 이 세계는 아무 것
도 없는 상태(소멸상태)가 될 수도 있지만 소멸하지 않게 하는 필연적 존재
(Necessary being)가 있어야 한다는 방식의 논증이다. 이는 우연적 존재로부터의
필연적인 신 존재증명을 하는 방식에 해당한다.

넷째, 완전성의 단계로부터의 신 존재증명방식이 있다. 사물에는 그것이 참
되고 선한 정도를 판단할 수 있는 진·선·미 등의 단계(등급)가 있는데, 그 기준
은 사물이 가장 완전한 것을 어느 정도 닮았는가를 판단하는 것이며, 완전성의
최고를 신이라고 보는 것이다.

다섯째, 우주에는 수많은 사물들이 그들의 목적에 알맞게 행동하여 질서와 조화를 이루게 되는데, 이것은 단순한 운명이나 우연이 아니라 목적에 맞게 움직이도록 하는 설계자로서의 신이 있다고 논증하는 방식이다.

이러한 토마스 아퀴나스의 다섯 가지 신 존재 증명 중에서 처음의 세 가지는 우주론적 증명이라고 불리는데, 우주론적 증명은 그 이름이 함축하고 있듯이 하나님의 존재를 우주나 만물의 존재로부터 추론하려는 시도이다. 즉 그것은 우주 내지 세계의 몇몇 경험된 속성들에서 출발하고 있기 때문이다. 물론 이것은 아리스토텔레스적인 철학적 영향을 받은 논증이다. 그리고 네 번째 증명인 완전성의 정도로부터의 증명은 플라톤철학의 영향으로 보인다. 아울러 아퀴나스의 다섯 번째 논증은 목적론적 신존재 증명이라고 부르는데, 세계 안에 존재하는 모든 사물은 목적을 가지고 운동 혹은 존재하기 때문이다. 즉 자연계에 존재하는 질서의 합목적성(合目的性)을 바탕으로 그 창조자인 신의 존재를 증명하는 방법인 것이다.

2) 토마스 아퀴나스 이전의 보편자 논쟁

(1) 안셀무스의 보편자 논쟁

안셀무스(Anselmus of Canterbury, 1033~1109)는 북부 이탈리아의 아오스타(Aosta) 출신으로 프랑스에서 공부한 후 베네딕트 수도회에 들어갔고 프랑스 베크수도원의 원장을 거쳐 만년인 1093년에는 영국 캔터베리 대사교(대주교)에 임명되었다.

안셀무스는 스콜라철학의 발달과정으로 보면 전기 스콜라철학의 보편논쟁에서 '실재론'의 전성기를 장식하였는데, 이는 아우구스티누스가 정립한 정통 기독교 교리의 영향을 받은 것이다. 그러나 안셀무스가 보편자논쟁의 초기학자로 거론되기는 하지만, 신 존재증명의 시초는 안셀무스보다 500여년 전이며, 아우구스티누스 사후 50년 뒤에 태어나 활동한 보에티우스(Boethius, 480~524)에서부터이다. 그는 아리스토텔레스의 논리학 저작 『범주론』을 해설한 포르피리우스(Porphyrius)의 『해설(Introduction)』을 주석으로 하여 『포르피리우스의 해설에 대한 주석(commentary on the Introduction of Porphyry)』을 저술하면서 보편자문제를 들고 나온 것이 스콜라철학자들에게 영향을 미친 것이다.

즉 안셀무스보다 500년 정도 앞선 로마철학자인 보에티우스는 그보다 앞선 시기의 프로피리우스가 아리스토텔레스의 논리학 저작을 해설하면서, "보편자(유, 종)는 사물 안에 내재하고, 정신에 의해서 사유되는 것이다."라는 견해를 보이면서 진지한 논증은 유보하겠다고 언급한 것을 인용하면서 보편자 논쟁(신의 존재론)을 제기한 것이다.

따라서 보에티우스는 고대와 중세의 교차시기에 기독교철학의 방향을 제시하는 역할을 한 철학자로 알려지게 되는데, 그의 저작인 『철학의 위안(The consolation of Philosophy)』은 아직까지도 기도서로서 읽혀지고 있다. 그는 한창 유럽사회에 고트족이 침입했을 때 죄 없이 붙잡혀서 감옥에 있었는데, 처형되기 전에 일반인들에게 위안을 줄 수 있는 철학서로서 집필한 것이다. 이 때문에 보에티우스는 '대중들에게 신(神)을 보급시킨 사람'으로 평가되기도 한다.

이러한 보에티우스의 보편자논쟁은 고트족(Goth)의 침입 이후에 로마제국이 약화되고 소봉건국가로 분할되면서 교황청의 부패와 더불어 약 500년간 역사 속에 묻혀 있다가 안셀무스에 의해 본격적으로 논쟁이 된 것이다. 안셀무스의 저작에서는 아우구스티누스에서처럼 철학을 온통 신을 경건화 하는데 바치고 있는데, 그는 『모놀로기움(Monologium, 독백록)』에서 신의 존재증명을 세 가지 방식으로 증명하고 있다.

첫째는 세상에는 선한 것이 많이 있는데, 그 선한 것(사물)들을 만드는 절대적이고 최고의 선이 있어야 하며 그것이 신(神)이라는 주장이다.

둘째는, 세상의 사물들이 존재하는 방식에는 원인이 있는데 그 궁극적인 원인으로서 신(하나님)을 제시한다.

셋째는 세상의 모든 사물들을 완전성의 정도에 따라 우열이 정해지는데, 그 우열을 정할 수 있는 절대적 완전성이 신이라는 것이다.

이처럼 안셀무스는 신앙과 이성의 조화를 통해 신(하나님)을 찬양하는 데는 아우구스티누스보다 능가하고 있는 것으로 보이며, 중세 스콜라철학의 문을 연 창시자이기도 하다. 안셀무스가 그의 초기 저작 『모놀로기움(Monologium)』 혹은 『독백론(Soliloquies)』에서 아우구스티누스의 『독백론(Soliloquies)』에서와 유사한 논증을 한 후에, 1077~1078에 저술한 『프로슬로기움(Proslogium)』 또는 『대어록

(對語錄)』에서는 이른바 '본체론적 증명'의 방식으로 신 존재증명을 하고 있다.

『프로슬로기움』의 본체론적 신존재 증명(존재론적 신증명)에 관한 내용은 신의 존재에 관한 대화내용으로 되어 있는데, 간략히 요약하면 "하나님의 존재를 부인하는 어리석은 자(insipiens)도 하나님의 관념은 그의 오성(悟性) 속에 가지고 있다는 것을 인정하고 있다. 그러나 하나님이 존재한다는 관념은 그 이상은 더 위대한 것을 생각할 수 없는 존재의 관념이다. 그러므로 오성 속에만 존재하는 것이 아니라 실재 속에서도 존재하는 완전한 보편자가 신이다."라는 것이다.

안셀무스가 이렇게 본체론적으로 신 존재를 증명하고자 한 것은 플라톤적인 이데알리즘(idealism)을 신이 실체로 존재한다고 믿는 실재론(realism)으로 바꾸지 않으면 교회의 전통성을 확보할 수 없었던 시대적 과제였다고 규정할 수 있다. 그리고 『프로슬로기움』에서 "나는 알기 위하여 믿는다(Credo ut intelligam)."고 말하고 있는 것은 그의 성직자로서의 사명감을 명료하게 표현한 것으로 보인다.

그러나 이러한 안셀무스의 신 존재증명방식(존재론적 신 증명)4)은 당대에도 비판을 받는다. 가우닐로(Gaunilo, ?~1083)는 그의 논문 「어리석은 자를 위하여」에서 안셀무스가 하나님의 존재를 부정하는 자를 '어리석은 자(바보)'로 표현한 내용을 비판하고 있다. 그리고 프랑스의 로스켈리누스(Roscelinus, 1040~1120)도 실재론과는 상반되는 유명론을 제시하여 삼위일체설 등을 공격하였다. 이는 당연히 교회로부터는 박해를 받았지만 스콜라철학의 말기에 유명론으로 재등단하여 근대초기 사상으로 이행하고 있다.

(2) 아벨라르두스의 보편자 논쟁

라틴어로 페트루스 아벨라르두스(Peter Abaelardus, 1079~1142)는 중세 프랑스 철학을 대표하는 철학자이자 신학자인데, 피에르 아벨라르(Pierre Abaelard)라고도 불린다. 그는 프랑스 서부 브르타뉴(Brittany)의 낭트(Nantes) 인근의 르팔레(Le Pallet)에서 노트르담 대성당(cathédrale Notre Dame de Paris)의 수사 신부로 있었던 귀족의 아들로 태어났다. 아벨라르두스는 젊은 시절 파리에서 극단적인

---

4) 중세의 성 토마스 아퀴나스(Thomas Aquinas), 근대의 데카르트(Rene Descartes), 라이프니츠(Leibniz), 칸트(Immanuel Kant)와 현대의 버트란드 러셀(Brtrand Russell)에 이르기까지 수많은 철학자들이 존재론적 신증명방식을 두고 여러 가지 해석과 반론을 제기해 왔다.

실재론자 샹포의 기욤(Guillume de Champeaux, 1070~1121)과 그와 대립했던 극단적 유명론자 요하네스 로스켈리누스(Johannes Roseellinus, 1050~1125)로부터 스콜라철학의 보편자 논쟁을 배우게 된다. 따라서 그는 신앙과 지식에 관한 보편 논쟁에서 유명론과 실재론 사이를 조화시키고 매개하려고 하였는데 이것은 기존의 구분된 전통에 반대한 것으로 받아들여져 비판을 받게 되었다.

아벨라르두스가 한창 활동한 시기는 성 안셀무스가 사망한 뒤였는데, 이 시기는 스콜라철학에서 가장 보편자 논쟁이 심각했던 시기로서 특히 프랑스지역에서는 그러하였다. 왜냐하면 프랑스는 '요하네스 로스켈리누스'라는 극단적 유명론(exaggerated nominalism)과 그와 격렬하게 대립했던 '기욤'이라는 극단적 실재론(exaggerated realism) 속에서 그는 추상적인 보편적 존재로서의 신을 인정할 것인가? 혹은 보편이라고 말하는 유(類)와 종(種)은 다만 이름에 불과하며, 객관적인 개체만이 존재할 뿐이라고 하는 인식을 따를 것인가?의 논쟁의 중심에 있었기 때문이다.

아벨라르두스는 이러한 논쟁의 한 가운데에서 절충적 입장을 취하였다. 그러나 요하네스 로스켈리누스의 극단적 유명론보다는 기욤의 극단적 실재론에 대하여 호전적인 비판을 하였는데, 모든 실제는 개별적인 사물들이기 때문에 추상적인 보편자문제는 존재증명이 될 수 없다는 주장을 한다. 이러한 아벨라르두스의 비판은 당시 다수파였던 실재론자들의 기독교사상과는 배치되는 것이었으나 그는 수도원에 소속된 수사 신부였고 수도원의 원장이었기 때문에 교회의 권위에는 찬동했던 인물이었다. 따라서 그는 기욤이라는 극단적 실재론자를 비판했다는 측면에서는 온건실재론자 혹은 온건유명론자로 볼 수도 있으나 실재론과 유명론의 절충적인 입장에 있었다고 보는 것이 타당할 것으로 보인다.

따라서 아벨라르두스가 두 가지의 입장을 모두 반박하고 절충하여 실재론에서 주장하는 보편은 유명론의 극단적 주장과는 달리 일상에 존재하고 있지만 극단적 실재론자들의 생각처럼 개별자를 떠나 독립적으로 존재하는 것도 아니라는 주장을 하고 있다는 점에서는 인간의 추상적(보편적)이고 경험적(개별적·개체적)인 측면을 같이 중시한 개념론(conceptualism)자로 불리기도 한다. 다시 말하면 그의 개념론은 보편자로서의 신의 존재는 추상적인 것도 아니며, 단순한 이름(유명)에 불과한 것이 아니라 개념(concept)이라고 주장한 것이다. 이 말은 개념 속에 보편이 존재한다는 말로도 해석이 되고, 실재론은 보편을 개체를 앞서서 독립적으로 존재하는 실체라는 주장에 비교하면 그의 온건실재론 혹은 개념론은 또다른 형태의 유명론이라고도 할 수 있다.

그의 저서 『예, 그리고 아니오(긍정과 부정)』에서의 그 변증법적인 방법론은 지식의 전수를 목적으로 하는 단순한 강의용의 교본과는 판이하게 달랐다. 그것은 당시 교회에 의해 공적으로 정해진 표준 교과 중심의 스콜라학적인 학풍에서는 찾아볼 수 없었던 것으로, 더 이상 권위가 아닌 논증(이성)에 의해 진리를 탐구하고자 한 아벨라르의 정신을 드러내 준다. 이것은 데카르트의 『방법서설(1637)』에 비해서도 500여 년 앞선 유럽 최초의 방법론적 서술이었다고 할 수 있다.

그러나 아벨라르두스의 보편자 논쟁에서의 업적보다도 더 유명한 것은 그가 1132년에 쓴 자전적 서간체 문학서적 『나의 불행한 이야기*(Historia Calamitatum)*』속에서 나오는 엘로이즈(Heloise, 1101~1164)와의 짧은 사랑 고백서이다. 이들의 사랑 이야기는 마치 800년이 지난 후 같은 파리에서 논란이 되었던 실존주의 철학자 사르트르(Jean–Paul Sartre, 1905~1980)와 시몬느 드 보부아르(Beauvoir, Simone de, 1908~1986) 사이의 계약결혼의 유명세에 비교할 정도이며, 영국의 극작가 셰익스피어(William Shakespeare, 1564~1616)[5]가 고대 그리스 시대 이탈리아 설화를 배경으로 쓴 비극 『로미오와 줄리엣*(Romeo and Juliet)*』에서의 비극적 사랑과도 비유되는 중세적 아픈 사랑이야기를 담고 있다.

아벨라르두스와 엘로이즈의 사랑은 성직자 스승인 아벨라르두스와 21살 차이가 나는 제자 엘로이즈 사이의 금지된 사랑의 시작으로부터 비밀결혼과 출산, 그리고 힘들고 애잔한 결말에 이르기까지의 비극적 요소가 모두 포함되어 있다. 즉 『나의 불행한 이야기*(Historia Calamitatum)*』의 내용은 아벨라르두스(아벨라르)가 30대 중반에 보편자 논쟁에서 파리 최고의 학자가 된 상태에서 1114년(35세 정도)에 철학과 신학교육의 최고였던 파리 노트르담 성당 부설학교의 강사(교수)

---

5) 셰익스피어의 작품으로는 <로미오와 줄리엣> 이외에도 <맥베스> <햄릿> <리어왕> <오셀로> 등의 4대 비극과 <베니스의 상인> <헛소동> <말괄량이 길들이기> <한여름 밤의 꿈> 등의 5대 희극이 있으며, 엘리자베스 여왕은 셰익스피어를 두고 "식민지를 모두 넘겨주는 때에도 셰익스피어 한 명만은 못 넘긴다."라는 유명한 말을 남기기도 했다고 전해진다.

로 부임하여 10년간 봉직하게 된 것에서부터 시작이 된다. 주된 줄거리는 그가 39세가 되던 해에 성당 참사회원(성직자) 퓔베르(Fulbert)의 조카딸(19세)로 미인이었던 엘로이즈의 가정교사를 맡게 되면서 약 1년간에 걸쳐서 이루어진 스승과 제자 사이의 비밀스런 사랑 이야기이다. 이들의 사랑은 급기야 임신으로 인하여 비밀결혼에 이르게 되면서 겪게 되는 아프고도 애틋한 사랑이야기로 클라이맥스에 이르는 고백 형태로 구성되어 있다. 급기야 그들의 비밀결혼은 퓔베르가 아벨라르와의 약속을 어기고 세상에 공개하였고, 이로 인하여 아벨라르두스는 노트르담 성당학교에서 나와 수사가 되어 수도원에 들어가게 된다. 엘로이즈 역시 수녀가 되어 10여 년 동안 거의 만나지 못한 상태에서 1132년에 아벨라두스(아벨라르)가 그들의 사랑고백서인 『나의 불행한 이야기』를 출간하게 된 것이다.

책으로 나온 그들의 사랑이야기는 불행한 내용을 담고 있지만, 당시 중세의 어두운 시대(Dark Ages)를 살아갔던 많은 사람들에게 읽혀져 감동을 불러일으켰고 수녀원에 있었던 엘로이즈도 『나의 불행한 이야기(Historia Calamitatum)』를 읽게 된다. 이렇게 하여 그들의 애틋하고도 아픈 사랑은 다시 이어지긴 하였지만 수사와 수녀의 신분으로 살았던 그들로서는 편지의 형식으로 사랑을 확인하는 정도였다. 책이 출간된 1132년부터 아벨라르가 죽기 5년 정도 전인 1137년까지 오갔던 편지는 12편인 것으로 알려지고 있다. 그 중에서 아벨라르두스(아벨라르)가 보낸 편지는 8편이고 엘로이즈가 보낸 편지는 4편으로 그들이 죽은 후에 발견이 되었고, 편지의 내용들은 900년 이상이나 시, 소설, 회화, 연극 등의 예술 형태로 재생산되어 '아벨라두스와 엘로이즈의 편지'로 전해지고 있다.

편지의 주된 내용을 살펴보면 아벨라르두스는 자신이 엘로이즈와의 사랑이 죄악에 해당하므로 참회하고 있다는 것이었고, 엘로이즈는 죄악의 여부는 행위 자체가 아니라 행위를 하게 만든 의도로 판단해야 하므로 자신은 아벨라르두스를 진정으로 사랑했으므로 죄를 지은 것도 아니며, 결코 후회하지도 않는다는 애정을 보내고 있다. 예를 들면, 그녀의 편지에서는 "아우구스투스 황제(로마 초대 황제 옥타비아누스)가 전 세계를 영구히 지배하도록 해주겠노라고 확약하면서 청혼해온다고 해도, 저로서는 그의 황후가 되는 것보다는 당신의 창부(娼婦)로 불리는 쪽이 훨씬 가치가 있다는 점을 자신 있게 말하겠어요."라는 내용을 담고 있을 정도이다.

그러면 이들의 편지가 아벨라르가 죽는 1142년보다 5년 정도 이전에 끊기게 되었던 사유를 찾아보면 아벨라르가 운영했던 수도원은 학문과 수도를 동시에 강조하는 방식이었는데, 결국 만년에는 신앙만을 강조하는 시토교단(Order of Citeau)[6]의 클레르보의 베르나르(Bernhard von Clairvaus, 1090~1153)로부터 이단으로 고발당하는 시기였다는 점에서 이해 될 수 있다. 아벨라르두스는 비밀결혼이 공개되면서 학자로서의 길은 위축되었지만 워낙 당대의 유명한 스콜라철학자였기 때문에 핍박을 당하는 가운데서도 수도사가 되어 자신을 따르는 제자들과 함께 파라클레 수도원(Oratory of the Paraclete)을 설립하여 독자적으로 운영하고 있었던 것이다.

결국 아벨라르(아벨라르두스)는 그의 수도원 운영방식을 이단으로 결정한 공의회 결정에 항변하고자 노력하던 중 1142년에 병으로 63세에 사망하게 된다. 엘로이즈는 아벨라르가 죽은 후 아벨라르두스가 설립했던 파라클레 수도원에서 원장으로 지내면서 22년간을 더 살다가 아벨라르두스와 같은 63세가 되어 사망하였고, 그녀의 유언에 따라 남편과 합장되었다.

(3) 알베르투스 마그누스의 보편자 논쟁

알베르투스 마그누스(Albertus Magnus, 1200~1280경)는 지금의 독일지역인 다뉴브강(도나우강) 인근 스바비아(Swabia)의 타우인겐(Lauingen)에서 볼스타트(Bollstadt) 귀족가문 출신의 수도사였으나 점차 아리스토텔레스적인 스콜라철학자로서의 명성을 얻게 되었다. 그는 파리와 독일의 쾰른(Cologne)을 오가며 성직수행과 교수활동을 하면서 강의와 저술활동으로 스콜라철학을 정립하였는데, 스콜라철학을 완성한 토마스 아퀴나스의 스승이기도 하였다.

알베르투스 마그누스는 토마스 아퀴나스(Thomas Aquinas, 1225~1274)와 함께 신의 존재론적 증명인 보편자 논쟁에서 13세기의 대표적인 온건실재론자에

---

6) 12세기에는 또 베네딕트의 계율을 엄수하려는 시토교단이 크게 발전하였다. 시토교단의 발전의 초석은 클레르보의 수도원장인 베르나르에 의해서 구축되었는데 시토교단의 특징은 장원을 비롯한 농경지의 기증을 거부하고, 황무지를 개간하여 이를 교단의 수입원으로 삼았다는 것에 있었다.

속한다. 이들은 "보편은 실재하고 사물 안에 존재한다."고 주장하였는데, 이것은 아리스토텔레스가 "질료(質料, matter) 안에 형상(形相, form)이 실재한다."고 했던 일원론적 사상에 기원한 것이다. 이는 같은 실재론적 사고였던 플라톤의 이원론적 이데아론에 근거한 극단적 실재론자들의 견해와는 차이가 있다.

알베르투스 마그누스와 토마스 아퀴나스는 당시 수도원 중 대표적인 도미니쿠스(도미니크)파 수도사들이었고, 이들은 지식과 신앙 사이에는 시간을 초월하는 그 어떤 차이도 없다는 점에서 진리란 오직 신(神)에게 귀착된다는 입장의 스콜라철학을 완성한 것이다. 이러한 견해는 플라톤의 이원론적 이데아설의 견지에서 "인간이 지성적 대상들을 식별하고 알 수 있는 것은 신(그리스도)의 빛에 의해 가능하다."고 했던 아우구스티누스의 '신적 조명설'에서의 인식과는 차이가 있다.

마그누스(Magnus)는 이름이 아니라 '위대한'이라는 의미의 존칭수식어로서 그는 13세기에 접어들어 가장 위대한 아리스토텔레스주의 철학자로 불린다. 12세기까지는 아리스토텔레스의 저작들이 대부분 마호메트교(이슬람교)가 번성한 지역인 아랍어권의 신학자나 철학자들에 의해서 번역되었기 때문에 현재의 이라크 지역인 바그다드의 학원에서 스콜라철학으로서 명성을 가져왔고, 그 다음 회교(이슬람교) 세력이 스페인 코르도바(Cordoba) 지역과 북아프리카 지역을 석권함에 따라 사라센(saracen, 이슬람교도를 일컫는 말) 출신들이 대표적 위상을 누리고 있었다. 예를 들면 12세기에 코르도바에서 활동했던 사라센 학자 아베로에스(Averroes, 1126~1198)는 서부 유럽에서 가장 유명한 아리스토텔레스주의 철학자였던 것이다. 아베로에스주의(Averroism)로 불리는 그의 신조는 이성과 철학이 신앙과 신앙에 바탕을 둔 지식보다 우월하다는 것이었다.

따라서, 고대 그리스 시대의 아리스토텔레스 철학을 중세의 스콜라철학으로 각색하기에는 12세기까지는 역부족이었다고 볼 수 있다. 이렇듯 아리스토텔레스의 저작들이 플라톤의 저작과는 달리 중남부 유럽에서 늦게 번역되기 시작한 연유는 아리스토텔레스의 뤼케이온(Lyceum)학원을 물려받은 테오프라스토스(Theophrastus, B.C 372~B.C 287경)와 그의 후계자인 스트라톤(Straton, B.C 340~B.C 270경) 등이 그의 저서를 주석해 왔으나 전쟁의 와중에 저작물들이 소아시아나 아랍권으로 옮겨지게 되어서 시리아어(Syriac language)나 이스라엘의 히브리어(Hebrew language), 아랍어(Arabic language) 등으로만 번역되었기 때문이다.

이러한 시대를 거쳐 아리스토텔레스의 저작들은 13세기에 파리를 중심으로 한 라틴어(Latin language)권으로 들어왔으나 대학이나 교회에서 번역이 금지되거나 일정기간에 해제되는 등의 경로를 거쳐 알베르투스가 체계적인 번역을 하기에 이른 것이다. 따라서 알베르투스 이후가 되면 적어도 중세철학에서는 플라톤 철학이 종지부를 찍지는 않았지만 극단적인 실재론의 보편자 증명은 아리스토텔레스 철학의 영향으로 온건한 실재론으로 전환이 된다.

이처럼 알베르투스는 아리스토텔레스의 모든 저작을 번역하고 주석하면서 12세기까지 아랍어권에서 아리스토텔레스 철학의 대표로 불렸던 아베로에스주의(Averroism)[7]자들의 주장에 반대하는 영혼불멸설 등을 변호했다. 이는 알베르투스주의(Albertism)로 불리기도 한다. 이 외에도 중세에는 토마스주의(Thomism), 스코투스주의(Scotism)와 아베로에스주의(Averroism) 등의 아리스토텔레스주의가 다양하게 전개되었다. 말년에 알베르투스는 자신보다 먼저 죽은 제자 토마스 아퀴나스의 저술이 당대에 비난을 받게 되자 이를 적극적으로 변호하였으며, 80세 정도에 사망한 것으로 알려진다.

제 2 절 토마스 아퀴나스의 생애와 온건실재론

1. 토마스 아퀴나스의 생애배경

토마스 아퀴나스(Thomas Aquinas, 1225~1275)는 이탈리아 로마에서 남쪽으로 200㎞ 정도 떨어진 서해 항구도시인 나폴리(Napoli) 근처의 아퀴노(Aquino)

---

7) 아베로스주의는 이슬람교도 철학자 아베로에스의 아리스토텔레스 해석에 영향을 받아 중세 후기와 르네상스 시기에 나타난 서구 그리스도교 철학자들의 가르침을 말한다. 기본신조는 이성과 철학이 신앙이나 신앙에 바탕을 둔 지식보다 우월하다는 인식이었다. 아울러 개별적 인격과 개인의 영혼불멸을 부정하였다.

지방 출신으로 성 베네딕토 수도원[8])에서 수도사 수업을 받았다. 그 후 신성로마 제국 프레드릭 2세(Frederick Ⅱ)가 1224년에 설립한 나폴리대학(University of Naples Federico II)에 입학하여 아리스토텔레스적인 철학과 도미니코 수도사들을 접하게 되어 도미니코회의 수도사가 되었다.

이처럼 토마스 아퀴나스는 당시의 유명한 수도원을 배경으로 저술활동을 하게 되는데, 이는 당시의 종교적이고 시대적인 배경과도 상관이 있는 것으로 보인다. 중세 시대를 흔히 암흑기로 칭하는 것은 타락한 교회가 시대정신을 암흑기로 이끌었다는 의미인데, 그런 시절에 교회를 그나마 지켜온 것이 베네딕트 수도원, 프란체스코 수도원, 도미니칸 수도원 등이었던 것이다. 이러한 수도원에서는 대부분 5가지 덕목을 강조했는데 그것은 청빈(淸貧), 순결(純潔), 복종(服從), 노동(勞動), 학문(學問) 등이었다. 토마스 아퀴나스가 수도사 신분으로 학문적 성과를 낼 수 있었던 것도 이와 상관이 있다고 볼 수 있다.

한편 성인기에 접어들어 토마스 아퀴나스는 도미니코 수도사 신분으로 또다시 파리로 유학하여 파리대학(Université de Paris)의 교수로 있었던 알베르투스 마그누스로부터 3년 정도의 수학을 하였다. 그 후에도 1248년부터 약 4년간은 쾰른으로 간 알베르토 마그누스를 따라가 아리스토텔레스적인 철학과 신학을 더 배웠으니 마치 플라톤이 소크라테스에게 8년 정도의 교육을 받았던 것과도 유사한 경로를 거쳤다고도 보아진다. 32세이던 1256년에는 그의 스승인 알베르투스의 추천으로 마침내 파리대학의 신학교수가 되었지만 파리대학에서의 교수직 수행은 그렇게 순탄치 못하였다.

따라서 1259년 후반기가 되면 이탈리아 나폴리로 돌아가 도미니코 수도회의 성직자 생활과 철학자로서 활동과 저술을 하게 되었는데, 이후의 시기가 그를 성인의 반열로 올려놓을 정도로 많은 업적을 쌓게 된 것으로 보인다. 그리고 1265년부터 1268년 초반까지는 로마로 가서 수도원 교수생활과 저술활동을 병행하게 되었는데, 이 시기는 그의 대표작인 『신학대전』이 집필되기 시작했던 시기이기도 하며 『이교도대전』이 완성되기도 한 것으로 보아 그의 사상인 토미즘

---

8) 이태리 누르시아(Nursia) 출신의 성 베네딕도(St. Benedictus, 480~547경)가 저술한 수도규칙(Regula Benedict)을 따르는 수도원을 말한다.

(Thomism)이 체계화된 것으로 파악이 된다.

　1268년이 되면서부터 1272년까지의 4년간은 또 다시 파리로 가서 파리대학의 신학교수(도미니코교단을 대표하는 학자)로서 생활을 하게 되었는데, 이 기간에도 토마스 아퀴나스는 강의와 저술로 바쁜 시간을 보냈다. 그러나 대학 내에서는 프란체스코 수도회를 대표하는 교수나 기존 신학교수들의 견제에 맞서 투쟁해야 했던 시기이기도 하였다. 4년간의 파리대학 교수를 마감하고 1272년에 그는 또 다시 나폴리로 이주하여 그 해 나폴리대학에 도미니코수도회 연구소를 설립하고 초대소장으로 지내며 나폴리대학에서 1년 정도의 강의를 하면서 로마수도원 시절에 시작했던 『신학대전』 저술을 1273년에 마무리하였다.

　나폴리에서도 토마스 아퀴나스는 아베로에스주의자들이나 인간을 타락한 존재로 보는 전통적 아우구스티누스 사상가들과도 논쟁해야 했다. 예를 들면 1273년 나폴리대학교에서 개최된 교리적 모임에서는 프란체스코 수도회 출신의 수사로 파리대학 재직 시절 동료이었던 보나벤투라(San Bonaventura, 1217~1274)[9]는 토마스 아퀴나스를 비롯한 아리스토텔레스주의자들을 비판했다. 그는 특히 인간 본성을 이루는 2가지 필연적 원리인 영혼과 육체가 서로 결합되어 있다는 이론을 비판했으며, 지식이 형상에 근거한다는 플라톤－아우구스티누스의 이론을 부정하는 아리스토텔레스주의자들의 입장을 강력하게 반대했던 것이다.

　이처럼 지속된 해외활동과 치열한 저작활동으로 인해 병약해진 나머지 더 이상 집필이 어렵게 되자 토마스 아퀴나스는 만년에 명상생활을 하면서 보냈다. 그러던 중 1274년 1월에 토마스 아퀴나스는 라틴계 교회와 그리스계 교회의 분열을 치유하기 위한 제2차 리옹 공의회에 참석하라는 그레고리우스 10세(Gregorius X) 교황의 요청으로 프랑스 리옹(Lyon)으로 가던 도중에 병이 악화되었다. 이로 인하여 포사노바(Fossanova)의 시토회 수도원[10]에 체류하다가 수많은

---

9) 보나벤투라는 아우구스티누스주의자로서 프란체스코 수도회 총회장과 알바노의 주교 추기경을 맡았으며, 프란체스코 수도회의 회칙을 개정(1260)하였고 1587년에 교회 박사(교사)로 공포되었다.

10) 1098년 설립된 로마 가톨릭 수도회로 처음에 프랑스 디종 근처의 시토(라틴어로는 Cistercium)에 세워졌기 때문에 시토 수도회로 불리게 되었다. 몰렘 대수도원 출신의 베네딕투스 수도회 수사들의 집단으로, 그들은 이 대수도원의 느슨한 수도생활에 불만을 품고 성 베네딕투스의 회칙을 엄격하게 해석하여 은둔 생활을 하려고 했다. 이는 1215년 도미니크가 세운 탁발 수도

수도사와 평신도들이 임종하는 가운데 1274년 3월 7일에 50세가 채 안된 나이에 사망하였다. 그가 죽은 후 파리대학에서는 총장과 철학 교수들이 토마스 아퀴나스의 소속 교단인 도미니코 수도회에 그의 사망을 애도하는 서한을 보내고 그가 젊은 시절 활동했던 파리로 시신을 옮겨줄 것을 호소하였으나 파사노바 시토 수도원에서는 이를 거부하였다.

그러나 토마스 아퀴나스의 수많은 저술에서 나타난 스콜라철학은 그의 사후에도 이른바 토미즘(Thomism)으로서 상당기간동안 이론적 공격을 받게 되었고, 그가 죽은 지 49년만인 1323년 7월 18일에 가서야 가톨릭교회가 그를 성인으로 시성하게 됨으로써 가톨릭교회의 공식 철학으로서 자리매김이 되었던 것이다. 그리고 사후 300여년이 지난 1567년에야 토마스 아퀴나스는 가톨릭에서 천사박사로 공식적으로 불리게 되었다.

2. 토마스 아퀴나스의 저서와 온건실재론사상 체계

토마스 아퀴나스는 아리스토텔레스의 철학적 방식으로 기독교 사상을 완성하였는데, 이는 스콜라철학의 최고 정점에 해당하며 그의 별칭을 천사박사(Doctor Angelicus)로 칭하게 되는 근원이 되기도 한다. 흔히 토미즘(Thomism)으로 불리는 그의 사상체계를 파악하기 위해서는 60여 권이 넘는 그의 주요 저서와 논문에서의 주장을 살펴보는 것이 방법이 된다.

그는 보편자 논쟁에서는 온건한 실재론자로 볼 수 있는데, 그의 저술들 중에서 가장 많이 알려진 것으로는 『존재와 본질에 관하여』, 『이교도대전』, 『아리스토텔레스 주석』, 『신학대전』 등이 있다. 그의 저작들의 특징은 성서 주해나 강독을 위한 저작들은 대부분 단기간에 저술된 것으로 나오지만, 토론 형식의 저작이나 논문형식의 저작, 그리고 번역서 내지 주석서(보에티우스 주석, 디오니시우스 주석, 아리스토텔레스 주석)와 대전(大全) 형식의 저작은 시작과 종결시점이 수년을 거쳐 진행되었음을 보여준다는 점이다. 특히 그중에서도 아리스토텔레스 주석서들은 그의 생애후반기에 집중되고 있는 『신학대전』과 마찬가지로 미완성 상태에

회인 도미니크 수도회나 1209년 프란체스코가 세운 프란체스코 수도회보다 설립연도가 빠른 전통 수도회이다.

서 사망하였다.

　다음에서는 그의 주요 저작에서의 내용에서 철학체계를 분석하고자 한다.

　『존재와 본질에 관하여(De ente et essentia, 1252~1256)』는 그가 파리 대학의 교수가 되기 전인 초기 저작에서의 사상을 살펴볼 수 있는데, 소논문형태의 이 글에서는 그가 평생 동안 탐구하던 스콜라철학의 주제들이 대부분 담겨있다는 점에서 비중이 크다고 할 수 있다. 이 저작은 서론에 이어 6개장의 소단원으로 구성되어 있으며 주요 내용은 존재자(being)와 본질(essence)의 개념구분과 그들의 관계 등을 설명하는 방식이다. 그는 본질(essentia)은 그것으로 인해서 어떤 것(인간, 천사, 신 등)으로의 존재(esse)를 갖게 하는 것이며, 존재는 본질을 존재하게 하는(존재자가 되도록 만드는) 것이라고 본다. 그리고 존재들은 '질료(matter)'와 '본질(형상)'로 합성되는데 존재의 계열(위치)은 맨 위가 순수한 형상인 '신'이 자리하고 그 아래에 '천사'가 있으며, 그 다음이 '인간'이라는 것이다. 여기에서 인간과 신 사이에 '천사'를 배치하고 있는 것은 아리스토텔레스의 관점은 아니다. 오히려 이는 신플라톤주의에서의 관점을 적용한 것인데, 신의 존재가 충만하려면 신보다는 더 상위의 유(類)와 종(種)이 있어야 한다는 원리로 볼 수 있기 때문이다.

　『대이교도대전(對異敎徒大全, Summa Contra Gentiles, 1259~1264)』은 당시 무슬림 철학자들이 아리스토텔레스 저작을 주석(해석)하는 데 주도적 역할을 하고 있었던 시기였다는 점에서, 이들에 대한 신학적 비판과 그리스도교의 선교적 지침을 담고 있다. 이 책의 저작 시기가 파리대학 교수를 중간에 그만두고 이탈리아로 떠나 있었던 시기에 걸쳐있는 것으로 볼 때, 아마도 당시 파리대학 등에서는 무슬림 권역의 철학자들이 많았던 것으로 파악할 수 있다. 이 책은 전체 4부 464개의 설문으로 구성되어 있다.

　『신학대전(Summa Theologiae, 1266~1272)』도 그가 로마 수도원에 머물며 그곳의 교수생활을 했던 시기에 시작하였으나 미완성 상태에서 사망하였다. 『신학대전』은 3개 부(部)와 보론(補論)으로 구성되어 있는데, 제1부가 그가 두 번째로 파리대학의 교수로 근무할 때 저술된 것이며, 내용은 신의 존재와 본질을 다루는 신론과 피조물 세계를 다루어 신의 존재를 증명하려고 하고 있다. 제2부는 이탈리아로 이주한 후 만년에 저술한 것인데 인간의 행복론과 덕론 등을 다루고 있다. 그는 고대 그리스 사회에서부터 전승되어왔던 지혜, 용기, 절제, 정의라는 사주덕(四主德) 이외에 믿음, 소망, 사랑이라는 3가지 원덕(元德)을 제시하였는데, 이는 신학적인 덕에 해당한다. 다시 말하면 서양의 일곱 가지 덕(7德, virture)은 소크라테스, 플라톤, 아리스토텔레스 등의 고대 철학자들이 정한 신중(愼重), 절제(節制), 용기(勇氣), 정의(正義)의 4가지 자연의 덕과 신학적인 덕인 믿음, 소망, 사랑의 세 가지를 합치면 되는데, 이것을 토마스 아퀴나스는 그리스도교 윤리의 기본으로 꼽았던 것이다. 제3부는 제1부와 마찬가지로 파리대학에 재직하는 동안에 저술한 것으로 그리스도론, 마리아론, 성사론(聖事論)[11] 등을 다루고 있고, 보론(補論)에서는 그의 제자들이 아퀴나스의 전기(前期) 작품 중 결혼, 죽음 등에 관한 문제를 내용으로 다루었다.

『아리스토텔레스 주석(Kommetar zu Aristoteles, 1267~1273)』은 『대이교도대전: 이교도들을 논박하는 대전』이나 『신학대전』과 마찬가지로 그가 평생을 바쳐 저술한 주해서들로 구성되는데, 이는 그의 스승인 마그누스 알베르투스의 영향이 큰 것으로 보인다. 주요 세부적인 주석 내용을 보면 「영혼론 주석」, 「감각과 감각물에 관한 주석」, 「정치학 주석」, 「형이상학 주석」, 「천체와 세계에 관한 주석」, 「생성과 소멸에 관한 주석」 등이 있으나 일부는 미완성 상태에서 사망하였다.

토마스 아퀴나스가 중세 초기의 아우구스티누스 교부철학과는 달리 신플라톤 사상이 아니라 신아리스토텔레스 사상에 근거하여 극단적 실재론이 아니라 신의 존재를 보편적 실체로서 증명하는 온건실재론적 스콜라철학을 전개하고 완성하였음은 이러한 저서들에서 충실히 드러난다.

---

11) 신약성경에는 성사(sacramentun)를 일곱 가지로 제시하고 있다. 즉 세례, 견진(堅振), 성체(聖體), 성품(聖品), 고해, 병자(病者), 혼인성사를 말한다.

제3절 토마스 아퀴나스 이후의 보편자 논쟁

1. 둔스 스코투스의 보편자 논쟁

둔스 스코투스(Johannes Duns Scotus, 1270~1308)는 스코틀랜드의 맥스론 지역 출신으로 탁발수도회의 하나인 프란체스코교단(작은형제회)에 입회한 후 옥스퍼드대학(Oxford university)[12]에서 학위를 마친 후, 케임브리지대학(University of Cambridge),[13] 프랑스 파리대학, 독일 쾰른대학 등에서 교사(교수)로서 활동하면서 명성을 얻었다.

그는 상당 부분에서 토마스 아퀴나스의 주지주의(主知主義)적인 사상에 동조하기는 했지만 프란체스코교단의 신학적 노선이었던 아우구스티누스 사상의 영향을 받아 토마스주의에서 온건적 실재론을 반대하고, 이성과 신앙을 분리하는 이른바 '이중진리설'을 주창하였다. 이중진리설(double truth, 二重眞理說)은 자연적 진리와 초자연적 진리 또는 이성적 진리와 계시적 진리의 두 가지 진리가 모순 없이 독립·병존한다고 주장한 학설이다. 이것은 보편자 논쟁에서 보면 온건한 '유명론'이 되는데, 개개의 사물에 대한 직관적인 인식만이 확실한 진리(인식)이며, 보편이라고 하는 것은 단순한 언어(명사)에 불과하다는 입장이다. 그러므로 유명론에서는 신이나 영혼은 신앙의 대상이기는 하지만, 직관적(경험적) 인식은 아니기 때문에 지식으로 인정하지는 않는다.

둔스 스코투스의 온건 실재론적이면서도 유명론적인 이러한 사상은 13세기의 같은 영국에서 윌리엄 오캄(William of Occum, 1290~1349)에 의해서 더욱 발전하게 되었으며, 근대 초기에 와서는 영국 경험론으로 계승되었고, 현대에서는 유물론에도 영향을 미쳤다고 볼 수 있다.

---

12) 옥스퍼드대학교는 1167년 파리대학교에서 영국 학생들의 입학을 불허하자 12세기말에 설립된 것으로 보인다. 처음에는 파리대학교를 모델로 하여 신학부·법학부·의학부·교양학부가 개설되었으며, 13세기에 도미니쿠스회, 프란체스코회 등의 수도회가 자리 잡기 시작하면서 신학부문에서 두각을 나타내었다.

13) 케임브리지대학교는 1208년에 설립되었으며, 단일 대학이 아닌 31개의 칼리지의 집합체이며, 전문대학이나 단과대학과는 구분하여야 한다. 따라서 미국의 칼리지 시스템과는 다른데, 1546년에 헨리 8세가 트리니티 칼리지를 설립했으며 소속 칼리지 중에서 규모가 가장 크다.

뿐만 아니라 교회 내부적 관점에서 보면, 토마스 아퀴나스의 사상은 도미니코교단에 의해서 공식 신학으로서 채택이 되었고, 둔스 스코투스의 사상은 프란체스코교단에서 공식 신앙사상으로 채택되어 발전이 됨으로써 두 교단의 대립을 가져오기도 하였다. 그러나 둔스 스코투스의 사상은 실재론보다는 유명론에 가까웠기 때문에 유명론으로 확산되어 본래적 의미의 스콜라철학이 몰락하고 근대의 르네상스(문예부흥)로 옮겨가는 교두보 역할을 했다는 점에서도 높게 평가될 수 있다.

둔스 스코투스는 프란체스코교단에서 도미니코교단의 토마스 아퀴나스와 같은 정도의 명성을 얻었는데, 이것은 그의 저서나 신의 존재 증명 방식이 날카로웠기 때문에 '정교한 박사(Doctor subtilis)'라고 불린 것을 보아도 짐작이 간다.

그는 39세의 짧은 생애를 살면서도 생애의 만년을 독일의 퀼른대학에서 보냈는데 토마스 아퀴나스에 맞서 당시 정립한 '마리아의 무원죄잉태설'은 유명하다. 기독교에서 "신앙만이 절대적 구원을 받을 수 있다."는 사상이 정립이 되려면 예수가 인간이 아니고 신이어야 절대적 구원을 할 수 있는 전지전능성이 성립할 수 있는데, 이러한 측면에서 보면 예수가 목수 요셉의 생물학적 아들이 아니라 무염(無染)의 동정녀 마리아가 무원죄 상태로 잉태한 것이라는 교리를 옹호하는 것은 매우 중요했다. 이것은 예수를 탄생시킨 마리아의 신성함을 증명함으로써 가능한 일인데, 431년 에페소 공의회에서 마리아를 하나님(예수)의 어머니로 선언한 이후에는 신(예수)의 보편적 구원신앙이 위협을 받게 되는 우려 때문에 본격적인 논증이나 토론은 진행되지 못했던 것이다. 이것은 도미니코교단의 성 토마스 아퀴나스의 경우에도 마찬가지였다.

그러나 둔스 스코투스는 마리아의 '원죄없음'을 논하는 것이 그리스도의 보편적 구원능력에 위협을 가는 것이 아니라 오히려 확실하게 하는 것으로 인식하고 마리아의 '무원죄잉태설'을 정립하였다. 둔스 스코투스에 의하면 그리스도는 전지전능하기 때문에 마리아에게 한 순간도 원죄의 지배하에 두지 않을 수도 있고, 만약 원죄의 지배하에 두었다고 하더라도 일정한 시기가 지나면 원죄로부터 성화할 수 있다고 하였다. 따라서 그리스도의 구원의 은총으로 마리아는 완전하게 구원받게 된 것이며, 이는 마리아 자신이 본래부터 가지고 있는 덕목의 결과에서가 아니라 무원죄로 잉태했다는 것이 그 요지이다.

이러한 둔스 스코투스의 견해는 프란체스코교단을 비롯한 대다수의 교회에서 수 세기동안 받아들여졌으며, 1854년 12월 8일에 이르면 교황 피우스 9세(Pius Ⅸ, 재위 1846~1878)가 성 베드로성당에서 '성모무염잉태설'을 공식 선포하기에 이른다. 즉 성모 마리아는 하나님의 유일무이한 은총의 특전으로 원죄에 오염되지 않고 순수하게 예수를 잉태하였다는 것을 선포한 것이다.

이러한 무원죄 잉태(immaculate conception) 혹은 무염잉태(無染孕胎)설은 마리아가 그리스도의 몸이며, 그리스도의 정배(正配) 혹은 신부(神婦)인 교회와 밀접한 관계를 갖는 것으로 보게 되어 가톨릭교회에서는 성모마리아상을 배치하게 된 것으로 보인다.

2. 윌리엄 오캄의 보편자 논쟁

윌리엄 오캄(William of Ockham, 1290~1349경)은 영국 런던 근처의 서레이 카운티에 있는 오캄 지역에서 태어났다. 그는 일찍이 프란체스코 수도회에 가입했고, 1309년에서 1315년 사이에 옥스퍼드에서 고등단계의 신학과 철학을 연구했다. 그는 1315년부터 1317년까지 신학교수로서 성경에 관해 강의했고, 1317년부터 1319년까지는 '문장'을 강의했는데 그의 스승으로는 루터렐과 둔스 스코투스가 있다. 우선 루터렐은 스콜라철학인 토마스주의를 연구했던 사람으로 이론적으로 제자인 오캄의 이론을 주로 공격했는데, 오캄이 토마스주의에 대항해서 유명론의 입장을 내세웠기 때문이었다. 유명론은 보편적 개념은 단지 어떤 것을 가리키기 위한 이름에 불과할 뿐이며, 개별자만이 실재한다는 주장인데 이는 둔스 스코투스가 비판하고 있는 토마스 아퀴나스 사상을 이어받아 좀 더 결정적인 유명론으로 진척시킨 것이다. 결국 루터렐은 아비뇽 교황청 시기의 요한 12세 교황에게 오캄이 교육하는 유명론을 이단으로 고발하였다. 이에 요한 12세 교황은 1324년에 오캄을 이단으로 심문하기 위해 아비뇽(Avignon) 교황청으로 소환하였다. 교황은 오캄의 『문장집 주해』의 이단성을 검토하는 위원회를 구성하여 3년이나 심리를 하여 비판을 가했지만 공식적인 유죄판결은 받지 않았다. 그러나 아비뇽에 와있던 중에 오캄은 프란체스코 수도회 총회장 미카엘의 권고를 받고 프란체스코회의 사상인 청빈 연구를 하여, 교황에게 반기를 들고 있었던 프란체스코의 입장에 뜻을 같이 하게 되면서 문제가 되었다. 그 역시 프란체스코교단의 수도사였고 교단을 설립하였던 성 프란체스코와 마찬가지로 다양한 논쟁으로 교황과 대립하였던 것이다. 결국 오캄은 교황 요한 12세에 의해 1328년에 파문을 당하였으나 역으로 교황이 이단이라는 논문을 써서 공격하였다. 그는 교황을 신성불가침의 존재로 보지 않았던 것이다. 이로 인하여 그와 프란체스코수도원의 그의 추종자들은 황제가 마련해준 피사(pisa)지역으로 피신을 가기도 하였다. 그 후 오캄은 독일의 뮌헨에서 거주하는 동안에는 청빈의 문제에 대해 연구를 했고, 말년에는 국가와 교회 간의 관계에 대한 논문을 썼다.

그는 프란체스코 수도원에서 배운 논리학적 지식을 바탕으로 필연적인 것과 우연적인 것의 구분이나 스콜라철학에 사용되었던 이성주의를 엄격하게 분리하려고 하였다. 오캄의 이러한 학문적 태도나 교권과 정권에 대한 강력한 대응은 후에 그의 제자들의 학풍과 더불어 전통적인 학문을 비판하고 파괴하는 경향을 '오캄주의(Ockhamism)'로 불리게 되는 근원이 된다. 후에 종교개혁(Protestant Reformation)의 선두에 섰던 마르틴 루터의 경우에도 전통적인 학문을 비판하고 파괴하는 이른바 오캄주의적 교육을 받은 사람에 속한다.

오캄은 런던의 옥스퍼드를 떠나 파리대학의 교수로 있을 때도 주위에서 '무적의 학자(Doctor Invincibilis)'라는 별명으로 불렸고, 그는 모든 형태의 실재론을 공격하고 유명론을 옹호하기 위해 이른바 '오캄의 면도날'을 사용하였다. 오캄의 면도날(Occam's Razor)이라는 말은 오캄 자신이 직접 사용한 말은 아니지만 유명론자나 무신론자들이 신의 존재에 대한 반론을 전개 할 때, "검증이 불가능한 신의 존재를 가정하는 것은 불필요하다."는 논리를 펴면서 오캄의 면도날 같은 논리를 자주 사용하면서 생긴 말이다. 오캄은 그의 철학적 논증을 할 때, "최소한 필연적인 것 이상의 것을 아무도 가정해서는 안 된다."는 말을 자주 하였는데, 이것은 절약의 원리(principle of parsimony)로도 해석이 되며, 이는 설명은 단순한 것일수록 뛰어나기 때문에 불필요한 가정을 넣을 필요가 없다고 보는 존재론적 논리이다. 오캄의 이러한 논리적 설명 방식은 도미니코수도원의 신앙이었던 토미즘(토마스주의)적인 실재론을 반박하는 것이었다.

뿐만 아니라 그의 스승인 둔스 스코투스의 미약한 유명론에 대해서도 비판을 가한다. 즉 둔스 스코투스는 보편자들이 '사물들에 앞서' 하나님의 정신 속에 있는 것은 아니라는 견해를 보인 것에 비해, 오캄은 한 발 더 나아가 보편자들이 사물 속에 있다는 것조차도 부인했던 것이다. 다시 말하면 오캄에 있어서 보편자들은 오직 '사물들이 존재한 후에' 관념만으로 정신 속에 있다고 본 것이다. 따라서 오캄의 유명론에서는 보편자로서의 유(類)와 종(種)은 사물의 본성으로서 사물들 속에 있는 것이 된다. 이처럼 오캄은 사변에 기초해서 세계를 설명하려 했던 중세의 스콜라철학인 토마스주의에 대항해서 경험과 관찰을 강조한 유명론(唯名論)을 내세웠다는 점에서 근대 철학의 기초를 놓았다고 볼 수 있다. 알베르트 마그누스, 토마스 아퀴나스, 둔스 스코투스로 연결되는 중세의 보편자 논쟁에서 오캄은 중세적 신학을 뛰어넘어 새로운 신학적 철학사상으로서 근대의 길을 시도한 것으로 볼 수 있다.

5~14세기의 중세철학 요약

1. 5~8세기의 교부철학

그리스도교는 처음부터 고대 이교문명(異敎文明)과는 다른 원천에 바탕을 둔 종교로서 등장하였지만 차차 이교 세계 내부에서도 교세를 신장해 감에 따라 고대문명 특히 그리스의 철학사상과의 대결을 피할 수 없게 되었다. 이를 담당한 사람들이 교부(敎父, Patres)였고, 이들 교부의 저술을 먼 뒷날까지도 인용하여 정통적인 교설(敎說)의 권위로서 삼는 것이 가톨릭교회의 입장이다. 시기적으로 보면 교부철학이 번성한 시기는 2세기부터 8세기까지에 이르는 700년 정도이다(가톨릭백과사전 참조 재수정). 그러나 중세적 사상이 구축된 것은 5세기의 아우구스티누스라는 걸출한 교부철학자가 활동한 시기부터라고 할 수 있다.

아우구스티누스(Augustinus, 354~430)는 고대 말기인 로마제국 시대의 사람으로 고대 그리스철학과 원시 기독교를 접목하여 중세철학의 양대 구도인 교부[1] 철학으로서 기독교의 교리를 확정한 인물이다. 그러므로 시기적으로는 중세가 시작된 것으로 볼 수 있는 6세기 이전에 활동했으나 그의 사상이 중세의 기독교 사상의 틀을 확고히 했다는 점에서 중세철학자로 볼 수 있다. 그는 북아프리카의

---

1) 교부(Pater Ecclesiae)란 기원후 70년경부터 복음의 문서화와 교리의 체계화라는 종교적 필요성이 대두하였는데 특히 이단적 종교사상들에 대하여 기독교의 정통성을 확립하려는 종교운동을 한 사람들에게서 기원하는 말이다.

지중해 소도시 타가스테(Tageste)에서 마니교(Manichaeism)[2]를 신봉하는 아버지와 그리스도교를 신봉하는 어머니 사이에 태어났다. 그러므로 초기에는 마니교를 신봉하고 지도자 역할을 하였다. 그 후 우여곡절 끝에 밀라노에서 그의 스승인 신플라톤주의자 암브로시우스(Ambrosius) 주교로부터 신학을 공부한 후 세례를 받고 가톨릭교로 개종하였고, 40세였던 396년에는 북아프리카 히포(Hippo)에서 주교로 임명되었다.

　　아우구스티누스는 신학뿐만 아니라 여러 학문 분야에서 117권이라는 방대한 저서를 남겼고, 주요 저서로는 그의 자서전적 저술인 『고백록(The Confessions)』[3]과 『신국론(The City of God)』[4]이 있으며 76세에 사망하였다. 그의 기독교적 공헌은 원죄설(原罪說)[5]을 정립함으로써 기독교 교리를 확정한 것에서 찾을 수 있다. 과정 신학자 다니엘 윌리암스(Daniel Williams)는 "서양 기독교 사상은 아우구스티누스를 계속 인용하는 주(註)밖에 안 된다."고 말했을 정도인데, 스콜라철학을 완성한 토마스 아퀴나스가 인용한 교부들의 저술 중 80% 이상이 아우구스티누스의 것이었다는 점에서도 방증이 된다. 뿐만 아니라 아우구스티누스는 중세와 근대(late modern period)의 점이지대인 르네상스 시기의 종교개혁가인 루터와 칼빈에게도 영향을 미쳤는데 "인간은 전적으로 타락했기 때문에 구원의 소망은 오직 하나님의 예정과 은총으로만 가능하다."는 그의 견해가 종교개혁(Protestant Reformation)에서 로마가톨릭에 대항하도록 만든 논리가 되었기 때문이다.

　　아우구스티누스는 기독교의 신(神)에 대하여 최고 현실자(Ens actualissimus)

---

2) 마니교는 3세기경 고대 페르시아의 조로아스터교(Zoroastrianism)를 바탕으로 분파된 종교이며, 이란 지역인 페르시아의 마니(Mani, 216~276)가 창시한 종교이다.

3) 『고백록』은 아우구스티누스가 40세 때 저술한 회개의 삶을 고백한 작품이다. 즉 신앙이라는 울타리 없이 방황했던 시기와 마니교에 빠졌다가 다시 그리스도 신앙을 갖기까지의 참회생활을 중심으로 엮었다. 이는 가톨릭교에서 가장 중요시 여기는 저술의 하나이다.

4) 『신국론』은 413~426년까지 장기간에 걸쳐 저술되었는데 신학적이고 문화사적인 역사철학이 담겨 있다.

5) 아담과 이브가 금단의 과일인 선악과를 따먹은 것을 '원죄(Original Sin)'라 보고, 이 죄가 모든 인간에게 유전된다는 초기 기독교의 설로서, 이러한 견해는 당시의 많은 사람들에게 인간을 외적으로 통제할 교회가 필요하다는 관념을 심어준 것으로 보인다. 특히 313년의 밀라노칙령(Milan, Edict of)으로 그리스도교가 법적 권리를 획득하게 된 시기여서 국가의 지지를 받은 교회가 인간을 금욕과 원죄의 교리로써 통제할 정치성이 있었던 것으로 보인다.

이며 영원불멸한 존재로 표현했으며, 신(神)의 창조물인 세계는 일시적이고 가변적인 존재라고 하였다. 아울러 신은 무(無)로부터 세계를 창조하였으며 성부와 성자와 성령이 일체적인 존재라는 삼위일체 교리를 정립하였다. 『신국론(The City of God)』에서는 기독교적 역사관을 보여주고 있는데, 그는 인류를 두 집단으로 구분하였다. 즉 신을 사랑하는 사람들의 집단과 세상을 사랑하는 사람들의 집단이 있다는 것이다. 그리고 교회를 지상에 구현된 신국(神國)으로 간주하였는데, 이는 중세의 가톨릭교회의 위상에 많은 영향을 주었다. 이러한 이론은 결국 교회가 중심이 된 신국이 세상이 중심이 된 국가보다 우위에 있다는 점을 강조한 가톨릭사상이 정립되게 만든 것이다. 뿐만 아니라 철학과 심리학적인 면에서도 탁월한 견해를 가졌는데 근대(late modern period)의 데카르트(René Descartes, 1596~1650)보다도 1200년 전에 이미 회의론자의 견해에 대하여 반박하였으며, 현대의 프로이트(Sigmund Freud, 1856~1939)보다도 1500년 정도 앞서서 마음의 구조에서 인간행동과 사고를 끌고 가는 본능(Libido)의 존재를 언급하고 있다.

2. 9~14세기의 스콜라철학

아우구스티누스가 중세 시작 이전에 활동하면서 중세철학을 교부철학으로 정립한 것에 비하여 토마스 아퀴나스(Thomas Aquinas, 1224~1274)는 중세 신학을 완성한 사람으로 평가할 수 있다. 그리고 교부철학이 플라톤 사상을 이어받았다면 스콜라철학은 아리스토텔레스 사상의 영향을 입었다.[6]

토마스 아퀴나스보다 앞선 초기의 스콜라철학자로는 요하네스 스코투스 에리게나(Erigena, 810~877)[7]와 안셀무스(Saint Anselmus, 1033~1109)와 같은 사변적 신학자들을 대표적으로 들 수 있다. 스콜라(Schola)라는 말은 원래 성직자를 양성하는 수도원의 부속학교를 지칭하며, 이러한 학교의 교사들에 의해 형성된

---

6) 교부철학의 시기에는 이데아론을 부정한 아리스토텔레스의 사상을 받아들이지 않고 플라톤의 이데아론(이상세계론, 천국세계론)을 신앙의 도구로 사용했으며, 12세기에 와서 이슬람계통의 신학자들에 의해 아리스토텔레스의 저작들이 역수입되면서 알베르투스 마그누스, 토마스 아퀴나스 등의 도미니크 학파에 의해 스콜라철학으로 정립되었다.

7) 스콜라철학의 아버지로 불리며 그는 참된 종교는 참된 철학이며, 참된 철학은 참된 종교라고 주장하여 신앙과 철학(지식)의 일치를 선명하게 내세운 인물이다.

철학이 스콜라철학이다. 초기 스콜라철학의 특징은 신앙과 지식의 일치를 강조하였으나 중세 말에 오면서는 신앙에서 지식의 독립 쪽으로 기울게 되었다.

토마스 아퀴나스는 1225년에 이탈리아의 남부 나폴리(Napoli) 근교에서 독일 황제의 일족으로 태어났다. 14세 때에 나폴리 대학에 들어가서 18세에 졸업한 이후 독일을 거쳐 파리의 도미니크(Dominique) 연구소에 들어갔다. 그곳에서 13세기의 대표적인 신학자이며 스콜라철학자인 독일인 알베르투스 마그누스(Albertus Magnus, 1193~1280)의 지도하에 7년 동안 신학과 철학을 공부하게 되었던 것이 결정적인 계기가 되었다. 그의 필생의 과업은 중세사회에 도입된 아리스토텔레스 철학에서 이교적인 요인을 제거한 후 기독교 신학을 확립하는 데 있었다.

아퀴나스의 철학에 대해서는 비판이 없지 않으나 그의 철학은 스페인에서 '설교자 형제단(Predicant Order)'으로 출발하여 이성과 교리연구를 강조한 도미니크 교단(Dominicans)에서 공인철학이 되었고, 1879년에는 레오 13세에 의해서 가톨릭교회의 유일한 공인철학이 되었다.[8] 교황 레오 13세(Leo PP. XIII)와 동시대인들은 아퀴나스를 '천사박사(doctor angelicus)'로 불렀으며, 그의 철학은 토미즘(Thomism)으로도 지칭되었다. 그는 1266년에 『신학대전(*Summa Theologica*)』의 집필을 시작하여 1273년에 이르러 제3부의 대부분을 쓰고 난 뒤 교황 그레고리 10세(Gregory X)의 초빙에 참석하러 가던 중 49세의 이른 나이에 사망하였다. 그의 저서로는 이 외에도 『이교도대전(*Summa Contra Gentiles*)』이 있다.

그런데 중세 말기와 근세 혹은 근대초기에 이르면 스콜라철학 내에서도 중세의 대표적인 수도회의 하나인 탁발수도회에 속하는 프란체스코 수도회(학파)에서는 아퀴나스의 토미즘, 즉 신중심의 기독교사상에 반론을 제기하였다. 중세 말기와 근세의 큰 변화는 도시에 집중된 대중들에게 설교를 주로 하는 탁발 수도사들의 등장이었다. 대표적인 탁발 수도회 교단으로서 이탈리아의 수도사 프란체스코(Francesco, 1182~1226)에 의해 '작은 형제단(Order of Minor Brother)'으로 출발하여 1206년에 설립된 프란체스코 수도회와 스페인의 수도사 도미니크(Dominic, 1170~1221)에 의해 1215년에 설립된 도미니크 수도회를 들 수 있다.

---

8) 1931년 교황청 지시에 따라 제정된 신학 교수 요강에 의하면 철학 및 사변신학은 토마스 아퀴나스의 학설에 따라 강의되어야 한다는 규정이 있다.

그러나 도시에 갓 들어온 탁발 수도사들은 경제적 기반이 없었다. 이들은 주로 일반 대중들에게 설교를 하는 성직자들이었기 때문에 상인, 은행가 등의 도시 신흥귀족들의 자선과 헌금에 의존하여 수도원과 성당을 신축한 것으로 보인다. 이 시기에 영국 출신의 스코투스(Duns Scotus, 1270?~1308)는 철학적 진리는 신학에서 보면 거짓일 수 있고, 신학적 진리는 철학에서 보면 이해할 수 없는 것일 수도 있다고 반론을 하였다. 그 뒤 스코투스의 제자인 윌리엄 오캄(William Occam, 1280~1349)도 유명론(nominalism)9)을 내세우고, 보편개념의 실존을 부정하고 개별성을 주장하여 실재론(実在論)에 반론을 제기하였다.

그리고 신비주의(mysticism) 계파인 쿠자누스(N. Cusanus, 1401~1464)도 신은 어느 누구에게도 완전하게 드러나지 않는다는 의미에서 신 앞에 평등하다는 관점을 가졌다. 그러므로 세계의 많은 종교도 신을 완전하게 전하는 것은 없다는 견지에서 종교의 자유까지 주장하기에 이르렀다. 쿠자누스의 이러한 사상은 중세의 유일신 중심의 스콜라철학과 완전히 결별하고자 하는 근세(early modern period)의 휴머니즘과 연결되어 있다. 즉 중세의 신앙이 하늘에 계신 절대자(The one)인 하느님에 대한 것이었고, 수도사들을 포함한 성직자들이 종교에 대한 최대 수요자였다고 보면, 근대(late modern period)에 접어드는 중세말기와 르네상스시대에는 하늘에 계신 절대자인 하느님을 지상으로 끌어내려 하느님 대신에 그 아들인 그리스도가 도시 대중들로 다가서게 하는 이신론(理神論)의 신앙체계로 바뀌었다고 볼 수 있다.

다시 말하면, 중세 봉건사회는 14세기경부터 교회 중심의 신앙과 세계관이 붕괴되기 시작하였고, 새로운 인간 중심의 사회체계로 변화하게 된 것이다. 그 직접적인 사건은 15세기경부터의 르네상스, 종교개혁(Protestant Reformation)과 절대왕정, 과학발달 등이 주요 요인에 발로한다.

---

9) 유명론(唯名論)은 플라톤적인 실재론(實在論), 즉 보편개념은 객관적인 실존을 소유한다고 본 플라톤의 보편성(universality) 사고를 부정하고 보편이 사물보다 앞설 수 없다고 본다. 이는 기독교 교리가 인간의 이성 인식에 전적으로는 통하지 않는다고 보는 인간중심의 휴머니즘으로 발전하게 하는 사상의 계기가 되었다. 즉 중세 스콜라철학에서 벌어진 보편성 논쟁의 하나로서, 보편은 개체에서 추상하여 얻은 공통의 이름일 뿐이고 실재성이 없다는 이론을 말한다.

제3편

17~18세기의
경험론적 근대계몽철학

근대계몽철학 흐름의 프롤로그

　　근대(近代, Modernity)는 일반적으로 역사구분에서 근세(近世) 혹은 근대 초기 (Early Modern)인 1400년대~1500년대의 약 200년 정도를 제외하면 1600년 대~1800년대까지(17세기~19세기)의 약 300여년 동안을 말한다. 그리고 1789년의 프랑스대혁명(French Revolution)은 최초의 근대국가의 탄생을 의미했다고 보면 본격적인 근대의 시작은 1780년대로 볼 수 있다. 이는 르네상스와 종교개혁(Protestant Reformation)의 근세를 지나 계몽주의 사상이 생겨난 데 이어 구체제를 전복시키고 개인의 자유와 평등을 천명한 것이 프랑스대혁명이라는 관점에서이다. 중세는 신중심주의 사회였다면 근대는 인간중심주의 사회로 경험론, 합리론, 관념론 등의 철학에서 인간 이성의 능력을 강조하였다. 그러므로 이러한 사유 방식의 근본적인 변화를 기준으로 근대인들은 중세 시대를 암흑의 시대(age of darkness)로 칭하고 그들의 시대를 계몽(빛)의 시대(age of enlightenment)로 칭하였다. 근대인들의 입장에서 보면 '중세'는 고대와 근대 사이의 끼인 시대일 뿐이며, 중세와 근대사이의 근세도 다소의 차이는 있지만 마찬가지가 된다.

　　이러한 시대적 관점에서 보면 근대철학은 광의적으로 중세가 끝나는 지점인 14세기 중반이후에 시작된 르네상스와 16세기 중심의 종교개혁시기의 근세철학에 연접된 17세기~18세기의 근대전기의 계몽주의사상, 18세기 후반에서 19세기

전반에 전개된 칸트와 헤겔에 이르는 독일철학과 벤담과 밀의 영국 공리주의사
상까지의 약 500여년 기간을 그 범주로 볼 수 있다.

그러므로 여기에서 다루고자 하는 근대계몽철학은 유럽에서 프랑스대혁명
(1789년) 이전까지의 사상적 조류를 말하며, 주로 경험론과 합리론의 양대 조류
를 형성하며 전개되었다. 영국을 중심으로 한쪽에서는 인식의 원천을 감각적 경
험이라고 보고 특수 사실에서 일반 법칙을 이끌어 내는 귀납적 방법을 취하여 경
험론(Empiricism) 혹은 경험주의를 발전시켰고, 다른 쪽에서는 프랑스를 중심으
로 인간의 인식능력(사유능력)을 오성(verstand, 悟性)[1] 또는 이성(vernunft, 理性)[2]
으로 보고, 먼저 일반 원리를 파악하고 특수 법칙을 유도 또는 설명하는 연역적
방법을 취하는 합리론(rationalism)을 발전시켰다(강재륜, 1996 : 70 – 72 참조 재수
정). 이중에서도 프랑스대혁명에 영향을 미친 사상은 18세기의 프랑스에서 전개
된 다소 급진적인 경향의 계몽주의철학이었다.

첫째, 영국 중심의 경험론(Empiricism)은 베이컨에 의하여 구축된 최초의 근
대적 사상이라고 할 수 있다. 베이컨에서 시작되어 로크에 의해서 완성된 경험론
은 18세기에는 프랑스 계몽주의철학의 유물론에서도 발전이 된다. 경험론은 봉
건적이고 가톨릭적인 중세 세계상에 대한 스콜라철학의 사변적 방법과 자연관에
대항하여 나타난 부르주아 이데올로그들의 투쟁을 보여 주는 역사적 현상으로
진행이 되었다. 특히 베이컨으로부터 로크, 흄에 이르는 영국철학의 발전과정에
서 대두된 경험론의 인식은 경험과 함께 시작되는 감각이 인식의 유일한 원천이
라고 강조하고 있다. 그러나 이러한 경험론의 관점은 인식의 감각적 단계를 인식
일반과 동일시함으로써 인식에서의 이성적 단계를 간과하고 있다는 한계를 보인
다. 따라서 초기의 경험론은 관찰, 측정 및 실험의 방법에 기초를 둔 감각적 경
험에 치중하는 경향이 있었기 때문에 철학적 인식의 근본 문제인 유물론과 관념

---

1) 오성은 지성으로도 불리며, 감각적인 내용에 대하여 사유하는 능력을 말한다. 따라서 지성이
   나 오성은 개념적이고 논증적인 인식능력인 이성(ratio)에 대비되는 개념으로 실재보다 직관
   적으로 인식하는 고차원적인 인식능력을 말한다.
2) 이성은 감각적인 내용이 없는 것에 대하여 사유하는 능력을 의미한다. 이에 비하여 감성은 감
   수성의 능력을 말하며 외부세계로부터 들어오는 자극에 의해 생기는 감각자료(sense data)를
   감각적인 직관으로 만드는 감각능력을 말한다. 따라서 감성과 지성의 역할이 연결될 때 인간
   의 상상력이 작동된다고 볼 수 있다.

론에 대해서는 구체적으로 구분하여 제시하고 있지는 않다. 그러므로 초기의 경험론은 감각론(Sensualismus)이라고 해도 큰 무리가 없을 정도이다. 단지 베이컨과 로크의 감각론적 경험론이 관념론적 인식과정보다는 유물론적 인식과정을 강조하고 있는 것은 분명해 보인다. 그에 비해 로크를 계승한 버클리(Berkeley)와 흄(Hume)은 관념론적 경험론의 발전을 보인다. 이러한 경험론적 사조는 현대 프랑스철학의 실증론(實證論)과 유물론(唯物論)에도 영향을 미치게 된다.

둘째, 프랑스 중심의 합리론(Rationalism)은 데카르트에 의해 제시된 최초의 반중세적 근대사상이다. 그의 프랑스어로 저술된 최초의 철학서적인 『방법서설(方法序說, *Discours de la méthode*)』(1637)은 베이컨의 『신기관(*novum organum*)』(1620)보다는 늦게 출판이 되었지만 중세시대의 스콜라 학파의 아리스토텔레스주의에 처음으로 반대한 철학자이기 때문에 최초의 근대인으로 지칭이 되고 있다. 합리론은 모든 지식은 감각적 경험에서 비롯된다고 주장하는 경험론(감각주의)과 상반되는 입장이다. 따라서 관찰이나 실험에 의한 감각이 아닌 이성을 통해 진리의 실체를 파악할 수 있다고 보며, 실체 자체가 논리적 구조를 가지고 있기 때문에 세상의 어느 것이든 존재적 원인이 있다고 생각한다. 그러므로 합리론에서는 지식획득의 방법으로서 실험보다는 수학적 인식을 원형으로 하는 논리적이고 수학적인 방법을 선호한다.

데카르트는 진리 탐구의 방법으로 '방법적 회의'를 주장하였는데 이는 참다운 것을 얻기 위해서는 의식적으로 의심하는 방법을 사용해야 한다는 것이다. 그리고 신 존재증명과 더불어 좌표평면(Coordinate plane)[3]이라는 데카르트의 축(X축, Y축)을 개발하여 기하학을 대수학으로 편입시키는 업적을 세웠다. 네덜란드의 스피노자와 독일의 라이프니츠 등이 그의 사상을 발전시킨 인물이다. 18세기에 접어들면서부터는 칸트의 비판철학에서 시작되는 독일 관념론에서 합리론이 경험론과 복합적으로 발전하게 된다. 스피노자는 1663년에 데카르트의 『철학의 원리』에 대한 해석서인 『기하학적 방식에 근거한 데카르트의 철학 원리』를 집필

---

3) 데카르트가 고안한 좌표평면을 통해 수직으로 교차하는 2개의 축을 기준으로 평면 위의 한 점의 위치를 하나의 순서쌍으로 나타낼 수 있게 되었다. 이는 직교좌표계(rectangular coordinate system) 혹은 데카르트 좌표계(Cartesian coordinate system)라고도 칭한다.

하여 합리론적 사상을 발전시켰으며, 이 책은 스피노자 자신의 이름으로 출판한 유일한 책이기도 하다. 그리고 라이프니츠는 데카르트의 이성중심의 합리주의와 스피노자의 발전된 합리주의를 극복하고 자신의 합리주의 사상을 구축해야 하는 과업에서 고대의 아리스토텔레스에 버금가는 업적을 내놓는다. 따라서 라이프니츠는 아리스토텔레스의 형이상학 체계를 대폭 수용하여 근대적인 모습에 알맞게 체계화하는 데 주력하였으며, 인간의 인식에는 태어날 때부터 이미 많은 개념과 지식을 지니고 있는 단자(모나드)를 가지고 있다고 하는 단자론을 주장하여 주지주의적인 합리론의 입장에 섰다.

제 7 장

베이컨 / 홉스의 경험론 계몽철학

제 1 절 경험론철학과 베이컨의 생애

1. 영국 경험론철학의 배경

경험론은 사람들의 인식은 감각적 경험을 통해서만 생긴다고 보는 사상이다. 이러한 사상은 중세에서 근대로 이행한 이후 발달한 자연과학들의 업적에 힘입어 철학에서도 자연과학에서와 같은 방법론을 취하고자 한 경향이다. 이러한 주장들은 이미 고대 그리스의 소피스트들이나 헬레니즘-로마 철학 시대의 스토아 학파, 에피쿠로스 학파, 그리고 중세의 보편자 논쟁에서 스콜라철학의 유명론자들의 견해에서도 있어왔다.

근대에 와서 경험론적 사고는 대륙이 아닌 영국에서 그 철학적 체계를 구축하게 되는데 영국 경험론의 선구자인 베이컨(Francis Bacon, 1561~1626)을 비롯한 홉스(Hobbes, 1588~1679)와 로크(John Lock, 1632~1704)를 거치면서 17세기에 완성이 되었다. 따라서 베이컨은 고전적 경험론자로도 불리는데, 그가 "아는 것이 힘이다(Knowledge is power)."라고 한 말은 인간이 자연을 정복하기 위해서는 가장 우선해야 하는 것이 자연에 대하여 알아야 함을 주장한 것이다. 여하튼 근대의 사상적 서막은 대륙이 아닌 영국에서부터 맹아(a bud)가 되었다고 할 수 있다.

그의 이러한 고전적 경험론은 철학에서도 근대에 와서 발달된 과학과 기술의 진보에 어울리게 새로운 인식방법이 필요함을 주장한 것이고, 이를 위해서는 자연과학처럼 실험에 의한 귀납적 연구방법으로 학문에 접근해야 함을 강조한다. 즉 중세의 스콜라철학에서는 현학적인 방법에만 치중했을 뿐 관찰과 실험을 통하여 사실의 원인과 법칙을 발견하는 데는 미약했다는 점을 지적한 것이며, 철학은 신이 아니라 오직 인간의 행복을 위해서 탐구되어야 함을 주장한 것이기도 하다.

이러한 주장은 17세기로부터 19세기에 이르는 근대철학의 탐구방법이 과거 중세이전의 철학에서의 탐구방법으로부터 완전히 분리되는 길로 접어드는 것을 말한다. 물론 인간과 사회현상은 어느 한 시대를 구분하여 분석될 수 있는 것이 아니라 지속적인 역사 속에서 변화와 이행과정 속에서 이해될 수 있다는 전제하에서 본다면 중세 말기 스콜라철학자들인 둔스 스코투스나 윌리암 오캄과 같은 유명론자들의 영향이 전혀 없는 것은 아니다. 그러나 그 영향력이 고대에서부터 중세에 이르기까지의 사상적 발전과정과는 판이하고 격동적인 전환이 근대에 와서 일어났음을 의미한다.

특히, 근대 철학을 개척한 베이컨 등의 철학자들은 중세의 종교적 철학의 시기를 서양문화에서 철학적인 휴식기로 치부하고 중세의 전통과 권위를 거부하였다. 그중에서도 중세의 스콜라철학의 기둥이 되었던 아리스토텔레스 사상에 대해서는 극단적인 비판을 하게 되는데, 아리스토텔레스의 논리학을 통칭하는 원리인 『오르가눔*(Organum, Organon)*』은 언어로써 사상을 대치한 어설픈 소리를 한 것이라고 평가하였다. 아울러 그것에 따른 스콜라철학자들도 아리스토텔레스의 아류에 불과하다고 하였다. 하지만 플라톤 사상에 대해서는 다소 호의적인 평가를 하는데 이는 플라톤의 귀납적인 사유방식 때문인 것으로 보인다.

이러한 영국 경험론 철학의 배경에는 중세가 무너지게 되는 시기에 발현된 14세기부터 16세기 사이에 일어났던 르네상스(Renaissance, 문예부흥운동), 16세기 초 북유럽으로 확산된 종교개혁(Protestant Reformation), 15세기 말부터 16세기 초의 지리상의 발견(신항로 개척) 및 같은 시기의 폴란드의 코페르니쿠스

(Copernicus, Nicolaus, 1473~1543), 독일의 케플러(Kepler, Johannes 1571~1630), 이탈리아의 갈릴레이(Galileo Galilei, 1564~1642) 등에 의한 자연과학이라는 네 가지 정도의 새로운 기운에도 힘입은 바가 크다.

이러한 시대적 배경은 한 세대 뒤에 대륙에서의 근대사상의 일파인 합리론 철학을 개창한 데카르트 등의 사상에도 같은 맥락에서 적용이 될 수 있는 것으로 보인다.

2. 베이컨의 생애배경

베이컨(Francis Bacon, 1561~1626)은 영국의 정치가이자 경험론을 창시한 철학자로 프랑스의 합리론자였던 데카르트(Ren Descartes, 1596~1650)와 함께 중세 스콜라철학에 반대하고 계몽주의적인 근대철학을 개척한 인물이다. 그는 영국 황실의 옥새 실장이었던 아버지 니콜라스 베이컨(Nicolaus Bacon)의 둘째 아들로 태어났다. 그러나 병약했던 그는 힘들게 케임브리지의 트리니티 칼리지를 졸업 한 후 케임브리지대학의 그레이스 인 법학원(Gray's Inn)에서 법학을 공부하여 변호사 자격을 얻었다.

1576년에는 파리 주재 영국대사의 수행원 자격으로 파리로 가서 당시 새롭 게 일어났던 자연과학 등의 실용적 학문을 접하였으며, 1584년(23세)에 하원의원 으로 활동하면서부터 과학과 문학 분야의 저작활동을 시작한 것으로 보인다. 1588년에는 27세의 나이로 그레이스 인 법학원의 강사가 된 후에는 주로 법률과 관련된 자문역할을 했는데, 1594년에는 해양강국과 신대륙을 건설하며 해외교역 을 강화했던 엘리자베스 1세(Elizabeth I) 여왕의 법률고문이 되었다. 그리고 그 뒤 1618년에는 스튜어트 왕가출신으로 최초로 영국 왕이 되었던 제임스 1세 (James I, 1603~1625 재위)로부터 베룰람 경(Lord Verulam)이라는 호칭과 함께 대 법관이 되기도 하는 전성기를 누리게 되었다. 따라서 그는 서양철학사에서 철학 자로서는 가장 높은 관직에 있었던 사람이기도 하기 때문에 중년기까지도 저작 활동과 함께 왕의 신임을 얻어 정치적 활동을 하는 데 주력한 것으로 보인다.

그의 생애를 세부적으로 보면 1584년에 23세의 나이로 베이컨이 의회에 진 출하여 활동하면서 1589년에 엘리자베스 1세 여왕(1533~1603 재위)에게 바치는

'충언의 편지(Letter of Advice)' 등을 통해 그의 정치적 잠재력을 보여주었다. 그러나 1588년에 스페인의 무적함대를 공격하여 승리한 여왕이 스페인과의 전쟁비용에 충당하기 위해 의회에 특별 보조금 신청을 하자 반대한 결과로 엘리자베스 1세 여왕 치하에서는 더 이상의 승진이 어려워졌다.

1603년 엘리자베스 1세 여왕이 죽고 스코틀랜드의 스튜어트 왕가 출신 최초의 영국 왕인 제임스 1세(James I)가 영국 왕으로 오게 되자 베이컨은 그의 사촌이었던 로버트 세실(Robert cecil, 1563~1612) 총리의 영향력으로 기사 작위를 받고 새 왕조의 제1대 하원의원으로도 활동하였다. 그리고 1605년(44세)에는 제임스 1세에게 바치는 『학문의 진보(*Advancement of Learning)*』를 출판하였고, 1606년(45세)에는 런던 총독의 딸인 앨리스 바넘과도 결혼했다.

1607년에는 법무차관이 되었으나 주변의 견제가 많아서 실질적인 정치력의 발휘는 어려웠으나 하원과 왕권과의 관계에 대한 조언적인 글로써 왕의 신임을 받았고, 그 결과 1613년에 법무장관, 1617년에 국새상서, 1618년에 대법관이 되어 남작작위를 받았다. 그는 이후에도 대법관으로서 성실함과 왕에 대한 자신의 조언서 등을 바탕으로 권력을 유지하고 안정된 생활을 하며 저술을 하였는데, 1620년(59세)에 나온 그의 주저 『신기관(*Novum Organum)*』 이를 대변한다.

그러나 베이컨의 정치력은 60세가 되던 1621년에 법원 기소자들로부터 뇌물을 받았다는 고발사건이 접수되면서 흔들리게 된다. 사건의 내용은 기소자들이 베이컨을 매수하여 유리한 판결을 받으려고 했으나 베이컨이 뇌물을 받고도 매수자에게 원리(원칙)대로의 판결을 했다는 것이었다. 이 사건으로 그는 공직을 사임하는 것으로 처벌을 원하지 않았지만 법정에서는 4만 파운드의 벌금과 함께 감옥살이에 처해졌다. 그러나 제임스 1세는 벌금을 면제하고 잠깐 동안의 런던탑(The Tower of London)[1] 감금을 거친 후 공직에서만 추방하는 것으로 마무리하였다.

이렇게 하여 베이컨은 공직에서의 정치활동이 막혔지만 용기를 잃지 않고 남은 생을 저술활동에 매진하였다. 왕에게는 꾸준히 영국 역사서나 법률요람 등

---

1) 런던탑은 중세의 윌리엄 1세에 의해 1078년부터 탑 형식으로 세워진 요새의 성이었으나 뒤에 감옥으로 바뀌어 왕족, 귀족 등의 국사범들이 처형되었던 장소이다.

을 집필하여 바쳤고, 만년에 자연사에 관한 두 권의 저서도 출간하였는데, 『바람의 자연사*(Historia Ventorm)*, 1622』, 『삶과 죽음의 자연사*(Historia Vitae et Mortis)*, 1623』가 그것이다. 그뿐만 아니라 그는 죽기 직전까지도 철학과 자연과학적 탐구를 멈추지 않았는데, 철학적 중요성을 지닌 미완성작인 『신 아틀란티스 섬*(The New Atlantis)*』은 죽은 1년 뒤 유작으로 발표되었다.

그리고 죽는 순간까지도 학문에의 열정은 지속되었는데, 1626년 3월에는 차가운 눈이 생물을 부패시키는 과정을 지연시키는 것을 연구하기 위하여 아직 눈이 녹지 않은 런던 북쪽 마을을 마차로 나가 박제형태로 만든 닭(칠면조)의 몸속에 눈으로 채우고 과학실험을 하고자 할 정도였다. 그로 인하여 감기와 기관지염이 악화되었고, 1626년 4월 9일에 65세의 일기로 사망하게 된다. 이러한 과학적 정신과 경험적 방법 때문에 베이컨은 영국 경험론의 선구자로 평가된다. 그러나 경험론을 이론적으로 체계화하지 못했다는 점은 그의 한계로 보이며, 그가 죽은 후에 태어난 존 로크(John Locke, 1632–1704)에 의해서 이론화가 이루어지게 된다.

제 2 절   베이컨의 저서와 경험론사상

1. 베이컨의 저서

베이컨이 40대에 접어들어 본격적인 저작활동을 시작할 즈음인 1600년대 초의 영국철학은 아리스토텔레스학파의 스콜라철학과 이탈리아에서 들어온 인문주의가 있었으나 자연과학적인 방법은 시도되지 못하고 있는 상태이었다. 대학에서는 아리스토텔레스적인 교육에 바탕을 둔 르네상스적인 흐름이 주류를 이루고 있었고, 베이컨이 공부하고 있었던 케임브리지대학에서도 마찬가지였다.

베이컨은 법학을 공부한 변호사였지만 1576년에 파리로 가서 이탈리아 등에서 전해진 자연과학 등의 새로운 학문을 접한 이후에는 이탈리아의 르네상스적인 사유방식을 채택하게 되었고, 이를 바탕으로 중세까지의 아리스토텔레스적인 사유방식을 타파하고 새로운 방식으로 학문을 시도하게 된다.

『대혁신(Instauratio Magna, 위대한 부흥<부활>)』이란 거창한 제목의 그의 대작은 원래 중요 부분을 베이컨이 직접 쓰고, 일부는 다른 학자들의 도움을 받아서 여섯 부분(6부작)으로 구상한 것이었으나 그 중에서 완성된 것은 『학문의 진보(The Advancement of Learning)』와 『신기관(Novum Organum): 자연해석과 인간 세계에 관한 잠언들』 뿐이다.

『학문의 진보』 혹은 『학문의 존엄과 진보(성장)에 관하여(De dignitate et augmentis scientiarum), 1605』는 베이컨이 미래, 즉 근대를 일구고자 설계한 '위대한 부흥(대혁신)'의 6부작 프로그램 중에서 첫 번째 프로그램인 '과학에 대한 새로운 분류체계를 정립하는 것'에 해당하는 작품이다. 이 책에서는 중세의 신 중심철학에서 강조되었던 원죄론적인 인간본성에서 벗어나 인간본성과 자연의 상태에서 지식을 획득하여 인간이 사회와 자연에 대한 통제력을 높여가고자 하는 베이컨의 위대한 부흥정신이 담겨 있다.

그리고 『신기관(Novum Organum), 1620』 역시 그의 또 다른 저작 『학문의 진보』와 함께 근대 철학을 개창한 의미가 있다. 아리스토텔레스의 논리학 저작 전체를 통틀어 가리키는 말이 『오르가논(Organon)』인데, 베이컨의 '노붐 오르가눔(Novum Organum)'을 영어로 번역하면 'New Organ'이 된다. 라틴어로 'Organum'은 기관이라는 뜻 이외에도 방법, 원리(논리), 규준 등의 의미가 있다고 보면 베이컨은 아리스토텔레스가 제시한 '제1의 원리(논리)'를 비판하고 '제2의 원리(논리)'를 제시한 셈이 되는 것이다. 다시 말하면 아리스토텔레스의 '오르가논'이 연역법에 따른 것이라면 베이컨은 귀납법에 따라 일반적인 명제를 이끌어 내는 원리를 주장한 것이다. 베이컨의 이러한 주장은 『노붐 오르가눔(신기관)』의 겉표지에서도 상징적으로 드러나는데 이른바 신세계를 여는 '헤라클레스의 두 기둥' 사이로 거친 파도를 헤치고 진격하는 범선 그림이 그려져 있다. 이 두 기둥은 지중해와 아프리카 사이의 스페인의 지브롤터 해협(Strait of Gibraltar)으로 들어가는 상상 속의 문에 설치된 것으로, 이는 그 당시의 스콜라적인 지식의 한계를 나타내는 것이다. 그리고 범선은 자신의 경험론적 학문을 상징하는 것으로 해석이 된다. 이는 중세까지 지속되어왔던 "지식은 인간을 교만하게 한다."는 성직자들의 잘못된 주장을 바꾸어 주고자 한 것을 상징적으로 표현한 것으로 볼 수 있는 것이다.

한편, 베이컨의『신기관』에서의 '제2의 원리(논리)' 주장은 현대에 와서는 러시아의 철학자 표토르 우스펜스키(P. D. Ouspensky, 1878~1947)의 저서인『테르티움 오르가눔(Tertium Organum), 제3의 논리학(원리), 1911』이 출간되면서 비교가 되고 있다. 우스펜스키는 같은 러시아 출신으로 신비주의 철학자로 불리는 구르지에프(G. I. Gurdjieff, 1872~1949)의 문하생이었는데, 표토르 우스펜스키는 구르지에프를 만나기 전에 이 책을 이미 저술하였으나 그가 저서에서 주장했던 '제3의 원리'의 근거를 구르지에프의 문하에 있었던 기간에 더욱 분명하게 할 수 있었다고 술회한다. 구르지에프는 영적인 정복자로서의 매력으로 문하생들에게 다가섰는데, 그는 달빛 아래에서 다양한 주장이나 설명을 하였음에도 그 과학적인 근거를 문하생들이나 추종자들이 질문하지 않았을 정도로 분명하였다고 한다. 구르지에프가 세속과 자연과학적인 방법을 경멸하고, 사람들에게 평상시의 의식을 초월한 각성과 활력이 넘치는 상태에 이르는 길을 가르쳐 주었다고 하는 것은 영적인 변용(spiritual transformation)을 추구하는 사람들에게는 분명히 매력적일 수 있다고 본다. 오늘날의 심리치료 프로그램의 하나인 에니어그램(enneagram)[2] 역시 구르지에프가 1916년부터 과정모델로 사용하면서 시작되었다. 이는 신비주의적인 지혜를 바탕으로 인간의 심리를 파악하려고 하는 경향이 있으며, 구르지에프-우스펜스키 심리센터가 세계 각국에서 운영되고 있는 것도 유사한 논리에서 해석될 수 있다. 한편 에니어그램의 또다른 유형의 하나는 1970년에 볼리비아 출신 오스카 이차조(Oscar Ichazo)가 소개한 인성모델이 있다.

베이컨의 주요 저서는『학문의 존엄과 진보』와『신기관(새로운 오르가논)』이 대표적이지만『수필집(Essays), 1597』,『바람의 자연사(Historia Ventorum, 1622)』,『삶과 죽음의 자연사(Historia Vitae et Mortis), 1623』,『신 아틀란티스(New Atlantis), 1624』 등이 있다.그 중에서『새로운(신) 아틀란티스』는 그보다 1세기 정도 앞서 종교개혁을 부정하고 로마가톨릭교회를 통한 평화와 사회정의를 주장했던 토머스 모어(Thomas More, 1477~1535)의『유토피아(Utopia), 1518』와 함께 이상사회를 그린 작품으로도 평가되고 있다.『뉴 아틀란티스(신 아틀란티스 혹은

---

2) 에니어그램은 숫자 '9'를 의미하는 그리스어의 'ennea'와 '문자' 또는 점(點)을 뜻하는 'gramma'의 합성어로 우리말로는 '9개의 점'을 말한다.

새 아틀란티스)』에서 베이컨은 가상의 섬 아틀란티스3)에서 살아가는 사람들이 샐
로먼의 집(Salomon's House)이라는 기관에서 늘 새로운 원리를 찾고 과학적 정신
을 가지고 질병을 퇴치하는 등의 이상사회를 그리고 있다. 이러한 베이컨의 철학
적 이상주의는 동 시대를 살았던 셰익스피어의 이상주의적 연극과 유사한 관점
을 보이면서 후대에 와서 이른바 '셰익스피어 논쟁'을 가져온다.4)

2. 베이컨의 경험론사상 체계

　　베이컨의 경험론 철학은 철학 영역에서 보면 인식론 측면에서 규정할 수 있
는데 베이컨 당시에는 '경험론'으로 불리지는 않았다. 베이컨은 그의 저서 『신기
관』에서 이 책의 부제에서 나타나듯이 '자연과 인간세계의 해석에 관한 교훈(잠
언)'으로서 중세까지의 아리스토텔레스적인 연역적 추리에 의한 지식의 탐구방법
을 비판하고 새로운 인식원리를 제시한 것이다. 따라서 그의 사상체계의 핵심은
『신기관(새로운 오르가논)』에서 파악이 가능하다.

　　『신기관(노붐 오르가눔)』은 아리스토텔레스의 논리학 저서에서의 인식원리인
'기관(Organum)'에 대항하는 의미가 있다. 제1권에서는 "아는 것이 힘이다
(Scientia est potentia; knowledge is power)"라는 유명한 말로 서언이 이루어지는
데, 이는 지식의 효용성을 강조하고 과학적 지식추구를 나타내는 말이다. 즉 제1
권에서는 학문하는 자세를 제시하고 경험적인 학문방법으로서의 인간의 마음속
에 있는 우상(idola)을 제거(파괴)하고 마음을 백지와 같은 상태로 만들어야 함을
강조한다.

1) 학문하는 자세론

　　『신기관』의 제1권에서는 "아는 것이 힘이다."라는 언급에 적정한 내용으로
과학에 종사하는 사람(학문하는 사람)을 구분하고 있는데 그 내용은 다음과 같다.

---

3) 아틀란티스 제국은 플라톤의 저작 『티마이오스』와 『크리티아스』에 언급된 고대 그리스 전설상
　의 섬이자 이상적이고 완벽한 국가이다.
4) 셰익스피어의 존재에 대한 논쟁에서 가장 유명한 '프랜시스 베이컨 가설'은 19세기에 미국의
　델리아 베이컨이란 여성이 제기한 것으로 프랜시스 베이컨이 '진짜' 셰익스피어였다는 가설을
　내놓았으나 결정적인 증거를 찾지는 못했다.

과학에 종사한 사람들은 실험을 일삼는 사람이었거나 아니면 독단을 휘두르는 사람들이었다. 실험하는 사람들은 개미와 같다. 그들은 오직 수집하고, 그리고 사용한다. 독단적 추리가들은 자기 자신 속에 있는 것을 풀어서 집을 짓는 거미와 같다. 그러나 꿀벌은 제3의 길을 택한다. 벌들은 뜰과 들에 핀 꽃으로부터 재료를 모아들이나, 그것을 자기네들 자신의 힘으로 변화시키고 소화시킨다. 이 꿀벌의 태도와 비슷한 바 없지 않은 것이 참된 철학의 길이다. 왜냐하면, 참된 철학은 이성의 힘에 오로지(또는 주로) 의존하지도 않고, 박물학이나 실험을 통하여 수집한 것을 그저 그대로 받아들이거나 기억 속에 저축하지도 않는다. 오히려 그것을 변화시키고 소화시켜서 오성(悟性) 속에 저축하는 것이 참된 철학이다(김태길·윤명로·최명길, 2010).

이러한 베이컨의 견해는 학문하는 자세로서의 세 가지 유형으로 재정리할 수 있다.

제1유형은 '거미'와 같이 무엇을 쏟아내기만 하는 것이다. 이는 책은 별로 읽지 않고 말만 많이 하는 사람을 말한다. 베이컨은 추상적 이론을 전개하는 사변적 철학자들이 이 부류에 속한다고 말한다.

제2유형은 '개미'와 같이 모으기만 하는 것이다. 이는 책을 닥치는 대로 많이 읽기는 하지만 이를 소화하지 못하는 사람을 말한다. 베이컨은 선택 없이 자료들을 모아 변형하지도 않은 채 저장만 하는 감각주의자(empiries)들이 이 부류에 속한다고 말한다.

제3유형은 '꿀벌'과 같이 모아 온 자료들로 새로운 것을 창조하는 것이다. 책을 읽고 그것들을 자기 것으로 소화해서 새로운 이론을 내놓는 사람을 말한다. 베이컨은 자료들을 모아 분별 있게 해석한 후, 실험을 통해 확인함으로써 자연의 비밀을 알아내는 과학자들이 이 부류에 속한다고 한다(박영식, 2000 참조).

이렇게 보면 베이컨이 주장하는 학문하는 자세는 제1유형과 제2유형에서 탈피한 제3유형의 과학자나 철학자 상을 제시하는 것으로 볼 수 있다. 이는 꿀벌의 방식이라고도 칭해진다. 즉 베이컨은 거미의 방식처럼 경험과 관련없이 추상적인 이론을 세우는 합리론자와 개미의 방식처럼 끌어 모으기만 하고 변형시키지 않는 감각적 경험주의자들을 비난하고 있는 것이다.

2) 우상파괴론

베이컨은 『노붐 오르가눔(Novum Organum)』 제1권에서 인간은 자연의 하인이요, 해석자이기 때문에 자연에 대해서는 선입견에 따른 예측을 해서는 안 되며, 오직 관찰하는 한계 내에서만 이해하고 행위를 해야 한다고 주장한다. 이것은 인간현상이나 사회현상을 포함한 모든 자연을 사실대로 관찰하라는 의미가 될 것이며, 그렇게 하려면 인간이 먼저 예측하지 말고 수동적인 마음 상태로 자연을 관찰하여 해석하라는 말이 된다.

여기에서 자연에 대한 선입견적인 예측이 될 수 있는 비유로서, 베이컨은 네 가지의 우상(idols)을 제시하였는데, 그 우상(偶像)을 파괴하지 않으면 사람들은 거짓으로 빠져서 제대로 된 해석(인식)을 하지 못하게 된다는 것이다.

첫 번째 우상은 '종족의 우상(The idol of the tribe)'으로 칭하고 있다. 종족의 우상(Idola tribus)은 일반적인 인간의 본성(오성)에 깔려 있는 편견을 말하는데, 인간은 감정과 의지의 한계 때문에 자칫하면 잘못된 인식을 하기 쉽다고 보는 것이다.

두 번째의 우상은 '동굴의 우상(The idol of the cave)'으로 칭해지는데 사람들은 누구나 한정된 동굴과 같은 주관 속에 살고 있기 때문에, 그 동굴의 뒷벽에 비치는 불빛에 의해서만 보게 되는 오류가 있다는 점을 강조한다. 즉 자신만의 동굴 속에서 비치는 불빛 속에서만 인식하려는 동굴의 우상(idola specus)에서 벗어나려면 자기 자신의 주관적 생각을 사전에 제거할 필요가 있는 것이다.

세 번째의 우상은 '시장의 우상(The idol of the market)'이라고 불리는데, 시장에서는 여러 사람의 말하는 소리에 기만당하여 물건 사는 것에도 오류가 일어나게 되는 편견을 말한다. 베이컨이 시장의 우상 혹은 법정의 우상(Idola fori)을 제시하고 있는 것은 우리가 사용하고 있는 언어의 함정을 말하는데, 이는 아리스토텔레스학파의 철학자들이 언어로써 공허한 논쟁을 하고 있음을 비판한 것으로 볼 수 있다.

네 번째의 우상은 '극장의 우상(The idol of the theater)'인데, 이는 보통의 사람들은 전통적인 것이나 권위적인 것에는 비판 없이 받아들이게 되는 편견이 있다는 점을 말한다. 예를 들어 극장에서 이루어지는 연극은 사실과는 다르게 권위가 있는 작가에 의한 창작일 뿐이며, 이는 종교적인 미신과 맹목적인 신학적 태도에서는 나타날 수 있는 편견인 것이다. 베이컨은 극장의 우상을 가장 위험한 것으로 지칭하고 있다.

베이컨은 따라서 『신기관(Novum Organum)』의 제2권에서 이러한 아리스토텔레스 철학에 기반을 둔 중세의 스콜라적인 우상(편견)에서 벗어날 수 있는 귀납법의 이론들을 제시하고 있다. 즉 마음속에서 소극적으로 우상을 제거하는 것뿐만 아니라 적극적인 방법으로서 귀납적 방법(inductive method)을 제시하고 있는데, 이는 베이컨이 자연에서 새로운 사실을 탐구하기 위해 고안해낸 방법으로 다음과 같은 3단계의 과정이 요구된다.

첫 번째 단계는 탐구(연구)하고자 하는 현상이 일어난 사례들을 모아 목록을 만들어야 한다. 이는 현존하고 있는 대상의 현상들의 목록표(Tabula praesentiae), 즉 존재표(table of presence)를 우선 만들어야 한다.

두 번째 단계는 현상에서 보이는 것과는 달리 실제로는 다르게 나타나는 현상을 찾아 표로 만들어야 한다. 예를 들어 일반적으로 빛은 뜨거운 성질로 나타나는 것으로 인식되기 쉬우나 태양 빛에 비하여 달빛은 뜨거운 성질(열)이 없다는 점을 찾아서 열이 없다는 부재표(table of absence) 혹은 결여된 목록(Tabula absentiae)을 만드는 것이다.

세 번째 단계는 어떤 사물의 현상이 상이한 정도로 나타날 때는 그 차이, 즉 강·약이나 증·감의 정도표(table of degree) 혹은 정도의 목록(Tabula graduum)을 만들어 사물의 본래적인 현상을 알고자 하는 것이다. 만약 목탄에 불이 붙어 뜨거운 성질(열)이 나타났다면 불이 처음 나무에 붙었을 때와 아주 뜨겁게 붙었을 때의 정도의 차이를 기재하여 중간 정도의 뜨거운 성질(열)을 알아낼 수 있다는 것이다.

이처럼 베이컨은 지식을 구하기 위해 자연의 관찰이나 실험과 같은 경험을 중시했다는 점에서 경험론 철학의 선구자로 불린다. 그보다 한 세대 뒤에 합리론을 제시한 프랑스의 데카르트가 인간의 인식능력은 확실하다는 전제하에 논리적인 추론(연역적 방법)과 논증을 통하여 새로운 사실에 대한 지식을 확대하려고 했다면, 베이컨은 인간의 의식 밖의 세계에 대한 관찰을 통하여 귀납적인 방법으로 보편의 지식을 찾고자 한 것이다.

제3절   홉스의 자연주의적 경험론사상

1. 홉스의 생애배경

토머스 홉스(Thomas Hobbes, 1588~1679)는 에스파냐의 무적함대(無敵艦隊, 스페인어: Armada Invencible)와 영국의 엘리자베스 1세 여왕의 해군함대가 싸웠던 1588년에 영국 월트셔의 맘스베리(Malmesbury) 근처에서 가난한 목사의 아들로 태어나 옥스퍼드 대학에서 아리스토텔레스적인 스콜라철학을 공부하였다. 공부를 마친 뒤 1608년에는 당시 유명한 집안이었던 윌리엄 캐벤디시(Willian Cavendish)가문의 가정교사로 일하게 되었다. 1610년에 캐벤디시와 함께 프랑스와 이탈리아를 여행하게 되면서 아리스토텔레스적인 철학이 갈릴레오 갈릴레이(Gahileo Gahlei, 1564~1642)와 존 케플러(John Kepler, 1571~1630) 등의 자연과학이론에 의해 무너지는 과정을 보게 되었고, 이는 그가 자연주의 철학자가 된 계기가 되었다.

그리고 베이컨이 60세가 되던 해부터 죽기 전 5년간 홉스는 베이컨의 비서로 들어가 그의 영작을 라틴어로 번역하면서 많은 시간을 공부하는 데 보낸 시기였다. 홉스는 20세 이후 정치적으로 왕당파에 속해 있었는데 1640년에는 영국내의 정치적 혼란기인 가톨릭계 왕당파와 의회파 간의 내전을 피해 프랑스로 망명하여 11년간을 보냈다. 이 시기에 후일 찰스 2세가 된 왕자의 수학교사를 역임하기도 했으며, 권리청원(Petition of Right, 1628)[5]을 지키지 않은 찰스 1세에 대

---

5) 권리청원(1628)의 주요 내용은 의회의 동의없이는 과세나 공채를 발행할 수 없다는 것, 법에 의하지 않고는 체포나 구금을 할 수 없다는 것, 육군 및 해군은 시민들의 의사에 반하여 민가에서 임의 숙박을 할 수 없다는 것, 군법에 의하여 민간인을 재판할 수 없다는 것 등의 자유권 보장에 관한 것이었다. 그러나 1629년 찰스 1세는 권리청원을 무시하고 의회해산과 더불어 11년간 의회소집없이 전제정치를 하게 되자 청교도혁명이 일어난 것이다. 한편 1215년 영국귀족

항하여 청교도혁명을 일으켜 집권한 의회파 올리버 크롬웰(Oliver Cramwell, 1599－1658)의 공화정체제 하에서 귀국하였다. 크롬웰은 군인이며 정치가로서 청교도 혁명에서 의회파에 속하여 1645년의 영국 중부의 네즈비 전투에서 국왕 찰스 1세를 스코틀랜드에 몰아내어 의회파 측을 승리로 이끌었다. 내란의 종결후 의회는 군의 해산을 요구하였으나 크롬웰은 의회파 중에서도 장로파를 추방하고 독립파 의원에 의한 의회에 주도권을 잡아 1648년에 다시 궐기한 국왕 찰스 1세를 처형하고 1649년 5월에 잉글랜드의 최초이자 마지막 공화국인 '잉글랜드 공화국'을 성립시킨 후에는 호국경 위치에서 왕이 되고자 하였으나 말라리아로 병사하였다.

이러한 정치적 환경에서 귀국 후 홉스는 그의 나이가 60대 중반(63세)에 접어들어 크롬웰의 공화정체제의 후원을 받아 그의 주저인 『리바이어던(Leviathan), 1651』을 집필하게 된 것이다. '리바이어던'의 뜻은 강력한 절대권력을 사용하는 국가와 개인을 말살하는 억압적 체제를 말하는데, 따라서 홉스는 '가톨릭교회에 대한 국가 우위'를 주장하면서 근대 자유주의 전통을 세우는 데 맨 앞에 섰던 고전적 자유주의자로 볼 수 있다. 그러나 정작 그의 사상은 전통을 무시하고 무신론과 절대군주론을 주장한 '호비즘(Hobbism)'[6]으로 매도됐고, 홉스는 이로 인하여 적대자들로부터 신변 위협을 받으며 살아야 했다. 그러나 홉스는 1660년에 왕당파의 득세로 찰스 2세가 즉위하자 이를 환영하는 견해를 밝히기도 한다. 그 이유는 찰스 2세는 홉스가 프랑스 망명시기에 가정교사(수학)를 맡았던 인연이 있었기 때문에 그가 영국으로 돌아와 왕이 된 이후에 70대 중반의 홉스를 초빙하여 집필생활을 지원하였기 때문이다.

이처럼 홉스는 1620년에 영국 청교도들이 메이플라워호를 타고 미국으로 집단 망명한 후 영국 종교전쟁의 내전에서 청교도 의회파와 왕권을 수호하고자 한 왕당파의 싸움에서 의회파인 크롬웰이 1649년에 찰스 1세를 사형시킨 후 공화정

들이 존왕의 정치에 분노하여 왕의 권한을 제한하는 내용의 대헌장(Magna Carta), 권리청원, 명예혁명의 결과로 이루어진 권리장전을 영국 헌법의 3대 성경이라고 칭한다.

6) 홉스의 철학은 전통을 무시하고 무신론과 절대군주론을 주장한 것으로만 몰려 심한 보수주의를 의미하는 호비즘(Hobbism)이라 불렸고, 그 철학을 추종하는 사람들은 호비스트(Hobbist)라 불렸다.

을 펴게 되고, 또다시 왕당파가 집권하게 되는 혼란한 시기를 거치며 살았다. 따라서 그의 자연주의 철학은 이러한 세속적인 혼란(종교와 국가의 혼란)을 극복하고 당시 흥행했던 자연과학이론에서의 탐구방법으로 철학을 규정하려고 하였다. 홉스가 그의 경험론적 철학에 자연과학적 방법을 사용하고자 한 이유는 동시대에 활동했던 자연과학자들의 영향이라고 할 수 있다. 이 당시의 유럽사회는 여전히 이탈리아가 교양과 문화의 중심지 역할을 하고 있었지만 항법기술이 발달하면서 네덜란드, 영국, 프랑스 북부에 상인들이 몰리면서 경제중심지를 형성하였다. 그리고 이러한 변화의 중심에는 새로운 발명가나 실험적 과학자들이 역할을 한 것으로 볼 수 있는데, 갈릴레이, 길버트, 케플러, 하비, 뉴턴 등이 이 시기의 주요 과학자들이다.

이들은 중세 사회를 이끌어왔던 신중심의 고전적인 아리스토텔레스 이론을 반박했고 교황청과 대립했는데 세부적으로 보면 다음과 같다.

이탈리아의 갈릴레이 갈릴레오(Galilei Galileo, 1564~1642)는 과학자, 철학자이자 물리학자이고 과학 혁명의 주도자로 볼 수 있다. 그는 새로운 망원경을 만들어 태양계의 중심이 지구가 아니고 태양임을 주장한 폴란드 의사이자 천문학자였던 코페르니쿠스(Copernicus, Nicolaus 1473~1543)의 지동설 이론을 옹호하였다. 아울러 뉴턴의 운동 법칙의 토대가 되었던 속도와 가속도의 개념도 확립하였다.

영국의 윌리엄 길버트(William Gilbert, 1544~1603)는 물리학자이자 의사로서 자기의 성질에 대한 철저한 탐구로 18년간의 연구 끝에 1600년에는 모두 6권으로 구성된 『자석에 관하여』라는 책을 출판하였다. 이 책에서 그는 지구는 남과 북극이 자기극으로 돼 있는 거대한 구형 자석이라고 주장하는 자기 및 지자기(地磁氣)에 관한 학설을 경험적·귀납적 방법에 의하여 전개하였다. 이것은 뒤에 케플러, 갈릴레이, 데카르트, 홉스 등에도 영향을 미쳤다.

독일의 요하네스 케플러(Johannes Kepler, 1571~1630)는 천문학자이며 점성학자로 행성운동의 3가지 원리인 케플러의 법칙(Kepler's laws)[7]을 발견한 것으

---

7) 케플러의 제1법칙은 행성이 태양을 초점으로 타원궤도로 공전한다는 원리이고, 제2법칙은 행성의 속도와 동경이 그리는 넓이의 곱이 항상 일정하다는 원리이다. 그리고 제3법칙은 행성의 공

로 가장 잘 알려져 있다. 이는 덴마크의 천문학자 튀코 브라헤(Tycho Brahe, 1546~1601)의 행성관측 자료를 분석하여 지구 및 다른 행성들이 태양을 중심으로 타원형으로 궤도를 그리면서 공전한다는 사실을 밝힌 것이다. 이는 코페르니쿠스 이론을 수정한 것으로 우주에 대해 기하학적 설명을 했던 고대 이후의 천문학을 역학적 천문학으로 전환시켰다는 의미가 있다.

영국의 윌리엄 하비(William Harvey, 1578~1657)는 의사이며 생리학자로 아리스토텔레스의 소우주론에 영향을 받아서 심장을 연구했는데 1628년에는 『동물의 심장과 혈액의 운동에 관한 해부학적 연구』를 출판하였다. 이 책은 혈액순환론을 제시한 짧은 논문으로써 기존 이론의 모순을 제시하고 반박하였는데, 새로운 가설 설정과 실험을 통한 가설 검증이라는 근대과학의 순서를 거쳐서, 자신의 의견을 증명한 것으로서의 인정을 받았다.

영국의 뉴턴(Isaac Newton, 1643~1727)은 17세기 과학혁명의 상징적인 인물인데, 그 이전의 갈릴레이의 역학과 케플러의 행성운동법칙, 길버트의 지구인력이론을 모두 아우르는 하나의 우주론을 탄생시켰다고 볼 수 있다. 그는 1687년에 『프린키피아(Principia)』라고 불리기도 하는 세 권으로 구성된 『자연철학의 수학적 원리(Philosophiae Naturalis Principia Mathematica)』를 출판했는데, 근대과학에 있어서 가장 중요한 책으로 꼽힌다. 이 책에서 뉴턴은 고전역학의 바탕을 이루는 '뉴턴의 운동법칙(Newton's laws of motion)'[8]과 '만유인력의 법칙(law of universal gravity)'[9]을 제시하고 있는데, 이는 기계적 우주론을 세운 것으로 볼 수 있다.

이와 같이 그는 자연과학자들의 영향으로 기계론적인 관점으로 우주와 인간

전주기의 제곱은 공전궤도 긴 반지름의 세 제곱에 비례하다는 원리이다.

8) 물체의 운동을 다루는 세 개의 물리법칙을 말한다. 제1법칙은 '관성의 법칙'으로 '갈릴레이의 법칙'으로도 불리는데 "물체의 질량 중심은 외부 힘이 작용하지 않는 한 일정한 속도로 움직인다."는 것이다. 제2법칙은 '가속도의 법칙'으로 "질량을 가진 어떤 물체에 힘을 가하면 가속도가 생기며, 이 가속도의 크기는 작용한 힘에 비례하고 물체의 질량에 반비례한다."는 것이다. 제3법칙은 '작용과 반작용의 법칙'으로 "모든 물체의 작용에는 항상 크기가 같고 방향이 반대인 반작용이 있다."라는 것이다.

9) '중력의 법칙'으로도 불리며, 질량을 가진 물체 사이의 끌림을 중력으로 보는 물리학 법칙이다. 일화에 따르면 뉴턴은 나무에서 떨어지는 사과를 보고 바로 이 만유인력의 법칙을 발견했다고 한다.

을 설명하려고 하였다. 이는 그보다 한 세대 앞섰던 베이컨과 마찬가지로 근본적으로는 성서의 진리는 의심하지 않았지만, 종교와는 독립된 위치에서의 경험할 수 있는 차원의 자연주의 철학을 정립하려고 한 것으로 볼 수 있다. 따라서 홉스 역시 베이컨과 함께 영국 경험론의 선구자로 불린다. 그의 대표저서인 『리바이어던(Leviathan), 1651』에서 홉스는 "자연 상태의 삶은 고독하고, 초라하고, 역겹고, 잔인하고 짧다."는 표현을 했지만 그 자신은 결혼은 하지 않은 상태도 행복한 삶을 살다가 93세에 사망하였다.

2. 홉스의 자연주의적 경험론사상 체계

홉스의 자연주의 철학은 크게 물체론적 사상과 국가론적 사상으로 구분해볼 수 있는데, 그를 정치철학자나 이론가로 칭하는 것은 주로 그가 『리바이어던(The Leviathan)』에서 펴고 있는 절대적인 군주정체의 국가론의 논리에 근거한 사회계약사상 때문인 것으로 보인다.

우선 홉스의 물체론 사상을 보면 1642~1658년의 저서인 『철학의 요소(Elementa philosophiae)』에서 3개 부문으로 제시한 『시민론(De cive, 1642, 1647)』, 『물체론(De corpore, 1655)』, 『인간론(De homine, 1658)』에서 나타나는 자연철학에서 살펴볼 수 있다. 즉 홉스의 『철학의 요소』는 『철학의 입문』과 『철학의 원리』로도 번역되고 있는데, 각기 별개로 저술된 세 권의 책을 합본하여 제1부에 『물체론』, 제2부에 『인간론』, 제3부에 『시민론』으로 재구성한 것이다.

이러한 그의 종합적 철학체계는 베이컨의 경험론에서보다 더 체계화된 것으로도 볼 수 있는데, 제1부의 『물체론』에서는 자연학을 철학의 기초로 삼았는데, 이는 아리스토텔레스가 운동의 네 가지 원인으로 제시한 질료인(質料因, material cause), 동력인(動力因, moving of efficient cause), 형상인(形相因, formal cause), 목적인(目的因, final cause) 중에서 형상인과 목적인을 버리고 물체(질료인)와 운동(동력인)만으로 설명한다. 따라서 유명론(唯名論)이요, 유물론(唯物論)에 해당하는 자연주의 입장에 해당하는데, 이것은 인위적 물체라고 할 수 있는 '인간'이나 '사회', '국가'에도 같이 적용될 수 있다고 본 것이다. 제2부의 『인간론』은 '인간적 물체'에 관한 물체론이며, 제3부의 『시민론』이나 그의 『국가론(리바이어던)』

역시도 크게 보면 '정치적 물체'에 관한 이론으로 볼 수 있다.

다음은 홉스의 국가론적 철학[10]으로서 『리바이어던(Leviathan)』에서 나타나고 있다. 이 책은 1651년 크롬웰의 혁명정권의 지원으로 출판되었기 때문에 그 뒤에 또다시 집권했던 왕당파의 교회세력으로부터 이단으로 공격을 받기도 하였다. '리바이어던'은 원래 『구약성서』에 나오는 죽지 않고 영원히 산다는 거대 괴물의 이름이다. 홉스는 이 괴물 '리바이어던'에 국가를 비유해 국가유기체를 설명하려고 한 것이다.

『리바이어던(Leviathan)』의 구성은 서론과 결론을 제외하면 전체가 4부 47장으로 구성되어 있다. 제1부는 인간에 관하여, 제2부는 공동선(共同善)을 위해 법률에 따라 결성된 정치공동체의 뜻인 국가공동체(commonwealth)에 관하여, 제3부는 그리스도교적 국가에 관하여, 제4부는 어둠의 나라(암흑의 왕국)에 대하여 서술한 내용이다. 즉 제1부에서는 철저한 유물론적 인간관을 피력하고 인간, 국가, 사회계약과 같은 사회이론과 연계하여 설명한다. 제2부에서는 인간론과 사회이론을 바탕으로 국가론에 대한 본격적 논의를 하고 있다. 제3부에서는 17세기의 종교와 교회에 대한 비판을 제기한 후, 제4부에서는 세속화된 교회와 종교의 이념적 배경인 스콜라철학을 비판하는 방식으로 논의가 전개된다. 따라서 『리바이어던』은 그의 『시민론』을 좀 더 다듬어 사회계약사상을 제시한 것으로 볼 수 있다.

『리바이어던(Leviathan)』에서는 인간은 태어나면서부터 평등하지만, 자연 상태에서 사람들이 자연권을 행사하면 무질서한 상태인 '만인은 만인에 대하여 싸우는 투쟁 상태(War of all against all)'에 있게 되며, 이러한 자연권의 상태를 벗어나기 위해서는 이성이 스스로 발견하는 자연법으로 그 자연권을 제한시키고 평화와 안전을 보장할 수 있는 절대주권을 가진 국가가 필요하다고 보았다. 즉 인간은 자연 상태에서는 서로 다투게 되므로 자연 상태 속에서의 개인은 그의 권리를 국가의 주권으로 위임하고 양도하는 '사회계약'으로 국가가 만들어졌다고 추론하고 있다.

---

10) 『리바이어던』의 정식 제목이 『리바이어던, 혹은 교회 및 세속적 공동체의 질료와 형상 및 권력(Liviathan, or The Matter, Forme and Power of a Common-Wealth Ecclesiastical and Civil)』이었음에도 그 의미를 알 수 있다.

제8장

로크 / 버클리 / 흄의 경험론적 계몽주의철학

제1절   로크의 경험론적 인식론사상

1. 로크의 생애배경

존 로크(John Locke, 1632~1704)는 영국 찰스 1세(Charles I, 1625~1649 재위) 때 서남부 지역인 항구도시 브리스톨(Bristol) 근처의 링턴(Wrington)의 부유한 청교도(Puritan) 집안에서 태어났으며, 네덜란드의 급진적 계몽사상가 스피노자 (1632~1677)와 같은 시기에 활동한 의사이자 정치가이며 철학자이다. 로크의 할 아버지는 포목 장사로 큰돈을 벌었고 아버지는 지방변호사였는데, 자녀들의 교 육에 깊은 관심을 기울였으며 로크가 어린 시기부터 인격체적으로 대하였다. 이 러한 아버지의 교육방식은 로크의 교육사상에 많은 영향을 미친 것으로 보인다.

한편 로크는 유년기에 신체가 허약하여 친구들과 잘 어울리지 못하고 혼자 집에서 독서를 하며 성장하였는데, 그 와중에 로크가 10살이 되었던 1642년에는 청교도 혁명(Puritan Revolution)[1]이 일어나고 로크의 부친은 왕당파에 대항한 의

---

1) 청교도들은 16~17세기의 칼뱅주의 신교도들로서 메리 여왕의 치하에서 추방당하거나 제네바 로 망명하여 대륙의 개혁교회신학을 배웠으며, 엘리자베스 여왕 시기에 대거 귀국하여 개혁에 참여하였다. 청교도들은 여러 부류가 있었는데 신앙의 순결을 강조했다는 측면에서 청교도로 불린다. 엘리자베스 시기에 힘을 키웠던 청교도들은 제임스 1세 시기인 1620년에 종교적 자유

회파의 군대를 지원하던 중 많은 재산적 손실을 입게 되었다. 이러한 사유로 인하여 로크는 통례보다 늦은 15세 때 웨스트민스터학교에 입학하게 되었다. 당시의 웨스트민스터학교에서는 고전과 종교적인 내용의 균형적인 교육과정이 운영되고 있었으며, 이를 통하여 로크는 청교도 중심의 편협된 종교관점에서 벗어날 수 있었고 타종교에 대한 폭넓은 수용의 태도를 가지게 된 계기가 되었다. 당시 청교도 신앙관에서는 진실한 지식은 신의 계시의 결과물이고 인간의 노력에 의한 결과물이 아니라는 관점을 가지고 있었다.

20세(1652년)세 때는 아버지의 지인으로 하원의원이었던 알렉산더 포프햄(Alexander popham)이라는 사람의 추천으로 옥스퍼드대학의 크리스트 칼리지에 국왕장학생으로 입학하는 기회를 얻게 된다. 그는 옥스퍼드에서 기본적으로 의학을 공부하는 한편 베이컨, 데카르트, 홉스 철학에도 심취하게 되었다. 1656년에는 학사 학위(Bachler of Art)를 받은 후 2년간 석사과정을 밟은 후 1660년부터 옥스포드대학에서 튜터(tutor)로 5년간 활동하면서도 의학공부를 지속하였다.

그 이후 1665년에는 4개월간 정부에서 파견한 독일공사 비서직으로서 베를린 서쪽의 브란덴부르크(Brandenburg)에서 근무하게 되는 기회를 가지게 되었는데 이를 계기로 로크는 정치무대에 관심을 가지게 되었다. 그리고 본격적인 정치생활의 시작은 의회파의 지도자였던 애슐리(Ashley) 경을 만나게 되면서부터였는데 애슐리(Ashley) 경은 후에 샤프츠베리 백작 1세가 되었고 휘그당 당수 역할을 했던 사람이다. 샤프츠베리 백작은 로크를 대학에 보내주었던 알렉산더 포프햄(Alexander popham)만큼이나 로크의 인생에서 전환점을 가져다 준 사람으로 보인다. 로크는 1667년 여름 어느 날에 런던에서 한 온천의 약수를 마시러 갔다가 우연히 애슐리(Ashley) 경을 만나게 되었는데, 의사로서 그의 종양을 치료하게 된 것이 계기가 되어 평생 동안 비서 겸 가정교사직으로 일하게 된 것이다. 이러한 인연으로 샤프츠베리 백작은 로크가 1672년 대법관이 되었을 때, 그를 성직임면국장의 직(職)을, 1673년(41세)에는 무역 및 식민지문제심의회의 서기장직을 맡도록 적극 지원하였다. 한편으로 로크가 1667년(45세)에 『종교적 관용에 관한

를 위해 신대륙으로 이주하는가 하면, 찰스 1세 때는 청교도 혁명을 일으킨 크롬웰이 찰스 1세와 왕당파를 처형하고 집권하게 된다.

에세이, 1689』를 쓴 것은 샤프츠베리 백작이 주장했던 종교적 관용론을 이론적
으로 뒷받침하기 위한 목적이 있었다.

샤프츠베리 백작은 당시 왕당파와 대립해 '초록 리본회'를 결성한 사람으로
초록 리본회는 훗날 '휘그당(Whig Party)'[2]이 된다. 이처럼 영국의 정당은 17세
기 이후 의회의 세력이 확대되면서 왕당파와 의회파로 대립하여 싸웠던 내전과
왕정 복고 이후인 1670년대에 이념적·종교적 대립이 지속된 과정에서 발전했다.
양당 정치의 근원이 된 휘그당과 토리당(Tories)은 19세기 이후 하원과 상원으로
이어진 것이다. 휘그당은 주로 크롬웰을 지지했던 개신교 신자들과 젠트리 계급
으로 이루어졌고, 토리당은 과거 왕당파의 신념을 계승하면서 제임스 2세에게
왕위를 물려주려는 찰스 2세를 지지하였던 왕실, 국교회, 지주 계급들로 구성되
었다. 오늘날 국회의사당으로 사용되고 있는 템스 강변의 웨스트민스터 궁전
(Palace of Westminster)은 이를 상징적으로 보여준다.

샤프츠베리 백작은 또 영국국교회(성공회)에 맞서 비국교도(가톨릭과 청교도)
에 대해 종교적 관용을 베풀 것을 주장했다. 그러나 샤프츠베리가 요크 경 제임
스(후에 제임스 2세)가 왕위를 승계하는 것을 반대하는 반란계획에 참여한 것이
발각되자 로크는 그와 함께 네덜란드로 피신해야 했다. 로크는 그곳에서 『인간오
성론, 1690』과 『정부론, 1690』, 『교육론, 1693』 등을 손질하며 때를 기다렸으며,
네덜란드 체류 중 로크가 50세 가 되던 해에 샤프츠베리 백작이 사망한다. 급기야
1688년 영국에서는 의회와 네덜란드의 총독 윌리엄(오렌지공 빌럼)이 연합하여
제임스 2세의 전제정치와 가톨릭 편중정책에 대항하여 일으킨 명예혁명이 일어나
고 윌리엄 3세(William III, 재위 1650~1702)가 즉위하게 되자 로크는 1689년에 영
국으로 귀국하여 망명지에서 저술했던 그의 저서들을 출판한 것이다
(http://news.mk.co.kr/news 참조 재수정). 그가 유명하게 세상에 알려진 것도 바로
이 시기의 이론적 저서들로 인한 것이었다. 그 중에서도 샤프츠베리 백작 가문의
가정교사 경험은 훗날 『교육론, 1693』 저술의 기초를 이루게 된 것으로 볼 수 있

---

2) 휘그당의 기원은 찰스 2세 시기인 1678년부터 1681년 사이에 가톨릭이었던 왕의 동생이었던 요
   크 경(제임스) 2세의 왕위계승에 반대한 사람들을 가리켜 "Whiggamore"라고 칭한 것에서 유래
   한다. 휘그(Whig)라는 말은 원래 스코틀랜드 방언으로 "말을 타고 돌아다닌다."는 의미가 있다.

고, 샤프츠베리 백작의 정치적 노선을 뒷받침해주기 위해 썼던 것이 바로 『정부론, 1690』이었다고 할 수 있다.

　68세가 되었던 1700년에 로크는 모든 활동을 그만두고 런던 북방 20마일에 위치한 에식스주에 있는 오츠로 은퇴하였는데, 로크는 그곳에서 4년 정도의 만년을 보내다가 1704년에 72세의 나이로 사망하였다.

2. 로크의 통치론과 경험론적 인식론사상 체계

1) 로크의 통치론

　로크는 그보다 앞선 세대인 베이컨과 홉스가 경험론의 선구자로 칭해지는 것에 비해 영국 경험론의 창시자로 불린다. 베이컨과 홉스가 주로 자연탐구를 경험적 방법으로 할 것을 강조했다면 로크의 시기에 와서는 지식이 경험으로부터 생긴다는 것을 이론화시켰기 때문이다.

　존 로크는 베이컨이 활동한 시대로부터는 두 세대 정도가 지난 시기였으며 크롬웰이 주도한 청교도혁명 전후시기에 활동했던 홉스에 비해서는 한 세대 뒤에 태어났기 때문에 1688~1689의 명예혁명[3]의 결과로 권리장전(Bill of Rights, 1689)이 발표가 된 시기까지 생존하였다. 홉스가 1651년에 출간한 『리바이어던, 혹은 교회 및 세속적 공동체의 질료와 형상 및 권력(Leviathan, or The Matter, Forme and Power of a Common-Wealth Ecclesiastical and Civil)』으로 고전적 자유주의자의 선구자가 되었다면 로크도 『정부론(통치론)』으로 또 다른 고전적 자유주의자가 된 사람이라고 할 수 있다.

　그러나 로크는 홉스와는 판이하게 생전에 명성을 누렸고 프랑스의 계몽주의를 이끌었던 볼테르를 포함한 많은 추종자(백과전서파)들을 두고 있었다. 이는 홉스가 당시의 종교·정치세력과 맞선 것과는 달리 로크는 당시의 시대정신과 정치

---

3) 명예혁명은 1660년 왕정복고에 의해 성립된 정치적·종교적 탄압체제를 타도하기 위하여 1688년에 프로테스탄트의 옹호자였던 네덜란드 총독이 영국의회의 휘그당과 토리당의 초청으로 영국에 군대를 이끌고 상륙한 것이며, 의회에서는 새로 공동 즉위한 윌리엄 3세(전 네덜란드 총독)와 메리 2세에게 '시민의 권리와 자유를 선언하고 왕위계승을 정하는 법률'이라는 이름의 이른바 권리장전을 발표하게 한 것이다. 이로써 영국은 가톨릭 왕의 승계가 금지되고 의회의 주권을 보증하는 입헌군주제가 수립된 것이다.

적 환경에 순응하며 그의 사상을 개진하였기 때문이었던 것으로도 보인다. 이러한 맥락은 로크의 철학이 베이컨이나 홉스에 비하여 다양한 형태를 띠고 있으며 평화스러운 화해와 관용의 지혜에 대한 신뢰를 나타내고 있음을 보아도 알 수 있다.

로크의 사상은 홉스와는 시대적 배경이 한 세대 뒤이므로 홉스와는 달리 절대적 권력을 어떤 한 사람에게나 한 집단에게 주어지는 것보다는 군주의 권력을 제한하는 것을 선호하도록 하였다. 그가 1690년에 『통치론(정부론)』 혹은 『정부에 관한 두 논문(Two treatises of government)』을 쓰면서, 서문에서 "우리의 어진 윌리엄 왕의 왕위확립을 위해서 저술하게 되었다."고 밝히고 있는 것도 명예혁명으로 집권한 윌리엄 3세와 그의 아내인 메리 2세가 중요한 정부정책은 군주의 권력밖에 두겠다고 선언했던 1689년의 영국 법률인 권리장전(權利章典)을 받아들였기 때문이었던 것으로 보인다.

로크는 『통치론(정부론)』에서 전제적 국가 권력의 위험을 피하기 위해 권력을 상이한 기관에 속하게 하는 즉 입법부와 행정부의 권력분립을 주장했다. 입법부는 최고의 권력기관이지만, 법을 만드는 사람이 직접 집행하는 것은 바람직하지 않기 때문에 행정부가 그 기능을 해야 한다고 본 것이다. 따라서 이 책은 자연법, 사회계약론, 권력분립론과 같은 거대담론을 주창하여 근대 민주국가의 형성과 통치원리를 최초로 개념화 한 의의가 있다. 이러한 로크의 사상은 프랑스의 몽테스키외가 주장한 삼권분립론에 영향을 미쳤다. 그러나 로크가 주장한 권력분립론은 왕당파와 의회파 간의 갈등이 극심했던 당시의 잉글랜드 정치상황을 반영한 것이기도 하다.

세부적으로 보면 『통치론(정부론)』은 두 편으로 구성돼 있다. 제1편은 '로버트 필머 경과 그 일파의 잘못된 원리와 논거를 밝히며 논박한다.'는 제목으로 절대왕정 옹호자 로버트 필머(Filmer)의 왕권신수설(王權神授說, divine right of kings)을 비판하는 내용으로 구성된다. 제2편은 '시민정부의 참된 기원, 범위 및 그 목적에 관한 시론'이라는 제목으로 시민정부의 기원과 정당성과 목적 그리고 통치기관이 정당성을 상실할 경우 시민들이 취할 수 있는 저항권에 관한 내용을 담고 있다. 흔히 『통치론(정부론)』이라고 말하면 제2편을 가리키는 말이다. 이 글은 당시 왕정(王政)이 의회정(議會政)과 교체되던 과도기에 왕의 절대적 권력을 무너뜨리는 데 핵심적인 이론을 제공했다고 할 수 있다. 즉 '왕이 권력의 원천이 아니라면 무엇이 권력의 원천일까?'에 대한 논리를 제시한 것이 바로 제2편이다.

　　로크가 말하는 최초의 자연 상태는 '완전한 자유와 평등'의 상태이며, 자연 상태에서는 누구나 마음대로 행동하고 살 수 있다고 보았다. 그러나 자연의 법칙을 어기고 이성에 반하는 행동을 하는 사람이 있기 때문에, 그런 자연 상태는 평화가 깨어지고 갈등들이 발생하게 되지만 다소 갈등해소에 불편함이 있는 정도라고 묘사한 것이다. 이는 '만인의 만인에 대한 투쟁'으로 본 홉스의 견해와는 달리 자연 상태를 상당히 긍정적으로 본 것이다. 다시 말하면 자연 상태가 절대적으로 벗어나야 할 최악의 상태라고 보고 왕정에 의한 절대 권력을 정당화한 것이 홉스적인 견해라고 본다면, 당시의 왕당파에 반대하여 의회정의 입헌민주주의를 옹호하려고 했던 입장은 로크의 견해가 되는 것이다.

　　따라서 홉스의 견해는 결과론적으로 로크의 견해에서 보면 어긋나는 것이 된다. 즉 홉스는 『리바이어던』에서 사회계약설을 주장하면서 자연 상태의 '만인의 만인에 대한 투쟁'을 해소하기 위하여 군주의 절대 권력 사용을 옹호하였지만 로크는 "절대군주 역시 일개 인간에 불과하다."면서 "군주가 재판관이 되어서 기분 내키는 대로 신민들을 다루게 된다면 오히려 자연 상태보다 못한 것"이라고 반박했던 것이다(http://news.mk.co.kr/news 참조재수정).

　　이러한 로크의 인식은 그의 『관용론(종교적 관용에 관한 에세이), 1689』에서도 왕이나 정치하는 자의 권력은 모두 국민에게서 나오는 것이며, 그들의 권력은 국민들이 일시적으로 맡겨 놓은 것이라는 견해를 보이고 있다. 이러한 그의 국민주권의 신탁적 사회계약론은 그 후의 미국독립혁명 시기(1776-1783)와 프랑스혁명 시기(1789-1794)에도 사상적 영향을 미쳤다고 보아진다. 그리고 프랑스의 후기 계몽주의자들인 볼테르와 루소에게도 영향을 미쳤다. 그런데 로크가 『관용론(종교적 관용에 관한 에세이)』을 쓰게 되었던 배경에는 다소 엉뚱한 목적이 있기도 하였다. 즉 당시 샤프츠베리(Shaftesbury) 백작이 재정장관직에 있을 때 수행비서 역할을 했던 로크는 자연스럽게 경제문제에 깊숙이 관여하게 되었는데, '경제 활성화'를 목표로 이 책을 저술하기 시작했다고 한다. 내용은 당시 정치 갈등의 주된 명분이었던 개신교와 천주교, 성공회 간에 반목과 대립에 대해 서로 관용할 것을 주장하는 것이었는데, 그 이유는 종교의 자유를 허용하는 네덜란드에서 자유무역으로 경제가 번성하는 것에서 아이디어를 얻었기 때문이었다.

로크의 통치론적 사상은 그의 인식론에서도 그대로 드러나고 있는데, 그의 철학적 사상은 인식론적 경험론이라고 규정할 수 있다. 고대의 경험론적 사상은 존재론에 가까웠지만 근대 경험론자인 로크나 버클리, 흄에 이르면 지식(앎)에 대한 문제를 다루는 인식론에 가깝게 되는 것이다. 즉 "모든 지식을 경험에서 생긴다."고 보는 로크의 경험론(Empiricism)은 이후 버클리나 흄에 의해서 더욱 확장되는데, 결국은 믿음을 정당화하기 위해서는 경험에 의존해야 한다는 '인식론적 경험론(경험론적 인식론)'으로 규정할 수 있다.

2) 로크의 경험론적 인식론

로크의 경험론적 인식론은 같은 관념론적인 철학이지만 흔히 데카르트가 제시한 대륙의 합리론과는 대조적인 인식관점을 보이는 것이다. 로크가 대학 시절부터 스콜라철학에서 유명론을 주장했던 오캄주의나 근대의 데카르트주의를 심도 있게 공부하여 영향을 받은 것은 분명하지만, 인식의 방법은 그 출발부터가 달랐던 것으로 보인다. 데카르트는 특정한 관념이 인간의 영혼 속에 본래부터 있다고 믿는 본유관념(ideae innatae)을 주장하고, 철학은 자기 성찰과 선험적 관념에 따라 연역적으로 수행해야 한다고 본다. 그러나 로크는 사람의 관념을 본래부터 존재하는 본유적(선험적)인 것이 아니라 모든 인식은 오직 경험에서 생긴다고 주장하며 경험하지 않으면 오성(悟性)에도 관념이 없다고 보았기 때문이다.

영국 경험주의를 상징하는 용어인 '타불라 라사(tabula rasa)'라는 말은 '아무것도 쓰여 있지 않은 서판'이라는 의미의 라틴어로서, 로크 이전인 베이컨 시기에도 인간의 마음을 비유하는 표현으로 쓰였지만, 로크의 경험주의 인식론(인식론적 경험론)을 상징하는 용어로 정착된 말이다. 이것은 바로 데카르트의 생득적 관념(본유관념)을 비판하고 인간의 마음은 태어날 때는 아무런 경험을 하지 않았기 때문에 백지와 같은 상태라고 본 것으로 해석될 수 있다. 이러한 로크의 인식론적 경험론을 자세히 파악할 수 있는 저작은 앞에서 다룬 『통치론(정부론),

1690』이나 『관용론, 1689』이 아니라 『인간오성론(人間悟性論), 1690』에서 가장 뚜렷이 나타난다. 흔히 『인간오성론』4)으로 번역되고 있는 이 책의 원명인 『인간의 지적 능력에 관한 시론(*Essay Concerning Human Understanding*)』에서 로크는 마치 '오캄의 면도날'에서와 같이 데카르트의 본유관념을 비판하였고, '타불라 라사(tabula rasa)'로서 인간의 마음 상태를 규정하였다. 즉 로크의 인식론에서는 모든 지식은 관념(ideas)의 복합이며, 관념은 경험에 의해 백지 상태인 마음(라틴어 tabula rasa)에 만들어진다. 신이나 실체 등 생득(본유)관념이라고 하는 것은 존재하지 않는다.

　『인간오성론』은 로크가 39세이던 1671년에 저술하기 시작하여 1690년(59세)에 초판이 나왔으니 거의 20년을 투자한 방대한 저서이다. 이 책은 그가 생존할 동안에도 4판이나 출간될 정도였으며, 지속적으로 수정·보완한 대표작이기도 한데, 로크를 일약 유명한 철학자로 알려지게 만든 근거라고 할 수도 있다. 한편으로는 로크가 청년기에 영국에서 정치생활을 하다가 제임스 2세의 정치적 탄압으로 네덜란드와 프랑스로 가서 데카르트 이후의 학파들과 교류하면서 저술을 지속했던 그의 인생의 결정판이기도 하다.

　로크는 1688년 영국에서 명예혁명(名譽革命, Glorious Revolution)5)이 일어나고 혁명이 종료된 1689년 2월에 귀국하였고, 5월에는 『종교적 관용에 관한 에세이』를 출간하였다. 이듬해인 1690년 2월에 『정부에 관한 두 개의 에세이』, 즉 『정부론(통치론)』을, 3월에 『인간오성론』을 출판하였다. 이 글들의 사상적 맥락은 영국이 더 이상 절대왕권에서 자유를 상실하는 일이 없게 하고 시민이 제정하는 법에 따라 왕이 통치하자는 입헌군주국 원리가 핵심이다. 그러므로 로크의 이 저서들은 명예혁명을 사상적으로 뒷받침하는 것이었으며, 그 뒤 프랑스에서 일어났던 백과전서파의 계몽사상에도 원류가 되었다.

---

4) 로크와 흄 등이 사용했던 'understanding'의 개념은 '오성', '지성', '이해력' 등으로 번역되고 있으나 용어상의 통일은 이루어지지 않고 있다.

5) 무혈혁명(Bloodless Revolution)이라고도 하는데, 제임스 2세는 1685년 왕위에 오른 후 노골적인 가톨릭 편중 정책을 펴자 영국 내 불만세력과 네덜란드 총독 빌렘이 힘을 합쳐 혁명을 일으키자 제임스 2세는 프랑스로 도주했고, 의회에서 1689년 왕위를 윌리엄과 메리에게 공동으로 이양했다.

   그러나 『인간오성론』에서 타고난 본유관념을 부인하고 경험에 의한 관념만
을 인정한 로크의 인식론도 70년 정도 뒤에 활동한 버클리(1685~1753)의 관념론
적 경험론에서는 비판의 대상이 된다. 그 이유는 구체성이 약하고 추상적 관념이
라는 것이다. 로크가 데카르트의 본유관념을 거부하고 제시한 것은 경험을 통해
얻게 되는 '단순관념'과 '복합관념'인데, 여기에서 단순관념(simple idea)은 경험
의 한 통로인 감각(sensation)에 의해서 생기는 것을 말하고, 복합관념(complex
idea)은 내성(reflection) 혹은 반성에 의해서 얻게 되는 것이었다. 즉 단순관념은
감각을 통해 얻게 되는 1차적 관념이고 복합관념은 단순관념을 판단, 비교, 추상
(추론)하여 가공하고 변형하여 만들어 낸 2차적 관념으로 제시한 것이다.

   그리고 마음속에 관념이 생기면 그것이 곧바로 지식이 되는 것이 아니라, 관
념들을 사용하여 관념들 사이에 일치성과 불일치성을 확실하게 지각할 수 있어
야 지식은 얻어진다고 보았으며, 그 확실성의 정도에 따라 로크는 지식의 종류를
다음과 같이 세 가지로 나누어 설명하였다.

   첫째는 직관적 지식(intuitive knowledge)으로 정신이 관념들 사이의 일치와
불일치를 또 다른 관념의 개입 없이도 직접적으로 지각할 수 있는 지식이다. 즉
일치와 불일치가 자명하여 증명할 필요가 없는 지식들을 말한다. 예를 들어 "5는
3보다 크다.", "백인과 흑인은 다르다." 등은 누구도 반대할 수 없는 직관적 지식
이 된다.

   둘째는 논증적 지식(demonstrative knowledge)으로 정신이 관념들 사이의 일
치와 불일치를 추리와 논증을 통하여 지각할 수 있는 지식이다. 예를 들어 논리
적 지식이나 신의 존재 등을 논증하는 것도 여기에 해당한다고 보았다.

   셋째는 감성적 지식(sensitive knowledge)으로 관념들 사이의 일치와 불일치
를 감각(sensation)을 통해 사물과 접촉함으로써 얻어지는 지식이다. 즉 만져보거
나 맛을 보거나 함으로써 알게 되기 때문에 오류를 범하기 쉽다. 로크는 직관적
지식이나 논증적 지식은 확실하지만, 매우 제한적이고 인간 지식의 대부분은 오
류를 범하기 쉬운 감성적 지식임을 지적하고 있다.

   이러한 로크의 인식은 아무리 복잡하고 추상적인 관념도 모두 감각, 내성(반
성) 두 개의 창구를 통해서 얻어지는 단순관념에서 비롯된다는 것이며, 이것은

데카르트의 본유관념(생구관념, 생득관념)을 부정하는 인식론이다.

3. 로크의 이신론과 훈련주의 교육론의 경험론사상 체계

1) 로크의 이신론의 사상체계

로크의 이신론(理神論, Deism) 사상은 그의 만년에 쓴『기독교의 합리성(The Reasonableness of Christianity), 1695』에서 주로 살펴볼 수 있다. 로크는 이 책에서 과학적 신념과 마찬가지로 종교적 신념도 실증하기 위해서는 증명이 필요하다는 주장을 하고 있다는 점에서 로크의 열렬한 추종자였던 18세기의 계몽주의 철학자들은 로크를 신의 존재는 인정하지만 인간사에는 직접적으로 관여하지 않는 존재로 보는 이신론자로 분류하게 된다. 그러나 18세기 프랑스를 중심으로 만개한 반그리스도교적인 계몽철학에서의 이신론(deism)에 비하면 로크의 기독교에 대한 사상은 상당히 소극적 견해에 머물러 있었다.

로크가『기독교의 합리성』에서 제시하고 있는 기독교 사상을 정리해보면 반그리스도교적인 내용을 발견하기는 쉽지 않기 때문이다. 즉 로크가 제시하고 있는 기독교사상의 원리는 두 가지 정도로 요약할 수 있는데, 첫째는 만물의 창조자인 최고의 불가시적인 유일신을 숭배해야 한다는 것을 전제하고 있다. 둘째는 예수는 구세주라는 것이며, 따라서 인간은 자신의 죄를 참회하고 유일신이 예수를 통해 내린 율법에 복종해야 한다는 것이다. 이러한 견해는 구약을 믿는 유대교의 사상과 신약을 믿는 그리스도교라는 양대 기독교적인 사상을 인정하는 것으로 해석된다. 그뿐만 아니라 그가 생존 시 이신론의 아버지로 불리는 체버리의 허버트 경(Lord Herbert of Cherbury, 1581~1648)의『진리에 관하여(De Veritate)』에서 초자연적인 계시는 종교에 불필요하다고 했던 견해에도 공격적이었으며, 노년에는 성경 구절을 읽고 명상하는 것을 즐겼던 것을 보아도 그러하다.

하지만 로크가 기독교의 기본원리를 인정하였다고 하더라도 종교적 신념도 실증적인 증명이 요구된다고 주장한 점은 그를 뒤 이은 톨랜드와 틴달이라는 두 사람의 숭배자에게서 확산이 되고 보다 적극적 이신론으로 나아가게 된다. 즉 존 톨랜드(John Toland, 1670~1722)는 그의 저서『Christianity not Mysterious(기독교는 신비가 아니다), 1696』에서 역사상의 기독교 사상에서 모호하거나 이해할 수 없는 것은 모두가 복음에 부착된 위작이라고 주장하였고, 매튜 틴달(Matthew Tindal, 1653~1733)은 그의 저서인 『*Christianity as old as the creation*(기독교는 창세기로부터 존재한다), 1730』에서 역사상의 기독교사상의 유일한 참된 부분은 인류가 믿어온 모든 다른 종교와 공유하고 있는 교리들뿐이라는 주장을 한 것은 로크의 영향이라고 볼 수 있다.

이러한 두 가지의 저술은 신앙(기독교 사상)이 인간 이성의 영역을 넘어서서는 안 된다고 보는 더욱 발전된 이신론적 견해인데, 기독교 사상도 이신론(理神論)에서는 합리성에 맞아야 한다는 주장이다. 따라서 로크의 이신론적 사상은 영국 내의 톨랜드와 틴달이라는 추종자들뿐만 아니라 프랑스 대륙의 백과전서파였던 볼테르, 디드로, 루소는 물론 미국독립혁명의 지도자들인 벤자민 플랭클린(Benjamin Franklin, 1706~1790)이나 토머스 제퍼슨(Thomas Jefferson, 1743~1826)에 이르는 이신론자들에게 전승된 것으로 볼 수 있다. 이들은 역사적으로 18세기로 대변되는 계몽주의 시대를 이끌었던 사상가들이었고 존 로크가 기독교의 합리성에서 "계시는 이성에 반대하지 않는다."는 이신론에서 더 나아가 기존의 신앙이나 계시 종교에 반대한 이성 종교에서 합리성을 구했던 이신론자였던 것이다.

이렇듯 역사적으로는 17세기 후반에서 18세기에 걸쳐 영국에서 촉발되어 프랑스와 독일지역으로 확산되었던 합리주의적이고도 자연주의적인 그리스도교 사상인 이신론(다이즘)은 소극적 이신론자였던 루소 이후의 반가톨릭적인 이데올로기로서의 18세기 말부터 무신론으로 이행되었다. 바로 현대적 종교관으로 옮겨가게 되는 것이다.

따라서 18세기의 계몽사상과 함께 대두한 이신론(다이즘) 사상은 세계를 창조한 유일신은 인정하지만, 창조 이후의 유일신은 이 세계와는 별도를 존재한다는 입장으로 정리될 수 있다. 즉 세상을 창조한 이후에는 더 이상 신이 계시나 기적 등을 통하여 세상을 바꾸거나 인간에게 개입하지는 않으며, 자연적이고 물리적인 법칙에 따라 움직이는 자연신의 위치에 존재해야 한다는 합리주의 신앙(종교관)을 받아들이는 입장이다. 그러나 이러한 이신론도 그것을 받아들이는 국가와 사상가에 따라서 다소 차이가 난다. 영국에 있어서는 로크, 톨랜드, 틴달에 이르기까지는 적어도 반기독교적이지는 않았으며, 프랑스에 있어서는 볼테르와

디드로 등의 백과전서파 철학자들에게서는 더욱 적극적인 이신론, 즉 반그리스
도교적으로 발전했던 것이다. 단지 같은 프랑스 내에서도 루소의 경우에는 다소
완화된 소극적 이신론의 경향을 띠었다는 것이 특징적이다.

이처럼 근대사상을 대표하는 합리주의와 계몽주의는 중세를 지배했던 신성
주의와 유일 신앙을 극복하고 자연주의와 이성주의(합리주의, 계몽주의)에 입각한
새로운 세계관이며, 같은 시기에 대두한 이신론은 이전의 유신론에서의 기적이
나 계시에서 벗어나 이성적 종교(합리적 종교)로 받아들이고자 한 종교관이다. 따
라서 이신론은 현대의 무신론 사상으로 가는 중간적 종교관의 역할을 하기도 하
였다고 볼 수 있다.

한편 이신론적 사고가 당시의 자연재해 사건과도 연계된 사례는 1755년 11
월 1일에 일어났던 포르투갈의 항구도시인 리스본(Lisbon)에서 일어났던 대지진
에 대한 볼테르(1694~1778)의 견해에서 찾아 볼 수 있다. 이날 포르투갈 서부 대
서양에서 진도 9정도의 강진이 발생하자 해안에 있던 바닷물이 멀리 밀려나면서
해안에는 맨땅이 드러났고, 40분 정도 이후에는 반대로 육지로 지진성 해일
(seismic sea wave)인 쓰나미6)가 몰려오게 되었다. 이 재앙으로 리스본 시내는 지
진으로 폐허가 되었으며 그로 인하여 5일 동안이나 화재가 지속되었는가 하면
수만 명이 사망하고 도시의 85% 이상이 파괴되었다.

이러한 리스본 지진은 당시의 계몽주의적이고 합리주의적이었던 지식인들에
게도 이신론적인 영향을 미쳤는데 그중에서도 볼테르(Voltaire, 1694~1778)는 그의
철학소설 『캉디드 혹은 낙천주의, 1759』에서 독일의 라이프니츠(Leibniz,
1646~1716)가 주장했던 '변신론' 혹은 '신정론(Theodicy)'을 비판하고 있다. 그는
라이프니츠가 "이 세상은 가능한 최선의 세계 중에서도 최선의 상태로 되어 있으
며, 악이라는 것도 신이 선을 이루기 위한 방편"이라는 주장의 예정조화론을 편
것을 리스본 대지진을 근거로 비판한 것이다. 유신론자가 아닌 적극적 이신론자
였던 볼테르의 입장에서는 그 이전의 낙천론적인 종교관을 받아들일 수 없었다고

---

6) 해안(津)을 뜻하는 일본어 쓰(tsu)와 파도(波)의 나미(nami)가 합쳐진 말로서 '지진이 몰고 온
해일'을 말한다. 쓰나미를 일으키는 해저지진은 해양지각 아래 50㎞ 이내의 깊이에서 발생하
며, 강도는 리히터 척도로 6.5 이상이다. 쓰나미는 해저사태(海底沙汰)나 연안사태(沿岸沙汰)
또는 화산폭발에 의해 발생하기도 한다.

볼 수 있다.

특히 이 당시에도 포르투갈은 교황 니콜라스 5세(Pope Nicholas Ⅴ, 1447~ 1455 재위)의 강력한 후원 하에 교회(예수회)의 공식적 허가를 받은 노예무역과 식민지 착취를 계속하면서 국가 경제를 유지하면서 종교재판소까지 가지고 있었던 말 그대로 하느님의 나라(신정국가)였다. 그러나 만성절(All saint day)인 11월 1일에 리스본 대재앙이 닥쳤으니 당시 세계의 중심이었던 포르투갈뿐만 아니라 전 유럽의 사상가들에게는 신앙과 인간 이성 간의 역사적 대결을 가져오게 한 것이었다. 즉 당시의 종교 세력들은 신의 인간에 대한 벌이라는 주장을 하였고, 데카르트 이후의 거대한 대륙 합리론 사상가인 라이프니츠(Leibniz, Gottfried Wilhelm, 1646~1716)의 예정조화론적인 변신론(신정론)을 추종하였던 17세기의 종교철학자들 역시 신에 대한 낙천적 세계관을 보였다. 그러나 리스본 대지진은 볼테르를 비롯한 대다수의 계몽주의적 이신론자들에게는 비판을 할 수 있는 절호의 기회가 되었으며 근거가 되었다고 볼 수 있다.

2) 로크의 훈련주의 교육론 사상체계

로크의 교육론(敎育論) 사상은 그의 나이 58세가 되던 1690년에 초판이 출간된 『교육에 관한 몇 가지 견해(교육론, *Some Thoughts Concerning Education)*』에서 주된 내용을 찾아볼 수 있다. 그러나 흔히 로크를 훈련주의 교육론자로 지칭하는 것은 그의 인식론적 경험론을 나타내고 있는 저서인 『인간의 지적능력에 관한 시론(인간오성론)』에서 인간의 생득적 관념(본유관념)을 비판하고, 인간의 마음은 태어날 때에는 백지와 같은 상태이기 때문에 덕성이나 제 능력을 갖추기 위해서는 외부에서 훈련을 통한 습관의 형성이 필요하다는 주장을 하고 있기 때문이다.

하지만 로크의 본격적인 교육사상은 『인간오성론, 1690』이 아니라 경험론적 철학을 배경으로 한 『교육론, 1690』에서 제시되고 있는데, 로크에 의하면 교육에는 체육, 덕육, 지육의 세 측면이 있다. 교육의 목적은 신체의 건강과 덕성 및 지식에 있다고 보았기 때문이다. 그러므로 로크사상에서의 교육이라는 것은 훈련을 통하여 습관을 형성시키는 것을 말하며, 지식의 원천은 생득적(유전적)으로 타고나는 것이 아니라 외부 환경에서 체득되는 이성이다.

　　로크가 『교육론』을 쓰게 된 배경은 당시의 영국사회가 근대교육의 관심이 활발하게 일어났고 계몽교육이 초등학교에서부터 시작되어 중등학교과정에서는 본격적으로 다루어지면서 교육받은 신사(젠트리 계급)들이 왕권을 견제하는 시민계급으로 떠올랐기 때문이었다. 따라서 시민사회를 선도할 수 있는 '신사'의 양성이 교육의 주된 과제라는 생각은 로크를 비롯한 당시의 지식층들의 공통된 인식이 되었다.

　　이 책은 로크가 정치적으로 네덜란드로 망명하여 생활하였던 1683년부터 1685년까지의 시기에 친구였던 클라크(Edward Clarke)가 그의 아들을 교육하기 위해 요청하여 편지 형식으로 썼던 것을 기초로 저술되었다. 그러므로 로크의 다른 저서들과는 달리 로크가 새로운 교육론을 내놓았다기보다는 영국사회에서 관심을 가지고 논의되어왔던 '신사교육론'의 전통적 사상을 집대성하고 정리한 경향이 많다는 특징이 있다. 따라서 이 책은 기승전결의 맥락을 갖추고 있는 것이 아니라 앞뒤의 내용이 중복되는 부분이 상당히 있고 체계적인 서술이 되고 있지 못하다는 단점이 있다. 그뿐만 아니라 교육의 대상이 샤프츠베리 백작가문의 가정교사 경험이나 친구인 클라크의 아들을 위한 사교육 경험이 중심이 되고 있는 한계점도 있다. 그 외에도 로크는 그가 생존했던 기간 동안 뚜렷하게 교육적인 분야에서 활동한 경험도 없으므로 로크의 교육사상은 세상에 많이 알려지지 않은 요인이 되기도 한 것으로 보인다.

　　그러나 로크의 교육사상은 그의 인식론적 경험론 사상을 체계화하고 있는 『인간오성론』에서의 인간 이해에 기초한 훈련주의 교육방법을 중시하고 있다는 측면에서 보면 오늘날의 공교육현장에서도 시사하는 바가 크다고 할 수 있다. 오늘날의 교육이 지·덕·체의 세 가지 분야로 구분되고 이를 통하여 전인교육을 지향한다면 로크 역시도 같은 맥락에서 접근하고 있기 때문이다. 단지 로크의 교육 모델은 가정생활에서 품성을 갖추도록 신사교육을 하는 것에 두었고, 신체의 발달이 덕성과 지식 발달의 필수조건이라고 본다.

　　따라서 오늘날에도 영국에서는 바른 인사법과 식사 예절뿐 아니라 남녀 학생 모두에게 바느질과 다림질까지 엄격한 생활예절을 가르치는 사립중등학교가 학부모들의 각광을 받고 있는 것은 로크의 훈련주의 교육사상에 그 뿌리를 두고

있다고 볼 수 있다. 다시 말하면 로크의 『인간오성론』과 『교육론』에 기초한 영
국 신사교육은 지·덕·체의 순서가 아니라 체·덕·지의 순서를 강조한 것으로
해석될 수 있는데, 이는 로크가 의사출신이며 평생 허약한 몸으로 많은 일을 하
면서 체육의 중요성을 느꼈던 경험론에 기초한 것으로도 추론이 된다.

여기에서는 로크의 이러한 교육방법을 순서에 따라 체육론(體育論), 덕육론
(德育論), 지육론(智育論)으로 구분하여 정리하고자 한다.

첫째, 체육론은 주로 건전한 신체를 기르기 위한 유의사항으로 단련주의(훈
련주의)에 입각한 방법들이 제시되고 있다. 즉 아동은 겨울이나 여름이나 얇은 옷
을 입혀 추위와 더위에 대한 저항력을 기르고, 음식물은 빵과 우유가 가장 좋으
며, 독한 술이나 쓴 음식은 주지 말아야 하며, 약은 되도록 먹이지 않아야 하고
수면은 딱딱한 침대에서 일찍 재우고 아침 일찍 일어날 수 있도록 습관을 기르는
것이 좋다는 견해를 나타내고 있다.

둘째, 덕육론은 자신의 욕망을 억제하고 이성에 따라 행동하게 하려면 아동
에게 정욕(情慾)을 누르고 자연의 이치에 합치하도록 하는 방법들을 사용해야 한
다고 제시하고 있다. 아동은 이성이 발달하지는 못한 존재이기 때문에 부모는 권
위를 가지고 부모에게 복종하는 행동을 가르쳐야 하고, 예법은 외형으로 갖추는
것보다는 마음에서 시작되는 친절과 겸손이 나타나도록 습관을 길러야 하는데
이를 위하여 체벌이 아니라 신뢰심과 존경심으로 교육해야 함을 제시한다. 이러
한 견해는 그의 성장과정에서의 경험과도 상통한다.

셋째, 지육론은 체육과 덕육(도덕 체육)으로 신체와 마음이 단련된 후에 시작
하는 것으로서 단순히 고전에 편중된 암기방식의 교육은 좋지 않다고 지적한다.
그 이유는 학식이 많은 사람도 덕이 없으면 존경을 받을 수 없다는 점에서 지육
은 덕육의 수단으로 보았기 때문이다. 로크가 제시하는 지육의 내용을 보면 오늘
날의 학습 교과목과 유사하게 다양하고 백과전서적인 교과목들이 신사양성에 필
요하다는 견해를 보였다. 이러한 로크의 교육사상은 루소의 교육서인 『에밀
(Émile)』의 본문에서도 여러 군데에서 인용이 되고 있다. 그러나 루소의 교육사
상은 로크와는 달리 자연주의적 교육론이라는 점에서 대조를 이룬다.

제2절 버클리의 경험론적 관념론사상

1. 버클리의 생애배경

버클리(George Berkeley, 1685~1753)는 남부 아일랜드의 킬케니(Kilkenny) 지역에서 영국계 혈통으로 태어나 킬케니 칼리지를 거쳐 15세(1700년)에 더블린(Dublin)에 있는 트리니티 칼리지에 입학한 후 학사·석사·연구원으로 생활하면서 데카르트·뉴턴·존 로크 등을 공부하고 그곳에서 성공회의 성직자가 되었다. 1713년에는 런던으로 와서 두 차례에 걸쳐 유럽여행과 아메리카의 북동부지역인 로드 아일랜드(Rhode Island) 등을 돌아보고 아메리카의 인디언들을 기독교도로 만들려는 포부를 가지고 영국정부의 지원을 신청하였지만 실패하였다.

버클리는 1728년에 대법원장의 딸이었던 앤과 결혼하여 1729년부터 1731년까지 영국 식민지였던 북미지역에 체류하면서 저술활동을 하였는데, 이로 인하여 그는 북미철학의 제기자로 불리기도 한다. 그는 당시 가지고 있었던 많은 책과 부동산을 뉴헤이븐대학(University of New Haven, 현 예일대학)에 기증하였는데, 이것은 후일에 예일대학 출신들이 캘리포니아에 대학을 설립하면서 그의 이름을 따서 '버클리대학(University of California, Berkeley)'으로 명칭하게 된 계기가 되었다. 그 후 아메리카를 떠나 1734년까지는 런던에서 살면서 주교가 되어 남부 아일랜드 클로인의 교회감독으로 18년간 생활하였으며 은퇴 후에는 옥스퍼드로 왔으나 그 이듬해인 1753년에 68세의 일기로 사망하였다.

영국 경험론 철학의 사조로 보면 버클리는 로크와 흄(David Hum, 1711~1776)의 사이에 위치한다. 따라서 버클리는 로크의 영향을 받았지만 로크를 비판하는 것에서부터 철학을 시작하게 되며, 결국 영국 경험론은 흄에 이르러 더욱 세련되어진 것으로 볼 수 있다.

2. 버클리의 경험론적 관념론사상 체계

버클리는 로크의 경험론적 인식론이 경험론의 입장에서 보면 미흡한 점이 많다는 점과 로크가 '관념'을 구체적으로 정의하지 못하고 추상적으로 설명하고 있다는 점을 비판하였다. 이러한 그의 비판은 어떻게 보면 로크보다 앞선 시기의 홉스나 베이컨의 사상에까지도 맞닿아 있다고 할 수 있다. 즉 베이컨은 후기 스콜라철학의 사상이었던 아리스토텔레스의 권위를 반대하고 경험적 탐구방법을 강조하였고 그 뒤의 홉스는 갈릴레이의 운동의 법칙(뉴턴의 운동의 법칙의 토대가 되는 관성, 속도, 가속도의 개념이 포함된 물체의 운동법칙)에 감명을 받아 기계론적 유물론에 입각해 감각을 인식의 기초로 간주하였다.

이러한 홉스의 사상이 로크에게 받아들여진 것이다. 다시 말하면 로크는 감각과 내성의 경험적 통로를 통하여 단순 관념(idea)이 발생한다고 했지만 이 관념들이 곧바로 지식이 되는 것이 아니라 또다시 복합관념(추상관념)이 만들어지고 난 다음, 그 관념들의 불일치와 일치의 정도를 지각함으로써 지식이 만들어진다고 한 것이다.

그러나 버클리는 로크의 '관념'을 사용한 지식체득의 용법을 계승하면서도 추상적이고 복합적인 관념의 성질들은 배제하려고 한다. 왜냐하면 추상적인 관념을 사용하면 감각의 주관성을 인정하게 되어 외부 사물에 관한 확실한 지식을 소유할 수 없다는 모순성을 지적한 것이다. 따라서 버클리는 베이컨이나 홉스, 로크보다도 순수한 경험적 원리를 철저하게 관철하여 외계의 존재를 부인하고 사물은 오직 관념의 결합에서만 존재하는 내면세계에서만 인식될 수 있다고 하였다. 즉 버클리는 로크가 관념을 사용한 지식에서 인간의 감성적 지식의 오류로 지적하고 있는 감각의 느낌, 듣는 것, 보는 것, 만지는 것 등에서 발생하는 내부세계의 실재를 더 중요시하는 인식론을 보인 것이다. 이는 어떻게 보면 로크가 경험론자이기는 하지만 감각에 의한 지식을 경시하고 있는 것에 대한 반론인 셈이다.

이러한 버클리의 사상은 그의 저서인 『새로운 시각이론에 대한 논문(An essay towards a new theory of vision, 1709)』, 『인간 지식에 관한 원리론(A treatise concerning the principles of human knowledge, 1711)』, 『하일러스와 필로너스간의 세 가지 대화(Three dialogues between Hylas and Philonous, 1713)』 등에서 살펴볼 수 있다.

버클리가 주장하고 있는 존재는 지각을 통해서 생긴 관념에서만 파악될 수 있다는 것이 되는데, 그가 제시한 또 하나의 개념은 이 세계에는 관념만이 있는 것은 아니고 '정신'이라고 하는 능동적 실체가 있다는 것이다. 이것은 능동적인 '정신'에 의해서 수동적인 '관념'이 사물을 지각한다는 관념과 정신과 실체가 일원론(一元論)이라는 입장이 된다. 즉 버클리의 관념론은 지각을 통해 생겨나는 것이 관념이며, 그것은 정신 속에 있으므로 실체는 정신을 떠난 존재가 아니라는 견해이다. 그러므로 플라톤이 말하는 전통적 관념론에서 관념이 정신을 떠나서 실제성을 지닌다고 보는 객관적 관념이 아니라 버클리가 말하는 '관념'은 '주관적 관념'의 개념이 되는 것이다. 따라서 버클리의 관념론은 객관적이 아닌 정신과 일체된 주관적 관념론(Subjective idealism)이라고 불린다. 왜냐하면 버클리는 실재를 주관과 주관이 가지는 관념으로 환원하고 있기 때문이다.

한편 철학에 있어서 실재와 대비되는 이러한 관념은 19세기 초에 이르면 독일에서 칸트의 비판적 관념론에 근거하여 피히테, 셸링, 헤겔 등이 각각 특유한 관념론 체계를 구성했는데 주관적 관념론자인 버클리와 대립한다는 의미에서 보면 전체적으로 이들은 객관적 관념론자들이라고 볼 수 있다. 특히 칸트의 비판철학은 비판적 관념론 또는 형식적 관념론, 선험적(초월적) 관념론이라고도 하는데, 인식의 근거를 객관(실재) 속에서 구하려 하지 않고, 주관(관념)에서 구하려 한다는 점에서는 관념론에 속하지만 인식을 개개의 경험적 주관을 근거로 하지 않는다는 점에서는 버클리 등의 주관적 관념론과는 구별된다.

제 3 절 흄의 경험론적 회의론사상

1. 흄의 생애배경

흄(David Hume, 1711~1776)은 영국의 스코틀랜드[7] 에딘버러(Edinburgh) 지

---

7) 흄이 태어나기 4년 전(1707년) 스코틀랜드 지역은 연합법을 통해 영국에 종속되었다. 따라서 흄의 기본적인 정치적 입장도 스코틀랜드 독립에 있었는데, 스코틀랜드는 1999년에 스코틀랜드 의회가 부활되어 그 자치권이 확장되었으며, 2011년 5월 스코틀랜드 의회 선거에서 완전한 분리독립을 주장하는 스코틀랜드 국민당이 과반수를 차지하면서 분리독립의 가능성이 높아졌다. 한편, 현재의 영국(United Kingdom)은 잉글랜드, 스코틀랜드, 웨일즈, 북아일랜드로 연

역인 나인웰스(Ninewells)에서 소지주였던 아버지 조지프 흄(Joseph Hume)과 스
코틀랜드 고등민사법원장이었던 데이비드 팔코너(David Falconer) 경의 딸이었던
어머니의 캐서린의 슬하에서 태어났다. 흄은 두 살 정도에 아버지가 사망하였으
나 어린 막내로서 재산상속을 받지 못하고 남들보다 이른 나이인 12살에 에딘버
러대학(University of Edinburgh)에 입학(당시 대학 입학 나이는 14살 정도였음)하여 3
년 정도 수학하였으나 학위과정을 마치지는 않았다. 그러나 에딘버러대학 시절
에 흄은 그리스어, 논리학, 형이상학, 자연철학(물리학), 윤리학, 수학 등을 공부하
면서 기초적인 학문적 소양을 갖출 수 있었고 특히 로크(John Locke)와 뉴턴(Isaac
Neton, 1643~1727)의 저서를 탐독하였다. 이것은 흄이 역사가, 경제학자로도 불리
지만 영국 경험론철학자로서의 명성을 얻게 된 바탕이 되었다고 볼 수 있다.

흄은 3년간의 에딘버러대학 과정 이후에는 변호사가 되기 위하여 집에서 법
률학 공부를 하면서 지내다가 18세 즈음부터는 철학 공부에 전념하게 되는데 그
의 최초의 저서로서 『인간본성에 관한 논고』로도 번역되는 『인성론(Treatise on
Human Nature, 1739)』은 그의 나이 28세 즈음에 출간한 것이므로 에딘버러대학에
서 집으로 돌아온 후 10년간의 결실이라고 할 수 있다. 그러나 20대의 그의 인생
에서도 어려움은 있었는데, 지나친 학구열로 건강을 해치기도 하고 방황하는 시
기를 보내게 되었던 것으로 보인다. 예를 들면, 삼촌의 시골집을 돌보는 하녀가
사생아를 낳았는데 그 아이의 아버지가 흄이라는 소송을 걸어와 교회재판을 받기
도 한 것이다.

이러한 일을 연유로 흄은 1734년(23세)에 스코틀랜드를 떠나 잉글랜드 서쪽
항구도시인 브리스톨(Bristal)로 가서 설탕 도매상에서 사무직으로 잠깐 일하였으
나 고용주와의 갈등으로 그만두고 프랑스로 가서 은둔하면서 『인성론』을 저술하
는데 몰두하였다. 프랑스에서 3년간을 보낸 후 1737년에는 스코틀랜드로 돌아와
저술활동을 하면서 에딘버러대학의 사서로 일하기도 하였으며, 두 차례에 걸쳐
에딘버러대학의 도덕철학 교수직에 지원했지만 무신론자라는 여론에 부딪혀 실
패하였다. 에딘버러대학의 교수임용에 실패한 후 흄은 런던으로 와서 아난달 후

방형태로 구성되어 있다. 그리고 아일랜드 섬의 남쪽의 아일랜드(Ireland)는 에이레(Eire)공화
국으로 1949년에 독립하였다.

작(Marquis of Annandale)의 가정교사로 일하기도 했으나 정신병력이 있었던 아난달 후작은 1년 만에 그를 해고 시켰다. 그 후 먼 친척인 세인트 클래어 장군의 비서로 일하면서 집필활동을 계속 할 수 있었다.

1750년(39세)경에는 또다시 고향인 스코틀랜드의 나인웰스에 돌아와서 에딘버러 변호사협회의 도서관에서 사서로 일하면서 영국 역사서를 쓰게 되었는데, 『율리우스 케사르의 침입에서부터 1688년 혁명까지의 영국 역사서』 6권은 출판되자마자 그의 명성을 높였다. 아울러 판권으로 인한 인세수입이 엄청나서 경제적으로도 흄은 안정되었다.

1763년(52세)에 흄은 파리 주재 영국 대사의 비서관으로 임명되어 파리에서 거주하게 되면서 대륙에서도 명성을 얻게 되었는데, 이때 파리의 계몽운동철학자들은 그의 명성을 알아보고 우대했으며, 이 때는 그가 부프르스 백작부인과 사랑을 나누기도 한 시기였다. 1766년(55세)에는 프랑스를 떠나 영국으로 돌아왔는데, 귀국길에 당시 프랑스에서 핍박8)을 받고 있었던 동년배 루소(J. J. Rousseau, 1712~1778)와 동행한 일은 유명한 에피소드가 되었다. 당시 루소는 계몽주의 철학자로서 명성을 얻고 있었지만 프랑스의 많은 계몽주의 철학자들로부터는 신망을 얻지 못하고 있었는데, 흄은 친구였던 베르데린 부인의 부탁을 받고 루소와 같이 프랑스의 칼레(Calais) 항구도시에서 영국 도버(Dover)로 가는 배를 타게 된 것이다. 영국에 와서는 약 2년 동안 루소와 같이 지내면서 친밀하게 지냈으나 영국에서도 루소는 또다시 비난을 받게 되는 사건이 발생하자 그것을 흄의 음모라고 생각하고 말도 없이 1767년에 프랑스로 돌아가 버린 것이다. 이 사건은 당시의 유럽 지식인들의 모임장소였던 커피하우스나 살롱에서 회자되었다.

1767년(57세)에 흄은 런던에서 외무성(국무성) 차관이 되어 2년간 직무를 수행한 후 1769년에 다시 고향인 스코틀랜드의 에딘버러(Edinburgh)로 돌아와 그간의 저서들을 수정하고 보완하면서 지내게 된다. 이 시기에는 인세수입 등으로

---

8) 루소는 스위스 제네바 출신으로 30세 정도에 파리로 나와서 디드로 등의 '백과전서파' 문인들과 교우를 맺고 많은 출판을 하였는데, 그 중에서 『에밀(Emile, 1762)』은 아동중심교육서로 명성을 얻었다. 그러나 같은 프랑스 계몽철학의 대표자이며, 프랑스혁명에 영향을 미친 볼테르(1694~1778)가 『시민들의 견해』라는 소책자를 발행하여, 루소가 실제로는 자식들을 고아원에 버린 위선자라는 점을 비난하였다.

부유한 생활을 하면서 지낼 수 있었는데, 같은 스코틀랜드 출신의 아담 스미스 (Adam Smith, 1723~1790)가 흄을 찾아와 교류가 이루어지게 된다. 아담 스미스는 흄의 아이디어를 기초로 『국부론, 1776』을 쓰고 원고가 완성되자 가장 먼저 흄에게 찾아와 보인 것으로 알려지고 있다. 고향에서 보낸 흄의 말년은 결혼은 하지 않았지만 다양한 연회와 토론회를 열며 외롭지 않게 보낼 수 있었다. 아울러 그의 마지막 저서 작업에도 몰두했는데 『자연종교에 관한 대화(*Dialogues Concerning Natural Religion*)』와 『흄 자서전(*The Life of David Hume, Esquire, Written by Himself*)』 등이 그것이다. 흄의 자서전은 1776년 8월 25일에 65세의 나이로 흄이 죽은 후 1777년에 발간되었는데 그 완성날짜가 1776년 4월 18일로 되어 있다. 그리고 『자연종교에 관한 대화(1779)』는 흄의 유저(遺著) 관리자였던 아담 스미스가 발간하기로 되어 있었으나 시대적인 상황을 고려하여 출판을 미루게 되자 흄의 조카에 의해 출판이 되었다.

2. 흄의 경험론적 회의론사상 체계

흄(D. Hume)은 영국의 경험주의를 완성하고 그 한계를 지적한 철학자인데, 경험론적 방법을 사용하여 회의론적인 그의 철학을 전개하였다. 따라서 그의 철학은 '경험적 회의론' 혹은 '회의론적 경험론'이라고 한다. 베이컨과 홉스에 의해 시작된 영국 경험론을 존 로크가 이론적으로 창시했다고 보면 그 뒤의 버클리는 로크가 제시한 '관념' 중에서 추상적 관념을 비판하면서 '관념론적 경험론'을 정립하였다고 볼 수 있다. 그런데 버클리의 '관념론적 경험론' 역시 흄의 시기에 오게 되면 한층 더 세련되어 경험론적으로 나아가 완성되기에 이르는데, 흄은 버클리가 사용한 경험론적인 관념론을 사용함으로써 주관적 관념론의 견지를 더욱 확고히 한 것이다.

다시 말하면 로크와 버클리와 마찬가지로 흄의 견해에서도 데카르트가 제시했던 본유관념(ideae innatae)은 없다. 모든 지식은 본유관념이 아니라 관념을 형성하는 경험에서 유래한다고 보는 것이다. 이는 데카르트의 본유관념과 경험론자들의 경험에 기초한 관념이 같은 주관적 관념론이라고 하더라도 차이가 있는 것이다. 그리고 버클리의 주관적 관념론이 흄에 이르게 되면 '관념' 이외에도 '인

상(impressions)'이라는 새로운 개념이 나타나게 되며, 인식론적으로 '인상'이 중
요한 역할을 하게 된다고 주장을 하는 것이다. 즉 단순히 관념보다도 인상이 지
각과 더 밀접하게 연관된다고 보는 관점이다. 흄은 '인상'을 통하지 않은 관념은
있을 수 없다고 하였으며, 인상은 사람들이 보고, 느끼고, 사랑하고, 미워하고,
무엇인가를 바라거나 의지를 행사할 때 생기는 것이므로 관념보다는 생생하다
(lively)고 본다. 이에 비하여 관념은 인상(impressions)의 복제물(copies)이기 때문
에 간접적이며, 경험을 회상하거나 상상력(imagination)을 가동할 때 그 대상이
되는 것이다. 이처럼 흄은 인간의 인식이 오로지 인상과 관념의 범위 내에서 이
루어지고 있는 이상, 그것의 외부에 객관적 실재가 존재하는지는 간단히 알 수
없다고 보는 불가지론(Agnosticism, 不可知論)의 입장을 취한다. 이는 유물론과는
상반되는 주관적 관념론 중에서도 회의적인 인식론이다.

흄도 버클리와 마찬가지로 관념을 단순관념과 복합관념으로 구분하는데, 이
때 단순관념은 모두 단순인상에서 오는 것으로 말하고 있고, 복합관념은 단순관
념들의 복합물로 설명이 되고 있다. 흄은 이처럼 인상이 관념으로 전환되는 과정
은 회상(기억)과 상상력으로 구분하면서 로크와 비슷하게 인상도 단순인상
(Simple impression)과 복합인상(Complex impression)으로 나눈다. 즉 인상이 단순
한 요소로 분해될 수 있으면 단순인상이며, 분해가 되지 않는 것은 복합인상이라
고 본 것이다. 그리고 흄은 인상을 느낌(feeling)과 같은 것이고, 감각(sensation),
정념(passion), 감정(emotion or affection) 등이 포함된 개념이라고 보았다.

흄은 사유와 탐구의 대상을 관념의 관계(relations of ideas)로 파악하는데, 이
말은 사람들이 자연현상에 대하여 원인과 결과의 인과율(causality)이 지배하고
있다고 생각하는 것과 같은 맥락이다. 인과율이란 원인과 결과 사이의 '필연성'
이 있다는 관념을 전제한 것이다. 그렇다면 흄에 있어서는 관념이 인상의 복제물
이기 때문에, 어떤 인상이 필연성의 관념에 제공되는지가 중요하게 된다. 이러한
물음에 흄은 필연성의 관념에 대응할 만한 인상이 없다는 것이었는데, 이것은 인
과론의 문제에서 회의론적 방법을 사용하는 것을 의미한다. 따라서 흄은 관념에
있어서 인과론은 일종의 습관에 의해 귀납적으로 확립된 개연성에 불과하다고
생각한 것이다. 원인과 결과의 관계에는 필연적인 원칙이 있는 것이 아니라 원인

과 결과에 대한 경험이 인과율이라는 비교적 강한 개연적 법칙이 생긴 것이기 때문에 필연성보다는 개연성에 가깝다고 회의론적으로 생각한 것이다.

흄은 회의론을 선행하는 회의론과 결론적 회의론의 두 가지로 구분하였는데, 데카르트가 "나는 생각한다. 고로 존재한다."고 했던 방법론적 회의를 '선행하는 회의론'으로 부르고 그 자신의 회의론을 '결론적 회의론'이라고 하였다. 흄은 데카르트가 인간의 인식능력 자체를 회의했기 때문에 극단적이며, 자신의 회의론은 그보다 완화된 형태의 결론적 회의론으로 규정한 것이다. 흄은 극단적 회의론자들과 마찬가지로 인과관계의 필연성을 부정하기는 하지만, 단순히 부정하는 것에 머무는 것이 아니라 사람들이 외부대상이 존재한다고 믿는 이유와 원인과 결과가 필연적으로 연결되어 있다고 믿는 근거가 무엇인지를 경험적 원리에 따라 해명하려고 한 것이다.

흄이 해명하려고 하는 경험적 원리는 본유관념의 존재를 인정하고 경험으로 기인하지 않는 인식의 가능성을 인정할 뿐만 아니라 형이상학적인 주제들을 비경험적으로 탐구하는 데카르트의 합리론에서의 주관적 관념이 아니라 모든 지식(인식)은 경험에서 비롯되는 '인상'들의 모사(복제물)인 관념에서 나오는 것이라는 관점의 인식론이다. 따라서 흄의 회의론적 경험론에서는 경험에 근거하지 않은 도덕이나 신의 존재도 부정한다. 이러한 점은 신의 존재를 인정한 로크와 버클리와는 다른 보다 철저한 경험론자로 볼 수 있게 한다. 흄이 만년에 저술한 『자연종교에 관한 대화』혹은『종교의 자연사』는 흄이『인성론』과『인성론』의 재작성 및 확장본으로 출간한 『인간오성에 관한 연구(An Enquiry Concerning Human Understanding), 1758』에서 전개했던 인과율의 필연성 회의론을 신학적으로 비판한 책이다.

그리고 흄은 도덕에 관한 학설에서는 이른바 도덕감각학파(moral sense school)에 속한다. 도덕감각학파는 18세기 영국에서 윤리사상가들을 말하는데 이들은 도덕적인 선악, 행위의 옳고 그름 등을 판정할 때 인간에게 갖추어진 도덕감각 또는 감정의 존재를 인정하고 있다. 흄은 도덕의 밑바닥에 '공감(sympathy)'을 배치하고 공감으로 인해서 상호 간에 주고받는 쾌락과 고통의 감정과 상호 간에 도덕성을 판정하여 받아들이거나 비난하는 감정을 얻게 된다고 보았다. 이러한 흄의 윤리학설은 그의 저서『인성론, 1739』제3권과 그 책의 개작인『도덕원리에 관한 연구(*Enquiry Concerning the Principles of Morals*, 1751)』에서 살펴볼 수 있다. 흄의 이러한 견해는 그의 영향을 받았던 애덤 스미스가 1759년에 발표한 『도덕적 정서의 이론(*Theory of the Moral Sentiments*)』에서도 이어졌다.

17~18세기의 경험론적 계몽철학 요약

　　근대의 계몽주의사상의 양대 조류인 경험론과 합리론 중에서 영국을 중심으
로 17~18세기에 전개된 경험론적 계몽철학을 요약하여 정리하면 다음과 같다.

　　프란시스 베이컨(Francis Bacon, 1561~1626)은 프랑스의 데카르트와 더불어
'근대철학의 아버지'로 불리며, 그의 저서 『수상록』이 유명하여 '수필의 아버지'로
도 불린다. 그는 영국 런던에서 법률가이며 정치가였던 니콜라스 베이컨(sir
Nicholas Bacon, 1510~1579)의 둘째 아들로 태어나 변호사로 활동하면서 저술을
한 철학자이다. 주요 저서로는 『수상록』 혹은 『수필집(*Essays*)』(1597), 『신기관
(*Novum organum*)』(1620)[1] 등이 있다. 베이컨은 중세의 스콜라철학을 부정하고
"이돌라(idola)라는 선입견이나 편견을 버리라."고 주장하여 두 개의 전제로서 하
나의 결론을 이끌어 내는 연역적 추리방식인 스콜라식 삼단논법(syllogism)을 비판
하였다. 삼단논법이 인간이 지성에 접근하는 것을 방해한다고 본 것이다. 그가 『신
기관』 혹은 『새로운 논리학*(Novum organum)*』에서 정신(마음)의 오류를 가져오는

---

1) 신기관은 그의 저서 『노붐 오르가눔』을 말하는데, 스콜라철학에서 이용된 아리스토텔레스의
　논리학 연구인 『오르가논(*Organon*)』을 비판하고 신시대의 과학, 기술의 요구에 부응한 새로운
　방법을 주장했기 때문에 '신기관'이라고 했으며, 4대 우상론을 제시하였는데 '신기관'은 '새로
　운 논리학'이라고 할 수 있다.

것으로 주장한 네 가지의 우상(이돌라)은 인간의 자기중심적이며, 공통적 선입견인 착각 등의 '종족의 우상', 동굴처럼 좁은 곳에서 세상을 보는 편견의 '동굴의 우상', 시장에서 다른 사람의 말에 따라가는 경향의 '시장의 우상', 스크린 중독이나 이미지 중독 등의 '극장의 우상'을 말한다.[2]

로크(John Locke, 1632~1704)는 영국의 서머셋(Somerset) 주 링튼(Wrington)에서 변호사이며 청교도(Puritan)인 아버지에게서 태어났으며, 주요 저서로는 1690년의 『인간오성론(*An Essay Concerning Human Understanding*)』과 『통치론 두 편(*Two Treaties of Government*)』이 있다. 이 중에서 통치론은 영국의 청교도혁명과 명예혁명, 미국의 독립선언과 프랑스혁명의 사상적 기초가 된 것이다. 통치론은 『정부론』 혹은 『시민정부론』으로도 불리는데, 로크에 따르면 국민은 통치자에게 자신들의 자연권(자기보존권, 처벌권)을 잠시 신탁하지만 언제든지 그 신탁은 철회할 수 있는 권리가 있다고 보았다. 그는 『인간오성론』에서는 인식론을 주장하였는데 "처음 인간(아동)의 심리는 한 장의 백지(Tabula Rasa)와 같다."고 말하였다. 결국 백지는 경험에 의해서 채워진다고 보았다는 측면에서 경험론의 아버지로도 칭하여진다.

버클리(George Berkeley, 1685~1753)는 아일랜드의 킬케니(Kilkenny) 토머스타운 다이사트 성에서 영국계 프로테스탄트 귀족의 아들로 태어나 주로 성직생활을 하였으며, 미국의 포교에도 뜻을 두었던 사람이다. 주요 저서로는 1709년의 『시각신론(*An Essay Towards A New Theory of Vision*)』과 1710년의 『인간지식의 원리에 관한 논고(*A Treatise Concerning the Principles of Human Knowledge*)』가 있다. 그의 철학적 견해는 어떤 물체도 그것이 자신에게 지각되어 자신의 관념으로 환원되지 않는 한 스스로는 존재할 수 없다는 주관적 관념론(subjective idealism)에 있다.

흄(David Hume, 1711~1776)은 스코틀랜드의 에딘버러(Edinburgh)에서 지방 귀족의 아들로 출생하였으며, 회의론자로서 경험론을 더욱 확장한 인물이다. 주

---

2) 베이컨이 『과학의 신오르가논(*Novum Organun Scientiarum*)』의 1부에서 다룬 우상론은 '종족의 우상'이 인간 본성 자체에 내재한 것이며, 나머지 셋은 후천적인 것으로 비판적 인식을 통하여 극복될 수 있다고 보았다.

저로는 1739년의 『인성론(*A Treatise of Human Nature*)』이 있다. 그의 철학적 사상은 인성론에서도 나타나듯이 인간학적 탐구는 모든 다른 학문의 체계를 위하여 기초가 되며, 인간학은 확고한 경험적 바탕에서 시작되어야 한다는 것이었다. 그는 인상(impression)을 모든 인식의 기원으로 보고 인상에 대응하지 않는 물질의 실재성이나 정신의 실재성도 회의적으로 보았으므로 철저한 경험론자이다. 따라서 영국의 경험론자들은 인간의 후천적인 감각기관인 시각, 후각, 미각, 촉각을 통해서 얻어지는 경험적 지식을 강조한 것으로 볼 수 있다. 이는 동양의 기철학(氣哲學)적 경향과 통하는 시상이다.

제**4**편

17~18세기의
합리론적 근대계몽철학

제 9 장

데카르트의 합리론 계몽철학

제 1 절 합리론철학의 배경과 몽테뉴의 합리사상

1. 프랑스합리론철학의 배경

데카르트가 태어난 1596년 직후의 프랑스는 부르봉 왕조의 시작인 앙리 4세 (Henri Ⅳ, 1589~1610 재위) 시기로서 영국보다는 거의 1세기가 늦었지만 유럽에서는 가장 대표적인 절대왕정이 이룩되었던 시기에 해당된다. 아울러 1517년 10월 31일에 독일의 마르틴 루터가 비텐베르크(Wittenberg)의 성곽교회인 슐로스키르헤(Schlosskirche, 만인성자 교회) 대문에 가톨릭 종교를 비판하는 95개 조항 (Ninety-five Theses)을 라틴어로 써서 붙임으로써 시작된 종교개혁도 프랑스에서는 늦게까지도 확산되지 못하였고 여전히 구교도(가톨릭교도)의 세력이 강하였다. 따라서 16세기까지도 프랑스에서는 교황권과 왕권이 강력하였고 이는 프랑스의 근대적 국가화에도 장애요소로 작용하게 되었다.

유럽에서 신-구교파 간의 종교전쟁은 유럽 각국에서 일어나 그것이 결국 절대왕정체제의 근대국가를 구축하게 되는 계기로 작동하게 되었지만, 프랑스에서는 이마저도 비교적 늦게까지 종교전쟁이 종식되지 않았기 때문에 불가능하였다. 즉 독일에서는 루터파가 중심이 되어 구교도인 가톨릭파와 종교전쟁을 통하여 신앙의 자유를 인정하는 근대국가를 열게 되었다면 프랑스에서는 그보다 늦게 칼뱅의 종교개혁사상을 지지하는 신교도(위그노)들이 구교도와의 전쟁에서 승리함으로써 신앙의 자유를 얻게 된 것이다. 그러나 프랑스의 경우에는 종교전쟁 종식 이후에 오히려 강화된 절대왕정의 폐해가 또다시 프랑스 대혁명의 원인으로 작용하게 되는 역사적 흐름으로 이어졌다.

즉 프랑스의 종교개혁은 1562년에서 1598년까지 이어진 36년간의 '위그노(Huguenot)전쟁'으로 설명이 될 수 있는데, 이 기간 동안 프랑스 내에서는 신교도와 구교도가 몇몇 권력가 세력들과 합세하여 전쟁을 일삼았다. 결국, 신교도파인 부르봉 가문 출신의 앙리 4세(Henri IV, 1589~1610 재위)가 왕위에 올라 프랑스 내에서 가톨릭교 외에도 칼뱅주의 개신교의 위그노교도의 종교를 인정하는 낭트칙령(1598)[1]을 발표함으로써 프랑스의 종교전쟁이 끝난 것이다.

따라서 데카르트가 활동하였던 시기는 프랑스 내에서 종교전쟁이 종식되고 비교적 구교체제의 억압적 사유방식에서 어느 정도 벗어나 인간의 이성에 바탕을 둔 사고의 출발을 예기(anticipation)했던 시대라고 볼 수 있다. 이는 인간 이성에 기초를 둔 합리적인 사유방식을 추구하게 되는 시대로 접어들게 된 것이며, 바로 데카르트보다 한 세대 앞선 베이컨(1561~1626)의 활동과도 비교가 될 수 있다. 즉 영국 엘리자베스 1세 여왕이 선-구교도 간의 종교적 갈등을 완화시키고 로마 가톨릭교회와 개신교회 중간 형태인 성공회(영국국교회)방식으로 종교개혁을 마무리한 이후 시기에 베이컨이 인간의 경험에 기반을 둔 경험론 철학을 제시한 것과 같은 맥락인 것이다. 그러나 프랑스 내에서의 합리론적인 철학의 맹아는 위그노 전쟁이 한창이었던 시기에 살았던 몽테뉴(Michel de Montaigne, 1533~1592)에까지도 올라갈 수 있다. 데카르트는 몽테뉴가 사망한 4년 뒤에 태어나 17세기 중반에 활동했다는 점에서 보면 몽테뉴의 합리론적 사유가 프랑스의 합리론의 시작으로 볼 수 있다.

---

1) 프랑스에서는 낭트칙령(1598년) 발표 이후, 데카르트의 합리론 철학을 비롯한 인간의 이성론에 바탕을 둔 사상이 발달하기 시작하였으나 태양왕이라고 불리는 루이 14세(재위 1643~1715) 시기인 1685년 10월 18일에 이르면 낭트칙령은 폐기된다. 이는 루이 14세가 왕권신수설에 근거하여 교황청으로부터 절대왕정을 지원받기 위해서였다. 이 시기에는 중상주의 정책으로 무역에 힘썼으며, 베르사유 궁전이 건설된 시기이기도 하다. 아울러 영토를 확장하기 위하여 침략전쟁을 일으키는 등으로 재정이 어려워졌고, 루이 16세 시기인 1789년에 프랑스 대혁명으로 인하여 관용칙령이 선포됨으로써 프랑스에서는 개신교가 다시 신앙적 자유를 인정받게 되었다.

2. 몽테뉴의 생애와 합리사상 체계

몽테뉴(Michel de Montaigne, 1533~1592)는 부유한 상인이었던 피에르 몽테뉴의 맏이로 태어나 어릴 때부터 라틴어 공부와 법률 공부를 하여 법원에서 심사관을 하면서 저술활동을 하였다. 1568년에 아버지가 세상을 떠나자 그는 몽테뉴 성을 물려받았고 37세이던 1570년에는 고등법원 심사관 자리를 내놓고 몽테뉴 성으로 은퇴하여 저술을 하면서 지내다 1592년 9월에 59세의 나이로 사망하였다. 그러나 저술을 하면서도 파리 궁정에 자주 드나들면서 정치적 영향력을 발휘하기도 했는데, 1573년에는 발루아왕조의 마지막 왕이자 가톨릭교도인 앙리 3세(Henry III, 1574~1589 재위)의 시종이 되었으며, 1577년에는 신교도 지도자인 앙리 4세(Henri IV, 1589~1610 재위)의 시종이 되기도 하였다. 이는 몽테뉴가 가톨릭교도이면서도 신교도를 적대시하지 않았던 것을 말해준다.

이러한 몽테뉴의 행적에서도 알 수 있듯이 몽테뉴가 활동한 시기는 프랑스 내에서 신－구교도 간의 종교전쟁(위그노 전쟁)이 진행 중이었고 몽테뉴는 신교도와 구교도에 치우치지 않고 비판적인 견지를 유지하였다. 몽테뉴의 사상은 그의 대표적인 저서인 『수상록(Essais, 隨想錄)』에서 찾아볼 수 있다. 전체 3권으로 되어 있는 이 책은 다양한 주제를 대상으로 자신의 생각을 성찰한 107개의 에세이가 수록되어 있는 방대한 양의 규모이다. 수상록에는 많은 위인들의 글들이 인용되어 있고 자신의 아버지가 아들 몽테뉴를 대상으로 교육하는 장면도 담고 있는 성찰집이다. 책 속에서 드러나는 핵심적인 사상은 불안했던 시대 상황에서 평화에 이르기 위한 수단적 사유방식으로서의 회의론이라고 할 수 있다. 몽테뉴는 47세이던 1580년에 1권과 2권을 출간한 이후에 55세이던 1588년에 3권을 발간하였으며, 평생에 걸쳐 이를 수정하였다. 이러한 몽테뉴의 사상은 스콜라철학에서의 신 중심 사고를 벗어나 인간 이성에 기초한 사유방식으로 전환하고 있다는 점에서는 프랑스 합리론 철학의 배경이 되었다. 그리고 영국 경험론 철학을 정립한 베이컨보다 한 세대 정도 앞서서 근대적 정신을 제시한 것으로 평가할 수 있으므로 베이컨의 경험론이나 데카르트의 합리론에 영향을 직접적으로 미쳤다고도 볼 수 있다.

몽테뉴가 그의 저서 이름을 『에세(Les Essais)』라고 붙인 것을 오늘날에는 '수상록'으로 번역하고 있지만 프랑스어로 보면 그것은 '시험', '시도', '경험'을 의미하는 뜻인데, 그가 이러한 서명을 붙이게 된 이유는 자신에게 다양한 주제의 질문을 던지고, 그에 대한 성찰의 결과물을 담았다는 집필의도를 보여주기 위한 것이었다. 즉 '수상록'은 신화와 역사, 자신의 다양한 경험을 바탕으로 한 명제에 답을 해가는 형식으로 서술되었기 때문에 '에세이(Essay)'라는 글쓰기 장르의 원조가 된 것이다. 따라서 오늘날 '에세이'라고 하는 문학의 장르는 원래 몽테뉴가 정의한 것처럼 개인적인 사고와 경험을 성찰하는 평이한 수필[2]이라는 의미가 된다. 이에 비하여 영국의 베이컨이 몽테뉴를 본받아 쓴 영국 최초의 수필 『수상록 *(Essayes)*』에서는 몽테뉴가 다룬 주제들과는 달리 심각하고 무거운 내용을 다루고 있고, 문체에 있어서도 대체로 장중하고 위엄한 형태를 띤다.

그러므로 오늘날 수필이라고 하는 글쓰기의 형태는 자신의 생각을 자유롭게 표현한 산문문학으로서 몽테뉴의 그것처럼 일상생활처럼 가벼운 주제를 다루는 경수필(informal essay)을 의미하는 '미셀러니(miscellany)'가 있고, 베이컨이 쓴 것과 유사하게 무거운 주제(사회적 이슈)를 다루는 중수필(formal essay)로서의 '에세이(essay)'로 구분될 수 있다. 미셀러니는 주로 신변잡기를 다루기 때문에 좁은 의미에서의 수필이 되며 쓰는 기법에서도 감성적이고 정서적 특징을 띠는 가벼운 글이다. 이에 비하여 에세이는 사회적 문제 등의 주제를 대상으로 객관적이고 논리적이며 지적인 방법으로 쓰기 때문에 어느 정도의 지적인 글쓰기에 해당하며, 칼럼(column)이 짧은 에세이 형태에 속한다.

몽테뉴는 후일의 데카르트가 한 수준만큼은 프랑스 철학을 구체화시키지는 못했지만 프랑스 르네상스(근세)시기를 대표하는 철학자이며 수필가이었다고 볼 수 있다. 몽테뉴의 철학적 사유방식은 고대 그리스 시대의 철학자 퓌론(Pyrrhon)의 회의론적인 사유방식에 기초하여 인간정신이 대상을 인식함에 있어서 오류를 범하기가 쉽다는 점을 강조한 것이다. 이러한 그의 사유방식은 경험론을 주창한

---

2) 수필(隨筆)이라는 말을 처음 쓴 것은 중국 남송시대에 홍매(洪邁)가 쓴 용재수필(容齋隨筆)에서이다. 그는 이 책의 서문에서 "나는 버릇이 부지런하지 못하여 많은 책을 읽지는 못하였으나 생각나는 것을 순서를 따지지 않고 써두었으므로 수필이라고 한다."고 언급하고 있다. 우리나라에서는 박지원(朴趾源)의 연경(燕京)기행문인 『열하일기(熱河日記)』속의 '일신수필(日新隨筆)'이 그 시초로 보인다.

베이컨이나 합리론을 주창한 데카르트에게도 많은 영향을 미친 것으로 보인다.

이처럼 16세기의 유럽은 몽테뉴와 베이컨이 쓴 저서들의 명칭에서도 나타나 듯이 가톨릭과 신교도 사이의 대립, 다시 신교도 내부에서도 루터파와 칼뱅파로 나누어져 사회적·정치적·종교적 갈등이 심했던 시기에서 합리론자들은 자신이나 사회의 중요한 이슈에 대하여 질문하고 성찰하려고 하는 근대사상이 일어났던 것이다.

다시 말하면 외형상으로는 자연과학의 발달과 함께 인문주의와 문예부흥(르네상스)이 일어났지만, 실제적으로는 16세기까지도 종교적인 갈등 속에서 비이성적인 암흑기가 지속되었고 또 한편으로는 그러한 암흑기에서 벗어나 합리적인 이성의 판단을 따라가고자 하는 합리론사상이 대두되는 시대였던 것이다.

제2절 데카르트의 저서와 합리론사상

1. 데카르트의 생애배경

르네 데카르트(René Descartes, 1596~1650)는 앙리 4세(Henri IV, 1589~1610 재위) 시기에 프랑스 투렌(Touraine) 지방의 소도시 라에(La Haye)에서 브로타뉴 지방고등법원 평정법관이었던 조아셍 데카르트(Joachim Descartes)의 셋째 아들로 태어났다. 이 시기는 영국에서는 윌리엄 셰익스피어(William Shakespeare, 1564~1616)와 프란시스 베이컨(Francis Bacon, 1561~1626)이 한창 전성기에 있었던 시기이기도 하다. 데카르트는 태어날 때부터 체질이 약하였고 성인이 되었어도 키가 155cm 정도로 단신이었다고 한다. 거기에다 태어난 지 한 달 만에 어머니가 폐병으로 세상을 떠났고, 자신도 기침을 달고 살 정도로 허약해서 아침마다 제대로 일어나지도 못하는 아들을 보고 아버지는 고민을 했다고 한다. 그 결과 그의 나이 10세였던 1606년에 유대인이 관리하고 있던 라 플레슈(La Fleche) 기숙학교에 입학시키게 되었다. 다행히 데카르트는 그곳에서 1614년(18세)까지 물리학, 형이상학, 유클리드 기하학, 갈릴레이 망원경 등의 새로운 자연과학뿐만 아니라 논리학과 윤리학에 걸쳐 체계적인 교육을 받을 수 있었다.

라 플레슈를 졸업한 뒤에는 곧바로 푸아티에(Poitiers)대학에 입학하여 아버지의 권유대로 법률학을 전공하여 20세에는 법학사의 학위를 받게 된다. 그러나 그의 주된 관심은 수학이나 의학과 철학이었기 때문에 대학졸업 이후에도 아버지와 형들이 반겨주지 않는 고향으로 가지 않고 파리에서 수학적 실력을 이용해 노름판을 휘어잡으며 2년 정도를 방탕하게 살면서 보내게 된다. 그러다가 데카르트는 22세 때이었던 1618년에는 군대에 들어가 유럽 여러 곳을 가보자는 생각을 하고 구교에 속하는 네덜란드 군대에 입대하게 된다. 당시 유럽은 30년 종교전쟁(Thirty years' War, 1618~1648) 기간 중이었고, 카를 5세 이후 합스부르크 왕가의 지배하에 있었던 스페인이 네덜란드 13주에 대하여 지속적인 지배를 원했기 때문에 이에 맞서기 위한 네덜란드 공국의 모리스 드 나소(Maurice de Nassau) 군대에 자원입대하여 장교로서 근무하게 된 것이다. 군 입대의 또 다른 이유는 장교로서 당시의 앞서가던 네덜란드의 군사기술이나 항해술, 그리고 투시법, 탄도학 등에 관심이 많았기 때문이기도 하였다. 데카르트는 바로 이러한 군 생활 중에서 그의 경이로운 과학적 원리들을 착상한 것으로 나타나고 있다. 하루는 데카르트가 어떻게 하면 전쟁터에서 포탄을 퍼부을 장소를 정확히 표시할 수 있을까를 생각하다가 텐트천장에 파리가 앉아 있는 것을 보고 텐트의 천장에다 가로, 세로로 줄을 그어 바둑판 모양의 좌표축이라는 것을 처음으로 만들게 되었다.

1619년(23세)에는 구교인 가톨릭의 연맹군이었던 바이에른 공작 군대의 틸리(Tilly)백작 장군의 휘하에서 참모로 활동하면서 오스트리아의 개신교 군대를 진압하는데 참여하였으며, 그 뒤에도 또 다시 같은 가톨릭 연맹군이었던 페르디난트 2세의 군대로 옮겨 프라하 전투에도 참가하였다. 그는 전투 중에도 늘 생각에 잠겨 있었는데, 17세기의 작가인 아드리망 바이에(Adrien Baillet)의 데카르트의 전기 『*La vie de Monsieur Descartes, 1691*』에 의하면, 데카르트는 전투가 소강상태에 있을 때는 학문적인 사색을 거듭했다고 전해진다. 예를 들면 바이에른 공작 군대에서 참모로 지내면서 독일의 다뉴브 강변에서 추운 겨울을 보낼 때에도 겨울날 난로 옆에 홀로 앉아 사색에 잠겼는데, 이때 생각한 결과가 보편학 정립의 방법에 자신감을 가지게 되었다고 한다. 즉 명증한 지식을 얻기 위해서는 과거의 물리학에 대하여 그가 알고 있었던 모든 것과 기타 전통적으로 내려오는 지식은 정당한 접근법에 의한 것이 아니라 오류이므로 우선 방법적으로 의심해야 한다는 것이었다. 그리고 모든 과학의 가치와 참된 지식을 열 수 있는 확실한 증거를 찾아 어떤 출발점을 새롭게 찾자는 것이었다고 한다. 이러한 사고와 학문방법은 그의 평생에 걸친 철학적 과제가 된 것으로 보인다. 이러한 데카르트의 기계론적 자연관에 대한 결심은 그의 묘비에 새겨진 다음과 같은 글귀에서도 알 수 있다.

"그는 어느 겨울 휴식 중에 자연의 비밀과 수학의 법칙을 비교하고, 그 두 가지 신비를 하나의 열쇠로 열어 보이려는 대담한 기대를 품게 되었노라."

데카르트가 수학을 비롯한 자연과학이나 철학분야에서 탁월한 업적을 남기게 된 또 하나의 근거는 그의 비정치적이고 자기 자신의 관심사에 집중했던 생활자세에서도 찾을 수 있다. 그는 어릴 때부터 몸이 약했기 때문에 기숙학교에 다닐 때도 아침 늦게까지 침대에서 일어나지 않아도 된다는 허락을 받았고 본격적으로 연구를 한 성인기에도 하루에 10시간 이상의 수면시간을 유지하면서 주로 오후 시간에 깨끗한 머리 상태로 집중적 사고를 했다고 한다.

그는 1620년(24세)에 제대를 하여 다시 네덜란드로 돌아갔는데 이 때는 베이컨의 주저인 『노붐 오르가눔(Novum Organum)』이 출간된 해였으며, 데카르트는 이후 프랑스에서 머물면서 프란체스코 수도회의 신부이자 학자였던 메르센(Marin Mersenne, 1588~1647)과 학문적 교류를 하게 된다. 메르센 신부는 당시 학술계에서 아카데미를 운영하며 국제적인 연결망 역할을 한 인물이기도 하였는데, 데카르트의 학문적 대리인 역할을 했다. 그리고 당시 프랑스는 루이 13세(Louis XIII, 1610~1643 재위) 시기로 로마가톨릭교회의 영향 밑에서 사상적으로 자유롭지 못했기 때문에 데카르트가 32세 때이던 1628년부터는 자유로운 학문 분위기가 지배적이었던 네덜란드로 가서 그의 방법론적 저작인 『정신지도를 위한 규칙들(Regulae ad directionem ingenii)』을 집필하였다.

아울러 1629년(33세)부터는 라이덴으로부터 암스테르담까지 여러 도시로 이주하면서 개인교사생활을 병행하거나 집필생활로 평생을 보내게 되었다. 당시 네덜란드는 스페인 식민지에서 갓 벗어나 무역의 중심지로 발돋움할 때였기 때문에 비교적 사회분위기가 자유로웠던 것이다. 그리고 1635년(39세)에는 헬레나 얀스라는 하녀와의 사이에 정식결혼 없이 프란시엔(Francian)이라는 딸을 낳기도 하였으나 1640년(44세)에는 5세의 나이에 성홍열로 딸이 사망하였으며, 아버지 조아셍도 사망하였다. 이에 대한 충격으로 그는 평생을 저술에만 매달리며 54세의 나이로 죽을 때까지 독신으로 생활하게 된다.

　　그의 저술활동을 보면 네덜란드로 이주한 직후에는 코페르니쿠스와 갈릴레이가 주장한 지동설을 바탕으로 그의 자연과학적인 견해를 새롭게 진술한 『세계 (Le Monde)』가 있으나, 갈릴레이가 교황 우르바노 8세(Urbanus VIII)에 의해 종교재판에서 유죄판결을 받는 것을 보고는 출판을 미루고 철학적인 연구로 방향을 선회하게 된다. 그만큼 데카르트는 소심하고도 면밀한 성격이어서 출판을 할 때에도 서문에는 늘 다른 의견이 있는 사람은 출판사로 연락하라는 말을 남겼다고 한다.

　　그가 40대에 접어든 시기부터 데카르트는 존재론과 인식론 문제에 집중하게 되었으며, 1637년(41세)에 『방법서설』, 1641년(45세)의 『제1철학에 관한 성찰』, 1644년(48세)의 『철학의 원리』 등의 출간으로 인하여 세상에 그의 철학자적 존재가 드러나게 되었다. 이 저서들은 바로 그가 바이에른 공작 군대에서 생각하고 결심했던 결과물이었고 그가 유럽에서 영국의 베이컨에 버금가는 근대철학의 개창조로 불리게 된 계기로 작용하였다. 단지, 베이컨이 치열한 정치활동을 하면서 저술을 통하여 경험철학을 정립했다면 데카르트는 철저히 정치는 멀리하고 은둔적 생활을 하면서 저술을 했다는 차이점은 있다. 결과론적으로는 데카르트 역시 중세적인 스콜라철학에 정면으로 반대한 합리론철학의 창시자가 된 것이다.

　　데카르트는 흔히 대륙합리론(continental rationalism)의 선구자요, 창시자로 불리며, 근대철학의 아버지로 불리지만 그는 수학자이며 물리학자, 의사였고 좌표기하학(해석기하학)의 창시자이기도 한 것은 그의 학업적 배경과 훌륭한 저작에서 찾아볼 수가 있다. 데카르트가 이처럼 훌륭한 저작을 할 수 있었던 것은 그의 천재성과 한번 생각을 하고 결심을 하면 몇 년이고 파고들어 끝장을 보는 습관에도 근거한 것으로 보인다. 아울러 그가 54세의 짧은 일기에 사망하였지만 많은 업적을 남긴 것은 그의 이러한 천재성과 함께 그의 삶의 과정이나 시대적 사명에서도 파악이 될 수 있다. 그러나 이러한 저술들로 인하여 네덜란드나 인근 유럽지역에서는 데카르트를 시기하는 사람들이 생겨났고 다른 한편으로는 그로 인하여 명성을 얻게 되기도 하였다. 소심한 성격의 데카르트는 모든 일에 돌다리를 두드리고 건너듯 조심했지만 당시 네덜란드 지역과 유럽 지역의 신학자와 철학자들이 그의 책에 대한 비난을 하였고, 교황청에서도 자신의 책을 읽지 못하게 하는 금서처분을 내리기로 하였던 것이다.

그 와중에 데카르트는 1649년(53세)에 스웨덴의 젊은 여왕 크리스티나(Queen Christina)의 초청을 받게 된다. 그에게 철학과 수학을 배우고 싶다고 부탁을 해왔고 데카르트도 네덜란드를 벗어나고 싶은 시기였으므로 여왕이 데카르트를 위해 군함 한 척을 보내오자 더 이상 거절하지 못하고 응하게 되었다. 스톡홀름(Stockholm)에서 거주하면서 네덜란드보다 심한 추위 속에서 일주일에 서너 번씩 새벽 5시 정도부터 5시간씩 이루어진 강의는 데카르트의 건강상으로는 무리였다. 결국 체력이 약했던 데카르트는 불과 5개월 만인 54세의 일기로(1650년) 폐렴으로 사망하기에 이른다. 그러나 갑작스런 그의 죽음을 두고 그를 달갑지 않게 여겼던 당시의 스웨덴 종교계가 독살한 것으로 추측을 하기도 한다.

이러한 데카르트의 생애는 그의 뒤에 스피노자, 라이프니츠, 볼프 등으로 연결되는 17세기 유럽대륙의 합리론 철학을 선두에서 이끌었다는 데 의의가 있다. 이들의 대륙 합리론(continental rationalism)은 유리론(唯理論) 혹은 주리론(主理論)으로도 불리는데, 합리론자들은 인간의 본질은 이성(理性)에 있으며, 그러한 인간의 이성은 신의 이성의 일부라는 것을 신조로 삼는다. 합리론자들은 같은 근대사상인 영국의 경험론자들과는 대립하는 견해를 보였는데, 경험론자들과는 달리 인간의 확실한 지식은 생득적이며, 확실한 증명의 원리에서 비롯되는 것이므로 후천적이거나 경험적인 감각(감성)에서 비롯된 지식은 불확실한 것으로 본다. 즉 데카르트를 시작으로 성립이 된 대륙의 합리론 사상은 더 이상 신앙에 의한 지식이 아니라 인간이 주체가 되어 합리적 이성을 근거로 확실한 지식을 얻고자 하였다는 측면에서 진정한 근대사상을 열었다고 볼 수 있다.

그러나 대륙의 합리론자들이 인간 인성의 주권을 확립하고 근대를 개창했다는 점에서는 인정되지만 신(神)을 통하여 실체(實體)를 설명하려고 한 점은 한계로서 지적될 수 있다. 즉 데카르트는 신(神)이라는 무한 실체와 정신과 물체라는 유한 실체를 설정하고 정신과 물체(육체)는 서로 독립되어 있다는 이원론(二元論)을 제시하였고, 스피노자는 유일하고 무한한 실체인 신으로부터 일체를 연역적으로 해석하고 일원론적 범신론(汎神論, pantheism)을 제시하였기 때문이다. 또한, 그 뒤의 라이프니츠는 실체를 무수한 단자(모나드, monard)로 규정하고 범신론적 다원론을 제시하는 한편 모든 세계는 신의 예정조화에 따라 결정된다는 예정조화적인 신론의 관점을 보이기도 하였다.

2. 데카르트의 저서

데카르트의 저술활동은 그가 30대 후반에 이르렀을 때부터 시작된다. 데카르트가 활동한 시기는 프랑스에서 신교도(위그노)들이 1598년의 낭트칙령(Nantes 勅令)[3]으로 종교적 자유를 얻었던 시기였지만 여전히 사상적으로 자유가 적었기 때문에 다소 자유로운 성향의 네덜란드로 이주하게 된다. 그 곳에서 평화 시의 네덜란드 군대에 입대하여 복무하는 등의 청년기를 보낸 후인 30대에서부터 50대까지는 네덜란드에서 생활하면서 사상적 완성을 보게 된다. 1629년 네덜란드로 이주하기 전인 1628년경에 프랑스에서 저술된 그의 초기 저술로는 『정신의 지도를 위한 규칙(Rules for the Direction of the mind)』[4]이 있으나 그의 사후인 1701년도에야 출판이 되었고 대부분은 네덜란드에서 20년간 생활하면서 연구되거나 집필된 것이기 때문이다.

네덜란드로 이주한 직후인 1633년에는 그의 우주론과 물리학적 관점을 다룬 『세계 및 빛에 대한 논고(Le monde, ou Traite de la lumiere)』를 출판하려고 했지만 이탈리아의 천문학자 갈릴레오 갈릴레이(Galileo Galilei, 1564~1642)가 폴란드의

---

3) 낭트칙령은 프랑스왕 앙리 4세가 신교도에 대해 예배의 자유 등을 인정한 칙령으로 칼뱅주의 개신교인 위그노에게 광범위한 종교의 자유를 부여한 것이다. 즉 신교도들에게 신앙의 자유를 보장해 파리를 제외한 지역에서 공공예배를 볼 수 있게 하고 완전한 시민권을 허용했는데 절대왕정을 강화한 루이 14세는 퐁텐블로칙령으로 낭트칙령을 철폐하였다

4) 『정신지도를 위한 규칙들』은 올바른 철학적 방법을 위해 필요한 21가지의 규칙들을 제시하고 있는데, 그 중 1규칙은 이 저작의 목표를 "정신에 나타나는 모든 것에 대해 견고하고 참된 판단을 내리도록 정신을 지도하는 것이 연구의 목표이다."라고 제시하고 있다.

천문학자 코페르니쿠스(Nicolaus Copernicus, 1473~1543)의 지동설(태양중심체계
설)을 지지한 것이 고발되어 1633년에 종교재판을 받는 것을 보고는 출판을 보
류하였다.

그러나 1637년에 이르러 이 책은 데카르트의 가장 중요한 철학적 저술인
『방법서설(方法序說, Dissours de Lla Methode)』이라는 이름으로 바뀌어 익명으로
네덜란드에서 프랑스어로 출간이 되었다. 1644년에 라틴어로 출판이 되기도 한
이 책은 바로 1633년에 출판하지 못했던 『세계 및 빛에 대한 논고』에서 가톨릭
으로부터 금서로 지정될 만한 내용을 생략하고 '굴절광학', '기상학', '기하학'의
세 가지 시론(試論)을 한 권으로 묶고, 이 세 가지 논문의 서설(序說, Discourse)로
서 맨 마지막에 '방법서설'을 쓴 것이었다. 그러므로 보통 '방법서설'이라고 하면
네 편의 글로 이루어진 『방법서설』 중에서 '굴절광학', '기상학', '기하학'을 제외
한 서론 부분인 에세이만을 의미한다. 이 책은 데카르트가 자신의 철학적인 방법
을 세상에 공포한 자서전적인 것으로 볼 수 있는데, 원제는 『이성(이성)을 올바르
게 이끌어, 여러 가지의 학문에서 진리를 구하기 위한 방법의 서설 그리고 이 방
법에 관한 에세이들인 굴절광학, 기상하 및 기하학』이라는 긴 이름이었다.

1641년에는 형이상학적의 주저인 『성찰(록)』으로도 불리는 『제1철학에 관한
성찰(Meditationes de prima philosophia)』을 출간하였으며, 출간 전에 원고를 카테
루스(J. Caterus), 메르센, 홉스, 아르노, 가상디, 부르댕 신부(P. Bourdin) 등에게
보내 회람하고 평가서를 써달라고 요청하였다. 그 결과 영국의 홉스를 비롯한 6
명의 반박과 그에 대한 데카르트 자신의 답변을 부록에 붙여서 암스테르담에서
출간이 되었는데 출판이후에도 비판은 지속되었다. 즉 위트레흐트 대학의 총장
이었던 보에티우스(Gisbert Voetius)는 데카르트의 무신론적 견해를 치안판사에게
고발하였고 이에 대해 데카르트는 『보에티우스에게 보내는 공개서한』을 작성하
여 논박하였다. 아울러 네덜란드에서 가장 오래된 국립대학인 레이던 대학에서
도 원죄설을 부정하고 펠라기우스주의(Pelagianism)[5] 이단설을 주장하고 있다고
그를 고발하였다. 그러나 데카르트는 이에 대해서도 두 편의 소논문을 써 반박하

---

5) 고대의 영국인 수도사 펠라기우스(Pelagius, 360?–420?)는 인간은 아무런 죄도 짓지 않고 자
유롭게 태어났다는 원죄설을 부정하는 선행구원론을 제시했다.

였고 상당한 영향력을 지녔던 메르센 등의 적극적인 옹호로 금서로 지정되지는 않았다.

그리고 1644년에는 『철학의 원리(Principia Philosophiae)』를 출간하였다. 『철학의 원리』 제1부의 7에서도 『방법서설』 제4부에서와 마찬가지로 "나는 생각한다. 고로 나는 존재한다.(Cogito ergo sum)"라는 명제가 언급된다. 이로써 데카르트는 대륙계를 비롯한 전 유럽에서 혁신적 사상으로 주목을 받게 되었고, 종교개혁자들인 칼뱅파 신학자들로부터도 공격을 받게 되었다. 다른 한편으로는 스웨덴의 젊은 여왕 크리스티나(Christina)로부터 강의초청을 받게 되어 스톡홀름으로 가게 된 계기가 되기도 한 것이었다. 아울러 1643년부터는 보헤미아의 선제후 프리드리히의 왕녀인 엘리자베스(Elizabeth)와 서신을 교환하면서 자신의 저술에 대한 비판을 구하기도 했는데 데카르트가 윤리학과 심리학적인 문제에 몰두하게 된 것은 엘리자베스의 영향이 강하다. 즉 그녀의 요청으로 『정념론(情念論, Les passions de l'âme)』을 집필하기 시작하여 1649년에 출간한 것이 그 예가 된다. 이 책은 넓은 의미에서 윤리학 저술이라고 할 수 있는데 그의 마지막 저작에 해당한다.

3. 데카르트의 합리론사상 체계

데카르트의 합리론철학의 사상은 유명한 명제인 "나는 생각한다. 고로 나는 존재한다.(Cogito ergo sum)"에서도 나타나듯이 스콜라철학에서는 주체가 되지 못하였던 인간의 이성을 회복함으로써 인간은 사고할 수 있는 존재라고 하는 이성론(rationalism)에 근거하고 있다. 데카르트보다 한 세대 뒤의 프랑스의 수학자·철학자인 파스칼(Blaise Pascal, 1623~1662)이 그의 저서 『팡세(Pensees)』[6]에서 '인간은 생각하는 갈대'라고 표현하고 있는 것도 몽테뉴와 데카르트의 이성론적 사고와 맥락을 같이 하는 사유방식을 차용한 것이라고 볼 수 있다.

데카르트는 일반적으로 근대사상의 기본 틀을 처음으로 확립함으로써 근대

---

6) '팡세(Pensees)'는 파스칼이 39세의 나이로 죽은 후 1670년에 그의 유족과 친척들이, 파스칼이 써놓은 글들을 묶어 『종교 및 기타 주제에 대한 파스칼의 팡세(생각)』라는 제목으로 펴낸 것이 '팡세'라는 이름으로 굳어진 것이다. 내용은 기독교를 설명하고 전도하려는 것으로 변증서의 성격을 띠고 있다.

철학의 시조로 칭해지는데, 그 이유는 데카르트의 사상이 세계를 종교적이거나 가치적으로 보지 않고 합리적으로 보려는 태도(과학적 자연관)로써 인간의 이성 (정신의 형이상학)을 연결하는 이원론(二元論)에 있었기 때문이다. 즉 데카르트 사상의 근간은 인식론에서는 합리론을 취하고 존재론에서는 이원론(mind-body dualism)을 취한다는 점이다. 이러한 이원론은 철학에 있어서 정신과 육체가 서로 다른 종류의 실체라고 보는 관점이다. 그러므로 이원론은 두뇌의 물리적 메커니즘이 정신이라고 생각하는, 다시 말하면 인간의 정신은 두뇌작용의 결과물로 보는 일원론에는 반대한다.

데카르트가 『방법서설(Dissours de la Methode)』 제4부(형이상학적 토대)에서 '코기토 에르고 쏨(Cogito ergo sum)'이라고 라틴어로 표현한 것은 "I think, therefore I am(나는 생각한다. 고로 존재한다)."으로 번역할 수가 있는데, 여기서 '나(I)'라는 존재는 '사고하는 나'를 말한다. 그러므로 '육체적 나'가 아닌 '정신적 나'를 의미하는 것이므로 바로 정신이 이성적 사고나 상상·느낌·의지작용과 같은 다양한 활동을 하는 실체가 되는 것이다. 따라서 사람의 육체는 정신이라는 실체의 영향을 받게 되는 이원적인 존재가 된다고 보는 관점이 되는 것이다.

『방법서설』의 첫 구절에서 데카르트는 이성을 '양식(bon sens)'으로 표현하고 있는데, "양식(이성)은 인간 누구에게나 공평하게 배분되어 있는 것이다. 왜냐하면 사람들은 누구나 그것을 충분히 갖추고 있다고 생각하고 있으며, 다른 모든 것에 있어서는 좀처럼 만족하지 않는 사람도 그것만큼은 자신이 갖고 있는 것보다 더 바라지 않기 때문이다. 이 점에 있어 모든 사람의 생각이 잘못되었다고 볼 수 없다. 오히려 이는 잘 판단하고, 참된 것을 거짓된 것에서 구별하는 능력, 즉 일반적으로 양식 혹은 이성으로 불리는 능력이 모든 사람에게 천부적으로 동일하다는 사실을 보여주는 셈이다."고 한 것이다. 이는 누구나 신에 의해서가 아니라 자기 자신에 의해 생각하는 주체로 살아갈 수 있다는 말이다. 데카르트의 이러한 획기적인 '이성 사용 방법'은 자연에 대한 인간 이성의 지배를 확실하게 하는 것이었다. 말하자면 '방법서설'은 인간의 '이성 사용 방법'의 최초 선언서(설명서)인 셈이다.

데카르트의 이원론에서의 '정신'은 확실한 존재가 되는데, 그는 확실한 존재

를 찾기 위해 고대의 플라톤과 아리스토텔레스의 책들을 섭렵했으나 서로 상반
된 주장만 있을 뿐 분명한 것은 찾을 수 없었고, 네덜란드 등의 여러 곳을 방문
하면서 많은 경험을 하였으나 확실한 것은 찾을 수 없었기 때문에 명확(clear)하
고 판명한(distinct) '정신'에서 철학의 기초를 시작한 것으로 언급하고 있다. 다시
말하면 데카르트는 방법적 회의를 통해 '정신'이라는 실체의 존재를 확실한 것으
로 증명하게 된 것이다. 데카르트에 의하면 영혼(soul)은 정신과 동일한 것으로
서 사유하는 존재이다. 논리적 활동을 의미하는 '사유'는 근원적으로 영혼(정신)
의 고유한 본성인 것이다. 그런데 그러한 사유의 주체는 바로 신이 아니라 영혼
을 소유한 '나'라는 점을 전면으로 내세웠다는 것이 개인중심의 근대적 세계관인
것이다. 이것은 중세적 세계관의 판도를 완전히 바꾸어 놓는, 다시 말하면 중세
적 신앙성과는 결별을 선언하는 의미가 있다. 바로 '사유'를 뜻하는 정신(영혼)의
합리적인 이성을 통해 세계를 이해하려고 한 것이다.

데카르트는 그의 저서 『제1철학에 관한 성찰(명상)』, 즉 『성찰(록)』에서 인간
영혼의 이성적 활동을 증명하면서도 신의 존재도 인간의 이성에서 사유되는 존
재로서 인정하고 있다. 즉 인간인 나도 존재하고 신도 같이 존재한다는 인식을
보인 것이다. 이처럼 신의 존재를 인정한 것은 데카르트의 소심한 견해로 비판을
받을 수도 있겠지만 시대적 상황을 고려하면 이해가 된다. 즉 중세적 그림자가
선명했던 상황에서 중세적 권위를 지키기 위해 온 힘을 기울였던 신학자와 철학
자들의 공격으로부터 어느 정도 안전지대를 구축하고자 한 것일 수도 있다고 보
인다. 특히 인간의 영혼과 육체(물체)가 상이한 존재라고 보는 심신이원론을 주
장한 것은 물질들은 생명이 없는 장소라는 규정을 한 것으로서, 신학자들이 더
이상 신의 창조물로서의 물질세계에 매달리지 않게 만들었으며, 뉴턴 등의 과학
자들도 철학적 관점과 상관없이 물질(물체)세계에 대한 연구를 할 수 있도록 물
꼬를 튼 측면이 있다.

그러나 데카르트의 이원론은 원칙적으로 정신(영혼)과 물체가 서로 다른 두 개
의 실체이기 때문에 정신과 육체(물체)간에는 아무런 상호작용이 없는 것으로 해석
될 수 있다. 고대 로마시대인 1세기경의 풍자 시인이었던 유베날리스(Juvenalis)
가 그의 시 10편에서 "Orandum est ut sit mens sana in corpore sano(건전한

육체에 건전한 정신까지 깃들면 바람직할 것이다.)"라고 했던 구절과 연관시켜 보면 데카르트의 이원론은 한계가 있는 것이다. 이러한 한계의 연결고리를 찾고자 데카르트는 정신과 육체 간에는 송과선(松果腺, pineal gland)[7]이 있어서 정신적 작용은 육체에 전달된다는 설명을 하고 있다. 따라서 데카르트의 이원론 역시 육체와 정신 간의 상호작용론(interactionism)의 관점인 이원론에 있다고 볼 수 있다. 데카르트가 송과선을 거론하고 있는 것은 그가 철학 이외에도 가장 많은 시간을 들여서 연구한 것은 사람의 몸을 해부하는 것이었기 때문이다. 그는 한 때 혈액순환을 발견한 하비와 심장의 움직임에 대해 논쟁하면서 사람의 영혼을 찾기 위해 해부에 몰두한 결과 인간의 머릿속에는 솔방울처럼 생긴 송과선이 있고 그 속에 영혼이 숨어있다는 결론을 내렸던 것이다. 이러한 논리는 모순이 있었지만 사람의 몸을 기계로 보고 그 속에 영혼(정신)이 거주한다는 생각은 인기를 누렸으며, 지금도 받아들여지는 인식론이다.

이러한 데카르트의 철학적 한계는 그의 제자인 네덜란드의 철학자 괼링크스(A. Geulincx, 1625~1669)에 의해서 어느 정도 해결이 되고 있다. 괼링크스는 데카르트가 제시한 것처럼 정신과 물체는 서로 직접적인 역할을 하지는 않지만 양자 사이에는 신(神)이 매개자가 되어 육체가 어떤 자극을 받게 되면 그 기회에 신이 원인이 되어 정신(영혼)에 그에 상응하는 느낌이 생기게 된다는 기회원인설 혹은 우인론(Occasionalism)의 입장을 제시하였다. 즉 신이 우연하게 부여하여 정신과 육체 간의 인과관계가 생긴다고 보는 것으로 해결한 것이다.

그런데 엄밀하게 보면 데카르트가 그의 방법적 회의를 통해 증명하고자 했던 실체는 정신과 물체 이외에도 신(神)이 있다. 데카르트는 정신, 물체, 신의 세 가지 실체 중에서 정신과 물체는 상대적 실체이고 신을 절대적 실체로 표현한다. 그 이유는 정신과 물체(육체)는 신에 의존하고 있기 때문에 상대적 실체라고 본 것이다. 그리고 상대적 실체인 정신과 물체는 서로 독자적인 실체이기 때문에 이 둘 사이에는 아무런 상관성이 없는 것으로 본다. 따라서 정신은 자유로운 것이기

---

7) 송과선은 그 생김새가 솔방울과 비슷하다고 해서 라틴어로 'pinea'로 이름 붙여졌고 송과체(松果體) 혹은 골윗샘이라고도 한다. 척추동물의 간뇌 등면에 돌출해 있는 내분비선으로 두골 바로 밑에 위치하며, 송과선은 대뇌의 등면을 따라 앞으로 뻗어 두부의 피부를 통과하여 들어오는 빛을 감지할 수 있는 기관인데 과학적이고 의학적 접근은 1980년대에 와서 이루어졌다.

때문에 어떤 법칙에 구애 받지 않지만 물체는 물리적 법칙에 의해 기계적으로 움직이는 존재라고 보았다. 이러한 관점에서 데카르트는 정신과 물체 간의 이원론을 주장했던 것이다. 이러한 그의 주장은 당시 괘종시계 등 움직이는 기계가 유럽사회에 널리 퍼지면서 사람이나 짐승말고도 기계까지도 스스로 움직일 수 있다고 생각해 비교적 순조롭게 받아들여졌던 것으로 보인다. 그 당시는 자동인형이 유행하여 데카르트 자신도 태엽을 감아 톱니바퀴로 움직이는 인형을 가지고 다녔다고 전해진다.

하지만 정신과 물체는 다 같이 독자적인 존재로서의 실체이기 때문에 신앙이 아닌 이성적 지식을 중요시하는 인식론의 입장인 이성론의 철학에서는 의심할 필요가 없을 정도의 확실한 존재를 찾는 것이 그 출발점이 된다. 즉 확실한 존재라는 것은 바로 실체(Substanz)를 의미하며, 그것은 자신의 존재를 위하여 아무런 다른 것도 필요로 하지 않는 것이다. 그러므로 신(神)은 창조되지 않는 절대적 실체이고, 영혼을 사유하는 실체이며, 물체는 공간적 지속성이나 크기를 지니는 '연장성(extension)'을 가진 실체가 되는 것이다.

이처럼 데카르트의 주요 저서인 『방법서설』과 『성찰(록)』에서 보이는 그의 철학적 사유방식은 이른바 데카르트적 회의방식인 '방법적 회의(방법적 의심)'라고 표현할 수 있다.8) 방법적 회의는 회의인데 '방법적'인 회의라는 말이 되는데 이는 의심을 위한 의심이 아니라, 의심할 수 없는 진리의 발견을 위한 방법으로서의 회의 방식을 채택한다는 것을 의미하는 것이다. 특히 근대 과학의 기초가 들어 있는 『방법서설』은 모두 6부로 구성된 짧은 책으로서 그 세부적인 구성을 보면 제1부에서는 '학문들에 대한 고찰'이라는 제목으로 당시의 주류 학문인 스콜라철학에 대한 의심에서 시작한 방랑과 학문에 관한 고찰을 담고 있다. 그리고 제2부에서는 '방법의 주요 규칙들'이란 제목으로 학문의 길을 가고자 소명 받은 이야기와 이성을 인도하는 '방법의 네 가지 규칙'을 제시하여 핵심적인 내용을 담고 있다. 그리고 제3부에서는 '몇 가지의 도덕 격률들', 제4부에서는 '형이상학의 토대', 제5부에서는 '자연학적 문제들', 제6부에서는 '자연탐구를 더욱 진척시키기 위해 요구

8) 데카르트의 주저인 『방법서설』과 『성찰록』, 『철학의 원리』에서는 『정신지도를 위한 규칙들』에서 제시하고 있는 21가지의 규칙들이 요약되거나 재 언급이 되는 경우가 많다.

되는 것들 및 이 책의 집필동기'를 다루고 있다.

이 중에서도 『방법서설』의 핵심이 되는 제2부에서의 네 가지의 규칙들은 기존의 논리학의 많은 규칙들 대신에 이성을 올바로 사용할 수 있는 방법들을 제시한 것이다. 이것은 바로 그의 방법적 회의를 설명해주는 지침이라고 할 수 있기 때문에 각 규칙을 세부적으로 정리해보면 다음과 같다.9)

첫째는 명증성의 규칙이다. 의심할 여지가 없을 정도로 명증적으로 참(진리)인 것 외에는 어떤 것도 진리로 받아들이지 말고, 속단과 편견을 신중히 피하라는 것이다. 다시 말하면 조금도 의심의 여지가 없을 정도로 명석 판명하게 내 정신에 나타나는 것 외에는 그 어떤 것에 대해서도 참된 지식이라고 판단을 내려서는 안 된다는 회의 방식이다.

둘째는 분석(분해)의 규칙이다. 검토할 어려운 문제를 해결하기 위해서는 그것을 가능한 한 작은 부분으로 분할하라는 것이다. 이는 문제를 필요한 만큼 세분화해서 더 쉽게 해결하라는 회의 방식이다.

셋째는 종합(합성)의 규칙이다. 생각을 순서에 따라 이끌어 나아갈 것을 강조한 규칙인데, 특히 본래부터 전후 순서가 없는 것에서도 순서를 상정하여 나아갈 것을 제시하고 있다. 이는 가장 단순하고 가장 알기 쉬운 대상에서 인식을 출발하여 단계적으로 가장 복잡한 인식에까지 도달하라는 것이며, 생각은 간단한 것에서부터 복잡한 것의 순서로 하라는 회의 방식이다.

넷째는 열거의 규칙이다. 이는 아무것도 빠트리지 않았다는 확신이 들 정도로 완벽한 열거와 전반적인 검토를 어디서나 행하여야 한다는 말이다. 이를 위해서는 문제와 관련된 모든 요소를 일일이 열거하고 그중 단 하나라도 생략하지 말아야 한다는 것이다.

이러한 그의 형이상학적 존재론이나 '방법적 회의'로서의 '합리적 인식론'은 데카르트 이후의 17세기 대륙 철학자들에게서도 이어진다. 즉 네덜란드의 스피노자, 독일의 라이프니츠와 그의 제자 볼프 역시 확실한 존재를 찾아 그들의 철

---

9) 이 네 가지의 규칙은 데카르트가 1628년경에 저술하고 그의 사후인 1701년에 출간된 『정신의 지도를 위한 규칙(Rules for the Direction of the mind)』에서 제시한 21가지의 규칙 중에서 주요 내용을 요약한 것이다.

학적 기초로 삼고자 한 것이었다. 그러므로 18세기의 계몽운동의 모태가 되었다고 볼 수 있으며, 아울러 데카르트의 '보편적 수학(해석기하학)'이 없었다면 뉴턴의 천문학과 물리학은 탄생할 수 없었을 것으로도 예측할 수 있을 만큼의 자연과학자들에게도 많은 영향을 미쳤다고 볼 수 있다. 좀 더 멀리 본다면 그의 기계적 자연관은 19세기의 산업혁명으로 이어졌다고도 할 수 있는 것이다.

그리고 48세에 그의 철학사상을 집대성한 『철학의 원리』에서는 사람들이 자신의 행동을 규제하는데 충분한 도덕을 구축하는 방법을 제시하고 있는데, 이는 방법서설 제3부의 '몇 가지 도덕 격률들'에서도 다음과 같이 간략하게 설명이 되고 있다. 첫 번째는 가장 사려 깊은 사람들이 실생활에서 취하고 있는 가장 온건하고 극단에서 먼 의견에 따라 나를 지도하자는 격률이다. 두 번째는 행동에 있어서 확고하고 결연한 태도를 취하고, 아무리 의심스런 의견이라도 일단 그것을 취하기로 결정하였다면 아주 확실한 것처럼 따라야 한다는 격률이다. 세 번째는 언제나 운명보다는 자기 자신을 이기려고 노력하고, 세계의 질서보다는 자신의 욕망을 바꾸려고 노력해야 한다는 격률이다.

제 3 절 데카르트처럼 생각하기

1. 직관과 연역으로 이성적인 생각하기

데카르트는 23세가 되었던 1619년 11월에 군생활을 하면서 독일의 울름(Ulm) 근교의 작은 마을에 머무는 동안 소위 '놀라운 학문의 기초를 발견'하는 영감을 받게 된다. 그는 이를 기초로 보편학에 대하여 40세에 『방법서설』을 집필하고 48세에 자신의 철학을 집대성한 『철학의 원리』를 출간한 이성적 합리론자이다. "나는 생각한다, 고로 나는 존재한다(cogito ergo sum)"는 그의 유명한 명제는 『방법서설(Dissours de la Methode)』 제4부(형이상학적 토대)와 『철학의 원리(Principia Philosophiae)』 제1부의 7에 나오는 말이다. 즉 이는 데카르트에 있어서는 철학의 제1원리가 되는 것으로, 바로 '나'라고 하는 존재는 사회적 지위나 육체도 아닌 '생각하는 것' 자체로서의 사유(思惟)하는 존재일 뿐이라는 것이다.

이것은 인간이 '생각하는 존재'로서 진리를 탐구할 수 있다고 한 '인간이성의 독립선언'과 같은 것이었다. 그는 중세시대까지의 선례와 관습을 너무 굳게 믿어서는 안 된다는 생각을 하였으며, 인간의 이성에 대한 믿음을 통하여 '자기 자신'이란 인간을 운명의 주인으로 등장시킨 것은 데카르트를 최초의 '근대적인 인간' 혹은 '근대 철학의 기수'라고 불리게 한 근거가 된다.

데카르트가 말하는 '생각하는 존재로서의 나'는 정신적인 능력을 갖춘 나를 의미하며, 이는 원칙적으로 물질인 육체와는 전혀 다른 성질의 것이다. 생각하는 나로서의 정신은 공간을 필요로 하지 않지만 육체는 물질로서의 공간을 차지하지만 스스로 생각할 수는 없다고 보는 것이다. 따라서 철학에서의 데카르트의 사유방식은 이성론이며, 경험론과는 달리 정신과 육체를 구별하는 이원론(二元論, mind-body dualism)의 입장에 있다. 데카르트의 인식론은 실체의 개념에 대한 문제이고, 경험론은 지식의 기원과 성격을 규명하는 데 초점을 맞춘다는 점에서 인간의 본유관념을 부인하는 일원론적인 관점이다. 그렇다고 일원론적인 경험론이 이성 전반을 부정하는 것은 아니며, 단지 이성에 의해 경험이 파생된다고 보는 것을 비판적 입장에서 받아들이는 것이다.

데카르트가 말하는 이성은 인간으로서 변치 않는 진리에 도달할 수 있는 존재 증명 중 하나의 방법이다. 인간은 다양한 방식으로 진리를 주장하지만 그 진리는 자신들이 가지고 있는 지식의 한계에서 하나의 사건에 대해 종합하고 판단하는 것이라는 점에서 본다면 회의적일 수밖에 없다. 인간은 개인적인 경험을 통해 하나의 관념을 형성하지만 그것이 진실이라고 확증할 수 없는데, 그 이유는 경험적으로 알고 있고, 믿고 있는 사실들은 항상 변화할 수 있는 대상이기 때문이다. 데카르트는 이러한 인간의 지식이 갖는 한계와 모순에 대해 회의(懷疑)한 결과 '사유하는 존재로서의 인간'의 이성을 통해 진리에 도달할 수 있고, 그것만이 실체이며 실재라고 본 것이다.

이러한 사유방식은 그의 주저인 『방법서설』, 『성찰록』, 『철학의 원리』와 그의 사후에 출간된 『정신지도를 위한 규칙들』에서 일관되고 있다. 따라서 여기에서 다루고자 하는 세 가지의 데카르트적 사유방식, 즉 '데카르트처럼 생각하기'는 그의 주저에서 언급되는 내용을 기초로 재구성하고자 한다. 데카르트는 이들 저서에서 진리 혹은 참된 지식을 탐구하는 것은 이성을 잘 인도하는 것과 정신을 지도하는 것이라는 목표를 제시하고 있으며, 이를 위해서는 올바른 방법에 따라 정신을 잘 지도하는 것이 중요하다고 주장한다. 『방법서설』에서 그는 "천천히 걷되 바른 길을 따라가는 사람은 뛰어가되 굽은 길을 가는 사람보다 훨씬 먼저 갈 수 있다."는 말을 하고 있으며, 그의 학문적 평생 동반자였던 피코(Picot) 신부에게 보낸 편지에서도 아무리 우둔한 정신의 소유자라도 올바르게만 정신지도가 된다면 거의 대부분의 사람은 좋은 의견을 받아들일 수 있으며, 최고의 지식일체를 획득할 수도 있다고 하였다. 이를 역으로 해석하면 아무리 유능하다고 하더라도 방법을 모르고 학문을 하면 참된 지식이나 진리를 인식할 수는 없다고 볼 수 있다. 여기에서 방법은 확실하고 쉬운 규칙들을 의미하며, 이 쉬운 규칙에 따라 정신적 지도를 받거나 노력을 하면 거짓되고 참된 지식을 구별할 수 있고 나아가 자신의 역량 안에 있는 모든 지식을 자기 것으로 할 수도 있다고 볼 수 있다. 우선, '데카르트처럼 생각하기'에서 첫 번째로 다루고자 하는 '이성적 사유방식'은 '직관(intuition)'과 '연역(deduction)'을 사용한 방법론적 회의방식(기술)이 된다. 다시 말하면 직관과 연역을 통하여 이성적으로 생각하는 방법에 관한 것이다.

데카르트가 미완성작으로 남겨 그의 사후에야 출간된 『정신지도를 위한 규칙들』의 3규칙의 제목에서는 '직관'과 '연역'에 대하여 다음과 같이 제시하고 있다.

"우리가 다루려는 대상에 관해 우리는 다른 사람들이 생각했던 것이나 우리 자신이 예측하는 것이 아니라, 분명하고 명증적으로 직관되는 것이거나 아니면 확실하게 연역되는 것만을 고찰해야 한다. 오직 이런 방식으로만 지식은 획득될 수 있기 때문이다(르네 데카르트 저, 이현복 역, 2001 재인용)."

그리고 내용에서도 여기에 덧붙여 '직관'에 대하여 보다 자세하게 설명하고 있는데, 먼저 데카르트가 설명하는 '직관'이란 다음과 같은 것이다.

"내가 이해하는 직관이란 변동이 심한 감각의 믿음이나 그릇되게 그려내는 상상력의 판단이 아니라 순수하고 주의를 집중하는 정신의 단순하고 구분된 파악이며, 그래서 이렇게 인식되는 것에 대해서는 그 어떤 의심도 품을 수 없는 것이다. 혹은 같은 말이지만, 직관은 순수하고 주의를 집중하는 순수한 정신의 의심할 여지없는 파악이며, 이것은 오직 이성의 빛에서 유래하는 것이다(르네 데카르트 저, 이현복 역, 2001 재인용)."

이를 다시 요약하여 정리해보면 '직관'은 정신의 단순하고 구분된 파악이며, 의심할 수 없는 것이고, 이것은 오직 '이성'에서만 유래한다는 의미임을 말해주는 것이다. 이러한 데카르트의 직관은 독일의 라이프니츠와 영국의 로크에 의해서도 발전이 된다. 아울러 연역에 대한 3규칙에서의 내용은 다음과 같이 언급되고 있다.

"연역은 어떤 하나가, 확실하게 인식되는 어떤 다른 하나에서 필연적으로 도출된다는 것을 뜻한다. 그러나 그럴 수밖에 없었던 것은, 그 자체로는 명증적이지 않지만 확실히 알려질 수 있는 것이 많은데, 이는 그 각각을 명백하게 직관하는, 연속적이고 단절되지 않은 사유 운동을 통해 참되게 인식된 원리들로부터 연역되기 때문이다. 긴 연결 사슬에 있어 그 마지막 것이 처음 것과 연결되어 있음을, 비록 우리 눈이 그 마지막 것과 처음 것을 연결하는 중간 것들을 직관하지 못하고 있더라도 이 양자가 연결되어 있음을 알게 되는데, 이는 우리 눈이 그 연결 고리를 차례로 검토하고, 또 처음부터 끝까지 그 각각이 이웃에 있는 것과 연결되어 있음을 기억한다면 가능한 것이다. 그러므로 정신의 직관은 확실한 연역과 차이가 있다. 연역에 있어서는 어떤 운동 혹은 연속이 감지되고 있는 반면에, 직관은 그렇지 않다는 점이고 나아가 직관과는 달리 연역에서는 현전하는 명증성이 요구되지 않으며, 연역의 확실성은 오히려 어느 정도 기억에서 비롯된다는 점이다. 이런 사실에서 귀결되는 바는 참된 원리들로부터 직접 도출되는 명제들에 대해서는 관점에 따라 때로는 직관에 의해 또 때로는 직관에 의해 또 때로는 연역에 의해 인식된다고 할 수 있지만, 그 참된 원리 자체에 대해서는 직관에 의해서만, 반면에 멀리 떨어져 있는 결론들은 연역에 의해서만 인식된다고 말할 수 있는 것이다(르네 데카르트 저, 이현복 역, 2001 재인용)."

이를 다시 요약하여 정리해보면 '연역'은 단순하고 구분되어 파악된 것으로부터 도출되는 판단이기 때문에 복잡하며, 그 자체는 직관만큼은 명증적이지는 못하기 때문에 의심의 여지도 있지만, 연속적으로 감지되는 사유 운동을 통해 도출된 명제들에 대해서는 '연역'에 의해서만이 인식된다는 것을 알 수 있다. 이러한 직관과 연역의 관계는 종래의 아리스토텔레스의 연역법인 삼단논법과 데카르트 연역법의 차이점을 보여주는 것이다. 삼단논법의 연역은 어디까지나 개념들 상호 간의 관계를 나타내는 것인 반면에 데카르트의 방법으로서의 연역은 진리들 상호 간의 관계를 나타내는 것이기 때문이다. 이는 17세기에 그려진 것으로 추정되는 데카르트의 초상화에서 데카르트가 아리스토텔레스의 저서를 밟고 있는 것에서도 상징적으로 드러나고 있다.

이처럼 데카르트의 사유 방법론을 한마디로 말할 때는 "직관과 연역의 방법"이라고 표현해도 무리가 아니다. 데카르트는 기본적으로 인간의 이성 능력을 믿었던 철학자였기 때문에 모든 것을 의심하는 것에서부터 시작하여 의심할 여지없이 확실한(명증한) 것을 찾아서 그것으로부터 인식의 체계를 정립하고자 한 것이다. 즉 자기 자신이 생각하는 것은 오류가 있을 수 있지만, 내가 생각한다는 것 그 자체는 확실하다는 것을 "나는 생각한다. 고로 나는 존재한다."라는 유명한 명제로 제시했던 것이다. 데카르트에 따르면 인간만이 정신과 물체(육체)로 이루어져 있고 동물들과 생물들은 물체로만 이루어져 있다고 보아 정신이 없는 기계와 같은 존재가 되는 것이다. 이는 인간을 둘러싼 세계가 정신과 물체라는 두 개의 실체로 이루어져 있다고 생각했다는 점에서 플라톤과 같은 정신과 육체의 이원론(mind-body dualism)적 사고방식이다. 그러나 플라톤의 이원론은 중세에 이르면 교부철학자들에 의해 기독교와 결합하면서 유럽에서 중세 기독교사상으로 변화하게 된 것에 비하여 데카르트는 14~16세기의 르네상스 시기를 거치면서 어느 정도의 신학적 영향에서 벗어나는 경향에서 한 발 더 나아가 인간의 이성적 능력에 기초한 이원론의 문을 열었다고 할 수 있다.

전체적으로 정리하자면, 데카르트에 있어서 '이성적 생각하기'는 그가 제시한 '방법의 사칙(四則)'이라는 놀랄 만큼 단순한 규칙 중에서도 가장 단순한 여러 사실의 명증적 직관(直觀)과 이것들을 결합하는 필연적 연역(演繹)이라는 2가지로 귀착된다. 그는 이러한 간략한 방법을 실제로 구사해서 자연인식과 형이상학적 인식을 이끌어냈던 것이다.

2. 분해와 합성으로 순서적인 생각하기

데카르트가 『방법서설』 제2부에서 제시한 4가지 규칙인 '명증성의 규칙', '분해의 규칙', '합성(종합)의 규칙', '열거의 규칙'은 『정신지도를 위한 규칙들』에서 제시된 21가지 규칙의 축소판이라고도 할 수 있다. 명증성의 규칙에서는 직관과 연역의 방법으로 이성적 사유하기(철학하기)에 관한 내용들을 다루었다면 여기에서 다루고자 하는 데카르트처럼 생각하기의 방법은 '분해의 규칙'과 '합성의 규칙'에 관련된 사유방식이다. 이 '분해와' '합성(종합)'은 인식의 방식을 '순서적으로 생각'할 수 있도록 하는 규칙이기 때문이다.

간명하게 정리해보면 분해의 규칙은 검토해야 할 대상을 될 수 있는 한 작은 부분으로 나눠 분석하라는 규칙이다. 그리고 합성(종합)의 규칙은 지식이나 진리에 도달하기 위해서는 마치 계단을 오르듯 단순하고 쉬운 것에서부터 시작하여 차례차례로 합성하고 종합하는 규칙을 지키라는 것이다. 그러므로 분해와 합성은 사람이 올바른 지식에 도달하기 위해서는 단계적이고 순서적인 접근방법을 취할 것을 강조한 규칙이라고 할 수 있다.

데카르트가 수학적인 명증과 나열의 형식을 빌어서 객관적 진리를 위한 방법의 필요성과 유용성, 그리고 구체적인 절차에 대해 강조하고 있는 책인 『정신지도를 위한 규칙들』에서는 5규칙의 제목에서 다음과 같이 제시하고 있다.

"모든 방법은 진리를 발견하기 위해 우리가 정신의 눈을 돌려야 하는 대상들의 순서와 배열에 있다. 그리고 우리가 복잡하고 모호한 명제들을 단계적으로 보다 더 단순한 명제로 환원시킨 다음, 가장 단순한 것에 대한 직관에서부터 동일한 단계로 다른 것에 대한 인식으로 나아갈 때, 우리는 이 규칙을 정확히 지키게 된다(르네 데카르트 저, 이현복 역, 2001 재인용)."

이는 대상들의 순서와 배열, 즉 분해와 합성에 관한 내용을 담고 있는 규칙의 주제라고 할 수 있다. 그러나 데카르트는 '분해(분석)'와 '합성(종합)'의 개념에 대해서는 보다 상세한 설명을 하지 않고 있는 한계점이 있다. 그러나 이 역시 앞에서 다루었던 직관과 연역의 개념과 상관하여 보면 그 개념을 충분히 확인할 수 있다. 그만큼 데카르트의 방법론은 별도로 구별되거나 독립된 방법이 아니라 모두 연관되어 있고 단계적인 절차를 강조하는 수학적인 방법이라고 할 수 있기 때문이다. 이는 그가 수학자이기도 하였다는 점에서도 판단이 가능하다.

먼저 '분해(분석)'는 직관과 상관이 있는 개념으로 볼 수 있다. 왜냐하면 복잡하고 모호한 명제들을 단순한 것으로 환원한다는 것은 분석(분해)의 방법으로 직관적 파악을 가능하게 하겠다는 의미이기 때문이다. 이렇게 보건대 '분해(분석)'란 대상의 사실이나 내용을 분석하여 가면서 따질 때는 전체적으로는 해결 가능한 작은 부분으로 나누어 어려운 점을 각각 잘 해결할 수 있도록 하는 것을 의미한다고 개념화할 수 있다. 우리가 일상에서 접하는 복잡하고 모호한 명제들은 직관적으로 단번에 인식하기는 쉽지 않다고 보면 우선 단계적으로 보다 단순한 명제들로 환원시키고 분해하는 것이 필요하다. 그 다음에는 가장 단순한 명제부터 직관적으로 파악하는 데서 출발하면 복잡한 대상도 올바른 인식에 이를 수 있음은 어쩌면 자명한 논리가 된다. 여하튼 데카르트의 견해에 따르면 인간은 분해의 규칙을 사용하여 정신을 지도하면 '단순한 본성들'에 대한 직관에 이르도록 해준다는 말이 된다.

그리고 '합성(종합)'은 "자신의 생각을 질서 있게 정신지도하기 위해서는 인식하기에 가장 단순하고 쉬운 대상들로부터 출발하여 단계적이고 순서적으로 복잡하고 모호한 것의 인식에 이르기까지 차례차례로 접근하는 것을 말한다. 이것은 '직관'보다는 질서가 잡힌 방식으로 '연역적 파악'을 하고자 하는 사유방식에 가깝다. 이렇게 하면 처음에는 아무런 순서도 없는 것들이 새롭게 질서가 생기게 될 것이며, 이것을 합성하여 연역적으로 논증할 수 있게 되는 것이다. 이처럼 합성의 규칙은 생각들을 순서에 따라 이끌어 나갈 것을 강조한 규칙인데, 가장 단순하고 이해하기 쉬운 것에서부터 시작하여 점차 복잡하고 모호한 것으로 순서를 상정하여 생각해 가야 한다는 말이다.

그러면 데카르트가 합성의 규칙에 따라 순서적으로 생각하기 위해서는 어떻게 해야 하는지를 『정신지도를 위한 규칙들』에서 보면 6규칙의 제목에서 다음과 같이 제시하고 있다.

"가장 단순한 것을 복잡한 것에서 구별하고, 순서적으로 따라가기 위해서는 사물의 각 계열에 있어, 즉 여기에서 우리가 어떤 한 진리를 다른 한 진리에서 연역한 것들 가운데 어떤 것이 가장 단순하고, 또 다른 것들이 이것에서 얼마나 더, 덜 혹은 같은 정도로 떨어져 있는지를 주의 깊게 관찰해야 한다(르네 데카르트 저, 이현복 역, 2001 재인용)."

그리고 6규칙의 내용에서는 '분해와 합성으로 순서적인 생각하기'를 위해서 요구되는 몇 가지의 개념들을 다음과 같이 제시하고 있다.

"이것을 올바로 행하기 위해 제일 먼저 주목해야 할 것은, 우리가 지금 의도하고 있는바, 즉 사물의 본성들을 각각 고찰하려는 것이 아니라 하나를 다른 하나로부터 인식하기 위해 서로를 비교하려는 우리 의도에 따라 모든 것을 절대적인 것과 상대적인 것으로 나눌 수 있다는 것이다.

내가 절대적이라고 부르는 것은 문제되고 있는 것의 순수하고 단순한 본성을 갖고 있는 것이고, 이는 독립적인 것, 원인인 것, 단순한 것, 보편적인 것, 하나인 것, 동등한 것, 유사한 것, 곧은 것 및 이와 비슷한 것으로 간주되는 것이다. 그리고 문제를 해결할 때 이런 절대적인 것을 사용하기 위해 나는 그것을 또한 가장 단순한 것, 가장 쉬운 것이라고 부를 것이다.

반면에 상대적인 것은 같은 본성에 속하거나 아니면 적어도 같은 본성 중의 어떤 것에 참여하고 있는 것이며, 이를 통해 우리는 상대적인 것을 절대적인 것과 관계 지울 수 있고, 어떤 계열을 통해 절대적인 것에서 연역될 수 있는 것이다. 그러나 그것은 또한 자기 개념 속에 어떤 것을 지니고 있는데, 나는 이것을 관계라고 부를 것이다. 이런 상대적인 것에 속하는 것은 의존적인 것, 결과인 것, 개별적인 것, 합성된 것, 동등하지 않은 것, 유사하지 않은 것, 곧지 않은 것 등등으로 간주되는 것이다. 이 상대적인 것은 그것이 상호종속적인 관계를 더 많이 가질수록 그만큼 더 절대적인 것과 떨어져 있다. 그러므로 위의 규칙이 지시하고 있는 바는 이 모든 것이 구별되어야 한다는 것이고, 또 다른 모든 것을 관통하면서 가장 끝에 있는 것에서 가장 절대적인 것에까지 도달될 수 있을 정도로 이들의 상호결합 및 자연적인 순서가 관찰되어야 한다는 것이다(르네 데카르트 저, 이현복 역, 2001 재인용).”

이러한 사유방식은 일을 하고자 하는 생각을 할 때에는 체계적인 순서가 있음을 말하고 있는 것이며, 학자가 연구를 하고 논문을 작성할 때에도 상통하는 개념이다. 즉 연구나 논문을 작성하고자 의사결정을 하게 되면 무작정 순서 없이 욕심을 내어 접근하는 것보다는 우선 관심영역에서의 문제를 제기하고 기존연구를 검토하여 연구가설을 설정하고 나면 그 다음에는 조사와 실험을 통해 가설을 검증하여 마지막엔 정리하는 체계적인 순서를 가지고 연구를 진행해야 하는 것이다. 이것은 바로 데카르트의 합성(종합)의 규칙과 상통하는 순서적 생각이다. 다시 말하면 합성의 규칙에 따라 정확한 연역을 하고 순서에 따라 의사결정을 하면 우왕좌왕하지 않고 곧바로 중심에 도달할 수 있다는 것을 의미하는 것이다.

3. 열거와 검사로 합리적인 생각하기

데카르트가 『방법서설』 제2부에서 제시한 4가지 규칙 중에서 열거의 규칙은 마지막 규칙으로서 “자기 자신이 아무것도 빼놓지 않았다는 것을 확신하기 위해서는 어떤 경우라도 완벽한 열거와 전반적인 검열을 실시한다.”는 의미이다. 이는 전체적인 열거와 일반적인 검사가 “어떤 문제도 빠트리지 않았다는 확신을 주게 된다.”는 것이 그의 정신지도규칙에 속한다.

이러한 열거의 규칙은 그의 사후에 출판된 책인 『정신지도를 위한 규칙들』에서는 7규칙의 제목에서도 다음과 같이 제시되고 있다.

“지식을 완벽하게 하기 위해서는 우리 계획에 속하는 것은 지속적이고 어디에서도 단절되지 않은 사유 운동에 의해 그 전체 및 각각을 면밀히 검사해야 하고, 충분하고 순서 잡힌 열거로 그것을 파악해야 한다(르네 데카르트 저, 이현복 역, 2001 재인용).”

그리고 이어지는 내용에서도 이러한 ‘열거’와 검사의 개념은 다음에서와 같이 비교적 자세하게 언급이 되고 있다.

“지식을 완벽하게 하기 위해서는 열거가 요구된다. 열거만이 언제나 올바르고 확실한 판단을 내릴 수 있도록 해 주고, 어떤 것도 빠트리지 않게 해 주며, 어떤 것을 알도록 해 주기 때문이다. 우리가 열거라는 검사를 했음에도 찾고 있는 것이 드러나지 않는다면, 이것은 우리가 알고 있는 길을 통해서는 발견될 수 없는 것임을 분명하게 알게 된다는 점에서 우리는 보다 현명해질 수 있다. 만약 우리가 인간에게 열려져 있는 모든 길을 자세히 검사할 수만 있다면, 그것이 인간 정신의 역량 밖에 있는 것으로 단정할 수 있다.

열거는 순서에 따라 행해져야 한다. 왜냐하면 첫째, 결함을 방지하는 데는 순서에 따라 모든 것을 검사하는 것보다 더 효과적인 것은 없기 때문이다. 둘째, 순서가 없는 경우에 제시된 것에 속하는 모든 개별적인 것들이 각각 검사되어야 한다면, 이것들이 아주 많든 아니면 같은 것이 반복되는 것이든 간에 이 두 가지 경우에 있어 인간에게 주어진 시간으로는 도저히 감당해 낼 수 없기 때문이다. 그러나 우리가 모든 것을 가장 적합한 순서에 따라 배열하고, 그것을 가능한 한 특정한 부류로 환원시키면 우리는 충분히 이것들 가운데 어떤 하나를 자세히 검토할 수 있고, 아니면 어떤 특정한 부류를 끄집어낼 수 있으며, 아니면 적어도 어떤 것을 쓸데없이 두 번 검사하는 일은 없을 것이다. 이것이 갖고 있는 큰 장점은 처음에는 엄청난 것처럼 보이는 많은 것이 잘 설정된 순서 덕분에 종종 짧은 시간에 힘을 덜 들이고 할 수 있다는 데 있다(르네 데카르트 저, 이현복 역, 2001 재인용).”

이러한 사유방식은 오늘날에도 새로운 과학적 지식을 발견하기 위하여 실험과 검증을 하고자 할 때의 필요한 절차라고 할 수 있다. 이러한 방법을 통하여 체계적이고 신뢰할 수 있는 지식을 얻을 수 있다는 사유방식은 서구의 근대적인 자신감이라고도 할 수 있다. 어떤 현상을 파악하고 그에 따른 행위를 하고자 할 때에는 하나도 경솔하게 빠뜨리지 않았다는 확신이 들 때까지 완벽한 열거와 검사를 하는 것은 진리에 도달할 수 있는 보편적인 방법이라는 의미인 것이다.

데카르트는 인간에게는 이성이 있고 그 이성을 토대로 한 합리적인 사유 행위 속에 자아가 존재한다고 주장한 사람으로서 단순한 직관을 제외한 그 어떤 증명방식보다도 충분한 열거(귀납)가 확실한 지식을 이끌어 낼 수 있다고 본 것이다. 이처럼 데카르트가 직관과 연역으로 이성적인 사유하기를 가장 기본적인 정신지도규칙으로 제시하고, 그 다음으로는 분해(분석)와 합성(종합)으로 단순하고 쉬운 것에서부터 복잡하고 어려운 것으로의 순서적인 사유방식을 제시한 것에서 머무르지 않고 마지막으로는 지식을 완벽하게 하기 위해서는 열거와 검사의 방법을 제시하고 있는 것은 갈릴레이 등의 천문학자들의 연구방식을 철학에 적용한 측면도 있으며, 수학자로서의 과학적인 접근방식으로 보인다. 그러나 인간을 둘러싼 다양한 세계의 현상들은 상당수가 직관을 사용하여 명증적으로 파악하기에는 한계가 있다는 점에서는 연역을 통하여 추론하고, 또다시 열거와 검사(확인)를 통하여 진리에 도달하고자 한 그의 보편적 지식추구방식은 말 그대로 합리적이라고 할 수 있다.

아울러 데카르트의 『정신지도를 위한 규칙들』의 8규칙의 제목에서는 그가 제시하는 4가지의 정신지도규칙을 적용해도 발견되지 않거나 논증할 수 없는 것은 인간의 정신능력 밖에 있는 것이므로 거기에서 멈추어야 한다는 다음과 같은 주장을 함으로써 자신의 한계 혹은 인간이성의 한계를 설명하고 있다. 이는 인간의 지적활동의 한계를 알고, 그것이 도달할 수 없는 영역에 있어서는 판단하지 말고, 그건 인간의 영역 밖이라는 것을 인정하라는 의미로 인간이성의 한계를 제시한 것이다.

"찾고자 하는 사물의 계열에 있어서 우리 오성이 충분하게 직관할 수 없는 것이 나타나면 우리는 여기서 멈춰야 하고, 그 다음 것을 고찰해서는 안 되며, 공연한 수고를 덜어야 한다(르네 데카르트 저, 이현복 역, 2001 재인용)."

그러나 이러한 8규칙에서의 주장은 12규칙에서는 상반된 주장으로 이어지고 있다. 즉 8규칙에서는 인간이성 이상을 사용하지 말 것을 제시한 반면에 12규칙에서는 상상력까지 동원할 것을 주장하고 있는 것이다.

"마지막으로 우리는 오성,[10] 상상력, 감각 및 기억이 제공하는 모든 도움 수단을 활용해야 한다. 이는 우선 단순 명제들을 판명하게 직관하기 위함이고, 다음에는 찾고 있는 것을 인식하기 위해 이것을 이미 알려진 것과 올바로 비교하기 위함이며, 끝으로 서로 비교되어야 할 것을 발견하기 위함이며, 그러므로 인간의 역량이 미치는 그 어떤 것도 빠트리지 말아야 한다(르네 데카르트 저, 이현복 역, 2001 재인용)."

이는 데카르트의 인식체계의 한계라기보다는 시종일관 방법적 회의방식이라는 그의 철학의 특징이라고도 할 수 있다. 따라서 이러한 '열거와 검사로 합리적인 생각하기'로서의 사유방식은 인간이 그의 이성을 사용하여 진리에 도달하고자 할 때 가장 마지막 방법이라고 할 수 있다. 데카르트가 12규칙에서 인간의 인식추구방법을 상상력, 감각 및 기억에 이르기까지의 또 다른 영역으로 확장하고 있기는 하지만 8규칙의 내용에서는 인간이 지식을 획득할 수 있는 능력은 오직 이성(오성)뿐이라는 점을 강조하고 있기 때문이다. 단지 상상력, 감각 및 기억으로부터 오성은 도움을 받기도 하고 방해를 받기도 하기 때문에 이러한 다른 능력들은 경계하고 적절히 활용할 수 있다고 보는 것이다. 그리고 우주 안에 있는 모든 세계는 이성적이고 합리적인 인간이성의 능력에 따라 인식할 수 없는 한계가 있다고도 볼 수 없다는 것이 그의 기본적인 사유방식이다.

---

10) 오성(悟性)과 이성(理性)은 광의로는 같은 의미로 사용되나 협의로는 다르게 사용된다. 오성이나 이성은 광의로는 기쁨, 슬픔, 분노, 욕망이나 불안과 같은 정념을 말하는 감성과 대립되는 개념으로 합리적 사고능력으로서 옳고 그른 것을 판단할 수 있는 능력이다. 그러나 오성은 일반적으로 인간의 인식능력을 말하고, 지성은 인간의 감각적인 지각작용을 포함한 인식능력으로 구별되어 사용된다.

❀ 제 10 장 ❀

스피노자 / 라이프니츠 / 볼프의 합리론적 계몽주의철학

제 1 절   네덜란드 스피노자의 합리론적 계몽사상

1. 스피노자의 생애배경

"내일 지구가 멸망하더라도 나는 오늘 사과나무를 심겠다."라는 경구(epigram)로 유명한 네덜란드의 스피노자(B. de Spinoza, 1632~1677)는 데카르트(René Descartes, 1596~1650)와 함께 대표적인 대륙합리론(continental rationalism)의 사상가로 불린다. 스피노자는 네덜란드의 암스테르담(Amsterdam)에서 태어났지만 그의 가족은 포르투갈 태생의 유대인이었다. 15세기 말 카스티야(Castilla), 아라곤(Aragon), 그라나다(Granada), 포르투갈(Portugal) 등의 네 개의 왕국으로 나뉘어져 있었던 이베리아 반도(Iberian Peninsula)를 통일한 카스티야의 이사벨 1세 여왕(Isabel I, 1451~1504)[1]은 통일 후 750년간 이어졌던 아랍권의 이슬람교

---

1) 이사벨 1세는 콜럼버스를 후원한 것으로도 유명하다. 남편인 페르난도의 우려에도 불구하고 탁월한 안목으로 콜럼버스의 제안을 받아들였고, 대륙을 발견하기 위한 대항해 시대를 열게 된다. 이것은 스페인을 세계적인 나라로 만들어 스페인 식민 제국 시대를 활짝 열게 된 관건이 되었다. 한편 콜럼버스는 4번에 걸친 그의 항해(1492~93, 1493~96, 1498~1500, 1502~04)는 유럽인들이 신대륙을 탐험·개발·정착하는 계기를 마련했는데, 그는 제노바에서 직공으로 일하던 스페인 출신 아버지 도메니코 콜롬보와 스페인계 유대인 어머니 수산나 폰타나로사 사이에서 태어났다.

도지배를 끝내고 현재의 스페인과 포르투갈 지역을 기독교도 지역으로 환원시키려고 유대인들에게도 개종을 명했다. 1492년 1월에 이사벨 1세는 그녀의 남편인 아라곤의 페르난도 2세와 함께 두 나라의 군대를 이끌고 이슬람 국가 그라나다의 알람브라(Alhambra) 궁전을 정복해 이베리아 반도에 통일 에스파냐(Espana, 영어명: Spain)을 탄생시켰다. 그녀는 그 이후에도 포르투갈과의 전쟁 등 여러 고난을 헤치고 카스티야 여왕으로 등극하고, 페르난도 2세 역시 아라곤의 국왕이 되면서 두 나라는 합병을 한다. 이러한 전쟁은 스페인이 15세기에 세계의 중심이 되게 한 계기가 되기도 하였지만 종교적으로는 천주교와 이슬람교의 전쟁이었다.

이러한 이사벨 여왕의 가톨릭통합정책으로 스피노자의 가족처럼 유대교인이나 이슬람교도로서 가톨릭 개종을 거부한 사람들은 북아프리카, 터키, 프랑스, 네덜란드 지역으로 망명을 해야 했던 것이다. 네덜란드는 소수의 신민(臣民)이 봉기하여 세운 새로운 독립국가로서, 자유와 관용을 보장했기 때문에 종교적 이방인으로 고통을 받았던 유대인들의 상당수는 네덜란드로 이주하기 시작했다. 당시 유럽사회는 네덜란드 공국이 스페인으로부터 독립하기 위해 벌인 80년 전쟁(1568~1648)과 독일의 30년 전쟁을 마감한 베스트팔렌 조약(Peace of Westfalen, 1648)을 통해 종교전쟁이라는 말이 공식적으로는 철회되었지만 그 후에도 전쟁은 멈추지 않았으며, 이 시기는 근대국가의 태동기이기도 했다. 다시 말하면 중세의 종교적 권위가 흔들리는 틈을 타서 국가라는 새로운 권위가 나타나기 시작한 시기였다.

네덜란드로 망명해온 후 스피노자의 아버지 미카엘은 암스테르담 지역에서 상업으로 성공하였고 유대 교회 내에서도 영향력이 있는 인물이 되었다. 따라서 스피노자는 암스테르담에서 유대교단의 소년학교에서 목사과정을 무난하게 수료하게 되었고, 1650년경(18세)에는 예수회(The Jesuit)[2] 소속의 고전학자였던 프란

---

2) 예수회(제수이트)라는 조직은 "예수회 군대(Company of Jesus)"라고 불리는데 예수회 창설자인 "이그나티우스 로욜라" 스페인 북부 바스크지방 출신이고, 같은 시대에 예수회 회원이었으며 미대륙을 발견한 "크리스토퍼 콜롬버스"가 태어난 때 출생하였다. 예수회는 한 때는 반(反)종교개혁을 수행하는 주도적인 단체로, 후에는 교회를 현대화시키는 주도적인 세력으로 간주되었다.

키스쿠스 반 덴 엔덴이 운영했던 학교에서 조교로 일하게 되면서부터는 라틴어 실력을 늘리고 데카르트의 철학서적도 탐독하게 된다. 이 때 즈음부터 스피노자는 그의 평생 직업이었던 안경이나 망원경들의 렌즈를 갈고 닦는 기술을 익히는가 하면, 유력한 집안의 가정교사 역할도 하면서 종교나 철학 토론 모임을 이끌기도 하였던 것으로 보인다. 한편 그의 나이 22세이던 1654년에 그의 아버지가 사망하자 이복누이가 아버지의 전 재산을 노리자 그는 상속권을 지키기 위해 법정다툼을 하여 승소하였다. 그러나 대부분의 재산을 이복누이에게 다시 넘겨주게 되는데 이로 인하여 스피노자는 부모의 유산에 기대지 않고 평생 동안 안경알(렌즈)을 갈아내는 기술과 가정교사 일로서 생계를 유지하게 되었다.

그리고 아버지 사후에는 스피노자의 유대공동체 생활이 더욱 힘들게 바뀌게 되는데, 이는 학구적이었던 스피노자가 젊은 시절에 배웠던 학습과정은 주로 유대교리에 한정되어 있었지만 독창성이 뛰어났던 그는 정통 교리에서의 성서해석을 비판하는 입장에 있었기 때문이기도 하였다. 즉 유대교단의 학교 내에서 토론하는 과정에서 스피노자는 신이 육체가 없다는 점, 천사가 존재한다는 점, 영혼이 불멸한다는 점 등을 뒷받침할 근거가 성서 어디에도 없다고 주장을 하여 곤란한 상황에 처해진 것이었다. 그 후에도 스피노자는 성서교리의 해석에 비판적이었고 이를 유대교회 당국자는 단속하려 했지만 여의치 않자 결국 1656년(24세) 7월에는 그를 파문하고 유대공동체(Jewish Community)에서 영원히 추방을 하는 결정을 하게 된 것이다.

유대교단에서 파문을 당한 이후 스피노자는 여러 도시를 옮겨가며 은둔생활을 하는 가운데 철학을 공부하게 되었다. 그러던 중 그의 나이가 28세였던 1660년부터는 그의 사상을 정리하고 체계화할 목적으로 그리스도교의 콜레기안파[3]의 본거지이며, 라인 강변의 작은 마을인 라인즈뷔르히(Rhinesburg)으로 가서 헤르만 호만이라는 외과의사 집에서 하숙을 하며 저술 작업을 하게 되었다. 이때는 런던에서 왕립학회가 창립된 직후로 런던 왕립학회(Royal Society) 비서관이던 헨

---

3) 콜레기안파는 목사와 신학자없이 평등한 신앙공동체의 이념을 가지고 종파를 불문한 사람들이 함께 예배와 토론모임을 가졌다. 이들은 전통적인 기독교의 용어와 상징을 사용했지만 성서의 인문학적 연구를 강조하는 민주적이고 자유로운 비주류 종파였다.

리 올덴버그(Henry Oldenburg)와 서신교환을 하면서 연구했던 시기이기도 하다. 이 시기에는 1662년에는 『신, 인간, 그리고 인간의 행복에 관한 소고(Korte Verhandeling van God, de Mensch en deszelfs Welstand), 초판 1852』를 저술했고, 1665년에는 『지성 정화론(Tractatus de Intellectus Emendatione)』을 완성했다. 또 데카르트의 『철학의 원리(Principia Philosophiae)』에 대한 기하학적 해석서의 많은 부분과 『기하학적 방식으로 다룬 윤리학(Ethica in Ordine Geometrico Demonstrata), 1662~75, 출판 1677』 제1권도 이 시기에 완성했다. 이러한 저술을 통하여 이미 스피노자는 데카르트의 사상과는 또다른 독자적 견해를 드러내기 시작한 것이다.

그 후 38세이던 1670년에는 네덜란드의 서남부 해안도시 헤이그(Hague)로 거처를 옮겨 1677년에 45세의 나이에 폐병으로 죽을 때까지 7년 동안 살았는데, 1673년(41세)에는 하이델베르크 대학으로부터 철학교수직 제안을 받고 거절하기도 하였다. 그 이유는 공공단체에 예속됨으로써 그의 사상에 제한이 될 것을 우려하였기 때문이었다고 한다. 한편 스피노자가 죽기 1년 전인 1676년 11월에는 서른 살의 독일 철학자 라이프니츠(1646~1716)가 그를 찾아오게 된다. 당시 스피노자는 신의 존재를 부정하여 유대 공동체와 기독교에서 이중으로 추방당한 기피인물이었고 예정조화론자였던 라이프니츠 역시도 스피노자를 극심하게 비난한 사람이라는 점에서는 철학적 의미가 있다. 후일 라이프니츠는 스피노자와의 만남을 줄곧 부인하다가 60세가 다 돼서야 자신의 철학이 스피노자주의자들 쪽으로 기울기 시작한 것을 고백한 것4)을 보면 양자가 서로 상반된 입장에서도 근대라는 시대적 인간상에서는 일치했다고도 볼 수 있는 것이다.

이처럼 스피노자는 당초 유대교도로 출발하여 그가 태어난 스페인 지역보다는 다소 종교적 포용성이 있었던 네덜란드로 망명한 집안에서 유대교적인 지식과 데카르트적인 철학에 기초하여 그의 사상을 정립하였지만 대부분의 생활이 은둔하면서 보낸 탓에 그의 생존 당시에는 거의 세상에 알려지지 않게 된다. 이

---

4) 매튜 스튜어트(Matthew Stewart)가 2006년에 쓴 『스피노자는 왜 라이프니츠를 몰래 만났나』에서는 이 두 철학자의 만남에 주목하고, "만일 스피노자가 근대 최초의 '사상가'라고 한다면, 라이프니츠는 그 시대 최초의 '인간'으로 간주해야 할 것"이라고 언급한다.

처럼 스피노자는 결코 학계에서는 뚜렷한 지위를 누려보지 못했는데 이는 그 스스로가 어떤 경우에도 세상의 주목을 끌고자 하지 않았기 때문이기도 하였다.

특히 그가 성장했던 네덜란드 암스테르담 지역은 기독교의 개신교도들이 스페인의 구교도들에 저항하여 종교적인 자유가 어느 정도로 인정이 되었지만 여전히 유대교도들은 정식 시민권을 얻지 못하는 이방인이었고, 그러한 과정에서도 스피노자는 유대교로부터도 파문을 당하는 등의 기피인물이었던 것이다. 따라서 스피노자는 많은 철학서적을 집필하였지만 생전에 자신의 이름으로 출판이 된 것은 『기하학적 방식에 근거한 데카르트 철학원리(Renati des Cartes Principiorum Philosophiae Pars Ⅰ et Ⅱ, More Geometrico Demonstratae, per Benedictum de Spinoza, 1663)』한 권뿐이며 대부분은 죽고 난 후에 유작으로 발표되었다.

스피노자가 그의 주저 『기하학적 방식으로 다룬 윤리학(Ethica in Ordine Geometrico Demonstrata)』에 앞서서 38세에 집필한 『신학 – 정치론(Tractatus Theologico – Politicu), 1670』은 당시 가장 체제전복적인 철학자였던 그의 사상이 가장 잘 드러난 책이다. '헨리쿠스 쿤라트'라는 익명을 쓰고, 암스테르담이 아닌 독일 함부르크에서 출간된 이 책은 출간되자마자 전 유럽에서 불온하고 신성모독적이라는 비판을 받았기 때문이다. 당시 가톨릭 중심의 유럽사회에서 '지옥에서 꾸며진 책'이라는 비난을 받기도 할 만큼 급진적 계몽사상을 담고 있었던 것이다. 즉 『신학 – 정치론, 1670』에서는 성경은 인간의 문학작품이지 신의 말씀이 아니며, 참된 신앙은 제도화된 종교와는 상관이 없으며, 종교가 근대국가에서는 통치에 관여해서는 안 된다는 그의 주장이 강하게 제시된다. 중세에서 근대로 넘어가는 유럽사회에서 스피노자는 종교에서 철학과 정치를 분리해내고자 시도했던 것이다.

아울러 그는 당시 신의 영역으로 믿어졌던 기적의 존재도 부정하였는데 당시 사람들은 초자연적인 행위인 기적은 신이 개입한 행위라고 믿었기 때문에 신성모독적이라는 비난은 당연한 것이기도 하였던 것이다. 즉 스피노자는 신의 섭리라고 보는 기적현상들은 수학적 필연성에 따른 자연 인과율의 결과일 뿐이라고 일축하였던 것이다. 당시 스피노자가 주로 관심을 기울여 비판한 종교는 기독교와 유대교였는데 '믿음의 조상' 아브라함(Abraham)으로부터 이스라엘 역사가 시작됐다고 믿는 두 종교의 관습은 근본적으로 조직화된 미신이라는 게 스피노자의 관점이었다.

　스피노자의 이러한 사유방식은 철학적 사고의 자유를 보장할 수 있는 민주정 체제를 옹호하는 것이었다. 그러나 당시 네덜란드를 비롯한 유럽사회는 절대왕정국가를 지향하고 있었기 때문에 스피노자의 사상은 종교측면 뿐만 아니라 정치적으로도 급진적이고 위험한 발상으로 받아들여졌던 것이다. 스피노자가 사망한 13년 이후인 1690년에 영국에서는 로크(John Locke, 1632~1704)가 홉스의 정치적 자유사상을 이어받아『통치론(정부론)』을 발간했지만 비교적 소극적인 자유사상에 머물렀던 것에 비하면 스피노자는 보다 적극적인 의미에서의 자유사상을 피력한 것으로 볼 수 있다. 어떻게 보면 영국에서의 계몽주의보다는 대륙에서의 계몽주의 사상이 더욱 과격하고 급진적으로 전개되었던 것도 스피노자의 사상에서 발로한다고 볼 수 있다.

2. 스피노자의 합리론적 사상 체계(초월적 실재론과 심신병행설)

　스피노자(1632~1677)는 데카르트(1596~1650)보다 한 세대 정도 뒤의 대륙의 합리론을 이끈 사람이다. 그러므로 스피노자의 합리론 사상은 데카르트와 유사한 점을 많이 가지고 있지만 데카르트가 한계에 봉착했던 심신이원론(心身二元論, mind－body dualism)[5]의 난점을 해결하려는 시도를 하였다. 그의 첫 저술인 1663년(31세)의 『기하학적 방식에 근거한 데카르트의 철학원리』의 서문에서는 스피노자가 데카르트의 철학적 견해에 동의하지 않는다는 내용을 써놓고 있다. 이렇게 볼 때 스피노자는 데카르트의 영향으로 철학을 시작했지만 그의 독창적인 견해들에서는 데카르트 사상에 반발하면서 발전시킨 경향이 있는 것이다. 그러나 스피노자가 이성적 지식을 존중하고 기하학적 방법으로 학문에 접근하고 있다는 점에서는 데카르트와 같이 대륙의 이성론적 합리론자에 속한다.

　여기에서 스피노자가 데카르트의 형이상학에서의 관점과 다른 독창적 견해를 내놓은 것을 정리해보면 신의 초월성(초월적 실재론), 심신일원론(심신병행설) 등이다.

---

5) 데카르트는 인간은 정신과 육체의 통일이며, 정신과 육체는 송과선(松果腺, pineal gland)에서 상호작용하는 서로 다른 두 실체라는 견해를 보인다.

첫째, 스피노자의 초월적 실재론(신의 초월성)은 스피노자의 '신에 대한 영적 사랑'을 의미한다. 1675년에 완성하였고, 그가 죽은 뒤인 1677년에 간행된 그의 주저 『기하학적 질서에 따라 증명된 윤리학(Ethica in Ordine Geometrico Demonstrata)』에서는 '신에 대하여'라는 장으로 시작되는데, 대부분의 서양철학자들과 마찬가지로 신을 절대적으로 무한한 존재, 영원하고 무한한 본질과 속성을 지닌 실체로 표현하고 있다. 즉 "나는 절대적으로 신을 무한한 존재로, 그리고 모든 사물의 영원하고 무한한 본질을 표현하는 무한한 속성(attrivute)으로 이루어진 실체를 생각한다."고 언급하고 있는 것이다.

이러한 스피노자의 언급은 신에 대한 사랑 속에서 행복을 찾는 범신론(panentheism)적 견해인데 신은 만물을 떠나있는 초월적 존재가 아니라 만물이 그 자신 속에 내재한 본성을 펼치는 과정 속에서 발현되는 존재가 신이라는 입장이다. 따라서 스피노자는 신(神)이 세계의 단일한 '실체'이며, 만물은 그 신이 펼쳐지는 다양한 '양태(mode)'가 된다고 보았다. 스피노자가 언급하고 있는 신에 대한 생각은 "신은 곧 자연이다."라는 핵심명제에서도 찾아볼 수 있는데, 스피노자는 자연을 무한한 것이고 영원하며, 전체가 하나의 단독체계를 이루고 무한한 생산력을 지니고 있다고 보았다. 이는 '실체'로서의 무한한 존재를 '신'으로 규정한 스피노자가 자연의 무한한 생산성에 착안하여 신과 자연을 동일시한 것으로 파악될 수 있다. 그러나 당시 그리스도교에서 파문을 당한 스피노자가 그리는 신(神)은 종교적인 의미의 신과는 사뭇 다른 것으로 이해해야 하는데, 그 이유는 근대의 그리스도교에서는 신이 모든 사물(자연)을 초월하여 전지전능한 존재로서 사물을 창조하는 초월적 존재로 보고 있기 때문이다.

이는 데카르트가 실체를 무한 실체, 유한 실체로 나눈 것에 비하여 스피노자는 초월적 실재로서 단일한 '실체'로서 신(神)을 들고 있으며, 그것은 그리스도교가 말하는 초월적 신이 아니라 신이면서 자연이기도 한 자연주의적 관점의 신이라는 점에서도 드러난다. 그러므로 스피노자가 생각하는 신(神)은 만물에는 신이 깃들여 있다는 범신론, 즉 범재신론(All is in God)과 가깝다. 즉 기독교의 유일신관(monoism)에서는 신의 초월성이나 내재성이 설명이 어렵지만 스피노자의 범재신론(penentheism)에서는 초월적 실재나 신의 초월성의 설명이 가능해지기 때

문이다. 이러한 스피노자의 신의 개념은 유대－그리스도교에서 보는 신의 인격
적 창조주의 개념을 철저히 부정하는 것이 되므로 이른바 신성모독죄에 의하여
파문되고 평생 은둔적 생활을 해야 했던 원인이 되기도 하였다.

둘째, 그의 심신의 실체적 이원론(심신병행설)은 정신과 육체의 관계를 보는
관점인데, 상당수의 철학에서는 인간의 육체보다는 정신의 우월적 존재로서 다
루어지는 경향이 있다. 그러나 스피노자는 정신과 육체는 신이라는 실체의 두 속
성(attrivute)이지 서로 구분된 것이 아니라는 입장을 보인다. 데카르트는 정신과
육체도 신과 마찬가지로 각기 다른 실체로 보았기 때문에 상호작용은 할 수 있지
만 서로 같은 맥락에서 다루어질 수 있는 것은 아니라는 점에서 한계가 있는 것
으로 보인다.

이러한 측면에서 보면 스피노자는 정신과 육체에는 '실체성'을 인정하지 않고
인간의 정신과 육체를 신(자연)의 속성인 사고(thought)와 연장(extension)에 의해
나타나는 병행적인 양태(mode)를 파악함으로써 두 가지 서로 다른 정신과 육체라
는 실체성의 이원론의 문제점을 해결하려고 한 것으로 보인다. 스피노자는 '속성
(attrivute)'을 '실체(신)의 본질을 이루는 성질'로 규정한 후 인간에게는 사고
(thought)의 속성이 형상(form)으로 드러난 것이 정신이고, 연장(extension)의 속성
이 질료(matter)로서 드러난 것이 신체라고 제시한 것이다. 이것은 데카르트가 정
신과 육체를 별도의 실체로 구분함으로서 상호관계성을 설명하는 데 있어서 한계
를 보였던 것에 비하면, 처음부터 인간의 실체성을 부여하지 않으면서 자연(신)의
속성에 따라 정신과 육체가 동등하게 변화하는 사물로 간주한 차이점이 있다. 이
러한 스피노자의 독특한 견해는 심신병행설(the parallel theory of mind and body)
로 불린다. 다시 말하면 신의 속성에 따라 정신적 변화와 신체적 변화는 서로 병
행하고 부합된다고 설명하는 것이며, 정신과 육체는 서로 아무런 인과관계가 존
재하지 않는다는 것을 뜻한다. 심신병행설(론)은 신심(물심)평행설이라고도 하고,
일원론적 양측면설, 혹은 심리·물리적 평행론, 범신론 등으로도 불린다.

그러나 이러한 스피노자의 사상은 근대철학의 주류가 인간의 정신과 의식을
중시하는 인간중심주의적 사고방식에 있다는 점과는 다소 차이를 나타내는 관점
이라고 할 수 있다.

제 2 절   독일 라이프니츠의 합리론적 계몽사상

1. 라이프니츠의 생애배경

라이프니츠(G. W. von Leibniz, 1646~1716)는 독일의 라이프치히(Leipzig) 출신의 수학자이며, 법률가·철학자이다. 라이프치히대학의 도덕철학 교수의 아들로 태어났지만 6세가 되던 해에 아버지가 사망하자 아버지가 남긴 장서로 공부해야 할 정도로 어려운 환경 속에서 성장하였다. 라이프니츠는 우여곡절 끝에 라이프치히대학에서 정규과정을 마치고 법학박사학위를 신청하였으나 나이가 어리다는 이유로 거절당하자 뉘른베르크(Nürnberg)의 알트도르프대학에서 20세에 박사학위를 받게 된다.

이처럼 라이프니츠는 천재적 재능이 있어서 영국의 뉴턴보다 논문발표일 기준으로는 3년이나 앞선 1684년에 미적분을 창안할 정도였다. 따라서 그는 마지막 만능학자, 만능천재로도 불리고 있다. 라이프니츠는 대학에서는 법률학을 공부하였지만 철학적인 재능에도 뛰어나 12세 정도부터는 논리학을 공부하였고, 홉스, 데카르트 등의 사상에도 심취하였다.

라이프니츠는 박사학위를 마치고 대학으로부터 교수직을 제안 받았으나 거절하고 마인츠제후국의 브룬스뷔크(Brunswick) 공작 밑에서 정치 관련 일을 하면서 외교에 관한 일을 하는 것으로 사회활동을 시작하였다. 그러나 그 일과 병행하여 많은 저명인사들을 찾아다니며 학습여행을 하게 된 것은 그를 철학자로서 성장하도록 한 계기로 작용하였다. 그 중에는 스피노자도 있었는데 한 때는 한 달 정도를 같이 보낼 정도로 스피노자로부터 철학적 영향을 입게 되었는데, 그는 평생 동안 스피노자를 극복하는 관점을 가졌기 때문에 스피노자와의 만남자체를 부인하기도 하였다. 이는 스피노자가 다소 은둔적인 생활을 하면서 저술활동을 했던 점과는 달리 라이프니츠는 정반대의 개성을 가진 사람이었기 때문에 엄청난 에너지를 가지고 철학적 저술과 사회생활을 같이 하였다는 차이점에서도 미루어 짐작할 수 있다.

즉 스피노자가 종교적 파문을 당하고 은둔하면서 무신론적 신(자연)의 실체를 규명하는 합리론을 추구했던 것에 비하여 라이프니츠는 끊임없이 사회 속에 뛰어들면서 자신의 사상을 도전적으로 구축하려고 한 것이다. 예를 들면 라이프니츠는 지방 제후나 독일 제국 왕의 보좌역을 하면서 개혁안을 제출하기도 하고, 당대의 여러 지식인들과도 3만여 통이 넘는 서신을 왕래할 정도로 대외적으로도 적극성을 띠었다. 아울러 종교적으로 볼 때도 그의 '모나드론(단자론)'에서는 신(神)을 별도의 '실체'로 제시하지 않으면서도 '예정조화설'을 통해 당시의 종교 세력과도 불협화음을 만들지도 않았다. 뿐만 아니라 라이프니츠는 독일(프로이센) 아카데미(학술단체)를 만들고 종신회장으로 취임할 정도로 왕성한 활동을 하였다. 이러한 그의 행적은 실리적이고 기회주의적이어서 자신의 활동을 지원할 정치 후원자들을 찾아다니기도 하였다는 비판을 받기도 한다.

라이프니츠는 철학적 과업에서 데카르트가 정립한 본유관념을 토대로 한 이성중심의 합리주의철학과 베이컨이 창시하고 로크가 완성한 영국을 중심으로 한 경험주의철학을 극복해야 했으며, 다른 한편으로는 데카르트 특유의 이원론으로부터 발생하는 여러 가지 논리적 난점을 극복하려 시도했던 스피노자의 철학과도 맞서야 했다. 이러한 과업에서 저술된 라이프니츠의 여러 철학 논문이나 저서 가운데 유명한 것으로는 『형이상학 서설(Discourse on Metaphysics)』, 『자연의 신체계(New system of Nature)』, 『단자론(Monadology)』 및 『이성에 입각한 자연과 은총의 원리(Principles of Nature and Grace, based on Reason)』 등이 있으나 대부분 그의 사후에 출간되었다. 단지 『신정론(神正論, Theodicy)』 혹은 『변신론』이 그가 죽기 6년 전인 1710년에 발간이 되었을 뿐이다. 이 점은 스피노자와도 유사한 점이다. 그는 죽을 때까지 하노버의 제후 밑에서 외교정책의 고문으로 일하면서 학술활동을 하였지만 생존 시에는 뚜렷한 명성을 얻지는 못하였다. 그러나 스피노자와는 달리 볼프(Christian, Freiherr von Wolff, 1679~1754) 등의 그의 아카데미 소속 제자들에 의해서 사후에 그의 사상이 확산되기에 이른다. 따라서 이러한 그의 학식과 학풍은 고대 그리스의 아리스토텔레스에 비견되기도 한다.

라이프니츠는 1663년에 그의 학사학위논문 『개체의 원리(De Principio individui)』에서 개체는 형식(form)이나 질료(matter) 중 어느 하나가 아니라 '전체 존재'가치로 설명해야 한다는 주장을 한 후부터 죽기 2년 전인 1714년에 『단자론(*Monadologia*)』을 써 그의 철학을 집대성 할 때까지 끊임없는 저술을 하였다. 뿐만 아니라 당시 절대왕정의 대변자였던 루이 14세가 통치하던 프랑스 제국의 침입에 맞서서 독일제국의 왕의 정치자문을 하는가 하면 오스트리아, 영국, 러시아 등지에서도 정치나 종교 세력과도 꾸준히 관계를 맺는 등의 세계시민주의자로서의 역할을 하다가 1716년에 70세의 나이로 사망하였다.

한편 라이프니츠의 천재성은 미적분학이라는 당시로선 새로운 수학을 창안한 것으로도 유명한데 이는 17세기 이후 근대과학이 급속도로 발전할 수 있게 한 원인이기도 하다. 오늘날의 물리학의 기초는 미적분학에 있기 때문이다. 라이프니츠는 마인츠제후국의 외교관으로 1672년에서 1676년까지 파리에서 보냈는데 1675년 즈음에 미분·적분의 수학을 발견하고 독일로 돌아와 1684년에 라이프치히 대학의 학술잡지에 최초로 미적분 관련 논문을 발표하게 된다.

그런데 영국의 뉴턴(Isaac Newton, 1642~1727)은 라이프니츠보다 10년 정도 빠른 1665년에 당시에도 여전히 유행했던 흑사병(페스트)을 피해 런던을 떠나 있을 때 미적분의 착상을 하고 일부 학자들에게 논문의 초고를 보였다고 한다. 그러나 뉴턴이 처음으로 미적분을 공표한 것은 그의 3권짜리 저서 『프린키피아』, 즉 『자연철학의 수학적 원리(*Principia*), 1687』에서였다.

이렇게 보면 공식적 발표순서로는 라이프니츠가 3년이나 앞서게 되는데, 1699년에 이르러 뉴턴을 신봉하던 스위스의 젊은 수학자 파티오(1664~1753)가 라이프니츠가 뉴턴의 발견을 훔쳐서 먼저 발표하였다고 영국왕립학회에 고발장을 접수함으로써 양자 간에는 미적분의 선취권을 두고 다툼이 시작되었다. 마침 이 시기는 뉴턴이 영국왕립학회의 회장이었고 라이프니츠는 베를린아카데미의 원장이었기 때문에 이들 간의 다툼은 더욱 확산이 된 것이다. 이러한 논쟁은 결국 라이프니츠가 사망한 1716년 이후에 이르러 자연스럽게 종식이 되었는데 현재는 이 두 사람이 각자 독립적으로 미적분을 연구한 것으로 받아들여지고 있다. 단지, 뉴턴은 케임브리지대학 트리니티 칼리지(Trinity College)에 다닐 때 스승이었던 베로우(Barrow, Isaac, 1630~1677)가 기하학 강의에서 발견한 것을 제자였던 뉴턴이 정리하였고, 라이프니츠는 같은 베로우의 저서를 보고나서 미적분을 발전시켰다는 설도 있다.

2. 라이프니츠의 합리론적 사상 체계(단자론과 예정조화설)

라이프니츠는 그보다 한 세기 전에 활동하였던 르네상스 시대의 이탈리아 출신 대표적 조각가, 건축가, 화가였던 미켈란젤로(Michelangelo, Buonarroti, 1475~1564)와 견줄 만큼 뛰어난 천재였기 때문에 그의 사상은 18세기의 계몽철학이나 19세기의 관념론 철학에도 많은 영향력을 발휘하였다. 그의 제자 볼프(Christian Woff, 1679~1754)에 의해 구성된 라이프니츠－볼프학파(Leibniz Wolffische Schule)는 근대(late modern period)의 최초의 철학적 학파로 볼 수 있으며, 칸트, 괴테 및 쉴러, 헤겔 등에게도 영향을 미쳤다고 볼 수 있다. 따라서 그의 철학적 분야도 다양한 영역에 걸쳐있다. 그 중에서도 라이프니츠의 '단자론(모나드론)'과 '예정조화설'은 철학이나 신학에서 많은 영향력을 발휘하였다.

이처럼 라이프니츠(G. W. von Leibniz, 1646~1716)는 그의 제자 볼프와 함께 데카르트와 스피노자에 이어서 대륙합리론(continental rationalism)을 발전시킨 인물이다. 즉 17세기의 대륙철학을 형이상학의 입장에서 인간 이성의 힘을 강조하는 이성론(합리론 혹은 유리론: 唯理論)이라고 할 때는 데카르트, 스피노자, 라이프니츠 등의 철학자들이 그들의 또 다른 능력인 수학, 기하학적 지식을 기초로 합리적 연역법으로 '실체'를 증명하려고 한 것을 일컫는 말이다.

이렇게 본다면 네덜란드와 프랑스를 중심으로 활동했던 데카르트는 '정신'과 '물체(육체)'라는 두 개의 실체를 합리적 연역법으로 규명했고, 네덜란드에서만 활동했던 스피노자는 정신과 물체가 아닌 '자연 혹은 신'이라는 하나의 실체를 규명한 것으로 볼 수 있다. 그러나 대륙철학의 합리론을 마지막으로 장식(라이프니츠의 제자 볼프의 활동을 제외하면)한 라이프니츠는 주로 독일을 중심으로 활동하면서 이른바 '모나드(monad)'실체론을 제시한 것으로 정리될 수 있다.

라이프니츠가 제시한 모나드(단자, 單子)는 이 세계를 구성하는 기본적인 단위(unit)로서 그 수에 있어서는 무한정의 개념이다. 그리고 수많은 단자들은 서로 다르고 독립적으로 구별되기 때문에 서로 영향을 주지 않으며 하나의 단자에는 다른 단자가 들어올 수가 없다는 개념이다. 이렇게 보면 데카르트가 말한 '정신'이나 '물체', 그리고 스피노자가 말한 '신(자연)' 역시도 하나의 '단자'에 해당한다. 그러면 대부분의 철학자들이 관심을 갖는 인간의 정신과 육체의 관계를 어떻게 해설할 수 있는가를 보면, 라이프니츠는 '신'이라는 존재를 끌어들여 그의 전지전능한 힘에 의해 각 단자들(정신과 육체 등)은 서로 충돌함이 없이 병행하고 서로 보완하도록 질서와 조화가 미리 예정되어 있다는 견해를 보인다. 이를 라이프니츠의 '예정조화설(the doctrine of pre-established harmony)'이라고 칭한다. 즉 인간의 정신에 의한 이성적 합리성을 강조하지만 정신과 육체는 서로 조화를 이루도록 미리 신에 의하여 예정되었다고 보는 것이다.

이처럼 라이프니츠의 관념론, 즉 이성을 중심으로 물질현상을 밝히려는 관점에서는 '단자(monad)'의 개념이 핵심이 된다. 단자론에 의하면 우주 속의 모든 사물은 단자들로 구성이 된다. 예를 들어 동물·식물·무생물뿐만 아니라 인간이나 신까지도 질적으로 아무런 차이가 없는 단자들로 구성된 것으로 보는 것이다. 단지 질적으로 차이가 없고 독립적이지만 단자들은 정신적 명료성(mental clearness)의 차원에서는 계층이 구분된다고 보았는데, 신은 가장 높은 단계의 단자들로 구성되며, 인간은 그 다음으로 높은 단계의 단자로, 동물은 낮은 단계의 단자로 구성되며, 아주 낮은 단계에는 식물, 그보다 더 낮은 단계에는 무생물이 존재한다고 보았다.

이러한 무수한 단자들이 예정조화적으로 작동하는 세계를 라이프니츠는 '대우주(macro cosmos)'라고 했으며, 단자는 '소우주(micro cosmos)'로 칭하고 있다. 한편 라이프니츠는 예정조화설을 이용하여 『변신론(辯神論)』 혹은 『신정론(神正論, Theodicy)』을 폄으로써 스피노자가 겪었던 이단론자로서의 비난의 어려움을 피해갔다고 볼 수 있다. 그의 신정론은 이 세계 속에서 일어나는 선과 악의 문제에 대한 설명으로 알 수 있는데, 라이프니츠는 우리가 살고 있는 세계에는 선과 악이 양립할 수 있는데 신이 세계를 창조할 때 '완전한 세계'가 아니라 '선이 많은 세계'였고 따라서 '악'이란 것도 결국 선을 달성하는 과정에서 '선'과의 전체적 조화를 위해 불가피한 것으로 보았다.

이러한 라이프니츠의 신정설(신정론)은 영국의 비평시인 알렉산더 포프(Alexander Pope, 1688~1744)의 『인간론(Essay on Man)』에서도 다음과 같이 표현되고 있다.

모든 자연은 너에게는 알려지지 않은 하나의 예술(Arts)

모든 우연은 네가 보지 못하는 길의 계시(God's revelation)

모든 불화는 이해되지 못한 조화(Harmony)

모든 부분적 악은 전체적인 선(Goodness)

이처럼 라이프니츠의 단자론이나 예정조화적 변신론(신정론)은 인간의 지식과 신의 지식(진리)을 설명하고자 한 그의 형이상학이며 논리학적 견해라고 할 수 있다. 라이프니츠가 단자론이나 예정조화적 변신론에서 논리적 지식(진리)에 도달할 수 있는 원리로 제시하고 있는 것은 '모순율(Law of contradiction)'과 '충족이유율(Law of sufficient reason)'이다. 이 두 가지 원리는 형식논리학의 네 가지 기본법칙(동일률, 모순율, 배중률, 충족이유율)에도 속하지만 라이프니츠의 형이상학을 이해하기 위해서는 필수적이다. 그만큼 라이프니츠에 의해서 새롭고 명확한 의미로 설명되었기 때문이다.

그러면 여기에서 라이프니츠가 제시한 두 가지 인식(모순율과 충족이유율)의 원리를 비롯하여 형식논리학에서 필요로 하는 네 가지의 원리(기본법칙)들을 서술하면 다음에서와 같다.

첫째, 모순율(矛盾律, principle of contradiction)은 모순원리, 모순법이라고도 하는데, 모순된 명제는 거짓이라는 것과 거짓된 명제에 대립하는 명제는 참(진실)이라는 것을 제시한다. 모순율은 당초 아리스토텔레스에 의해 확립된 논리학의 기초원리 중 하나이고 동일률·배중률과 함께 고전 논리학의 3대 원리를 이룬다. 모순율에서는 판단에 있어서나 논리에 있어서나 그것이 형식적 모순을 포함하고 있다면 그것은 이성(理性)의 진리가 아니라고 본다. 변증법(dialectic, 대화술 또는 문답술)은 실제 속에 모순구조가 존재한다고 생각하고 따라서 모순율을 부정하는 논리를 일컫는다. 즉 변증법은 형식논리학과 대립되는 논리로 이해되는 것으로, 형식논리학에서는 모순율을 인정하지 않으면 "A는 B이다."라고 하면서 동시에 "A는 B가 아니다."가 성립하기 때문에 거짓이 되며 정합(整合)적일 수가 없는 것이다. 아리스토텔레스는 제논(Zenon of Elea)을 변증법의 발명자(창시자)

라고 하였으며, 소크라테스는 변증법을 대화술, 문답법으로 훌륭하게 구사하였기 때문에 플라톤은 변증법을 최고의 학문 방법으로서 중요시 하였다.

둘째, 충족이유율(充足理由律, principle of sufficient reason)은 충족률이라고도 하며, 라이프니츠에 의해 처음으로 제시되었다. 따라서 고전논리학(형식논리학)의 법칙(원리)이 아니라 인식(사고)의 법칙의 하나이다. 즉 어떠한 사물의 존재도 이유 없이는 설명될 수도 없고 어떠한 명제도 근거 없이는 참이 될 수 없다고 보는 것이 충족이유율이다. 다시 말하면 충분하고 충족시킬 수 있는 이유가 있어야 거짓이 아니고 진리가 될 수 있다고 보는 것이다. 그러나 우리가 주위에서 발견하는 존재들 중에는 이유를 모르는 경우가 흔히 있는데 이는 인간의 이성은 신과 같이 완전하고 무한한 것이 아니기 때문에 후천적인 경험에 의해서 사실의 진리를 갖게 된다고 라이프니츠는 설명하고 있다. 이렇게 보면 라이프니츠는 이성만이 아니라 경험이라는 후천적(우연적)인 것을 통하여 진리에 도달할 수 있다고 한 것으로 판단될 수도 있으나 역설적으로 보면 인간이 세계에 대한 지식이 많으면 많을수록 경험에 의존하지 않고도 이성의 능력으로 진리를 알 수 있다고 보는 합리론(合理論) 혹은 이성론에 기초하고 있음을 알 수 있다.

셋째, 동일률(同一律, principle of identity)은 모순율·배중률과 함께 논리학의 3대 법칙에 속한다. 아울러 사유(인식)의 확립성에 관한 법칙이기도 한데, "A는 B이다."라는 명제는 경험과 관계없는 의식의 사실로서 보편적으로 승인되는 것을 의미한다. 즉 한 번 "A는 B이다."라고 판단했다면 그다음에도 동일하게(똑같이) 같은 개념(명제)으로 적용해야 한다는 의미이다. 예를 들어 판사가 판결을 할 때 '범죄'라고 규정한 행위개념이 있다면 그 행위개념은 모든 죄인에게 동일하게 적용되고 지켜져야 하는 것이지 사람(대상)에 따라 동일하지 않는 개념으로 '범죄행위'를 적용해서는 논리적이지(합리적이지) 못하게 되는 것이다. 다시 말하면 한 번은 "A는 B이다."라고 했다가 그다음에는 "A는 B가 아니다." 혹은 "A는 B가 아닐 수도 있다."라고 사유하고 판단한다면 사유(인식)의 확정성을 담보할 수도 없고 객관적인 사물을 정확하게 반영할 수도 없기 때문에 논리적이 될 수도 없는 것이다.

넷째, 배중률(排中律, principle of excluded middle)은 배중원리, 배중법이라고

도 하며 고전적 형식논리학의 3대 원리에 속한다. 이 원리는 "A는 A가 아니고 비(非)A도 아닌 어떤 것일 수는 없다."라는 형식으로 표현할 수 있다. 즉 어떤 A 가 있다면 그 A가 아닌 비(非)A 사이에 제3의 중간적인 존재를 인정하지 않는 원리(law of excluded middle)를 말한다. 이러한 논리의 원칙은 모순원리(모순율) 를 보완하는 원리로도 작용한다. 즉 모순원리가 서로 논리적으로 모순되는 두 개 의 판단은 동시에 성립될 수 없다는 것이며, 배중률은 더 나아가 두 개의 상호 모순되는 판단이 쌍방 모두 성립하지 않는다는 것은 있을 수 없다는 것을 의미한 다. 다시 말해서 모순관계에 있는 두 가지 명제 중 한 명제가 참이면 나머지 명 제는 거짓이 되는 것이지 둘 다 참이거나 거짓이 되지는 않는다는 것이다. 그러 나 배중률은 절대적인 원리가 아니라는 도전을 받고 있는데, 그 이유는 불완전성 정리에서는 무모순적인 체계 속에 진릿값을 정할 수 없는 명제가 최소한 하나 이 상 있기 때문에 배중률을 적용하기가 어렵기 때문이다.

예를 들어 "달에는 계수나무가 있다."라는 명제가 있다면, 배중률은 "달에는 계수나무가 있거나 혹은(or) 달에는 계수나무가 없다."는 참이 되는 것이 논리적 이지만, 모순이 되지 않는 명제에서는 배중률을 절대적으로 적용될 수는 없는 것 이다. 그리고 역설(逆說, paradox), 즉 참된 명제와 모순되는 결론을 낳는 추론도 분명한 원리인 배중률에 모순되는 형태로 인도하는 것이 보통이다. 따라서 역설 은 모순(이율배반, irony)과는 달리 논리적으로 오류가 있는 것이 아니고 말이 안 되는 것 같지만 어떤 뜻을 내포하고 있는 것이기 때문이다.

제 3 절   라이프니츠—볼프학파의 합리론적 계몽사상

1. 볼프의 생애배경

크리스티안 볼프(Christian Woff, 1679~1754)는 독일의 브레슬라우(Breslau, 현 폴란드지역)에서 태어났으며, 그의 스승인 라이프니츠의 영향으로 17세기 대륙합 리론(Continental rationalism)을 정리하고 독일 중심의 18세기 계몽학파를 개창한 철학자이며 법학자이기도 하다. 당시의 계몽철학은 영국을 시작으로 프랑스, 독일, 이탈리아 등으로 확산되었는데 계몽주의는 중세적 질서에 대한 비판과 인간의 합리적 이성에 대한 신뢰나 종교적 관용을 특징으로 하는 사상이다.

계몽주의의 흐름을 보면 발상지인 영국에서는 로크, 버클리, 흄 등에 의한 온건한 계몽주의가 발전하였다면 네덜란드와 프랑스, 독일 등에서는 다소 비판성이 강한 계몽주의로의 발전을 보인다. 즉 대륙의 계몽사상에는 비판정신이 포함되어 프랑스와 독일 등에서 발전되었는데 칸트의 비판철학 역시 이러한 계몽주의의 영향으로 볼 수 있다.

볼프는 브레슬라우·예나·라이프니츠의 대학 등에서 교육을 받았고 베를린 아카데미의 원장(학회장)이었던 라이프니츠의 제자였다. 따라서 그는 라이프니츠의 철학적 견해를 바탕으로 계몽사상을 체계화시켰다. 다시 말하면 볼프철학은 라이프니츠에게 직접 연결되어 있기 때문에 볼프를 따랐던 볼프학파는 일반적으로 라이프니츠－볼프학파(Leibniz Wolffische Schule)로 칭해지는 것이다. 볼프철학의 또 하나의 공적은 당시의 공식적 학문에 사용되었던 라틴어가 아닌 독일어로 철학서들을 집필함으로써 독일인들에게 처음으로 철학적 교양을 심었다는 점이다. 아울러 볼프학파에 속했던 사람들은 볼프와 마찬가지로 철학자와 법학자들이 많았는데 대부분 독일 내의 교수직에 취임하게 되었기 때문에 18세기 계몽사상을 강단철학으로도 자리 잡게 하였다.

볼프를 비롯한 그의 학파들이 당시 학자용 언어였던 라틴어를 배제하고 독일어를 사용하여 철학적 지식을 대중들에게 보급시킬 수 있었던 것은 당시의 다소 계몽적인 사상을 공유했던 프로이센 왕국의 세 번째 왕 프리드리히 2세(Frederick II, 재위 1215~1250) 대왕 등의 지원과 함께 이성의 합리성에 대한 신뢰가 볼프학파를 이끌었기 때문으로 보인다. 볼프학파는 그의 생존 중에도 200여 명에 이를 정도로 활성화 되었는데 충실한 제자로는 튀미히(1697~1728), 포르마이(1711~1797), 바움가르텐(1714~1762) 등이 있다.

그러나 볼프학파는 엄격한 기하학적 방법에 입각한 형식주의에 의해 철학체계를 완성하고 대학 강단과 일반대중교육을 지배했기 때문에 기하학적 접근방법을 독단적으로 보는 반볼프학파들도 생겨났다. 반볼프학파에서는 이성보다는 경험을 기본으로 하는 인식체계를 지향하였다.

2. 라이프니츠—볼프학파의 합리론적 사상 체계

라이프니츠—볼프학파(Leibniz Wolffische Schule)는 라이프니츠의 제자 볼프에 의해 형식화되고 통속화된 라이프니츠의 철학을 신봉하는 사상가들을 칭하는 말이다. 라이프니츠의 사상은 원래 매우 다면적이고 독창적이었지만 그의 생전에 저작물들이 거의 출판이 되지 않았고 체계적으로 정비되지 않았기 때문에 난해한 상태였다. 따라서 볼프는 그것을 체계화하고 교과서적으로 개편하는 학파를 형성하였다. 라이프니츠, 볼프, 바움가르텐(A. G. Baumgarten, 1714~1762)에 이르는 이 학파는 독일을 중심으로 하는 대륙합리론의 한 갈래를 형성하였으며, 청년시절의 칸트(Immanual Kant, 1724~1804)에게도 영향을 미쳤다. 그러나 칸트는 중년기에 접어들어 라이프니츠, 볼프, 바움가르텐의 사상을 공격하면서 자신을 뉴턴의 추종자로 선언한 것으로 전해진다.

일반적으로 볼프학파는 철학과 법학분야에서 18세기 독일의 계몽사상을 주도한 일련의 사상가들을 말하지만 가장 대표적으로 알려진 학자는 볼프 자신과 그의 제자인 바움가르텐이다.

1) 볼프의 사상

볼프는 프로이센 아카데미(베를린 아카데미)의 학회장(원장)으로 있었던 그의 스승 라이프니츠의 추천으로 할레대학(Universität Halle)의 교수가 되었고 (1707~1723), 프리드리히 빌헬름 1세(Fridrich Wilhelm Ⅰ, 재위 1713~1740) 시기인 1723년에는 신학상의 반대자들의 고발로 인해 추방되어 마르부르크대학 (Universität Marburg) 교수로 옮겨 1740년까지 재직하였다. 그리고 독일 프로이센 왕국의 제3대 프로이센 국왕인 프리드리히 2세(Frederick II, 재위 1740~1786)가 즉위하면서 다시 할레대학 교수로 초빙되었다. 그의 주요저서들은 주로 독일어로 된 강단용이 주류를 이루며, 대표저서로는 『제1철학 즉 존재론(*philophia prima sive ontologia*), 1729』이 있다. 이 책은 라이프니츠의 저서들을 체계화한 것인데 강의용 텍스트(교과서)로 간행되다 보니 충족이유율(充足理由律), 예정조화설, 단자론, 낙관주의(Optimismus, 최선 세계관) 등의 4가지 정도의 특징에 한정된 측면이 있다.

따라서 볼프는 합리론의 성격을 띤 18세기 독일의 계몽주의 철학을 열었던 대표적 사상가이다. 즉 그의 스승인 라이프니츠가 17세기의 합리론을 독일 중심으로 전개했다면, 볼프는 라이프니츠가 주장한 합리론 사상을 보다 체계화하면서 독일의 계몽주의 철학을 대변하는 위치에 서게 되었다.

한편 프랑스에서는 거의 같은 시기에 몽테스키외(Montesquieu, Charles Louis de Secondat, Baron de La Brède et de, 1689~1755)가 권력분립사상을 들고 나와 프랑스 계몽철학의 서막을 연 것으로 볼 수 있다. 몽테스키외가 프랑스 국내의 사상가로부터 직접적 영향을 받은 것이 아니라 영국의 존 로크의 권력분립 통치론에서 영향을 받은 것에 비해 볼프는 같은 독일의 라이프니츠의 사상에 직접적 영향을 받았다는 맥락에서 본다면 볼프의 사상은 영국이나 프랑스에서의 계몽주의 사상과는 차원이 다르다. 즉 프랑스가 사상적으로 자유가 많았던 영국으로부터 고전적 자유사상을 받아들여 혁명적 사상으로 18세기를 계몽한 반면에 독일은 영국이나 프랑스보다는 사상적 계몽이 훨씬 늦었기 때문에 혁명적 사상으로까지는 이르지 못하였다. 독일은 18세기까지도 통일국가를 이루지 못하고 과거 신성로마제국이라는 틀 안에서 300여 개의 작은 국가(제후국)들이 연방국가 형태를 유지하고 있었고 그 중심역할을 하였던 프로이센이 하고 있었기 때문이다.

계몽군주로 알려진 프로이센의 프리드리히 2세도 프랑스의 계몽사상가인 볼테르와 서신 교환을 하거나 초빙을 하기도 하였지만, 사상을 표현하는 문자나 언어는 독일어가 아닌 프랑스어로 이루어졌기 때문에 한정된 계몽주의를 받아들였다고 볼 수 있다. 그만큼 독일에서는 정치적이고 혁명적인 사상과 합치되는 계몽주의로 발전하는 것이 아니라 영국의 경험주의와 프랑스의 합리주의를 비판적으로 수용하는 비판철학으로 계몽주의가 받아들여지게 되었던 상황을 말해주는 것이다.

따라서 독일에서의 계몽주의는 볼프에게서 시작되어 그로부터 50년 정도 뒤에 활동했던 칸트의 비판철학 시기까지로 볼 수 있는데, 이성과 법칙을 중요시여겼다는 점에서 합리적이고 계몽적이지만 영국이나 프랑스를 비롯한 다른 유럽 국가들과 비교했을 때는 계몽사상의 전개가 극히 잠재된 것으로 볼 수 있다. 볼프와 칸트의 계몽사상은 다양하기는 했지만 정치나 종교와 다툴 수 있을 만큼의 활력을 갖고 있지는 못했으며, 이는 당시의 독일사회가 문화적으로나 정치적으로 유럽의 중심역할을 하지 못하고 변방에 머물렀던 시대적 배경에도 원인이 있을 것으로 보인다.

볼프는 윤리학을 신학의 의존에서 해방시키고 이성종교와 신앙(계시)종교를 일치시키려고 노력하기도 하였는데 이는 18세기 전반의 독일 시민계급의 요구와도 부합되는 수준이었다. 이러한 독일 국내의 여건은 초기의 독일 계몽철학자들로 하여금 형이상학적 종교론이나 경건주의 신앙 차원에서만 머무르게 하는 요인이 된 것이다. 특히 라이프니츠와 볼프는 동양사상인 유교의 자연철학과 실천철학에 관심을 가지고 그들의 합리사상에 원용하였음을 보더라도 독일의 계몽사상가들은 영국이나 프랑스 중심의 기독교 국가가 아닌 중국의 유교적 정부를 합리적이고 이성적인 정치형태로 신봉했는지도 모를 일이다.

2) 바움가르텐의 사상

라이프니츠-볼프학파(Leibniz Wolffische Schule)의 바움가르텐(Baumgarten, Alexander Gofflieb, 1714~1762)은 베를린에서 태어나 라이프치히에서 가까운 작센(Sachsen)지방의 잘레(Saale) 강 연안에 자리 잡고 있는 할레(Halle)대학에 다니면서 교수로 있었던 크리스티안 볼프에게서 라이프니츠의 합리론 철학을 공부하였다. 그리고 볼프의 추천으로 1737년(23세)에 할레대학교의 부교수를 거쳐 1740년(26세)에는 프랑크푸르트 안 데어 오데르(Frankfurt an der Oder)대학의 정교수가 되었다. 이처럼 라이프니츠-볼프학파는 할레대학을 중심으로 한 독일의 대학 강단을 바탕으로 전개된 학파로 볼 수 있다.

바움가르텐은 볼프학파가 다소 등한시 했던 '미학(aesthetica)'6)을 철학의 한 분과로 독립시킨 업적이 있는 볼프학파의 최대학자로 알려진다. 미학의 문제는 바움가르텐 이전에도 여러 학자들이 예술이나 미(美)와 같은 주제로 다루었지만 그는 다른 철학분야에서 미학을 독립시켰던 것이다. 그의 미학은 라이프니츠-볼프 철학의 입장에서 출발하지만 이성에 의한 인식을 연구하는 논리학분야와는

---

6) 미학은 '감각에 의한 지각'을 의미하는 그리스어 '에이스테시스(aisthesis)'를 어원으로 한다.

대립된다. 즉 미학은 아름다운 것의 감각에 의한 인식을 예술형태로서 표현하는 방식의 연구를 말한다. 다시 말하면 미학은 18세기 독일 합리론에 의해 이성의 권한이 최고조인 시기에 태어났으며 형이상학적 인식의 완전성을 추구하는 것과 맞닿아 있다.

즉 바움가르텐은 그때까지 이성적 인식에 비해 한 단계 낮게 평가되고 있었던 감성적 인식에 독자적인 의미를 부여하여 이성적 인식의 학문인 논리학과 함께 감성적 인식의 학문도 철학의 한 부문으로 수립하고 그것에 '에스테티카 (Aesthetica)'라는 라틴어 명칭을 부여하였다. 그리고 미(美)란 곧 감성적 인식의 완전한 것을 의미하므로 감성적 인식의 학문(감성학)은 동시에 미의 학문(미학)이라고 생각하였다. 여기에서 근대 미학의 방향이 개척된 것이며, 바움가르텐을 미학의 창시자로 칭하는 이유이기도 하다.

바움가르텐의 저서 중에서 미학이론에 관한 것으로는 『시에 관한 철학적 성찰, 1735』, 『형이상학, 1739』이 있으며, 그 외에도 『윤리철학, 1740』, 『논리학 강연, 1761』 등이 그의 생존할 때에 발표한 저작이다. 48세의 나이로 사망한 이후의 유작으로는 『자연법, 1763』, 『일반철학, 1770』, 『신학강독, 1773』이 있으며, 그의 동생인 지크문트 야콥 바움가르텐도 볼프학파의 신학자였다.

바움가르텐은 만년에 논리학과 미학을 결합하여 '인식론(Theory of Knowledge)'이라고 부르기도 하였는데 이는 다른 철학자들에 의해 '에피스테몰로지(epistemology)'로 칭해지게 된다. 이처럼 바움가르텐은 그의 짧은 생애에도 불구하고 독일의 합리론적 계몽주의 철학인 라이프니츠-볼프학파를 최고의 수준으로 끌어올린 철학자로 평가할 수 있다. 즉 바움가르텐은 그들의 스승이었던 라이프니츠와 볼프의 이성론적 철학을 기초로 출발하여 독일의 계몽사상을 전개하였으나 상대적으로 그들의 스승들이 다소 등한시 하였던 감성적 인식 부문에 착안하여 미학을 창시할 정도로 업적이 출중하였다. 그러나 어떻게 보면 그의 스승들이 주시한 형이상학적 철학에서 인간의 오성(인성)적 인식을 논리학이라고 보고, 그보다 하위에 있는 감성적 인식을 미학으로 구분한 것으로도 볼 수 있다.

바움가르텐의 이러한 철학적 업적은 그보다 10여 세 정도 차이가 나는 칸트 (I. Kant, 1724~1804)의 미학에도 영향을 미치게 된다. 같은 라이프니츠-볼프학

파는 아니지만 칸트에 의하면 인간의 인식 형식은 감성과 이성(오성)이며, 감성
은 경험적 소재들을 받아들이는 수용성의 특징을 가진다. 그리고 오성은 경험적
소재들을 정리하고 종합하는 자발성의 특징이 있다. 따라서 인식은 감성과 오성
중 어느 하나만으로는 성립하지 않고 상호결합관계에서 가능하다고 본다. 이러
한 관점에서 칸트는 감성은 대상을 직관하고 오성은 대상을 사유하는 인식체계
를 정립하고 있다.

한편 바움가르텐은 논리적 사유(思惟) 혹은 인식의 최고 원리는 라이프니츠
가 제시한 모순율(矛盾律, Law of contradiction)이라는 점을 들어서 충족이유율(充
足理由律, Principle of sufficient reason)을 비롯한 다른 원리, 즉 동일률(同一律,
Law of identity), 배중률(排中律, Law of excluded middle) 등은 전부 모순율에서
연유하는 것으로 주장하였다.

제 11 장

몽테스키외 / 볼테르 / 루소의 계몽주의철학

제 1 절   몽테스키외의 계몽주의

1. 몽테스키외의 생애배경

샤를 몽테스키외(Charles Montesquieu, 1689~1755)는 프랑스 계몽주의철학의 선구자이다. 그는 보르도(Bordeaux) 근처 라브레드 섬의 귀족 무관 가문에서 태어나 1705년 보르도대학(Universitaires de Bordeaux) 법학부에서 공부하여 1708년에 졸업하면서 변호사가 되었다. 1714년에는 보르도 고등법원의 판사가 되었으며, 1715년(26세)에 결혼을 한 후 1726년에는 숙부가 사망하면서 물려준 남작 작위와 보르도 의회의 부의장직을 수행하면서 법률연구를 지속하였다.

몽테스키외는 법률실무를 쌓기 위해 대학졸업 후 파리로 갔다가 아버지의 죽음으로 인하여 보르도로 돌아와 생활하였지만 1722년부터는 다시 파리로 가서 베릭(Berwick) 공작의 도움으로 궁정에 들어갔다. 그는 궁정생활 동안 자신보다 지적 수준이 낮은 사람들이 궁정에서 주요 직책을 수행하는 것을 보고 분노를 느끼기도 하였다. 그리고 1727년에는 프랑스 학사원(Institut de France)을 구성하고 있는 5개 아카데미 가운데 가장 권위 있는 아카데미 프랑세즈(Academie francaise, 현 파리 제4대학으로 개편됨)의 회원이 되었다.

그 후에는 프랑스를 떠나 1731년까지는 이탈리아와 오스트리아, 영국 등을 여행하면서 쓴 여행기를 발표하거나 정치가들과 교류하면서 학문 연구를 지속하였다. 그리고 프랑스로 돌아와서는 법률학과 정치학에 관한 대작들을 저술하기 위하여 왕립도서관에 서재를 두고 아카데미 프랑세즈(Academie francaise)에 참석하면서 영국과 이탈리아의 유명인들을 만나는 한편으로는 저술활동을 병행하였다.

몽테스키외의 주요 저서로는 1721년(32세)에 쓴 『페르시아인의 편지(Letters Persames)』가 있다. 내용은 2명의 페르시아인이 프랑스를 여행하면서 파리문명을 날카롭게 풍자하는 것인데 그는 이 책으로 인하여 성공을 거두었다. 그 후 1734년에는 그의 여행경험을 기초로 『로마인의 위대함과 그 쇠락의 원인에 관한 고찰(Considérations sur les causes de la grandeur des Romains et de leur décadence)』을 출판하였다.

그리고 1748년 겨울에는 20여 년간의 준비 끝에 마침내 그의 대작인 『법의 정신, 또는 법이 각국의 정부구성·풍습·기후·상업 등의 구성과 맺는 관계에 대하여(De l'esprit des lois, ou du rapport que les lois doivent avoir avec la constitution de chaque gouvernement, les moeurs, le climat, la religion, le commerce, etc)』를 출판하였다. 이 책은 출판 당시 4절판의 1,086쪽 31권(편)에 이르는 방대한 분량으로 구성되었으며 프랑스에서는 사상탄압으로 스위스에서 익명으로 출판되었다. 그러나 곧바로 교황청의 금서목록에 올랐을 정도로 관심을 끌었는데 2년 동안에 22판이나 인쇄할 정도로 알려졌다.

그러나 『법의 정신』은 몽테스키외에게 명성을 가져다주기는 했지만 다른 한편으로는 만년의 몽테스키외에게는 고난과 수모를 동시에 겪게 하였다. 당시의 절대왕정을 비판하고 그 배후에 있었던 로마교황청의 권위에도 비판적 경향을 보였던 이 책의 내용은 당시의 기득권 세력에게는 위협적 요소로 작용하였기 때문이다. 몽테스키외는 1755년에 유행성 감기가 악화되어 파리에서 66세의 나이로 사망하였는데, 1787년 판 『법의 정신』의 서문에서는 '지은이의 주의'에서 자신은 결코 그리스도교적인 덕성을 배제하겠다는 의도가 없다는 내용으로 자신을 변호를 하기도 한 것을 보면 출판 이후에 몽테스키외가 얼마나 많은 고통을 당했는지를 짐작할 수 있다. 1789년에 일어난 프랑스혁명을 몽테스키외는 『법의 정신』에서 예견하지는 않았지만 혁명 40년 전에 절대왕정에 대한 비판을 통하여 그를 이은 볼테르나 루소 등의 혁명적 계몽사상의 기초를 놓았다고 볼 수 있다.

당시 대부분의 계몽사상가들이 프랑스의 루이 왕가(루이 14세 등)의 전제정치를 당연히 여겼던 것에 비하여 몽테스키외는 고전원문들과 자신의 여행경험에서 얻은 기록과 뉴턴(1642~1727)의 과학적 방법을 자신의 비과학적 분석방법으로 차용하여 비판적으로 『법의 정신』을 집필한 것이다. 18세기 프랑스에서의 절대주의 형태는 구교(가톨릭)중심의 정부가 17세기의 정치적, 종교적 갈등에서 위협적인 역할을 하였던 귀족세력들을 견제하기 위하여 루이 왕조의 1인 군주에게 전제적인 권력을 집중시키려는 접근방식이었다. 절대왕정의 중심에 있었던 루이 14세(Louis XIV, 1638~1715 재위)[1]는 5세 정도에 왕위에 올라 1682년에는 자신의 거처를 베르사유 궁전으로 옮기면서 왕족과 그를 따르는 대 귀족들도 동시에 이주하게 하였는데 이는 절대주의적 전제정치의 상징이 되었다.

루이 16세(Louis XVI, 재위 1774~1792)[2] 시기인 1789년에 일어난 프랑스혁명의 전조는 사실 왕권신수설을 믿고 '태양왕(Le Roi Soleil)'으로 불렸던 루이 14세(Louis XIV)의 절대왕정에 대한 반발에서 시작된 것이었다. 아울러 정치적인 프랑스혁명은 거의 같은 시기의 경제적인 산업혁명과 더불어 근대사를 열게 된 가장 전형적인 혁명을 볼 수 있다.

2. 몽테스키외의 계몽사상 체계

몽테스키외는 계몽주의 시대의 프랑스의 정치철학자이다. 그는 대학에 들어가기 전 11세 때 기숙제 중등학교에서 5년간 데카르트 학파의 철학과 수학을 배웠다. 그리고 대학에서는 법률학을 공부하였으며 성인이 된 이후에는 프랑스 궁정에서 정치권과도 교류하는가 하면 아카데미 프랑세즈의 회원으로도 활동하며

---

1) 루이 대왕(Louis le Grand Monarque), 태양왕(Le Roi Soleil)이라 불리며, 프랑스의 최전성기 중 베르사유궁전에서 다스렸으며, 절대왕정을 상징하는 존재이다.

2) 루이 15세의 손자이며, 황태자 루이의 셋째 아들로 1770년 16세로 오스트리아의 왕녀 마리 앙뚜아네트(Marie-Antoinette)와 결혼하고, 1774년 루이 15세의 뒤를 이어 왕위에 올랐으나 프랑스혁명 이후 1793년 1월 국민공회의 명령에 따라 처형되었고, 같은 해 8월에는 마리 앙뚜아네트도 콩시에르즈리의 독실 감방에 감금되었다가 1793년 10월 14일 혁명재판소 재판에서 사형선고를 받고 2일 뒤 단두대에서 처형되었다.

저술활동을 하였다.

　이러한 몽테스키외의 이력은 그의 저서에서도 드러나고 있는데 가장 대표적인 저서인 『법의 정신(De lesprit deslois), 1748』에서는 권력분립사상을 제시하고 있다. 그가 이 책에서 제시하고 있는 권력분립(separation of power)제도는 국가의 권력이 한 개인이나 집단에 집중되지 않도록 하는 것으로 주로 삼권분립이라는 말로도 표현된다. 즉 몽테스키외의 주장은 모든 정치권력은 남용되기 쉬우므로 정치적 자유를 확보하기 위해서는 입법권, 시민법에 관한 사항의 집행권, 그리고 범죄 및 개인의 쟁송을 재판하는 권력은 각기 분립되어야 한다는 것이었다. 그리고 입법권은 인민의 대표자와 귀족에게, 행정권은 군주에게 주어져야 한다고 하여 군주의 권력을 제한하고 귀족의 지위는 확대할 것을 제안하였다.

　역사적으로 권력분립사상은 고대 그리스시대 플라톤, 아리스토텔레스, 폴리비오스(Polybios, B.C 203~120경)[3]의 혼합정체론과 정체순환론에까지 거슬러 올라갈 수 있다. 그리고 근대 영국에서는 1689년 로크의 '통치2론(Two treaties of government)'에서도 주장되었다. 따라서 몽테스키외가 주장한 권력분립사상은 바로 이러한 사상들의 영향을 입은 것으로 볼 수 있다.

　『법의 정신』은 총 31편으로 구성되어 있는데 몽테스키외가 다루고 있는 핵심내용은 크게 3가지로 요약된다.

　첫째, 정체(政體)에 대한 분류로는 공화정, 군주정, 전제정으로 구분하고 각각의 정체의 활동원리는 덕, 명예, 공포를 들었다.

　둘째, 군력분립이론에서는 정치적으로 자유로웠던 당시의 영국을 모델로 입

---

3) 폴리비오스에게 명성을 안겨준 것은 40권으로 이루어진 『역사(Historiae)』로, 그중 마지막 권은 색인이다. 지금 남아 있는 것은 제1~5권이며, 나머지 부분에 대해서는 10세기에 그리스 역사가들의 저서에서 그를 인용한 구절만 가려 모은 발췌집과 16~19세기 여러 편집자들이 재발견하여 책으로 펴낸 것을 비롯해 많은 구절이 발췌된 형태로 남아 있다. 폴리비오스의 원래 목적은 로마가 세계의 주인으로 등장하는 과정인 한니발의 스페인 원정부터 피드나 전투에 이르는 53년간(B.C 220~168)의 역사를 기술하는 것이었다. 제1·2권은 서론에 해당되는 것으로 로마가 B.C 264년 카르타고인과 싸우며 시칠리아 섬으로 진출한 이후의 로마 역사를 다루고 있으며, B.C 264~B.C 220년에 세계의 다른 지역에서 일어난 사건들을 포함하고 있다. 제3권에서 폴리비오스는 수정한 구상의 개요를 설명하면서, 로마인들이 B.C 146년 카르타고 멸망시기까지 그 패권을 어떻게 행사했는가에 대한 설명을 덧붙이겠다고 제안한다(브리태니커 백과사전 참고).

법권, 행정권, 사법권으로 나누었다.

셋째, 기후가 정치에 영향을 미친다는 내용으로 구성된다.

이러한 구성에는 여러 사물의 본성으로부터 발생하는 여러 관계를 가지고 법이라 규정하는 인과적(因果的)이고 합리적(合理的)인 방법이 사용된 것이다. 미국독립혁명(1776년) 후의 미국 헌법(1781년)과 프랑스 혁명(1789년)은 바로 몽테스키외의 『법의 정신』에서 나타나는 인과적이고 합리적인 사상의 영향으로 볼 수 있다.

그러나 몽테스키외가 『법의 정신』이 로마 교황청에 의해 금서로 지정되고 무신론자로 당시 사회에서 지탄을 받게 되자 적극적으로 자신의 입장을 변호하였다는 것은 다른 계몽주의자들로부터 비판을 받게 되는 구실을 제공하기도 하였다. 즉 몽테스키외가 인종, 지역, 기후, 제도, 정치체제 등의 다양한 요인을 사용하여 귀납적이고 실증적인 방법으로 법의 원리를 진술하고 있으면서도 금서지정에 대한 변론에서는 인간 지성의 법칙은 불완전하며, 인간의 유한한 지성과 오성은 상실되기 쉬우므로 신(神)이 지정한 종교의 법이 필요하다는 입장을 보였기 때문이다.

그러면 여기에서 몽테스키외의 자유주의적인 권력분립사상을 담고 있는 『법의 정신』에서의 전체적인 구성을 정리해보면 먼저 서문(머리글)인 '지은이의 주의'라는 글에서는 금서지정에 대한 반박(변호)적인 내용을 서술하고 있으며, 그 뒤에는 총 6부로 구분한 후 31편(권)이 배치되어 있다.

제1부에는 1~8편(권)이 배치되어 있으며, 핵심적인 내용은 세 가지의 정체에 관한 원리와 부패를 담고 있다. 첫째, 공화정체는 인민이 전체로서 주권을 가지는 민주정과 그 일부분인 귀족이 주권을 가지는 귀족정이 있으며 그것을 움직이는 원리는 덕성을 제시하고 있다. 둘째, 군주정체는 한 사람의 군주가 고정적으로 정립된 법에 의해 통치하는 정체이며 군주정체를 움직이는 원리는 명예로 보고 있다. 셋째, 전제정치는 한 사람이 법이나 규율이 없이 자의적으로 권력행위를 하는 것으로 공포의 원리에 따라 움직인다고 본다.

제2부에는 9~13편(권)이 배치되어 있는데, 핵심적인 내용은 법과 방어력의 관계, 법과 공권력의 관계, 국가구조와의 관계에서 정치적 자유를 구성하는 법,

정치적 자유를 구성하는 법과 시민의 관계, 조세징수와 국가 수입이 자유에 대해 갖는 관계를 다루고 있으며, 삼권분립의 원리가 제시되어 있다는 것이 특징적이다.

제3부에는 14~19편(권)이 배치되어 있으며, 핵심적인 내용은 각 국가의 법과 풍토의 관계, 정치적 자유가 없는 시민적 노예제, 가내 노예제, 정치적 노예제 법률과 풍토성의 관계를 고찰하고 있으며, 몽테스키외는 각국의 토지의 성질과 풍속이 법을 결정하는데 영향력을 미치게 된다고 본다.

제4부에는 20~23편(권)이 배치되어 있고 상업법과 화폐사용에 관한 법, 주민수와 관계되는 법을 다루고 있다. 여기에서 몽테스키외는 상업은 본질적으로 서로 간의 거래를 통하여 평화를 이끌어 내기도 하지만 상업의 결과로 발생한 부는 사치와 낭비로 연결될 수 있음을 지적하고 당시의 감소하고 있는 인구문제도 분석하고 있다.

제5부에는 24~26편(권)이 배치되어 있으며, 주로 종교문제를 다루는 내용으로 구성된다. 즉 교의와 그 자체로 살펴본 종교에 관한 법, 종교의 설립과 그 대외정책에 관한 법, 법이 판정하는 사물질서 관계에서의 법을 다루고 있다. 몽테스키외는 기독교가 인간에게 서로 사랑하라고 가르치고 있으므로 각 민족은 가장 훌륭한 정치법과 시민법을 가질 것을 권장하고 있다. 그러나 시민법에서는 잘못된 종교를 법규범에서 규제하고 실제적인 방법으로도 성직자들의 재산을 제한할 수 있다고 보았다. 이러한 몽테스키외의 견해는 로마가톨릭 교황청으로부터 금서로 지정되게 하는 요인이 되고 있다.

제6부에는 27~31편(권)이 배치되어 있고, 상속에 관한 로마법의 기원 및 변천, 프랑스인의 시민법 기원 및 변천, 법을 만드는 방법, 군주정체 확립 관계에서 프랑크인의 봉건법 이론과 군주정체의 변천관계를 다루고 있다. 특히 제29편(법을 만드는 방법)에서는 법의 정신은 법을 만드는 사람의 중용정신이 핵심이 된다는 점과 몽테스키외 자신이 이 책을 쓰게 된 이유와 목적 등에서도 설명을 하고 있다.

이처럼 몽테스키외가 『법의 정신』을 통해 나타내고 있는 사상은 귀족적이고 민주적인 사유방식의 자유주의 사상을 기반으로 한 합리정신이 다양하게 피력된 것으로 볼 수 있으며 이는 영국의 존 로크(1632~1704)의 권력분립론의 영향을 받은 것으로 보인다.

제 2 절   볼테르와 백과전서파의 계몽주의

1. 볼테르의 생애와 계몽사상 체계

볼테르(Voltaire, 1694~1778)는 프랑수아 마리 아루에(Francois – Marie Arouet) 라는 본명의 필명인데, 그는 오히려 본명보다도 필명으로 알려진 프랑스 계몽주의 시대를 대표하는 철학자이며 작가였다. 따라서 프랑스 계몽주의철학의 아버지로도 불리는 그는 파리에서 유복한 공증인의 아들로 출생하여 예수회 계통의 명문학교였던 루이 르 그랑(Louis le Grand)에서 공부하였다. 볼테르는 재학시절부터 문학 분야에 재능을 나타내었고 성장한 이후 1717년(23세)에는 당시 절대왕정을 펼쳤던 루이 14세 사후에 섭정으로 있었던 루이 14세의 남동생 오를레앙(Philippe d'Orléans)을 야유한 풍자문을 쓴 죄목으로 바스티유 감옥에 11개월간 투옥되기도 하였다. 수감생활을 하는 동안 볼테르는 『에디프 왕*(Edipe)*, 1718』이라는 비극 작품을 완성하여 출옥 후 볼테르(Voltaire)라는 필명으로 발표했는데, 여기에서 그는 사제들이나 신자들뿐만 아니라, 종교 그 자체, 성서와 복음서까지도 문제를 삼는 종교적 비판을 하는 대담함을 보였다. 볼테르는 이를 극장에서 상영하여 대성공을 거두게 되고, 그 후에도 시민계급 출신인 볼테르가 문단에서 명성을 얻게 되자 이를 시기한 귀족계급들과 다투게 되어 또다시 투옥되었지만 국외망명을 조건으로 석방되었다.

이로 인하여 1726년(33세)에는 프랑스의 절대왕정 전제정치에 환멸을 느끼고 자유사상이 풍미했던 영국으로 건너가 2년 7개월간 머물게 되었는데 이때 뉴턴의 자연과학과 존 로크의 사상을 접하게 되면서 열렬한 추종자가 되었다. 아울러 영국의 극작가들과도 교류하면서 당시 종교전쟁을 종식한 프랑스 왕 앙리 4세(Henri IV, 재위 1589~1610)를 찬양하는 서사시 『앙리아드*(Henriade)*』를 출판하기도 하였다. 1729년에 귀국한 후에는 『철학 서간*(Lettres philosophiques*, 영국인에 관한 철학 서신), 1734』을 발표하여 영국을 예찬하고 프랑스 사회를 비판하였다. 이 책으로 인하여 신변의 위협을 느낀 볼테르는 1734년(40세)부터는 애인이었던 샤틀레(Madame du Châtelet, 1706~1749) 후작 부인의 영지(領地)인 실레로 도피하여 같이 거주하면서 10년간 저술과 연구로 시간을 보냈다.

실레 도피 시절에는 많은 문학작품을 썼으며, 철학 작품으로는 『인간론, 1738』, 『뉴턴 철학 문학 입문, 1738』 등을 집필하였다. 한편 그의 애인이었던 샤틀레 후작 부인은 여성 수학자로서 『뉴턴 철학 입문』의 내용의 상당 부분을 썼지만 당시 여건상 볼테르의 단독저서로 발표되었으며, 책의 표지에서는 이미 세상을 떠난 뉴턴의 빛을 샤틀레 후작 부인이 볼테르에게 거울로 반사해주어 집필하는 세 사람의 그림이 있다. 볼테르는 1743년에 파리로 돌아온 이후에는 루이 14세의 증손자인 루이 15세(Louis XV)로부터 잠시 총애를 받아 1746년에 아카데미 프랑세즈의 회원이 되었으나 설화사건으로 루이 15세(Louis XV)와 대립하게 되고 또다시 파리를 떠나게 되었다.

즉 1750년(56세)에는 그를 시기하는 사람들에게 분개하던 중 독일(프로이센 제국)의 프리드리히 2세(Friedrich Ⅱ, 1740~1786 재위)의 초청을 받아 프로이센에서 『루이 14세의 세기』를 완성하였다. 프러시아에서 체류하는 동안은 볼테르주의(voltairianism)를 발휘케 했으나 그뒤 프리드리히 2세와의 관계가 좋지 않게 되자 그때는 샤틀레 부인도 사망한 뒤였기 때문에 프랑스로 돌아가지 않고 경계지역인 스위스로 가서 체류하였다. 스위스 제네바 근처에 거주하던 1755년에는 스페인의 리스본(Lisbon)을 덮친 대지진을 다룬 시(詩)로 볼테르는 루소와 격렬하게 논쟁하였다. 당시 리스본 인구 25만명 중에서 10%인 2만 5천명이 목숨을 잃었던 1759년 11월 1일의 이 대지진을 계기로 볼테르, 칸트, 루소 등의 지식인들이 자애로운 신에 대한 낙관주의를 버리게 되었고 볼테르는 같은 해 그의 대표적인 문학작품인 『캉디드(Candide), 1759』4)라는 철학소설을 익명으로 발표하여 대성공을 거두

---

4) '세상은 만사형통한다.'는 식으로 살아가던 캉디드와 그의 애인 키네공드, 스승인 팡글로스는 온갖 우여곡절을 겪은 후 자기들의 운명이 왜 이렇게 부조리한가를 사색하다가 결국에는 말없이 '자기 밭을 가꾸는 것', 즉 다른 일에 신경을 쓰지 않고 자신의 하루하루를 살아가는 것만이 지혜의 비결임을 깨닫는다. 동기의 부조리, 행위의 불합리 등이 부각되어 나타나며, 추리를 잘못함으로써 어리석은 일들이 벌어지는 것에 대한 조소가 작품 전반에 나타나 있다. 이 점에

었다. 주요 내용은 당시의 모순된 사회와 정치, 부패한 성직자들과 대중들의 어리석음, 종교적 불관용으로 인한 전쟁들을 신랄하게 비판한 것이다. 특히 볼테르는 『캉디드』에서 라이프니츠의 예정조화설로 상징되는 계몽주의적 낙관주의를 철저히 조롱하였는데, 이는 루소의 낙관주의적인 자유사상과는 배치되는 비관주의적인 사상으로 볼 수 있다.

그 후 1760년(66세)에는 스위스 국경에 가까운 페르네(Fernet)로 아주 이주하여 장로의 칭호를 받으면서 유럽 각지로부터 문학자와 지식인들과 교류하였다. 특히 이 시기에는 디드로(Denis Diderot, 1713~1784)와 달랑베르(d'Alembert, 1717~1783)가 주도한 백과전서파에도 참여하여 사회계몽 운동에 영향을 미쳤으며, 백과전서에서와 같은 형식으로 『철학사전, 1764』을 간행하기도 하였다.

이처럼 볼테르와 루소는 18세기의 프랑스 계몽주의를 대표하는 인물이었지만 기질이나 사상은 상반되었다. 볼테르는 18세 연하인 루소의 대표저작인 『학문예술론』과 『인간불평등기원론』을 비판하면서 루소가 인간을 향해 짐승처럼 네 발로 걷고 야만인처럼 행동하라고 부추기는 내용이라고 하였다. 루소는 볼테르의 모든 저작을 구해서 읽을 만큼 매혹되었으나 볼테르는 루소를 달갑지 않게 보았는데 "루소는 계몽주의를 내부로부터 전복시키고 있는 유다이다."라고까지 비난하기도 하였다. 그리고 루소의 교육서 『에밀』에 대해서는 루소가 실제로는 자식들을 모두 고아원에 버린 사실을 들어 위선자라고 볼테르가 비판하기도 한 것이다.

1778년(84세)에는 대립관계에 있었던 루이 15세가 죽자 볼테르는 파리로 귀환하여 열렬한 환영을 받았다. 파리로 돌아온 볼테르는 노령에도 불구하고 자작 희곡 『이렌(Irene), 1778』을 극장 코미디 프랑세즈(Comedie Francaise)에서 상영하는 등의 열정을 보였고 연일 지속된 환영 모임으로 인한 피로가 누적되어 5월 30일에 파리에서 84세의 나이로 사망하였다.

이처럼 볼테르의 사상은 절대왕정의 극치를 이루었던 루이 14세(태양왕) 이후의 폐습 속에 있었던 왕정과 종교에 대항했던 계몽사상으로서 루소의 자연주의적 계몽사상과 함께 프랑스 대혁명(1789)의 사상적 근원을 제공한다. 그는 데

서 익살스럽고 풍자적인 프랑스 콩트의 정수로 인정받는다(브리태니커 대백과사전 참조).

카르트 이후의 계몽주의 시대(Age of Enlightenment)가 18세기에 와서 확산하는 데 지대한 역할을 하였다고 볼 수 있는데, 그 이유는 영국에 체재하면서 영국의 사상인 뉴턴과 로크의 사상을 받아들였던 것에 기원하며 이를 혁명적 사유방식 으로 바꾼 것으로 보인다.

기독교에 대한 볼테르의 비판적 사고는 바로 뉴턴과 로크의 이신론(理神論) 을 프랑스에 받아들인 것을 볼 수 있는데, 그는 무신론자가 아닌 이신론자를 자 처했지만 기독교를 철저히 비판한 것으로 유명하다. 당시의 이신론(Deism), 즉 다이즘은 계몽주의 시대에 유행했던 종교사상으로 유일신은 믿지만, 신이 세계 를 창조한 이후에는 기적이나 계시 등으로 직접적인 세계에는 간섭하지 않는다 고 주장한 사상이었다. 즉 세계는 자연법(The law of nature)에 따라 움직인다고 보는 방식인데 영국보다는 프랑스 계몽주의자인 볼테르와 루소에 있어서는 더욱 더 반(反)그리스도교적으로 나타난다. 다만 루소에 있어서는 볼테르의 계몽사상 에서보다는 비교적 반그리스도교적인 측면이 다소 약화된 측면이 있다.

2. 백과전서파의 계몽사상 체계

백과전서파(百科全書派)는 프랑스에서 영국의 백과사전 편집자 이프레임 체임 버스(Ephraim Chambers)가 1728년에 펴낸『백과전서(Cyclopaedia)』를 프랑스어로 번역하고 개정·증보하는 일에 참여했던 18세기 계몽사조(Enlightenment) 시기의 계몽사상가들을 일컫는 말이다. 백과전서파의 시작은 서적상인 앙드레 르 브르통 (Andre le Breton)이 디드로(Denis Diderot, 1713~1784)에게 체임버스『백과사전 (Cyclopaedia, or Universal Dictionary of Arts and Sciences)』을 불어판으로 번역해보 지 않겠냐고 제의를 해왔던 것에 기원한다.

디드로는 그 제안을 받아들여 체임버스 백과사전을 프랑스어로 다시 만드는 대신 세상의 모든 새로운 개념, 능동적인 작가, 새로운 지식을 하나의 책으로 출 판하자고 설득했다. 그의 새로운 제의는 서적상들을 자극하여 많은 예산을 들여 만들어졌고, 달랑베르(Jean Le Rond d'Alembert, 1717~1783)도 디드로의 동료가 되기로 하였으며, 어렵게 당시 정권의 승인도 얻게 되었다. 이처럼 백과전서의 발간은 당시 프랑스의 전통적 제도와 편견에 투쟁하기 위해 디드로가 주도한 것으로 많은 집필진이 참여하였는데, 그중에는 볼테르, 몽테스키외, 디드로, 달랑베르, 루소 등의 프랑스 계몽사상가들이 주류를 이루었다.

이처럼 프랑스의 백과전서파를 주도한 계몽사상가들은 프랑스보다 앞서 발달한 영국의 계몽사상을 도입하기 위한 지식적 활동을 하였지만, 그들이 죽은 후 얼마 되지 않은 시기에 프랑스 혁명(1789년)이 일어나는데 사상적 배경으로도 작용하였다. 이는 디드로가 중심이 되었던 프랑스의 백과전서파들이 17세기 말에 영국에서 법치주의가 확립되는데 사상적 역할을 하였던 존 로크(1632~1704)의 저서에서 계몽주의적 사상을 진지하게 받아들였기 때문이다. 당시 영국에서는 아이작 뉴턴(Isaac Neton, 1643~1727)이 존 로크와 같은 시기에 활동하면서 과학적인 방법에 의해 인간이 자연의 노예가 아니라 주체가 될 수 있다는 신념을 갖게 했으며, 뉴턴의 저서인 『프린키피아(Principia: 자연철학의 수학적 원리), 1687』는 이를 자연과학적으로 대변하는 것이었다. 이에 비하여 존 로크는 철학자로서 종교개혁 이후 지속되어 온 신교와 구교 간의 종교분쟁에 인한 종교적 광신주의와 절대적 왕정의 폐해에 대하여 맞서고자 하였다.

존 로크(1632~1704)가 활동한 시기는 엘리자베스 1세 여왕이 죽은 후에 그 뒤를 계승하여 영국의 왕이 된 제임스 1세(James I)에 이어서 찰스 1세(Charles I)가 왕권신수설을 내세우며 의회를 부정하면서 가톨릭에 따르지 않는 청교도(Puritan)들을 탄압함에 따라 청교도 신앙을 가졌던 의회파 장군 크롬웰(Oliver Cromwell, 1599~1658)에 의해 일어났던 1차 청교도혁명(Puritan Revolution, 1642년) 시기부터 명예혁명(1688년) 시기까지의 혼란한 시기였다. 청교도혁명으로 찰스 1세는 처형당하고 크롬웰이 집권하였지만 1658년에 사망하자 다시 왕정이 복고되어 찰스 2세(1630~1685)가 왕위에 올랐다. 이 시기에 로크도 찰스 2세를 피해 네덜란드로 망명하게 된다.

그러나 찰스 2세가 죽은 후에 즉위한 제임스 2세 시기에 와서도 가톨릭교도와 신교도 사이에는 극심한 반목이 있었다. 이로 인하여 영국 의회파에 의해 네덜란드 총독이었던 윌리암 3세가 옹립되었으며, 실권한 가톨릭교도 제임스 2세는 프랑스로 피신하게 되어 무혈혁명, 즉 명예혁명(GloriousRevolution, 1688~1689)이 일어난 것이다. 명예혁명의 결과는 더 이상의 가톨릭 왕의 승계를 금지하고 왕과

신하의 관계를 규정한 권리장전(Bill of Rights)[5]으로 나타났다. 존 로크는 바로 명예혁명이 종료된 1689년에 네덜란드에서 영국으로 귀국하여 그동안 집필해두었던 『정부론(통치론)』, 『인간오성론』, 『관용론』을 1690년에 차례로 발간한 것이다.

이러한 영국의 로크 사상에 영향을 입은 백과전서파는 1751년에 제1권을 출판하였으나 이성주의에 기초한 계몽사상을 주입하고 당시 프랑스 내의 신학과 교회에 대한 강한 비판을 하였다는 이유로 프랑스 당국으로부터 탄압을 받아 1759년에 이르러 발행금지처분을 받게 된다. 이로 인하여 상당수의 집필진이 빠져나가거나 재정적 어려움을 겪게 되었는데, 디드로는 자력으로 꾸준히 번역작업과 증보 작업을 진행하여 1772년까지 본문 19권과 도표 11권이라는 대사전을 완성하게 되었다. 이는 프랑스 계몽사상의 집대성이라고 볼 수도 있지만, 직접적으로는 프랑스혁명의 사상적 배경으로서 역할을 하게 된다.

이처럼 디드로는 1745년에 출판인 앙드레 르 브르통이 출판을 기획한 백과전서의 편집자로서 달랑베르(Jean Le Rond d'Alembert, 1717~1783) 등과 함께 『백과전서(Encyclopedie)』를 '합리적 사전'으로서 모든 학문과 예술의 본질적 원리와 응용을 드러낸 철학으로서 완성한 업적이 있다.[6] 디드로의 생애를 보면 어린 시절에 예수회에 들어가 교육을 받은 후 파리대학에서 문학석사 학위를 받고 생계유지를 위해 교사나 출판보조인, 설교문을 작성하는 일을 하면서 어려운 생활을 하면서 소설을 쓰기도 하였다. 소설을 쓰게 되면서 1741년경에는 철학자 장 자크 루소(Jean-Jacques Rousseau, 1712~1778)를 만나 교류하여 15년 정도 가깝게 지냈으나 말다툼 끝에 절교하였다고 한다. 그는 아버지의 반대로 비밀리에 1743년에 직물상의 딸 앙투아네트 샹피옹과 결혼하였으나 서로 관심의 차이 때문에 갈등을 겪어면서도 건실한 부르주아적 생활을 하였는데, 이는 시민계급이었지만 귀족적이었던 볼테르나 평민적이었던 루소와의 차이점이라고 할 수 있다. 디드로는 백과전서 편찬 작업 이외에도 철학과 과학에 관련된 저술을 꾸준히 하였고

---

5) 권리청원(權利請願)은 청교도혁명과 관련된 인권선언이며, 권리장전은 명예혁명의 결과로 이루어진 인권선언이다.

6) 『백과전서』 혹은 『백과사전』은 당시의 계몽주의 사상을 명확하게 나타내고 있는 것으로 간주되어 비밀리에 커피하우스나 살롱 등에서 읽혀졌다.

수필이나 소설·희곡 등에서도 사실주의적이고 건실한 부르주아적인 업적을 남겼다. 그리고 말년에는 달랑베르를 비롯한 친구들이 먼저 세상을 떠나자 철학적인 글쓰기 작업을 계속하다가 1784년에 71세의 나이로 사망하였다.

제 3 절 루소의 계몽주의

1. 루소의 생애배경

장자크 루소(Rousseau, Jean Jacques, 1712~1778)는 프랑스 계몽주의철학을 완성한 사람이다. 그는 프랑스의 국경 근처 스위스 제네바 호(레망 호) 남서쪽이며 론 강(Rhone River)이 있는 분지 지역인 스위스 제네바(Geneva)[7]에서 평민인 시계공 출신의 아버지 아이자크와 어머니 수잔나 사이에서 태어났다. 그의 어머니는 출산 후 9일 만에 산욕열로 사망하였고 루소는 10세까지 아버지와 함께 생활하며 소설과 역사책을 읽으며 성장하였다. 이러한 유년시절의 독서는 이성보다는 감정을 우위로 보는 루소의 계몽사상의 밑바탕이 된 것으로 보인다. 그리고 10세가 지날 무렵에는 아버지가 명문가 사람과 사냥 일로 인한 분쟁에 휘말려 다른 지방으로 피신을 가는 바람에 혼자가 되어 교회에 맡겨져 3년정도 생활하게 된다. 13세 정도에는 금속조각공의 도제가 되어 3년 정도 일하였으나 그를 가르치는 마이스터(meister)가 지나친 속박을 하자 탈출하여 방랑생활을 시작하였다.

방랑생활 중이던 16세에 루소는 가톨릭 사제 드 퐁베르 신부를 찾아갔는데 그는 루소에게 안느시(Annecey)에 있는 바랑스(Warens, 1699~1762)라는 부인을 찾아가라고 제안을 한다. 바랑스 부인은 당시 29세로서 레만호(Leman lake) 인근의 브베(Vevey)에 사는 귀족가문의 딸이었는데, 15세에 부모들의 뜻으로 인습적 결혼을 하였으나 불행한 부부생활로 인하여 남편과 헤어져 안느시(Annecey)에서 가톨릭으로 개종한 후 종교적 자선활동을 하고 있었던 사람이었다.

---

7) 제네바는 종교개혁시기 칼뱅주의 근거지였는데 1559년에는 칼뱅에 의해 스콜라 제네벤시스 (나중에는 아카데미로 변경됨)로 설립되었던 제네바 대학이 있다. 따라서 프랑스가 계몽주의 자들과 절대왕정의 갈등시기에 있을 때에 제네바는 피신처로서 계몽주의 운동을 끌어들이는 역할을 하기도 하였다.

1728년(16세) 봄 루소가 바랑스(Warens) 부인을 만났을 때는 13세 정도의 차이가 있었기 때문에 어머니와 아들의 관계처럼 지내게 되었지만 태어나면서부터 어머니를 잃고 사랑을 받지 못했던 루소는 보상적 사랑과 이성적 사랑의 감정을 동시에 느끼게 된다. 바랑스 부인 역시도 조숙한 16세의 청년이었던 루소와 함께 생활하는 것에는 다소의 부담이 되었기 때문에 주변에 있는 기숙형 신학교에 입학을 시켰지만, 루소는 몇 달 만에 그만두게 된다. 그러자 바랑스 부인은 루소를 집 근처의 성가 합창대 양성소에 보내서 음악공부를 시키게 되었는데 이것마저도 합창대 내부사정으로 그만두게 되었으며, 이후 바랑스 부인도 파리로 여행을 떠나게 되자 1730년(18세)에 루소는 바랑스 부인의 집을 나오게 되었다.

이후 루소는 스위스와 프랑스 경계지역을 떠돌며 음악교사 생활을 하면서 한동안은 파리주재 스위스 대사관에서 일하기도 하였다. 그러나 파리에서의 생활이 곤궁하게 되자 또다시 프랑스 남동부의 도시인 샹베리(Charmberry)에 거처를 정하고 있었던 바랑스 부인을 찾아가게 된다. 1731년(19세) 9월에 샹베리에서 다시 바랑스 부인을 만난 루소는 바랑스 부인의 권유에 따라 가톨릭으로 개종[8]을 한 후 그곳에서 그녀가 소장하고 있던 방대한 장서를 통해 면학에 열중하게 된다. 후일 그가 작가로서나 계몽사상가로서 자질을 갖추게 된 것도 바랑스 부인이 소장하고 있었던 장서들을 탐독한 것이 기초가 되었음을 알 수 있다. 그러는 가운데 3년 정도가 지난 1734년(22세) 즈음에는 바랑스 부인과 이성적이며 연인적 관계로 접어들게 되었고, 30세가 될 때까지도 바랑스 부인과의 애틋한 관계는 지속되었다.

이처럼 루소의 청년기는 방랑의 연속이었으며 바랑스 부인과의 보상적 사랑은 후의 결혼생활에도 영향을 미치게 되는데, 30세 정도에 바랑스부인 곁을 떠나 파리로 온 루소는 하숙집의 하녀였던 테레즈와 동거하며 5명의 아이를 낳았지만 모두 고아원으로 보내게 된 것과도 이와 무관하지가 않다. 이 일은 루소를 평생 동안 죄의식 속에서 살게 하였으며, 같은 시기의 계몽사상가 볼테르 등으로부터도 위선자라는 비난을 받기에 이른다.

---

8) 루소는 문필가로서 명성을 얻은 이후에는 칼뱅주의 도시였던 제네바로 가서 또다시 프로테스탄트교(개신교)로 개종하였다.

1749년(37세)에는 백과전서파를 이끌었던 디드로(Denis Diderot)의 요청으로 『백과전서』에서 '음악'에 관한 항목들을 집필하게 되었는데, 이는 그가 청년기에 바랑스 부인을 찾아갔을 때 그녀의 도움으로 성가대 양성소에서 몇 달 동안 배웠던 음악지식의 배경과 음악교사 역할을 하며 생계를 유지했던 경험과 무관하지가 않았다고 보인다. 이처럼 루소의 작가로서의 철학적 인생 경로는 바로 백과전서파들과 교류하면서 시작이 되었다.

그리고 1750년(38세)에는 루소가 작가로서의 결실을 맺게 된 전환점이 된 사건이 있었는데, 프랑스 중동부 도시 디종 학술원(Academie de Dijon)에서 모집한 현상논문으로 『학술예술론』이 당선된 것이었다. 즉 1750년에 디종 학술원에서 "학문·예술의 발전은 풍속의 순화에 기여하는가?"라는 주제를 걸고 논문을 공모하였는데, 루소는 그의 논문에서 "학문과 예술은 모두 인간의 악덕에서 생긴다."는 부정적인 답을 함으로써 당시 사회의 큰 반향을 일으켰던 것이다. 그리고 1755년에는 또다시 현상논문으로 제출한 『인간불평등기원론(人間不平等起原論)』도 당선은 되지 않았지만 1758년(46세)에 출판됨으로써 자연과 문명사회를 대립시키면서 불평등의 기원을 조직화된 사회에 있다는 주장을 하여 명성을 얻게 되었다.

1755년에는 『백과전서』에 정치·경제에 관한 항목들을 기고했던 것을 모아 『정치경제론』이라는 제목의 단행본으로 출판하기도 했다. 그러나 루소는 계몽주의사상가이면서도 백과전서파가 지향하는 이성 위주의 진보사상보다는 감성적이고 자연사상을 가지고 있었기 때문에 결국 이들과는 결별하게 된다. 그리고 루소는 1761년(49세)에 『신 에로이즈(La Nouvelle Heloise)』, 1762년에 『사회계약론(The Social Contract)』과 『에밀(Émile)』을 발표하는 등 왕성한 저술을 하였다.

그러나 『에밀(Émile)』은 개인의 교육문제를 다루면서 종교에 대한 비판적 기술로 인하여 출판과 동시에 금서가 되었고 루소에게도 체포영장이 발부되는 고난을 초래하였다. 이에 루소는 스위스로 도피했지만 스위스에서도 『사회계약론(The Social Contract)』과 『에밀(Émile)』의 발매금지처분을 당했다. 그뿐만 아니라 프랑스에서는 볼테르가 『시민들의 감정』이라는 소책자를 발간하여 『에밀(Émile)』이라는 교육론을 쓴 루소가 실제로는 다섯 아이를 모두 고아원에 버렸다는 사실

을 폭로하게 되자 그 책을 읽은 제네바 시민들도 충격을 받고 루소를 공격해 왔다.9)

이러한 상황에서 루소는 영국의 스코틀랜드 출신 동년배 계몽사상가이면서 프랑스 대사관에서 비서관으로 일하고 있었던 데이비드 흄(David Hume, 1711~1776)을 만나게 된다. 루소는 프랑스 내에서의 핍박을 피해 망명지를 찾고 있던 즈음에 지인들의 소개로 흄을 만났고, 만난 지 3주 만인 1766년 1월에 프랑스의 칼레(Calais)에서 영국 도버(Dover)로 가는 여객선에 동승하여 흄과 같이 런던으로 가게 된 것이다. 당시 런던에서는 루소의 저서가 폭발적 관심을 받고 있었고 흄의 저서 『영국사(History of England)』도 1754년부터 1762년까지 총 6권으로 출판되어 인기를 얻고 있었기 때문에 흄과 루소는 런던사회에서 얼마간은 잘 지낼 수 있었다. 하지만 루소의 비관적이고 반골적인 기질과 흄의 낙관적이고 온화한 성격은 서로 충돌하지 않을 수 없었고 결국 루소는 다시 프랑스로 떠나버리게 된다.

이러한 흄과 루소의 관계는 당시의 유럽의 궁정과 커피하우스나 살롱중심으로 전개되었던 계몽사상적 사교계에서 큰 이슈가 되기도 하였다. 프랑스로 돌아온 루소는 파리로 들어가지 못하고 여러 지역을 익명으로 방랑하면서 자기방어를 목적으로 『고백』을 저술하기 시작하였고, 1770년에는 당국의 묵인 하에 파리로 들어와 악보 필사로 생활하면서 『고백』을 완성하게 된다. 그리고 1776년부터는 『고독한 산책자의 몽상』을 집필하면서 고독한 말년을 보내다가 1778년에 미완성인 채로 66세의 나이로 파리 북쪽 외곽지역인 에흐므농빌르(Ermenonvile)에서 사망하였다.

2. 루소의 자유·평등 계몽사상 체계

루소의 자유·평등사상은 그의 주저인 『인간불평등기원론(Discours sur l'origine de l'inegalite)』과 『사회계약론(The Social Contract)』에서 나타나고 있는 사회계약설에서 주로 살펴볼 수 있으며, 이는 영국의 존 로크와 사회계약설에서 제시한

---

9) 그러나 루소를 박해했던 제네바에서는 그로부터 100여년이 지난 1864년에 그의 동상을 세웠고, 오늘날에는 제네바가 배출한 가장 위대한 역사적 인물로 내세우고 있다.

사상에 영향을 입은 것으로 보인다. 루소는 18세기의 프랑스 계몽철학자로서 볼테르, 디드로, 달랑베르 등과 같이 백과전서파에 속하면서도 계몽주의자들이 추상적 이성(理性)에 대해 지나친 신뢰를 함으로써 이성만이 인간, 사회, 자연 및 우주에 대한 총제적인 지식을 확보할 수 있다고 본 것을 비판하는 낭만주의적 사고를 보였다.

즉 루소는 계몽주의 사상가였지만 계몽주의 사상가들이 인간의 상상이나 감성, 영혼의 신비 등을 간과하고 있다고 보고 어떤 의미에서는 반계몽을 외쳤다고도 볼 수 있다. 루소가 주장한 일반의지(一般意志)는 개인의 고정적이고 일정한 이성적 의지보다는 일반투표에서 표시되는 다수의 의지와도 유사한 것이었는데, 다수의 의지나 결정은 추상적 이성이 아니라 감성이 작동하는 자율성에 기초하는 개념이다. 시민이 자신의 자유를 확보할 수 있는 유일한 방법은 다수의 의지, 즉 일반의지에 참여하는 것이라고 본 것이다. 이러한 견해는 같은 시기에 활동했던 볼테르의 계몽사상과는 다른 측면이며, 볼테르는 루소의 이러한 점을 들어 계몽주의를 붕괴시키는 자로 공격한 것이다.

볼테르가 예견하고 지적한 대로 프랑스는 18세기 말부터 계몽주의 몰락의 길로 접어들게 된다. 대신에 독일의 칸트와 헤겔은 이성의 역사인 근대 후기에 계몽주의를 완성하고, 또 다른 차원에서는 계몽주의를 종점으로 현대철학의 길을 열게 되는 역할을 하게 되는 것이다. 이는 이성의 합리성에 기반을 둔 근대적 사회상에 대한 기대가 무너지는 시대로 접어들게 됨을 의미한다.

루소가 주장한 일반의지는 그의 정치사상을 엿볼 수 있는 저서 『인간불평등 기원론, 1758』과 『사회계약론, 1762』에서 주로 나타나고 있다. 루소는 그의 초기 저작인 『인간불평등기원론』에서 인간이 어떻게 자유를 잃어버리게 되었는가를 제시하였으며, 『사회계약론』에서는 인간이 어떻게 하면 잃어버린 자유를 되찾을 수 있는가의 문제를 다루고 있다. 즉 루소는 스위스의 제네바 공화국에서 생활하면서 이 도시국가가 자연이 인간들 사이에 설정한 평등과 인간사회가 만들어낸 제도적 불평등 간의 이상적 균형을 이루었다고 생각한 것을 바탕으로 최선의 사람이 시민에 의해 선출되고 최고의 지위까지 올라갈 수 있는 정치사상을 두 저서에 피력하고 있다고 볼 수 있다. 이러한 『사회계약론』 등에서의 루소의 사상은 프랑스대혁명의 사상적 토대가 된 것이다.

루소에게 있어서 자유는 통치자의 자의성(恣意性)이 아니라 그것을 극복하고 배제하고자 한 것이었다. 그러므로 자유는 국가의 의지인 '일반의지' 안에서 실현될 수 있다고 본다. 그렇다고 국가는 시민을 강압적인 방법으로 작용하려는 것도 아니며, 시민은 국가라는 정치조직으로부터 개인의 해방이라는 관점이 아니라 모든 개인이 정치조직의 조화로운 권력으로서 보호받을 수 있는 상태를 말한다. 이렇게 보면 루소의 자유사상은 영국의 홉스와 로크가 주장했던 소극적 의미의 정치적 자유사상보다는 더 급진적이며, 17세기 네덜란드의 급진적 계몽사상가 스피노자의 사상에 가깝다고 할 수 있다.

루소의 이러한 사상은 계몽주의 시대가 끝이 나는 시점에 위치하면서 기존의 계몽사상가들이 피상적이고 기계적이며 추상적 이성주의에 지나치게 매달리고 있다는 비판을 해왔던 것도 같은 맥락에서 이해할 수 있다. 루소의 입장에서 보면 18세기의 계몽사상가들은 여전히 당시 계몽사상이 전개된 대표적 장소인 런던의 커피하우스(Coffeehouse)나 파리의 살롱(Salon)에서 토론을 주도했던 엘리트에 불과했던 것이며 자유와 평등을 혁명적으로 발전시키지 못한 것이 된다.

루소의 정치적 평등사상은 주로 『인간불평등기원론, 1755』에서 살펴볼 수 있지만, 그 시작은 그보다 앞선『학문예술론, 1750』에서부터라고 볼 수 있다. 다시 말하면 『학문예술론』에서 자연 상태인 인간은 순진하고 소박했으나 문명의 악으로 인하여 타락한 것으로 표현한 뒤에, 『인간불평등기원론』에서는 이 주장들을 정리하여 자연적 불평등과 인위적 불평등으로 구별하여 제시한 것이기 때문이다. 자연적 불평등은 건강·지성 등의 차이에 의한 불평등이고, 인위적 불평등은 사회를 지배하는 규율에 의해 생긴 불평등을 말한다고 루소는 규정한다. 이와 같은 평등사상의 발로는 당시 프랑스 사회의 95%를 넘었던 평민 계급에 루소도 속해 있었기 때문이었을 것으로도 유추할 수 있다.

루소에 있어서 문명의 악은 자연 상태가 아니라 사람들이 가족을 형성하고 이웃과 교제하는 생활방식에서 비롯된 사랑과 질투의 파괴적 감정이 일어나고 자신의 능력과 성취물을 다른 사람들과 비교하면서 인간불평등의식은 고착되는 것으로 보고 있다. 이렇게 볼 때 문명사회, 즉 시민사회는 불평등의 문제를 해결하기 위한 것으로 작동해야 하지만 실제로는 개인들의 재산을 보호하는 장치로 정부를 세우게 된다고 본다. 그러므로 정부는 가난한 자에게는 정당하지 못한 '사회계약'이 되어서는 안 됨을 지적한다. 동시에 사회는 서로 다른 의지를 갖춘 개인들의 집합이기 때문에 각 구성원은 시민사회의 구성원이 되겠다는 협약 아래 자신들의 모든 권리를 공동체에 양도하고 공적이고 국가적인 이익을 지향해야 함을 주장한다.

　이 외에도 루소가 문학사에 미친 영향은 1761년에 발표했던 『신 엘로이즈』라는 서간체 장편소설에서 살펴볼 수 있다. 이 소설은 '알프스 산기슭의 작은 도시에 사는 두 여인의 편지'라는 부제가 붙어 있는데, 중세의 신학자이며 철학자였던 아벨라두스(Abelard)와 엘로이즈(Heloise)의 사랑이야기를 담은 『나의 불행한 이야기』의 영향을 받은 작품이다. 루소는 『신 엘로이즈』에서 귀족의 딸 줄리에(Julie)와 평민 출신의 가정교사 생 프뤼(Saint Preux)의 사랑이야기와 고결한 가정의 모습을 자연적으로 묘사하고 있다. 이는 루소가 자유·평등을 주장한 반골적이고 저항적인 기질의 사상가였지만 사랑에 대해서는 이상주의를 피력하고 도회적인 사회악을 떠나 전원생활의 행복을 추구한 그의 인간상을 보여준 것으로 보인다.

3. 루소의 이신론과 자연주의 교육론 계몽사상 체계

　루소는 영국의 이신론자들에 비하여 반그리스도교적인 경향으로 발전하였던 프랑스 계몽철학자들의 이신론에 비해서는 다소 완화된 소극적 이신론의 경향을 보인다. 이는 루소가 자국 내의 볼테르의 사상에서도 영향을 입었지만, 영국의 로크적인 이신론의 종교관에 더 가까웠음을 의미한다. 즉 루소가 스위스 출신의 프랑스 계몽주의 사상가로 활동하였지만, 그의 종교관에서는 영국의 청교도 정신(Puritanism)과 경험주의의 전통을 이어받은 이신론(Deism)에 기초하고 있음을 알 수 있다. 그러므로 루소에 있어서 종교는 반그리스도교적인 것은 아닐지라도 인간의 자연적 이성과의 합치점을 간구하는 소위 이성종교 내지는 자연신교에 있었다고 볼 수 있다. 그러나 근본적으로는 유신론이 아니라 기독교의 요체인 원죄설과 계시 신앙을 부정하는 요인을 내포하는 이신론을 가지고 있었다. 그 결과 루소는 가톨릭과 개신교(프로테스탄트) 양측으로부터 비난을 받게 된 것이었다.

이성종교로서의 자연신교는 이신론자들의 종교에 대한 관점으로서 세계의 궁극적 원인으로서 어떤 절대적인 신의 존재를 받아들이기는 하지만 현존하는 세계에서는 초월적인 신의 능력에 의한 간섭은 거부한다는 점에서 종교적 원리도 오직 인간 이성의 범주에 두고자 하는 것이다. 그러므로 루소에게서는 중세적인 기적이나 계시를 믿는 종교관은 비판의 대상이 되고, 종교는 사회를 통제하는 규범이 아니라 관용이 요구되었다. 이신론은 프랑스 계몽주의자들에게는 영국의 계몽주의자들보다는 좀 더 과격성을 띠게 되는데 몽테스키외(Montesquieu), 볼테르(Voltaire) 등에게서는 이신론이 기존질서의 정신적 지주 역할을 했던 교회에 대한 공격의 근거로 사용된 것을 그 예로 들 수 있다.

이에 비하여 루소의 비교적 온건한 이신론은 1755년에 폴란드 리스본에서 일어났던 지진에 대한 견해에서도 드러나고 있다. 당시 볼테르는 당시의 가톨릭 사제들이나 신학자들과 맞서 논쟁을 벌였으나 루소는 직접적인 논쟁을 피해갔다. 그는 자연의 재앙인 지진과 하나님의 섭리는 별개이므로 논쟁을 할 필요가 없으며 좁은 공간에 많은 사람이 높은 건물을 짓고 살아가는 도시인들의 어리석음에 기인하는 것으로 보았기 때문이다. 그러나 루소의 이신론이 프랑스 내의 다른 계몽주의자들에 비하여 다소 온건한 경향을 띠고 있다고 하더라도 그의 혁명적 사상과는 별도로 보아야 한다. 그의 주저인 『사회계약론』은 그가 죽은 지 11년 후에 일어났던 프랑스혁명(1789)의 사상적 근원이 되었기 때문에 프랑스혁명의 아버지로 칭해지고 있기 때문이다. 그리고 1794년에는 그의 유해를 파리의 팡테옹 성당(Pantheon)으로 옮겨와 볼테르와 나란히 지하 무덤에 안치되었음을 보더라도 프랑스의 자유에 이바지한 위인으로서의 그의 위상을 알 수가 있는 것이다.

루소의 자연주의 교육론은 그의 교육서인 1762년의 『에밀(Émile)』[10]에서 살펴볼 수 있지만 그의 『인간불평등기원론』과도 상관이 있다. 그는 인류변천사를 자연상태 → 전쟁상태 → 문명사회 → 소규모 이상국가로 구분하고 있는데, 루

---

10) '에밀'이라는 어린아이가 아버지가 될 때까지의 25년동안 받는 교육과정을 담고 있는 소설로서, 루소는 주입식 교육을 반대하고 체육·품성 등 전인교육을 강조하고 있다.

소의 자연 상태는 영국의 홉스(Hobbes)가 말한 '만인에 대한 만인의 투쟁(War of each against all)'의 개념과는 다르다. 루소에 있어서의 '자연인'은 자연 상태의 인간을 의미하는데, 자유로운 주체자의 자질과 자기완성의 능력을 갖추고 있는 개념이다. 루소의 자연주의적 교육사상은 말 그대로 아동을 자연 상태의 '자연인'으로 만들어 내는 데 있다. 그러므로 어린아이(아동)를 대상으로 한 교육은 대자연의 자연성에 일치하도록 습성을 길러주는 것에 초점을 맞추는 아동중심의 교육이 중요해진다. 그렇다면 영국의 존 로크(John Locke)가 제시한 교육사상인 훈련주의적이거나 적극적 의미의 교사중심의 교육관과는 대조를 이루는 방식이 된다. 루소는 가능하면 백과사전식의 주지주의적인 적극적 교육과정을 아동에게 제공하는 것보다는 아동이 자연 상태의 선함을 배울 수 있도록 여건을 조성하고 소극적 교육과정으로 가는 것이 바람직한 방법으로 본 것이다.

　루소가 제시하는 교육의 원천은 자연, 인간, 사물의 세 가지가 있다고 보는데, 이 세 가지의 교육은 각기 다른 성질을 갖고 있지만 상호조화를 이루도록 하는 것이 인간발달의 자연적 법칙에 합치된다고 본다. 첫째, 자연교육은 인간의 여러 기관이나 신체적 능력의 발달에 관한 것이다. 둘째, 인간교육은 자연교육으로 인하여 발달한 능력을 유용하게 사용할 수 있도록 가르치는 것에 관한 내용이다. 셋째, 사물교육은 인간에게 여러 가지의 영향을 미치는 사물에 관하여 인간의 경험을 쌓도록 함으로써 지식을 넓히는 것에 관한 내용이다.

　루소는 『에밀』에서 참된 교육은 아이들이 사회라는 더러운 손에서 나쁜 물이 들지 않도록 보호되고 자연 속에서 경험에 의해 스스로 배우도록 해야 한다고 주장한다. 이는 아동을 성인의 열등한 상태로서 간주하는 것이 아니라 자연성의 권리를 가진 존재로서의 어린이 훈육으로 전환할 것을 제시한 것이다. 그러므로 『에밀』은 인간은 태어날 때부터 선한 존재로서 능력을 갖추고 있지만 문명사회에서는 사회의 악덕에 물들게 되어 선한 본성을 그르치게 되므로 "자연으로 돌아가라."는 자연주의 교육론을 갈파한 책으로 인간의 성선설에 바탕을 둔 것이다. 그러므로 당시 인간의 '원죄설'을 믿고 있었던 가톨릭 사회에서는 인간의 '성선설'을 주장하는 『에밀(Émile)』은 금서가 된 것이며, 루소에게도 체포령이 발동되었던 것이다.

이렇듯 오늘날의 교육사상은 어린이에게 이성을 길러주고 백지와 같은 상태에서 좋은 습성을 기를 수 있도록 하기 위해서는 이성적이고 주지주의적인 교육을 해야 함을 강조한 17세기 로크의 교육사상과, 이에 비해 이성(理性)적인 수면 시기에 있는 어린이에게는 선한 본성을 찾을 수 있도록 하는 감각위주의 사물교육을 해야 함을 강조한 18세기 루소의 교육사상이 서로 대립하거나 보완되는 이행(transition)을 보이고 있다.

이처럼 근대전기의 철학은 영국과 프랑스를 중심으로 한 계몽철학인 경험론과 합리론의 양대 사조가 발전되는 경향을 보인다. 그 중에서도 프랑스를 배경으로 한 합리론의 철학은 로크 등의 경험론적 견해가 중첩되면서 18세기 후반에 이르러서는 급진적 계몽주의가 발현된다. 바로 몽테스키외, 볼테르, 루소의 계몽주의 철학은 1789년 프랑스대혁명에 직접적인 영향으로 작용하여 근세에서 출발한 절대왕정의 종식과 함께 근대적 국민국가를 여는 전환점의 역할을 하게 되었다.

17~18세기의 합리론적 계몽철학 요약

근대의 계몽주의사상의 양대 조류인 경험론과 합리론 중에서 프랑스를 중심으로 17~18세기에 전개된 합리론적 계몽철학을 요약하여 정리하면 다음과 같다.

르네 데카르트(René Descartes, 1596~1650)는 프랑스 귀족출신으로 중세시대의 스콜라학파의 아리스토텔레스주의에 처음으로 반대한 철학자이며 수학자로 근대철학과 근대과학의 아버지로 칭해진다. 그의 대표저서이며 프랑스어로 저술된 최초의 철학서적인 『방법서설(方法序說, *Discours de la méthode*)』(1637)에서는 "나는 생각한다. 그러므로 나는 존재한다(Cogito, ergo sum)."는 말로 인식의 근본원리를 정립한 것으로 유명하다. 그는 인식론에서 가장 확실하고 의심할 여지가 없는 진리를 찾으려고 하였는데, 그가 택한 방법은 진리가 아닌 것들을 제거하는 것으로 그 방법이 바로 『방법서설』인 것이다. 그의 "나는 생각한다. 그러므로 나는 존재한다."라는 근대철학을 대표하는 말은 만약 전능한 악신(惡神)이 인간을 속이려고 해도 진실을 알기 위해서는 생각하는 자신(성찰하는 인간)이 필요하다고 보는 관념을 보여 준 것이다. 그리고 세계는 정신과 물질이라는 2개의 유한 실체로 이루어져 있다는 형이상학적이며 심신이원론적인 인식론을 주장한 것으로 해석할 수 있다.

이러한 그의 인식론은 합리론(합리주의)으로 표현이 되는데, 합리주의(合理主

義, rationalism) 또는 이성주의(理性主義)는 모든 사물을 판단할 때 합리적인 이치로 명료하게 생각하는 태도를 말한다. 즉 본능이나 감각적인 느낌, 종교적인 신앙에 의존하지 않고 인간이 지니는 사고력과 이성(理性)에 바탕을 두어 논리적으로 생각하여 사물을 처리하려는 태도를 가질 것을 강조하는 것이다. 이러한 인식론적 관념은 영국을 중심으로 전개된 경험론(경험주의)이 감각의 경험을 바탕으로 인식(지식)을 얻는다고 본 관점과는 상대적이다.

데카르트는 존재론과 인식론에 관한 연구결과로 『방법서설』 이외에도 1641년에 발표한 『제1철학에 관한 성찰(*Meditationes de Prima Philosophia*)』, 『철학의 원리(*Principia Philosophiae*)』(1644), 폐렴으로 죽기 한 해 전인 1649년의 『정념론(*Traité des passions de l'âme*) 등에서 플라톤적인 관념론과 심신이원론(心身二元論) 등을 제시하였는데 반(反) 그리스도교 사상이라는 비판을 받았다.

스피노자(Baruch de Spinoza, 1632~1677)는 네덜란드 암스테르담 상인의 아들로 출생하였으며, 주요 저서로는 『신학정치론(*Tractatus politicus*)』(1673), 『에티카(*Ethica*)』[1](1675) 등이 있다. 스피노자 역시 데카르트의 영향으로 실체를 의심하는 데서부터 철학적 방법을 시작했으나 데카르트보다 더욱 엄밀한 방법으로 논리를 세웠다. 즉 데카르트는 실체로서 신·정신·물체를 들었지만, 스피노자는 정신과 물체는 실체가 아니라 무한한 신의 속성에 속하므로 실체란 오직 신(神)만이 존재한다고 주장하였다. 그의 이러한 유물론적이고 범신론적인 철학은 스피노자주의(Spinozism)로 불린다.

라이프니츠(Gottfried Wilhelm von Leibniz, 1646~1716)는 독일에서 철학교수인 아버지에게서 태어났다. 주요 저서로는 『인간오성에 관한 새로운 시도(*Nouveau essais sur l'entendement*)』(1704), 『변신론(*Essais de Théodicée*)』(1710), 『단자론(*monadologia*)』(1714) 등이 있으나 대부분의 연구가 미발표인 상태에서 사망하였다. 라이프니츠도 데카르트나 스피노자와 마찬가지로 실체를 규명하려는 철학적 방법을 사용하였는데, 스피노자와는 달리 유한한 것 중에 실체가 있다는 단자론을 주장했다. 즉 우주의 실체는 물질의 원자가 아니라 에너지의 단위인 모나드(monad,

---

1) 원명이 『기하학적 방식으로 다룬 윤리학』이며, 정치·종교적 상황으로 출판되지 못하였다가 1677년에 발표되었다.

단자)라고 보았는데, 모나드는 넓이나 형태를 가지지 않으며 궁극적인 실체로서 모든 존재의 기본이 되는 비물질적이고 분리 불가능한 것이라는 생각을 했다.[2]

이러한 라이프니츠의 사상은 그의 제자들이 만든 라이프니츠-볼프학파 (Leibniz Wolffische Schule)에 의해 독일 강단으로 확산된다. 즉 프로테스탄트적인 강단 스콜라철학이나 학교형이상학(學校形而上學)으로 이어진 것이다. 라이프니츠는 미적분학을 창시할 정도로 수학적 천재성을 가지고 있었고, 사상 역시도 독창적이고 다면성을 가지고 있었지만 체계적으로 정리되어 있지 않아 매우 난해한 것이었다. 따라서 그의 제자인 볼프(Christian, Freiherr von Wolff, 1679~1754)는 그것을 체계화하고 교과서적으로 재편하기 위하여 이른바 라이프니츠-볼프학파를 만들어 라이프니츠의 사상을 재정리하였던 것이다.

그러나 이로 인하여 오히려 라이프니츠 사상의 원형은 제대로 해석이 되지 못하는 결과를 가져왔다는 비판을 받기도 한다. 예를 들어 광범위한 규모를 가지는 예정조화설(豫定調和說)의 사상이나 독창적인 단자(單子)의 개념도 본래의 구체적인 내용을 상실하게 되어 라이프니츠는 결국 단순한 형식적 합리주의자로 한정된 것으로 보는 것이다. 라이프니츠-볼프학파 대표적인 인물은 볼프 이외에도 빌핑거(1693~1750), 튀미히(1697~1728), 바움가르텐(1714~1762) 등이 있으며, 청년시절의 칸트(1714~1762) 역시도 이 학파의 영향을 받았다.

이처럼 대륙의 합리론자들은 인간이 타고나는 이성적인 지식을 강조했다는 점에서 이성론이라고도 불리며, 이는 동양의 이철학(理哲學)[3]적 경향과 통한다고 볼 수 있다.

영국에서 출발한 계몽사상이 다소 온건적이었다면 가장 급진적인 사상으로

---

2) 라이프니츠의 철학적 성과는 단자론 이외에도 결정론 사상, 인식론적 이론 등의 세 개의 부류로 나뉘어진다. 그는 데카르트나 스피노자의 실체론을 부정하고 합성된 물체들의 근저에는 통일적인 것을 다양하게 표현하는 분리가 불가능한 단자들이 있다고 보았다.

3) 동양에서는 중국 남송시대의 주희(朱熹, 1130~1200)의 이철학(理哲學)과 명나라 말기와 청나라 초기에 활동했던 왕부지(王夫之, 1619~1692)의 기철학(氣哲學)이 중심이 되는데 우리나라에서도 조선 전기는 이철학이 지배적이었던 것에 비해 후기는 기철학이 지배적이었다. 여기에서 이(理)는 모든 사물의 존재와 생성과 관련된 법칙, 원리 또는 이치라는 뜻이며, 기(氣)는 구체적 사물의 존재와 생성과 관련된 질료, 형질로서 만물을 구성하는 요소를 의미하므로 생명력과 활동력을 지니고 현상의 근원이 되기도 한다.

발전한 곳은 18세기의 프랑스에서였다. 프랑스의 계몽주의자들은 영국의 존 로크 등의 온건적 계몽주의의 영향을 입었지만 다소 급진적 사상으로 발전시켜 프랑스 대혁명에도 사상적 영향을 미친 것으로 평가된다. 프랑스의 계몽사상을 대표하는 사상가로는 몽테스키외, 볼테르, 루소 등을 들 수 있는데, 실제로 이들의 사상이 영향을 미친 것은 시기적으로 이른바 구체제(Ancien Régime)의 위기의 시작을 알리는 18세기 초까지였다. 태양왕(Le Roi Soleil)으로 불렸던 루이 14세(Louis le Grand Monarque) 통치 시기(1643~1715 재위)에서부터 18세기 말의 루이 16세(Louis XV) 통치 시기(1774~1793 재위)까지의 절대왕정에 대항한 부르주아 혁명인 프랑스혁명에 영향을 미쳤고, 그로 인하여 근대 시민 계급의 정치적 우위가 확보되었다고 볼 수 있다.

18세기 프랑스 계몽주의의 선구자는 귀족출신인 몽테스키외(Montesquieu, 1689~1755)였다. 그의 첫 번째 저술인 『페르시아인의 편지(Lettres persanes, 1721)』는 당시의 프랑스 사회를 간접적으로 비판하기 위한 것이었는데, 종교적 박해를 이성의 완전한 결여라고 주장하였다. 즉 이성과 자연의 조화가 정치의 요체가 되어야 한다고 본 것이다. 그의 이러한 사상은 그 뒤의 『법의 정신(De l'esprit des lois, 1748)』에서 더욱더 구체화된 것으로 보인다. 아울러 『로마인의 위대함과 그 쇠락의 원인에 대한 고찰(Considérations sur les causes de la grandeur des Romains et de leur décadence, 1734)』에서는 로마의 번영과 몰락의 원인을 로마시민 의식에서 찾았는데, 이것은 프랑스 근대 시민사회의 형성을 지지하였던 그의 역사사상을 드러낸 것으로 볼 수 있다.

볼테르(Voltaire, 1694~1778)는 몽테스키외와 유사한 시기에 활동하였으면서도 급진적 계몽주의자들에게 직접적 영향을 미친 사상가이다. 그는 중산층 출신으로 청년 시절 영국에서 수년간 체류하면서 뉴턴의 자연과학과 로크의 인식론적 경험론을 접하게 되었으며, 귀국 후에는 이를 기초로 한 저술을 통하여 보다 급진적 사상을 전파하였다. 주요 저서로는 『앙리아드, 1728』, 『루이 14세의 시대, 1751』, 역사소설 『각 국민의 풍습·정신론, 1756』과 풍자소설 『캉디드, 1759』 등이 있다. 그는 철학자이자 신분상의 특권, 비인간적인 사법 제도, 검열과 박해, 교회의 불관용 등의 억압으로부터 인간을 해방시키기 위한 선동가로서 투쟁을 하였다. 이러한 그의 급진적 관점은 그를 프랑스 계몽주의의 아버지로 칭하게 한 원인이 되었다.

　　프랑스 계몽주의가 완성된 시기의 철학자들로는 평민출신인 장 쟈크 루소(Rousseau, Jean Jacques, 1712~1778)를 비롯하여, 1751년부터 1772년에 걸쳐 총 28권으로 구성된 『백과전서, 과학·예술·기술의 이론사전』 출판을 이끌던 디드로(D. Diderot, 1713~1784), 달랑베르(J. B. d'Alembert, 1717~1783) 등의 백과전서파가 있다. 루소의 사상이 볼테르를 비롯한 이전의 계몽주의자들과 확연히 구분이 될 수 있는 것은 평민출신으로 어렵게 살았던 그가 봉건적이고 절대주의적 질서에 대항하는 하층 민중들(Sansculotte)의 투쟁을 이론적으로 정당화시켰다는 것이다.

　　루소는 그의 저서인 『인간불평등기원론, 1755』, 『사회계약론, 1762』과 교육학의 바이블로 불리는 『에밀, 1762』 등에서 자연 상태로부터 현재의 사회 상태에 이르는 인류의 역사는 부자도 빈민도 없고, 지배자도 피지배자도 없으며, 일반 의지가 정치권력의 토대가 되는 사회체제와 질서만이 행복과 복지를 보장해 준다고 주장한 것이다. 사실 루소의 사상에는 보수주의적이고 염세주의적인 요소가 포함되어 있었다. 그가 생각한 이상 사회는 빈부의 차이가 거의 없는 소농(小農)으로 구성된 정치 공동체가 직접 민주주의에 의해 스스로를 다스리는 사회주의체제였다. 하지만 그럼에도 불구하고 그의 사상에서 가장 중요한 것은 인류의 진보에 대한 혁명적, 낙관적 경향이었다는 점이다. 그리고 이성에 기초한 계몽주의 사상가에 속하지만 이성의 시대를 끝맺고 낭만주의를 탄생시킨 사상을 전개한 사상가로도 평가된다. 아울러 그의 사상은 낭만적이었기 때문에 음악을 비롯한 예술에도 혁신을 가져왔고 사람들의 생활방식에 큰 영향을 끼쳤으며 아동교육 방식에도 변화를 가져왔다는 점에서도 다른 계몽주의자들과 차별성이 있다.

에필로그(Epilogue)

　　이 책은 당초에는 한 권 정도의 짧은 책으로 고대에서부터 현대까지의 사상가들의 사상사를 재미있고 명확하게 소개하는 철학의 입문서 정도로 설계되었다. 그러나 재미가 있으면서도 짧은 분량으로 올바른 철학의 지식체계를 갖추도록 하겠다는 저자의 의도는 저술과정에서 다소 수정이 될 수밖에 없었다. 왜냐하면 국내에 소개되고 있는 다양한 서양철학 서적들을 검토하면서 크게 두 가지의 한계가 있음을 발견하게 되었기 때문이다. 즉 하나는 순수철학의 입장에서 철학자들의 사상사 중심으로 썼지만 너무 어렵고 전개방식이 난삽하여 중간에 다 읽지 못하고 포기할 개연성이 많았고, 다른 하나는 알기 쉽게 쓴다고 간추린 방식으로 쓴 것이지만 철학의 이름을 빌렸을 뿐이지 너무 깊이가 없어서 생애사 위주로 정리한 수준에 불과하다는 점이 그것이다. 하지만 이러한 한계와 문제점은 순전히 저자들의 지식적 한계에서 오는 책임만은 아니다. 철학의 접근방법이 사회과학이나 자연과학에서처럼 경험적이고 분석적인 방법을 주로 사용하는 것이 아니라 일관된 접근방법이 적용되지 않는다는 근본적 한계를 가지고 있기 때문이다.

　　따라서 이 책은 서양철학사상을 철학자들의 생애사와 사상사를 균형적으로 다루는 방향으로 재설정되었고, 그에 따라 전체적으로는 세 권의 분량으로 늘어나게 되었다.

　　제1권은 고대에서 근대 전기까지의 철학사상사를 고대, 중세, 근대전기로 나누어 다루었는데, 각 시기의 시작부분에는 시대적 배경에 맞추어 전체적 흐름을

- 306 -

다룬 프롤로그 부문을 배치하고 각 장의 말미에는 요약정리부문을 두어 이해를 용이하게 하였다. 그리고 철학의 근본적 한계와 철학학습의 난해성에서 벗어나기 위해서 철학이 추구하는 공통적 맥락을 찾고자 고심하였다. 그 결과 '사랑'과 '생각'이라는 두 가지의 주제어로서 철학의 목적을 설정하게 되었다. 이 책의 이름을 『플라톤처럼 사랑하고 데카르트처럼 생각하기』로 정한 것도 하나의 접근방법이 없는 철학의 근본적인 특성을 극복하고 누구나 쉽게 철학 속으로 들어갈 수 있는 통로를 제시한 것이다. 그러므로 철학 속으로 들어가는 것은 독자들의 몫이다.

제2권에서는 역사의 4시대 구분법(고대-중세-근대-현대)에서는 제외되지만, 중세와 근대 사이의 점이적 특성이 있는 근세 시기의 철학사를 별도로 다루고자 한다. 르네상스, 종교개혁, 절대왕정 구축이라는 특성을 가진 근세 역사는 시대적으로 보면 제1권에서 다루어진 중세와 근대전기 사이에 위치하지만 사상사적으로는 아주 독특한 영역을 차지하기 때문이다.

제3권에서는 근대후기부터 현대에 이르는 서양철학의 사상을 다루게 된다. 제3권에서는 제1권이나 제2권에서와 마찬가지로 철학자들의 사상사와 생애사를 균형적으로 다루면서도 하나의 공통된 접근방법을 유지하기 위해 '비판'과 '삶'이라는 두 가지의 키워드를 중심으로 전개를 하게 된다. 왜냐하면 근대 후기 이후의 철학은 칸트의 비판철학에서부터 시작되었고, 헤겔 사후의 현대철학은 다양성 속에서도 과거 어느 때보다 삶의 철학으로 전개되고 있기 때문이다.

이처럼 저자가 철학사를 생애사와 사상사를 동시에 다루는 저술방법은 마치 음악에서 대중음악인 팝(Pop)과 관현악단의 반주를 중심으로 이루어지는 연극인 오페라(Opera) 방식을 조화롭게 취하는 팝페라(Popera) 방식에 비유될 수 있다. 음악에서 정통클래식음악과 대중음악이 분명 다른 영역을 차지하고 있기는 하지만 어느 한편에서만 존재성을 주장하기는 어렵듯이 정통학문인 철학 역시도 사상사 중심이니 생애사 중심이니 하는 것에 매달리는 것은 '올바른 철학하기'에는 어긋나기 때문이다. 따라서 '철학하기'의 근본목적은 어떤 사안에 대하여 자신의 이성적 능력을 사용하여 합리적인 판단을 할 수 있도록 하고, 그것을 바탕으로 성숙한 사회구성원으로 살아가도록 하는 것에 있다고 본다면 저자는 이러한 목적에 최대한 다가갈 수 있도록 각 철학자들의 생애사와 사상사를 조화롭게 다루는 것에 최선을 다하였음을 밝힌다.

그러므로 이번에 출간하는 제1권은 말 그대로 '플라톤처럼 사랑하고 데카르트처럼 생각하기' 위한 철학하기의 통로를 열고자 하는 기본적 목적에 충실하게 저술되었다. 따라서 '올바른 철학하기'는 이제 통로 앞에 있는 독자여러분의 '사랑하기'와 '생각하기'에서 출발이 된다는 점을 간곡히 전하면서 제2권과 제3권에서의 또다른 '철학하기'로 안내하고자 한다.

참고문헌

강선자 외 21, 낯선 문학 가깝게 보기 : 영미문학, 네이버 지식백과, 2013.

고수현, 사회복지윤리와 철학, 양서원, 2005.

곽금주, 습관의 심리학, 겔리온, 2007.

권정연 외, 한 권으로 읽는 셰익스피어, 박문각, 2015.

거드리, 희랍 철학 입문: 탈레스에서 아리스토텔레스까지, 박종현 옮김, 서광사, 2000.

김장수, 유럽의 절대왕정시대(서양근대사총서 1), 푸른사상, 2011.

김의기, 나는 루소를 읽는다: 자유와 평등 다시 시대의 광장에 서다, 다른세상, 2014.

김효명, 영국경험론, 아카넷, 2001.

네이버케스트(http://navercast.naver.com) 기사.

니콜로 마키아벨리, 권 혁 역, 군주론 - 바티칸의 금서, 돋을세김, 2009.

니콜로 마키아벨리, 마키아벨리 군주론, 신동준 옮김, 인간사랑, 2014.

데이비드 흄, 인간이란 무엇인가: 오성 정념 도덕 본성론(월드북 85), 김성숙 옮김, 동서
　　　문화사, 2009.

디아메이드 맥클로흐, 종교개혁의 역사, 이은재·조상원 옮김, 2011.

롤란드 베인턴, 에라스무스, 박종숙 옮김, 현대지성사, 1998.

르네 데카르트, 이현복 역, 방법서설: 정신지도를 위한 규칙들, 문예출판사, 2013.

르네 데카르트, 『방법서설/성찰/정념론 외』, 김형효 옮김, 삼성출판사, 1995.

르네 데카르트, 데카르트 연구(개정판), 최명관 옮김, 창, 2010.

리오 담로시, 루소 : 인간 불평등의 발견자(문제적 인간 7), 이용철 옮김, 교양인, 2011.

매튜 스튜어트 지음, 스피노자는 왜 라이프니츠를 몰래 만났나: 철학의 진로를 바꾼 17
　　　세기 두 천재의 위험한 만남, 석기용 옮김, 교양인, 2011.

메리 렘 저, 셰익스피어 이야기 찰스 렘, 정영목 역, 비룡소, 2012.

몽테스키외, 법의 정신(월드북 13), 하재홍 옮김, 동서문화사, 2007.

문계석, 서양의 중세철학, 이화, 1998.

미겔 데 세르반테스 사아베드라, 돈키호테 1, 안영옥 옮김, 열린책들, 2014.

미겔 데 세르반테스 사아베드라, 돈키호테 2, 신익성 옮김, 신원문화사, 1996.

미겔 데 세르반테스 사아베드라, 돈키호테, 박 철 옮김, 시공사, 2004.

박영식, 서양철학사의 이해: 탈레스의 아르케에서 비트겐슈타인의 언어까지, 철학과현실사, 2000.

박제철, "데카르트의 형이상학과 기하학적 방법", 서강대학교 석사논문, 1998.

박찬문, 르네상스 휴머니즘에 대한 종합적 해석: 에라스무스적 휴머니스트들의 종교사상을 중심으로, 혜안, 2011.

박혜용, 청소년을 위한 서양철학사, 두리미디어, 2002.

백종현, 철학의 개념과 주요문제, 철학과현실사, 2007.

백종현, 서양근대철학, 서광사, 2003.

버트런드 러셀, 러셀 서양철학사, 서상복 옮김, 을유문화사, 2009.

베이컨, 베이컨 수상록:뉴아틀란티스(홍신사상신서 37), 권오석 옮김, 홍신문화사, 2013.

베이컨, 수상록(베이컨), 고현숙 옮김, 예림미디어, 2006.

볼테르, 캉디드 혹은 낙관주의(열린책들 세계문학 54), 이봉지 옮김, 열린책들, 2009.

빌헬름 라이프니츠, 형이상학 논고(대우고전총서 27), 윤선구 옮김, 아카넷, 2010.

셰익스피어, 셰익스피어 4대 비극집, 신정옥 옮김, 전예원, 2005.

셰익스피어, 한권으로 읽는 셰익스피어 4대비극 5대희극, 셰익스피어연구회 옮김, 아름다운날. 2008.

스털링 P. 램프레히트, 『Novum Organum』, 김태길 · 윤명로 · 최명길 옮김, 서양철학사, 을유문화사, 2010.

스티븐 내들러, 스피노자와 근대의 탄생: 지옥에서 꾸며진 책 신학정치론, 김호경 옮김, 글항아리, 2014.

스피노자, 에티카, 황태연 역, 비홍출판사, 2014.

신동준, 한비자, 인간사랑, 2012.

신승철, 눈물 닦고 스피노자: 마음을 위로하는 에티카 새로 읽기, 동녘, 2012.

아리스토텔레스, 아리스토텔레스의 수사학, 이상윤 옮김, 보성, 2007.

아베로에스, 아베로에스의 아리스토텔레스 형이상학, 김재범 옮김, 한국학술정보, 2012.

아우구스티누스, 신국론, 조호연 역, 현대지성사, 1997.

아우구스티누스, 고백록(성 아우구스티누스)(완역본), 김기찬 옮김, 크리스챤다이제스트, 2011.

안쏘니 케니, 데카르트의 철학, 김성호 옮김, 서광사, 1991.

야코프 부르크하르트, 이탈리아 르네상스의 문화, 이기숙 옮김, 한길사, 2003.

에라스무스, 우신예찬, 김남우, 열린책들, 2011.

엘런, 아리스토텔레스 철학의 이해, 장영란 옮김, 주고려원북스, 1998.

요한 하위징아, 에라스뮈스: 광기에 맞선 인문주의자, 이종인 옮김, 연암서가, 2013.

요셉 피퍼, 토머스 아퀴나스, 신창석 옮김, 분도출판사, 2005.

이나가키 료스케, 토마스 아퀴나스 '신학대전' 새로 알기, 조규상 역, 가톨릭출판사, 2011.

이동일, 이동춘 옮김, 켄터베리 이야기, 한국외국어대학교 출판부, 2007.

이동희, 세상에서 가장 흥미로운 철학이야기: 고중세 편, 휴머니스트, 2010.

이보영, 한권으로 읽는 이야기 세계사, 아이템북스, 2009.

이상영, 이재승 공저, 법사상사, 한국방송통신대학교출판부, 2005.

이용철, 루소, 태학사, 2006.

조나단 반즈, 아리스토텔레스의 철학, 문계석 옮김, 서광사, 1989.

조지 버클리, 하일라스와 필로누스가 나눈 대화 세 마당(지식을만드는지식 천줄 읽기), 한석환 옮김, 지식을만드는지식, 2012.

존 로크, 존 로크 시민정 (효형 클래식), 남경태 옮김, 효형출판, 2012.

지식을 만드는 지식, 고전해설ZIP, 지만지, 2009.

최효찬, 매경이코노미 제1754호 기사(2014.04.23~2014.04.29일자)

칼 알베르트, 플라톤의 철학개념, 임성철 옮김, 한양대학교출판부, 2002.

코플스톤, 중세철학사 : 아우구스티누스에서 스코투스까지, 박영도 옮김, 서광사, 1988.

코플스톤, 영국경험론, 이재영 옮김, 서광사, 1991.

코플스톤, 김성호 옮김, 합리론, 서광사, 2009.

코플스톤, 이재영 옮김, 합리론, 서광사, 1991.

쿠르트 프리틀라인, 『Geschichte der Philophie』, 강영계 옮김, 서양철학사, 서광사, 1985.

카터 린드버그, 유럽의 종교개혁, 조영천 옮김, CLC, 2012.

크리스천투데이(http://www.christiantoday.co.kr) 오피니언 기사.

토마스 아퀴나스, 영혼에 관한 토론문제, 이재룡·이경재 옮김, 나남, 2013.

토마스 오미어러, 신학자 토마스 아퀴나스(가톨릭문화총서 001), 이재룡 옮김, 가톨릭출판사, 2012.

패트릭 콜린슨, 종교개혁, 이종인 옮김, 을유문화사, 2005.

폴 존슨, 르네상스, 한은경 옮김, 을유문화사, 2013.

프리드리히 로렌츠, 소크라테스와 악처 크산티페, 박철규 옮김, 도원미디어, 2006.

플라톤, 플라톤의 대화편[개정판], 최명관 옮김, 창, 2008.

플라톤, 플라톤의 국가, 최광열 옮김, 아름다운날, 2014.

필드, 플라톤의 철학, 양문흠 옮김, 서광사, 1989.

한국역사교육연구회, 절대 왕정과 30년 전쟁, 한국가우스, 2014.

한국철학사상연구회, 철학대사전, 동녘, 1989.

한국사전연구사 편집부, 종교학대사전, 한국사전연구사, 1998.

한석환, 지금, 철학할 시간, 유리창, 2013.

홍태영, 몽테스키외 & 토크빌: 개인이 아닌 시민으로 살기, 김영사, 2006.

찾아보기

[저자 소개]

저자 고수현(高洙玄)은 경북 영천에서 성장하여 영남대, 대구대, 경북대와 연세대에 이르기까지 다학제적인 공부를 하였으며, 1999년부터는 대학교수직을 수행하고 있다. 학문적 관심영역은 복지, 상담, 철학의 융복합적 접근에 있으며, 주요 저서로는『사회복지윤리와 철학(2002)』,『생명윤리학(2005)』등 10여권의 학술서가 있다. 아울러 최근에는 사회과학적 관점에서의 서양철학과 동양철학에 대한 연구와 저술에 매진하고 있다.

[주요 경력]

- 금강대학교 사회과학부 교수
- 한국복지상담교육학회 회장
- 한국복지상담철학 아카데미 학장

서양철학사 I

플라톤처럼 사랑하고 데카르트처럼 생각하기

초판인쇄   2015년 6월 24일
초판발행   2015년 7월 7일

지은이   고수현
펴낸이   안종만

편 집   김선민 · 배근하
기획/마케팅   임재무
표지디자인   김문정
제 작   우인도 · 고철민

펴낸곳   (주) **박영사**
             서울특별시 종로구 새문안로3길 36, 1601
             등록 1959. 3. 11. 제300-1959-1호(倫)

전 화   02)733-6771
f a x   02)736-4818
e-mail   pys@pybook.co.kr
homepage   www.pybook.co.kr
ISBN   979-11-303-0192-1   93160

정 가   20,000원